행복한 군인 육군대령과 함께하는

긍정일기

행복한 군인 육군대령과 함께하는

이영찬 지음

긍정일기

도서출판 **동인**

▲ 아내와 함께

▲ 시범식 교육

▲ 훈련장에서

▲ 부대원과 함께

| 시작하는 글 |

　필자가 포병단장으로 18개월을 근무하면서 그동안 생각하고 겪었던 일들을 일기형식으로 적어 놓은 것을 책으로 엮어 보았다. 이곳 양주시 남면은 필자가 소위로 임관하여 처음으로 부임했던 곳으로 대령 진급 후 다시 복무하게 되어 그 감회가 무척 새로웠다. 25년 전이나 지금이나 산천은 그렇게 변한 것이 없는데 그 당시 함께 근무했던 전우들은 보이지 않아 한편으로 아쉬운 생각이 든다. 더군다나 대대장 시절과는 달리 아내와 떨어져 혼자 살다보니 외로움을 많이 느꼈다. 그래서 자식과 같은 우리 장병들과 일과 이후 많은 대화를 나누었는데 이제는 추억으로만 간직해야 한다.

　처음 부대로 오는 신병을 바라보면 행동이 부자연스럽고 서툴러서 군대생활을 제대로 할 수 있을까 하는 의문이 들지만 어느새 혼자서 모든 일을 척척 하는 것을 바라보면 정말 믿음직스럽고 자랑스럽다. 또한 처음에는 매우 의존적이고 이기주의적인 사고방식도 점차 자신감을 갖고 타인을 위해 배려하는 모습을 보인다. 이런 측면에서 군대는 어떻게 보면 '전인교육의 장'이라고 말하고 싶다. 옛날 어른들 말씀에 남자는 군대를 다녀와야 사람이 된다는 뜻이 그런 데에 있지 않나 싶다.

필자도 과거 육사에 들어가 추운 겨울날 세탁을 하면서 그동안의 부모님의 수고에 나도 모르게 눈물을 흘린 적이 있다. 군대는 어떻게 보면 평상시에 잘 느끼지 못한 소중한 것들을 스스로 느끼게끔 만드는 곳이다. 그래서인지 우리 장병들은 자주 부모님께 전화를 드리고 필자와 면담할 때면 부모님의 건강을 염려하는 효자가 되어간다.

사회에서 군인이란 직업은 힘들고 어려운 것으로 인식되어 있다. 대부분 문화생활과는 거리가 먼 지역에서 살아야 하고, 아이들 교육환경이 열악하여 중학교에 입학하면 가족과 헤어져 살아야 하며, 상시 전투준비로 부모님을 자주 찾아뵙지도 못하고, 보수도 썩 좋은 편이 아니라고 생각하고 있다. 그러나 필자는 오히려 정반대로 생각한다. 청정지역에서 인심이 좋은 이웃들과 살고 있고, 교육환경도 인터넷의 영향으로 많이 개선되었으며, 부모님께는 매일 안부 전화를 드리기에 떨어져 사는 느낌도 별로 없고, 최근 군인 거주용 아파트를 많이 짓기에 보수도 상대적으로 적다고 말할 수만은 없다.

필자는 세상의 다른 어떠한 직업보다 '군인'이란 행복한 직업을 가지고 있다고 자신 있게 말하고 싶다. 그 이유는 항상 젊은이들과 함께 생활하기 때문이다. 그래서인지 필자는 늘 마음만은 청춘으로 살고 있다. 장교는 한 번 수행한 직책을 다음에 다시 하는 경우가 매우 드물다. 따라서 포병단장도 처음이자 마지막으로 하는 것으로 인식하여 최선의 노력을 다해왔다. 그런 가운데에 좋은 일도 있었고 좋지 않는 일들도 있어 그 때마다 고민했던 흔적들이 이 글에 실려 있다. 따라서 이 글을 통해 새로 취임하는 지휘관들은 앞으로의 부대 지휘에 참고가 되었으면 하는 바람이고, 아울러 우리 부모님들과 입대를 앞두고 있는 젊은이들에게는 군대생활을 어떻게 할지에 대한 각오를 다지는 계기가 되었으면 좋겠다. 또한 독자들은 우리들의 자녀인 그들을 항상 사랑하고 아껴주었으면 하는 바람이 있다. 분단의 안타까운 현실 속에서 조국을 수호하는 그들이 있기에 우리 국민들은 편히 쉴 수가 있는 것이기 때문이다. 늘 아낌없는 격려를 보내 그들의 마음속에 신성한 임무를 수행한다는 자부심을 가지도록 만들어야 한다.

끝으로 어려운 지휘관 시절 비록 떨어져 살았지만 가정 문제로 필자에게 부담을 주지 않으려 노력하고, 먼 길을 마다않고 격주마다 달려와 준 사랑하는 아내에게 감사하고, 아빠가 곁에 없어도 묵묵히 자신의 일에 최선을 다해준 두 아들에게 고마움을 전하고 싶다.

또한 리더십이 부족한 필자를 도와 부대 발전에 헌신을 다한 간부들과 특히 전역을 3개월 연장하여 필자와 끝까지 함께해준 주임원사에게 사의를 표하고 싶다. 비록 포병단을 떠나지만 마음만은 이곳 백호 부대와 함께 할 것이고, 감악산의 4계절을 늘 그리워 할 것이다.

백호 부대 파이팅!

1.
멋진 남자

군인의 효도 • 18

멋진 남자 • 20

무재칠시無財七施 • 22

병사 부모님께 • 24

선배의 역할 • 27

화火대신 화和를 만들자 • 29

힘든 것도 감사 • 31

선제주동先制主動 • 33

불기자심不欺自心 • 35

징비록懲毖錄 • 37

군인과 청빈 • 39

아내의 방문 • 41

아름다운 변화를 위하여 • 43

말조심 • 46

종교생활 • 48

성과분석 • 50

진급추천 • 52

99와 1의 차이 • 54

그린캠프 • 56

아버지의 마음 • 59

이등병 집체교육 • 61

안보의 중요성 • 63

허무 • 66

하계휴양 • 68

줄탁동시啐啄同時 • 70

환경의 중요성 • 72

마음의 편지 • 74

종교에 관하여 • 77

근원을 알자 • 80

2. 아내 사랑

아내 사랑 • 84

배려配慮 • 87

긍정적 사고 • 90

휴가 • 92

처신處身 • 95

책임의 중요성 • 98

현장중심의 부대지휘를 하자 • 101

가족에 대한 오해와 진실 • 103

건강 • 106

토끼 • 109

미운사람 확실히 죽이는 방법 • 111

숙흥야매夙興夜寐 • 113

공주의 초대 • 115

경술국치 100년 • 117

갈등 • 119

위대한 군인 안중근 • 121

꿈을 갖자 • 124

노블레스 오블리쥬 Noblesse Oblige • 126

곤파스 • 128

초조주 • 130

불가능은 없다 • 133

메이지 유신 • 136

마음을 열어주는 이야기 • 138

북한은 변하지 않는다 • 141

기관장 모임 • 143

어머님 생신 • 145

뽀글이 • 148

군대의 시간개념 • 150

부하사랑 • 152

소요산 • 154

천사 마라톤 • 156

어느 날 문득 • 159

외로움 • 162

구암리 노인 • 165

훈련소 하면 떠오르는 것 • 168

해트트릭 • 170

행복지수 • 172

미국과 중국의 수출품 • 174

인명무사고 1,500일 달성 체육대회 • 178

군대에서 업무를 인정받는 방법 • 180

전투에서 살아남는 방법 • 182

이카로스 • 185

연리지 連理枝 • 187

지부복궐상소 持斧伏闕上疏 • 189

용서容恕 • 191

생활의 달인 • 193

4가지 인忍 • 196

소문과 오해 • 198

3.
진정한 감사

역린逆鱗 • 202

인정 • 204

진정한 감사 • 206

쓰레기통 • 208

천둥과 화 • 210

욕망 • 212

지금 • 214

스텔스 • 216

열정 • 218

완벽 • 220

침착의 중요성 • 223

우동 한 그릇 • 225

신묘년을 맞아 • 229

공직자 • 231

면장님 전화 • 234

핫팩(손난로) • 236

문산 방문 • 238

4.
삶과 죽음

삶과 죽음 • 242

대장부 • 244

수신거부 • 246

전투형 부대 • 248

희망을 갖자 • 250

어느 연대장의 눈물 • 252

베스트$_{Best}$와 퍼펙트$_{Perfect}$ • 257

두려움을 극복하자 • 259

군 간부의 자세 • 262

관심 • 264

편지 • 266

군 생활의 변화 • 268

초등학교 졸업식 • 270

야전이 좋다 • 272

큰 아들 방문 • 275

5.
생각을 바꾸면
다른 세계가
보인다

말을 줄이자 • 280

생각을 바꾸면 다른 세계가 보인다 • 282

술은 적게 마실수록 좋다 • 284

소중한 것 • 286

굶주림이 가장 무서움 • 288

삼겹살 • 290

진돗개 • 292

섬김 • 294

겁劫 • 296

재건축 • 299

말이 안 통하네 • 301

마을 정기총회 • 303

추측으로 인한 오해 • 305

그대를 사랑합니다 • 307

본래무일물本來無一物 • 310

행복 • 312

스트레스 • 314

호국형제 • 317

구면이 좋지 • 319

심리전 • 321

생각을 바꾸자 • 323

세상에서 제일 맛있는 커피 • 325

GP 견학 • 328

용서 • 330

3不 전략 • 332

칠순 잔치 • 335

미움 • 337

수상한 고객들 • 339

내일을 걱정하지 마라 • 341

개구리 소리 • 343

백조 • 345

6.
골프선수 최경주

골프선수 최경주 • 348

등산예찬 • 350

계란찜 • 352

맛있는 음식 • 354

남면 축구대회 • 356

마음의 문 • 359

고난의 행군 • 361

페르소나 • 363

감악산 축제 • 365

진리 2길, 힘찬 2길 • 367

윈드 오케스트라 • 369

리더십 지도 • 372

두유 • 374

혼인신고 • 377

구암리 노인정 방문 • 380

전역병의 민원 • 382

전쟁영웅 • 385

의족 스프린터 • 387

보신탕 • 391

폭우 • 393

총각장교 • 395

아내 사랑 2 • 397

가족방문 • 399

인결백인종무우 人結百忍終無憂 • 402

진급 누락 • 404

군인과 민간인 • 406

자매단체 • 408

군대예절 • 410

마중물 • 412

視卒如愛子 시졸여애자 • 415

아들 자랑 • 417

7. 나는 군인이다

1호차 운전병 • 422

간부 부채 • 425

육군 리더십 세미나 • 428

건망증 • 430

나는 군인이다 • 433

가을 체육대회 • 436

아내의 백호사랑 • 438

소요산 등산 • 441

나는 누구인가? • 444

은행나무 • 447

인사를 잘하자 • 449

농협 단합대회 • 451

노부부의 사랑 • 454

주임원사 전역 • 457

용감한 소년 • 459

유머감각을 갖자 • 461

탄로가 • 463

장병 사랑 • 465

인생의 길 • 467

서평 부하들에게 사랑을 전하는 '긍정일기'의 의미 | 469

긍 정 일 기

멋진 남자

진정 멋진 남자가 되기 위해
모든 생활에 솔선수범하고 올바른 자세와
고운 말로서 진정 멋진 남자가 되도록 노력해야...

군인의 효도

과거 조선에서는 효자로 간주하는 3대 효행이 있었는데 그 첫째가 단지斷指이다. 이것은 부모님께서 아프면 자기의 손가락을 잘라 태워 재를 만든 다음 술이나 물에 타서 마시게 하는 것을 말한다. 둘째는 할고割股인데 이것은 '넓적다리를 나눈다.'는 뜻으로 배고픈 부모님을 위해 자기의 넓적다리 살을 잘라서 구워 드린다는 뜻이다. 셋째는 상분嘗糞인데 이것은 부모님의 똥을 먹어 건강을 점검하는 것으로 달면 죽을병에 걸린 것이고 쓰면 정상으로 해석하는 것이다. 이러한 효자들은 나라에서 그의 집이나 마을에 효자문을 만들어 주거나 세금을 면제해 주었다. 이 시기에 조정에서는 미담사례를 자주 내렸는데 유독 곡도穀道, 항문가 막힌 부모님의 변을 빼내 효자문을 받은 사람에 대한 이야기가 많았다. 이것은 빨대를 이용하여 항문에 기름을 넣어 변을 빼내는 것을 말하는데 당시에는 변비가 꽤 심각한 병이었던 모양이다. 그것은 단지나 할고 같은 효도보다 쉬웠고 효도에 대한 조정의 지원사항도 별반 차이가 없었다. 따라서 조선시대의 효자문 중에는 상당수가 변비치료를 통해 탄생하였다고 보아도 과언이 아닐 것이다.

또한 당시에는 2가지의 매우 큰 중범죄가 있었는데 바로 대역죄와 강상죄였다. 대역죄는 알다시피 역모를 꾸미는 것을 말하나 강상죄를 아는 사람은 매우 드물다. 강상죄란 삼강오륜을 저버린 죄로써 부모나 남편을 죽이거나 노비가 주인을 죽이는 죄를 말한다. 강상죄는 무조건 사형으로 다스렸으며, 죄인의 처자는 관노로 전락시키고 그의 집은 연못으로 만들었다. 또한 살던 고을은 행정상으로 강등시켰고, 수령은 백성을 교화하지 못한 책임을 물어 파면시켰다.

　이처럼 조선시대는 효도를 제도적으로 강조하고, 그것에 대한 죄를 무척 엄히 다스렸음을 알 수 있다. 그러면 현대의 효도는 어떻게 하는 것이 좋을까? 과거처럼 단지나 할고, 상분 같은 행위는 의술의 발달로 더 이상의 큰 의미가 없다고 본다. 그러나 조선시대의 효도를 지금에 맞게 해석할 필요는 있다고 생각한다. 조선시대의 단지는 오늘날 필요시 부모님께 장기기증을 하는 것으로 해석할 수 있으며, 할고는 고단백의 영양식을 드시게 하는 것으로 해석할 수 있고, 상분은 건강검진을 정기적으로 실시하여 상태를 점검해 드리는 것으로 해석할 수 있다. 즉, 단지, 할고, 상분은 모두 신체적으로 건강하실 수 있도록 효도하는 것이라 할 수 있다. 하지만 필자는 이러한 신체적인 효보다 부모님의 마음을 편안하게 해 드리는 정신적 효가 더 중요하다고 말하고 싶다. 대부분 우리 장병들과 간부들은 부모님과 멀리 떨어져 살고 있다. 가끔 장기기증의 미담사례가 신문에 나오지만 그런 경우는 특별한 예이고 우리가 할 수 있는 효도는 크게 세 가지가 아닐까 싶다. 첫 번째 효도가 바로 전화통화를 통한 효도이다. 그렇다면 전화통화를 통한 효도는 어떤 것일까? 그것은 바로 전화통화를 통해 걱정을 끼치는 말보다 안심과 감사하다는 말씀을 드리는 것이다. 부모님의 사랑은 제한이 없으시기에 자식의 말 한마디에도 감동을 받으시기 때문이다. 두 번째 효도는 적은 봉급이지만 차곡차곡 모아 휴가 시 정성이 담긴 작은 선물을 하는 것이다. 세 번째 효도는 군생활간 언제나 부모님을 생각하고 최선을 다해 맡은바 임무에 충실하며, 무사히 전역하여 부모님 곁으로 돌아가는 것이다. 이것이야말로 우리 군인들이 할 수 있는 진정한 효가 아닐까 생각한다. 이러한 작은 실천을 통해서도 부모님께 효도할 수 있다는 사실을 잊지 말고 늘 감사하는 마음으로 우리 부모님들의 은혜에 보답하는 멋진 군인이 되었으면 한다.

■ '10. 6. 23. 수

멋진 남자

과거 50년대에 우리 남한 사교계에서 아름답기로 유명했던 김소산 씨가 이중 간첩을 해온 것으로 밝혀져 재판에서 사형을 언도받았다. 처형 전에 집행인이 마지막으로 할 말이 없느냐고 묻자 그녀는 다음과 같이 말했다고 한다. "여자는 언제 어디서나 아름다워야 하므로 저에게 화장을 할 수 있도록 허락해 주십시오." 집행인은 그녀의 마지막 소원을 들어주었고 그녀는 처형을 당했다. 사형의 순간에서도 그녀는 자신을 아름답게 가꾸고 최후를 맞이했던 것이다. 그렇다면 우리 남자들에게 있어서 멋진 남자들은 누구일까? 우리 병사들에게 물었더니 참으로 다양한 의견을 제시하였다. 몇 가지 예를 들면 '사격을 잘하는 사람, 운동을 잘하는 사람, 장기가 많은 사람, 근육질의 몸매를 가진 사람, 잘 생긴 사람, 돈이 많은 사람, 학벌이 좋은 사람' 등 수많은 의견이 제시되었다. 여자들에게 물으니 '잘 생긴 사람. 친절한 사람, 재산이 많은 사람, 근육질의 사람, 옷을 잘 입고 다니는 사람' 등 병사들과 마찬가지 다양한 의견을 내놓았다. 국어사전에서 멋이라는 단어를 찾으면 '차림새, 행동, 됨됨이 따위가 세련되고 아름다움' 또는 '고상한 품격이나 운치'로 해석을 한다.

이런 다양한 의견을 종합했을 때 우리는 멋진 남자에 대해 다음과 같은 결론을 얻을 수 있다. 그 첫째는 바로 솔선수범하는 사람이다. 멋있는 남자는 누가 보거나 시키지 않아도 스스로 열심히 맡은 바 임무에 최선을 다한다. 또한 그것을 내세우지 않고 책임감을 가지고 자발적으로 일을 한다. 둘째는 바른 자세이다. 군인으로서 절도 있는 자세는 실질적으로 많은 여자들에게 호감을 준다. 통상 외박 및 휴가 시 모자 벗고, 주머니에 손 넣고, 머리 기르고, 보행 간에 담배를 피우는 행동 등이 스스로 멋있다고 생각할지 모르는데 실제로는 전혀 그렇진 않다. 오히려 그러한 행동은 보는 사람으로 하여금 불량하다고 느끼게끔 한다. 셋째가 고운 말 사용이다. 고상한 품격은 언어로 표현되기 때문에 친절하고 따뜻한 말을 사용해야 한다. 말끝마다 욕이 들어가고 상스러운 말을 사용하는 사람은 멋진 것과는 거리가 먼 것이다. 우리 장병들은 제복을 입은 사람으로서 그 자체가 멋지다고 할 수 있지만 진정 멋진 남자가 되기 위해 모든 생활에 솔선수범하고 올바른 자세와 고운 말로서 진정 멋진 남자가 되도록 노력하자.

■ '10. 6.25. 금

무재칠시 無財七施

무재칠시無財七施는 '재산은 없어도 일곱 가지 보시를 할 수 있다.'는 뜻으로 부처님 전생의 이야기를 담은 이야기인 잡보장경雜寶藏經에 나오는 말이다. 옛날 어떤 사람이 하는 일이 잘 풀리지 않아 부처님께 호소하였다 "부처님 저는 하는 일마다 실패하니 도대체 무슨 까닭입니까?" "그것은 네가 남에게 베풀지 않기 때문이다." "저는 가진 것이 없어 남에게 줄 것이 없습니다." "그렇지 않다. 재산은 없어도 남에게 베풀 수 있는 것이 일곱 가지나 있다. 그것은 재산을 베푸는 것 보다 더 큰 보시니라." 부처님께서 말씀하신 것이 그것이 바로 무재칠시無財七施였다. 무재칠시란 안시眼施, 화안시和顔施, 언시言施, 신시身施, 심시心施, 좌시座施, 방사시房舍施를 의미한다. 이것들의 의미는 온화한 눈길, 환한 얼굴, 힘든 것을 도와주는 것, 따뜻한 마음, 자리를 양보하는 것, 자기 집을 빌려주는 것이다.

이 중 병영생활을 하는 우리 장병들에게 필자가 특히 당부하고 싶은 것은 화안시和顔施, 언시言施, 신시身施 등 3가지이다. 먼저 환한 얼굴로 상대방을 대하는 화안시和顔施,는 딱딱한 군인의 특성상 다소 거리가 있어 보였으나 최근에는 각 부대에서 웃음박수, 웃음체조 등을 활성화 하는 등 명랑한 병영을 조성하기 위해 노력하고 있다. 상급자나 선임병이 하급자나 후임병을 대할 때 환한 얼굴로 대하면 자연히 기분이 좋아지고 이러한 것이 자연스럽게 즐거운 병영생활을 만들어 내는 것이다. 즉 선배들의 밝은 모습이야말로 후배들의 존경을 받을 수 있는 좋은 모습인 것이다.

둘째, 언시言施는 따뜻한 격려의 말이다. 낯선 군대에 와서 모든 것이 힘들고 어려울 때 선배들의 격려 한마디는 그 어떤 것보다 힘이 되고 이러한 격려를 받은 후임병은 전역 후에도 따뜻한 격려의 말을 건넸던 선배를 찾게 된다. 이와 반대로 인격모독이나 욕은 후배들을 정신적으로 가장 힘들게 하는 요인이다. 그래서 각 부대에서는 청정지대를 선포하는 등 그것을 없애기 위해 많은 노력을 하고 있다. 말은 그 사람의 인격이다. 어떻게 하느냐에 따라 정말 훌륭한 선배가 되기도 하고 더 이상 보기도 싫은 인간관계가 될 수도 있다.

셋째, 신시身施는 힘든 일을 도와주는 것을 말한다. 군인에게 있어 강인한 체력은 전투를 수행하기 위한 필수요건이다. 그러나 개인별로 신체적 차이가 있어 행군이나 구보 등 각종 훈련에서 힘들어 하는 장병들이 있다. 그럴 때 절차탁마 한다는 생각으로 힘든 장병들의 군장을 들어 준다면 무척 힘이 될 것이다. 이것은 비단 훈련뿐만 아니라 청소나 작업 등 부대관리 분야도 마찬가지이다. 후임병들이 아무리 잘해도 선임병들의 노하우를 따라잡기는 쉽지 않다. 이럴 때 솔선수범하여 후배들에게 모범을 보인다면 정말 존경받을 자격이 있는 선임병이 되는 것이다. 뒤에서 뒷짐이나 지고 후임병들에게 지시만 하는 모습은 결코 바람직하지 않다.

이렇듯 우리 장병들이 가진 것은 없지만 부대와 후임병들을 위해서 베풀 것은 많다. 무재칠시無財七施의 교훈을 본받아 밝고 명랑한 병영이 조성되도록 스스로 쉬운 것부터 실천하고, 특히 화안시和顔施, 언시言施, 신시身施는 지휘관심을 경주하여 필히 생활화 하도록 노력하자.

■ '10. 6. 27. 일

병사 부모님께

며칠 전 휴일 아침에 뜀걸음을 하는데 부대 정문에 병사의 부모로 보이는 분들이 계셨다. 휴일 기상 시간은 아침 7시인데 그 때가 7시 30분경 되었다. 무슨 일이냐고 물으니 자식이 이번에 이곳으로 배치를 받아 면회를 왔다고 하셨다. 그래서 당직사관에게 지시하여 최대한 빠른 시간에 면회를 하도록 조치하였다. 그것을 보면서 문득 필자의 부모님 얼굴이 떠올랐다. 오랜 이야기지만 필자가 육사에 입교한 이후 4년 동안 부모님께서는 집의 대문을 잠그지 않으셨다고 한다. 그것은 필자가 도착하여 밖에서 기다리지 않도록 하겠다는 마음으로 그리하셨다고 한다. 그 때문에 도둑이 들어 여러 번 귀중품을 잃어버렸는데도 말이다.

자식 사랑이야 예나 지금이나 변함이 없는 것이다. 최근 친한 친구로부터 전화가 몇 번 왔는데 자신의 조카가 군대에 갔는데 보직을 행정병으로 바꿔주면 안되냐고 연락이었다. 아마 친구가 대령이니 그 정도는 도와주지 않으랴 생각한 것 같다. 그러나 필자는 그가 부대 생활을 하는데 문제가 없으니 그냥 내버려두자고 대답하였다. 항상 느끼는 것이지만 우리 장병 부모님들이 군대에 대해 잘 모르시는 것이 몇 가지 있다.

그 첫째가 병사들은 주특기가 있으며 그것에 맞는 보직을 주어야 한다는 사실이다. 즉 모든 장병을 다 행정병으로 보직할 수는 없는 것이다. 주특기를 변경하려면 그에 합당한 이유가 필히 있어야 한다. 예를 들어 그 특기가 부족하다든지 아니면 그 병사의 심신이 임무를 수행하기가 곤란하다든지 하는 사유이다. 또한 주특기를 변경할 수 있는 권한도 장관급 지휘관에게 있으며 사전 참모들의 심의위원회를 통과해야 한다.

둘째는 행정병이 결코 편하지 않다는 사실이다. 각종 행정을 담당하다보면 심리적으로 부담이 될 때가 많다. 그것은 늘 간부를 대하기 때문이며 본인이 담당한 업무를 수행하려면 때론 야근도 해야 한다. 또한 행정병이라고 해서 훈련에 열외 하는 경우도 없다. 그들도 유격을 받아야 하고 각종 전술훈련에도 똑같이 참가해야 한다.

셋째는 군내 아는 간부를 통하는 것보다 해당부대 지휘관에게 직접 전화하는 것이 훨씬 도움이 된다는 사실이다. 요즘 장병 중에 집안에 군 간부가 없는 집안은 없다. 그래서 그에게 부탁을 하는데 필자의 생각엔 별로 효과적이지 못하다. 그것은 지휘관 입장에서 볼 때 다른 상급자로부터 전화를 받으면 기분이 썩 좋지 않기 때문이다. 그러나 필자의 경험상 부모님이 직접 지휘관에게 전화를 하면 오히려 고맙게 생각하고 더욱 관심을 갖는다. 그래서 어떤 문제점이 있으면 지휘관과 긴밀히 통화하여 함께 지도하는 것이 훨씬 좋다.

넷째는 해당부대 지휘관이 부모보다 장병 신상에 대해 더 잘 안다는 사실이다. 그렇지 않다고 반박하실지 모르지만 내면에 있는 생각과 부모님조차 모르는 자신만의 비밀 등은 분명 지휘관들이 많이 안다. 그것은 지휘관이 상담에 대한 노하우와 많은 장병들을 다루면서 자연스럽게 체득된 경험 때문이다.

다섯째는 이병, 일병 시절에는 모두가 힘들다는 사실이다. 그것은 일이 힘들어서가 아니고 생활환경이 낯설고, 안하던 것을 하다 보니 미숙해서 그렇다. 따라서 우리 아들만 힘들다고 생각하면 오해고 시간이 지나면 익숙해져 어렵지 않게 된다. 그동안 집에서 부모님께서 모든 것을 해주다가 군대에서 스스로 하려니 힘들고 바쁘지 않을 수 없다. 그래서 군대 가면 효자가 된다는 말이 생기는 것이다.

따라서 이런 사실을 우리 부모들께서 깊이 인식하고 항상 지휘관과 긴밀히 협조하여 장병의 어려움을 슬기롭게 극복해 나가는 것이 매우 중요하다고 생각한다. 아래 글은 그런 의미에서 읽어보았으면 좋겠다.

어느 소나무의 씨앗 두 개가 있었습니다. 하나는 바위틈에 떨어지고 다른 하나는 흙 속에 묻혔습니다. 흙 속에 떨어진 소나무 씨앗은 곧장 싹을 내고 쑥쑥 자랐습니다. 그러나 바위틈에 떨어진 씨는 조금씩밖에 자라나지 못했습니다. 흙 속에서 자라나는 소나무가 말했습니다. "나를 보아라. 나는 이렇게 크게 자라는데 너는 왜 그렇게 조금밖에 못 자라느냐?" 바위틈의 소나무는 아무 말도 하지 않고 깊이깊이 뿌리만 내리고 있었습니다.

그런데 어느 날 비바람이 몰아쳤습니다. 태풍이었습니다. 산 위에 서 있는 나무들이 뽑히고 꺾어지고 있었습니다. 그때 바위틈에서 자라나는 소나무는 꿋꿋이 서 있는데, 흙 속에 있는 나무는 뽑혀 쓰러지고 말았습니다. 그러자 바위틈에 서 있던 소나무가 말했습니다. "내가 왜 그토록 모질게 살았는지 이제 알겠지? 뿌리가 튼튼하려면 아픔과 시련을 이겨내야 하는 거란다."

■ '10. 6. 28. 월

선배의 역할

　가끔 우리 병사들에게 이런 질문을 해 본다. "퀴즈를 하나 내겠다. 주말에 대구에서 서울까지 가장 쉽게 가는 방법이 무엇이냐?" 그러면 서로 웅성대다가, 저마다 신이 난 듯 다음과 같이 다양하게 대답한다. "KTX를 타고 가는 것이 제일 빠릅니다." "비행기 타고, 김포공항에서 내려 택시를 타는 것이 제일 좋습니다." "자가용으로 가는 것이 제일 쉽습니다." 또 다른 방법이 없느냐고 물으면 고속버스도 나오고 농담으로 헬리콥터 이야기까지 나온다. 그런데 그것이 정답이 아니라고 말하면 모두들 심각하게 다시 생각한다. 그러다가 누군가가 손을 들고 "마음이 맞는 사람과 함께 가는 것입니다."라고 대답하면 정답이라고 말해준다. 어떠한 교통수단이든 마음에 맞는 사람과 함께 가면 즐겁고 재미있게 간다. 즉 수단이 문제가 아니라 누구와 함께 가느냐가 중요하다는 사실을 모두들 공감하기 때문이다.

　우리 군대는 전투력을 필요로 하기에 정신적, 육체적으로 인내가 특히 많이 요구되는 곳이다. 그런 곳에 신병이나 초급간부가 느끼는 감정은 한마디로 두려움일 것이다. 그런데 이 때 생활이나 업무에 경험이 많은 선임병 또는 선배가 나를 적극적으로 도와준다면 그야말로 군 복무에 힘이 나고 심신 또한 안정될 것이다. 처음 입대했을 때 겪는 외로움은 함께 할 사람이 없는데서 기인한 것이다.

오늘도 선배의 도움을 기다리며 함께 하고 싶은 후배들이 주위에 많이 있다. 그런 후배들을 발 벗고 나서서 도와주는 선배들이 되어야 한다.

배려라는 말은 '걱정을 같이 해준다.'라는 뜻으로 인간이 만들어낸 말 중에서 가장 소중한 단어이다. 누군가 내 마음을 헤아려 주는 것만으로도 고마운데, 그것에 맞는 행동까지 이어진다면 그야말로 뜨거운 감동이다. 그 사람의 처지에 서보고 더 나아가 그를 살피는 것, 그것이 진정한 배려이다.

우리 선배들도 처음 군대생활을 하면서 존경 받는 선배들의 상象이 있는데 당연히 후배의 심정을 이해하고 도와주는 분들이었다. 그러나 시간이 갈수록 그 때의 마음을 잊고 후배들에게 무리한 것을 요구한다든지 힘들게 하는 자신을 볼 때가 있다. 따라서 배려를 기초로 후배들이 함께 하고 싶도록 병영을 새롭게 만들어야 한다. 어떠한 구호나 행정보다 나 자신부터 실천을 통해 그것을 만들 수 있다. 지금 시작하면 앞으로 나의 후배 또는 아들들이 생활 할 때에는 세계 최강의 군대가 되리라 믿어 의심치 않는다. 가고 싶은 군대를 만들 수 있도록 우리 선배들이 모범을 보이자.

■ '10. 6. 30. 수

화火 대신 화和를 만들자

화를 사전에서 찾아보면 "몹시 언짢거나 못마땅하여 내는 성"으로 정의하고 있고, 한자로는 火이다. 즉 그것이 얼마나 좋지 않으면 옛날 사람들은 그것을 불이라고 해석하고 있는 것일까? 불교계의 유명한 틱낫한 스님께서 "화火가 풀리면 인생人生도 풀린다."라는 말씀을 하셨는데, 이는 화를 다스려 마음으로 평화平和를 얻으라는 내용이다. 화는 인생을 살면서 항상 갖고 살아야 하는 것이다. 정도의 차이는 있겠지만 누구든 화를 내지 않고서는 살 수 없다. 군대는 조직사회이고 계급으로 이루어진 상명하복의 관계로 명령이행에 있어서 사회보다는 화의 횟수가 많고 강도도 세다. 더군다나 젊은이들로 이루어진 집단으로 잠재적인 폭발성을 가지고 있다. 그것이 내·외부로 표출되면 곧바로 사고로 직결될 수 있다.

화가 날 때는 어떻게 해야 할까? 남을 탓하거나 스스로 자책하기보다 자신의 마음을 다스리는 것이 가장 시급하다. 불교에서는 사람이 버려야 할 3가지 마음을 삼독심三毒心이라 하여 탐貪, 진嗔, 치痴를 언급하고 있다. 진嗔이 성내는 것으로 바로 화이다. '화를 자기보다 강한 사람에게 내지 않는 것은 그가 두렵기 때문이고, 비슷한 사람에게 내지 않는 것은 싸우기 싫어서이고, 못한 사람에게 내지 않은 것이 진정한 참음이다'라는 말처럼 화는 주로 비슷한 사람이나 못한 사람에게 낸다. 부처님께서도 '노여움은 나의 것이 아니다'라고 말씀하셨는데 다음의 예를 살펴보자.

　부처님이 죽림정사에 계실 때 한 바라문이 자기 동족 중 한 사람이 그의 제자로 출가한 것에 대해 격분하면서 입에 담지 못할 욕을 하였다. 약간 조용해진 틈을 타서 부처가 그에게 물었다. "집에 손님이 오면 음식을 대접하지요. 그런데 손님이 음식을 받지 않으면 그 음식은 누구의 것이 되지요?" "먹지 않는다면 그것은 내 것이 될 수밖에 없겠지." "바라문이여, 오늘 그대는 나에게 여러 가지 욕설을 늘어놓았는데 나는 그것을 듣지 않았소. 그러므로 그것은 그대의 것이 될 수밖에 없소. 만약 내가 욕을 먹고 그것을 되받아 욕을 했다면 그것은 주인과 손님이 함께 식사를 한 것이 됩니다." 그러면서 "노여워하는 자의 노여움을 노여움으로 되받지 않음은 두 가지의 승리를 얻는데 자신을 이김과 동시에 또한 남에게도 이기는 것이 된다."고 말씀하셨다.

　이처럼 화를 참고 잘 조절하면 자신도 이길 수 있고 인생도 즐거워 질 수 있다. 화는 신체의 장기와도 같아 억지로 참거나 제거하려고 애쓸 필요가 없다. 오히려 울고 있는 아기라고 생각하고 보듬고 달래야만 한다. 화는 날수록 참아야 한다. 군대에서 후임자나 후임병의 업무수행 능력을 보면 항상 미흡하기 때문에 화를 낼 소지가 많다. 그럴수록 화를 내지 말고 자상하게 가르쳐 주면 서로 간에 신뢰가 형성된다. 그들의 수준을 고려하여 오히려 먼저 지침을 주고 구체적인 수행방법을 설명해 주면 업무의 효율성도 증가한다. 화를 내는 것은 후임자가 받아야 할 몫이 아니고 오히려 선임자가 받아야 할 몫이다. 화를 줄임으로써 우리 병영은 보다 밝아지고 이를 통해 강한 전투력이 창출할 수 있음을 명심하고, 화火, anger 대신 화和, peaceful를 만들도록 노력하자.

■ '10. 7. 2. 금

힘든 것도 감사

한 여인이 있었는데 남편과 사별한 지 오래되지 않아 가끔 그를 생각하며 눈시울을 적실 때가 많았다. 생전에는 그리 살갑지 않았지만 곁에 없다 생각하니 모든 것이 아쉽기만 하였다. 그러던 어느 날 평상시 언니라고 부르며 지내는 이웃집 새댁이 그녀의 남편과 부부싸움을 하였다. 잠시 후 새댁은 그녀의 집안으로 뛰어 들어와 남편의 험담을 늘어놓았다. "언니! 저 사람하고는 도저히 살 수 없어. 내가 뭐가 좋다고 저 사람하고 결혼을 했는지. 이대로는 못살아 정말 못살아." 여인은 울고 있는 새댁을 가만히 껴안아주었다. 한참 후에 새댁이 그녀에게 말했다. "그런데 언니는 왜 아무 말도 안하는 거야?" "……." "언니!" "나는 너처럼 싸우고 싶어도 이젠 싸울 수가 없어. 그는 우리 가정을 위해서 밤낮없이 착하게 일했는데. 그런데 나는 잘 해주지 않는다고 늘 원망과 투정을 했지. 그런데 막상 그가 떠나니까 아무것도 할 수 있는 것이 없어. 시간이 흐르면 괜찮겠지 하였는데 그렇지도 않고. 지금은 잠시라도 좋으니 그의 눈빛만이라도 바라보았으면 정말 좋겠어. 나 같은 철없는 아내와 사느라고 그는 고생을 많이 했어. 그래서 너무 미안해. 다시 태어난다면 지금 못해준 것을 정말 잘 해주고 싶어. 그게 소원이야. 그렇게 착한 사람에게 고통을 주었으니 지금 벌을 받는 거야." "언니!" "싸울 수 있는 것도 행복이야. 그것마저도 사랑인거야. 늘 가진 것을 감사해야 해.

난 그게 얼마나 소중한 것인 줄 몰랐었으니까." "언니, 죄송해요. 그리고 정말 고마워요!"새댁은 그녀를 힘껏 껴안더니 다시 문을 열고 나갔다. 잠시 후 새댁의 집에서는 웃음소리가 창문을 타고 흘러나왔다.

 싸울 수 있는 것도 행복임을 안다면 모든 갈등은 사라진다. 대부분의 장병들은 군에 입대를 하면서 자기의 인생에서 최악의 상황으로 치닫는다고 생각한다. 그러나 그곳에 가고 싶어도 가지 못하는 누군가에게는 그것은 부러움의 대상일 수 있다. 힘들어서 벗어나고 싶은 현실도 시간도 지나면 인생에서 가장 소중한 추억으로 간직된다. 따라서 지금이 자기의 인생에서 가장 빛나는 순간이고 어려움은 장차 보람으로 이어지기에 최선을 다해 극복해야 한다. 현재 장병 각자에게 주어진 어려움을 자기 발전의 긍정적 시각으로 보았으면 하는 바람이 간절하다.

■ '10. 7. 4. 일

선제주동 先制主動

여기 제 2포병단장으로 취임한지도 어느덧 10일이 지났다. 참모로부터 업무보고도 받았고 예하부대로부터도 업무보고를 받고 있다. 대대장 및 참모들이 각자 부여된 임무수행을 위해서 모두들 열심히 노력하고 있고, 단장으로서 본인의 역할만 충실히 하면 될 것 같다는 생각이 든다. 그러나 아직 개선할 점이 몇 가지 식별되는데 그 첫 번째가 바로 전투준비에 대한 정신적 대비태세가 미흡하다는 것이다. 지난번 천안함 피격 사건관련 대통령님의 말씀에서도 언급했듯이 하부조직에서는 아직도 매너리즘에서 벗어나지 못하고 있다. 즉 옛날에 해왔던 대로 피동적으로 쫓아가는 형국이다. 따라서 이것을 개선하고자 하나하나 전투준비가 제대로 되어 있는지 따져 물으면서 확인하고 있는데 참모들이 다소 힘들어 하는 경향이 있다.

요즘 본인이 간부들에게 묻는 제일 화두는 '본질'이다. 의외로 업무를 하면서 그것을 왜 해야 하는지 그 목적과 배경을 알고 추진하는 간부가 드문 것 같다. 따라서 가용시간을 고려하여 그것이 왜 필요한지에 대한 교육을 실시하고 있다. 둘째는 업무를 사전에 예측하여 준비하는 능력이 미흡한데 예를 들어 집중호우가 내린다고 하면 미리 배수로를 정비하거나 붕괴 우려지역에 대한 사전 조치, 병력 대피계획을 검토하는 등의 실질적 행동이 요구되는데 그러한 것들이 부족한 것 같다. 그래서 필자는 그들에게 늘 업무를 선제주동先制主動하라고 강조하고 있는데 그 의미는 예상되는 문제점을 미리 제압하면서 주도적으로 움직이라는 뜻이다. 그렇게 적극적으로 하면 재미도 있고 상급자로부터 칭찬도 들을 것이다. 그러나 참모들은 필자와 비교하여 군 생활의 경험이 부족하기 때문에 이 또한 지휘관인 본인이 챙기지 않으면 안 될 것 같다.

셋째는 장병들에게 의미 있는 병영생활을 하도록 추진하는 노력이 부족하다는 것이다. 의무복무를 하는 우리 장병들에게 아무리 강조를 해도 긍정적이며 능동적으로 움직이는 것은 어렵다. 부임 후 그것을 개선하고자 필자가 추진한 것이 장병 자기계발과 각종 동아리를 활성화하는 것이다. 이것은 재임기간 중 주기적으로 성과를 분석하여 잘한 병사는 포상할 복안이다. 지금은 여건이 좋아져 본인이 노력만 한하면 각종 자격증 취득과 부대에 설치된 인터넷을 활용하여 원격학습도 가능하다. 따라서 우리 장병들이 훈련은 훈련대로 열심히 하면서 남는 시간을 이용하여 보람을 가질 수 있는 다양한 노력들을 추진할 계획이다.

최근 필자가 우리 간부들에게 많이 강조하는 것이 3가지가 있는데 첫째, 전투감각을 가지고 근무하자는 것 둘째, 진정한 부하사랑을 실천하자는 것, 셋째, 모든 부대 운영은 시스템에 의해서 하자는 것이다. 앞의 2가지는 쉽게 이해되지만 마지막은 다소 생소할 텐데 그것은 지휘관의 지시가 아닌 법과 규정에 의해 부대를 운영하는 것이다. 지휘관 한 명이 바뀌었다고 기존의 모든 틀이 바뀌는 것은 아니고 정해진 규칙 속에서 생활하는 개념인 것이다. 이러한 규칙이 부대에 없어서 현재 만들고 있다. 잘 만들어서 효율적으로 적용한다면 우리 백호부대가 보다 강건한 부대가 되리라 확신한다. 여하튼 필자의 이 3가지 강조사항을 잘 추진하여 우리 장병들을 강한 전사로 만들 것을 다짐해 본다.

■ '10. 7. 6. 화

불기자심 不欺自心

불기자심不欺自心이란 말은 생전에 성철스님께서 우리 중생衆生들에게 법어法語에서 수없이 강조한 말인데, 해석하면 "자신의 마음을 속이지 말라."는 뜻이다. 인생을 살면서 우리는 수없이 자신을 속이며 살고 있다. 하루를 마치고 잠자리에 들기 전에 그 날 타인과의 대화를 되새겨보면 정말 많은 거짓말을 하고 있음을 알 수 있다. 아마 그것은 순간순간 상황을 모면하고자 또는 나 자신을 합리화시키기 위해서, 내가 제일 고생하고 있다는 것을 표현하고 싶어서일 것이다.

그러나 우리 장병들은 군대의 특수한 상황에서 아름다운 불기자심의 사례들을 접할 수 있다. 삶과 죽음이 교차하는 어느 전쟁터에서의 일이다. 전투를 하던 선임하사가 다리에 총상을 입고 참호로 후송되어 물을 찾았다. 격전으로 소대원들의 물은 고갈되었고 애타게 물을 찾는 그에게 위생병이 마지막 남은 수통을 건넸다. 물을 마시려던 순간 그는 수통에 쏠려있는 소대원들의 시선을 느꼈다. 도저히 혼자 마실 수 없어 소대장에게 권한다음 마시려고 보니 수통의 물은 전혀 줄지 않았다. 이어서 수통은 손에서 손으로 전해졌으나 물은 그대로 있었다. 웬일일까? 소대장을 비롯한 모든 장병들이 물을 먹는 시늉만 했을 뿐 서로를 아끼는 전우애戰友愛로 마시지 않았던 것이다. 이렇게 타인을 사랑하고 배려하는 마음은 비록 자신의 마음을 속일지라도 불기자심의 금언에 위배되지 않는다. 우리는 다양한 경험을 쌓는 군대생활을 하다보면 여러 가지 이유로 인해 많은 어려움에 봉착하게 된다. 그러나 서로를 사랑하는 전우애야말로 그것을 극복하는 지름길이라고 생각한다. 선임병은 후임병의, 상급자는 하급자의 어려움을 세밀히 살펴 같이 고민하고 해결해 주려는 그 마음이야 말로 성철스님께서 강조한 불기자심의 승화된 사례라고 생각한다.

요즈음 봄을 알리는 수목의 새싹과 꽃들이 대지를 밝게 가꾸어 가고 있다. 새싹이 나오려면 따뜻한 햇볕이 비추어야 하듯이 고통과 난관을 극복하기 위해서는 서로를 사랑하고 배려하는 전우애를 가질 때 우리 군은 보다 강한 군대가 되리라 확신한다. 불기자심이 중생들에게는 자비慈悲이고, 우리 군에는 전우애로 승화되도록 노력하자.

■ '10. 7. 7. 수

징비록 懲毖錄

    징비록은 서해 유성룡이 7년간의 임진왜란을 겪고 후세에 다시는 그 같은 참화를 입어서는 안 된다는 충심에서 지은 책이다. 징비록이란 단어는 시경詩經의 소비편小毖篇에 '예기징이비역환'豫基懲而毖役患이란 구절에서 따온 것으로 직역하면 '미리 징계하여 후환을 경계한다.'이나 의역하면 '지나간 일의 잘잘못을 되새겨 닥쳐올 환란에 대비한다.'라는 뜻이다. 우리말 중에 '한 번 실수는 병가지상사'라는 말이 있다. 실수는 흔히 있기 때문에 너무 자책하지 말고 그것을 경험삼아 더 잘해보라는 의미이다. 그러나 그것이 개인이라면 별 문제는 없겠지만 나라의 일은 그렇지 않다. 나라의 문제가 한 번 실수하면 국민에게 커다란 고통을 주는 것을 최근의 6.25전쟁과 IMF를 통해서 잘 알 수 있다.

    그런데 모든 문제는 뚜렷한 징후가 있고 대비책도 있는데 왜 그런지 무감각해지고 일부러 잊고 산다. 타조라는 새는 적이 쳐들어오면 덤벼들어 싸울 생각을 하지 않고 대신 움푹한 모래 속에 머리를 처박아 넣는다고 한다. 임진왜란이나 6.25전쟁 모두 뚜렷한 적의 공격 징조가 있었음에도 조정이나 정부에서 그것에 대한 대책을 강구하지 않았다. 율곡의 십만양병설, 황윤길의 일본 침략론이 나왔을 때 대책을 강구했더라면 얼마나 좋았을까? 전쟁이 발발해서도 일부 지도자들의 언행을 살펴보면 더더욱 가관이다. 경상남도 병마절도사 이각은 전쟁 소식에 우선 자신의 첩부터 피신시켰고, 순찰사 김수는 자신의 부하들에게 모두 도망치라는 격문을 내리고, 조선 제일의 장군이라는 이일은 상주에서 적과 조우했는데 그 위세에 눌려 관모를 버리고 알몸으로 도망갔다. 신립장군은 "아! 그 소총이란 것이 쏠 때마다 맞는 답디까?"라며 적에 대해 무지를 드러내고, 선조의 장자인 임해군은 왜장 가등청정加藤淸正에게 사로잡히자 "내가 풀려날 수 있다면 한수 이남의 땅을 주겠다."라고 목숨을 구걸하였고, 선조도 명나라에 "제발 우리나라를 합병해 달라."고 요청하는 등 부끄러운 행동을 서슴지 않았다.

최근 한반도에는 화해의 무드가 조성되고 있고 군 고위층의 만남으로 군사적인 측면에서도 신뢰를 쌓아가고 있다. 그런데 이러한 만남이 계속되더라도 왠지 뒷근심이 일어나고 개운하지 못한 것은 그간의 북한의 행태에서 그 원인을 찾을 수 있다. 그들은 월드컵 경기 시 서해교전을 일으켰고, 남북한 간에 교류가 이루어진 동안에도 핵개발을 계속하는 등 화전양면전술을 구사하고 있기 때문이다. 따라서 우리 장병들은 외부의 어떠한 상황 하에서도 전투준비와 교육훈련을 강화하는 등 군 본연의 임무에 충실하여야 한다. 이 두 가지에 있어서 소홀히 하는 간부와 용사들은 군인으로서의 자격이 없는 것이며, 국가의 위기를 초래하는 원흉이 되는 것이다. 또한 국민들도 우리 장병들이 마음껏 훈련할 수 있는 여건을 만들어 주어야 한다. 나름대로 어려움이 있겠지만 나라의 안위를 위해 훈련하는 장병들을 도와주지는 못할망정 시비를 통해 개인 사욕만 채운다면 이 또한 애국과는 거리가 멀다. 또한 이러한 징비懲毖의 마음은 군사적인 위협뿐만 아니라 경제, 사회, 문화, 개인 등 모든 분야에서 가져야 한다. 세계화가 되면서 타국의 위협은 매우 다양한 방향에서 돌출하고 있다. 따라서 우리 모두는 자신의 징비록을 써야 하는데 지도자들은 국가 안위와 민생에 대해, 군인은 국방에 대해, 기업가는 경제에 대해, 아버지는 가정에 대해 써야 한다. 그것을 통해 사전에 대비책을 강구한다면 우리나라는 선진번영의 길로 나갈 수 있다. 망전필위忘戰必危와 유비무환有備無患의 진리가 더욱더 중요해지는 시기이다. ■ '10. 7. 9. 금

군인과 청빈

　필자가 소위로 임관 후 전방 부임지로 출발할 때 부친께서 "군인은 명예로 살아가는 직업이니 사사로운 것에 휘둘리면 절대 안 된다. 특히, 불의, 여자, 노름에 빠지지 않도록 주의하고 적수천석滴水穿石의 각오로 열심히 노력해야 한다. 또한 네 봉급은 부하를 위해 쓰라고 준 것이니 그들을 위해 사용해라."고 말씀하셨다. 부친의 말씀을 요약해보면 불의는 이해관계 속에서 필자가 약해질까 봐, 여자는 그 당시 전방에 술집이 많았는데 실수를 할까봐, 노름은 아무리 친한 관계라도 의를 상할까봐 그러신 것 같다. 필자는 부친의 말씀을 떨어지는 물방울이 돌을 뚫을 정도로 임무에 최선을 다하고 부하를 위해 아낌없이 베풀라는 의미로 해석하여 나름대로 그것을 구현하려고 노력하였다. 그래서 가진 것은 별로 없었지만 조국을 지킨다는 사명감 하나로 지금껏 매사에 최선을 다한 것 같다. 결혼 후에는 부하를 위해 봉급을 사용하는 것이 다소 어려웠지만 조금씩 모은 돈으로 가끔 회식을 시켜주고 있다. 우리나라 공무원 중에서 자기 돈으로 회식을 시켜주는 직업은 군인밖에 없다고 하니 군인과 청렴은 떼려야 뗄 수 없는 관계가 아닐까 라는 생각을 가끔 해본다.
　청빈은 청렴하여 가난함을 뜻하는 말이나 게으르거나 무능해서가 아니라 청렴이 가난의 원인이 될 때만 청빈이라 한다. 이러한 청빈은 공직자가 주로 해당

된다 할 수 있다. 종교에서도 '마음이 가난한 자는 하늘이 저희들의 것이다.'라고 가난과 청빈을 매우 강조하고 있다. 이유는 소유와 이윤에 대한 과도한 탐욕이 사회의 갈등과 불안요소로도 작용하기 때문이다.

여기 한 가지 외국의 사례를 들어보자. 필리핀은 막사이사이가 살아 있었으면 오늘날처럼 가난하지 않았을 것이라는 것이 모든 사람들의 공통된 견해이다. 그는 필리핀의 국방상으로 취임하면서 제일 먼저 한 것이 부패장교를 일소하였고, 이어서 국회의원 선거가 있자 부정선거를 철저히 방지했다. 그 때까지만 해도 총 투표자 수가 유권자의 수를 훨씬 상회하는 것이 당연시 되는 시절이었다. 그렇게 하여 그는 점차 세력을 확대하던 공산주의 세력들을 몰아내고 1950년 선거에서 대통령으로 당선되었다. 취임 후 제일 처음 한 것이 자신의 재산을 공개한 것이다. 그러면서 퇴임 후 지금보다 재산이 조금이라도 더 늘어나면 가차 없이 국민의 심판을 받겠다고 선언하였다. 그런데 그는 아쉽게도 비행기 사고로 죽었고 그의 미망인이 대통령 관저를 떠날 때 그녀는 이사 갈 집조차 없이 가난하였다. 잠깐이지만 재임기간에 그를 태운 승용차가 속도위반으로 지적 받았을 때에도 권위를 내세우지 않고 범칙금을 냈던 일화는 너무나도 유명하다. 그는 항상 법을 지키려고 노력하였고 법 앞에 누구나 평등하다는 것을 몸소 실천하였다. 그러나 그가 죽고 난 후 필리핀은 그의 위대한 업적을 계승하지 못하고 부정부패를 일삼는 바람에 아시아의 빈국으로 전락하고 말았다.

이처럼 공무원의 청빈은 국가의 운명을 가름할 매우 중요한 요소이다. 특히 군인의 청빈은 전투력에도 큰 영향을 미치기 때문에 지휘관은 항상 군내에서 부조리가 발생하지 않도록 철저히 확인해야 한다. 또한 도덕적으로 불의와 타협하지 않는 정신을 간부들에게 늘 심어주어야 한다. 비록 가진 것은 없더라도 명예롭게 사는 것, 그것이 진정 우리 군인들이 지켜야 할 청빈인 것이다.

■ '10. 7. 10. 토

아내의 방문

지난해 9월 말에 대령 진급 발표가 있었는데 다행히 필자는 대상자에 포함되어 포천에 위치한 군단의 인사참모로 부임하게 되었다. 당시 진급을 해서 너무나도 기뻤지만 한편으로 슬펐던 것은 고등학교에 재학 중인 두 아들의 교육문제로 인해 사랑하는 아내, 아이들과 헤어져야 한다는 사실이었다. 대부분의 직업 군인들이 아내와 헤어져 사는 이유가 바로 자식의 교육 문제 때문이다. 이는 자녀들의 고등학교만큼은 한 곳에서 졸업시켜 인생의 혼란을 방지하겠다는 생각을 갖고 있기 때문이다. 필자도 아내와 헤어져서 살고 있는데 벌써 8개월이 지났다. 한 번도 헤어져 산 적이 없기에 처음에는 잠도 오지 않고 너무 불편하여 하루하루 정말 힘이 들었다. 그러나 업무에 매진하느라 늘 정신이 없었고, 한두 달 지나자 그러한 생활도 점차 익숙해졌고 이곳 포병단장으로 부임해서도 마찬가지였다.

아내가 대구에서 이곳 양주에 위치한 필자의 부대까지 오려면 5시간 정도 차를 타야만 한다. 그래서 격주로 오고 있는데 그런 아내에게 항상 너무 미안하고 안쓰럽다는 생각이 든다. 아내는 필자를 만나러 오면 늘 집안을 청소하고 빨래하느라고 바쁘다. 이러한 아내 생각에 필자는 늘 아내를 데리러 가는데 매번 버스에서 내려 손을 흔들며 다가오는 아내를 보면 너무나도 반갑다. 매번 힘들게 올라오는 아내를 생각해 청소를 하지 말라고 해도 아내는 항상 집안 구석구석을 청소하느라고 정신이 없다. 필자는 가끔 그런 아내를 뒤에서 말없이 껴안으며 "여보, 사랑해요."라고 말한다. 그러면서 항상 여자지만 아내의 힘은 역시 대단하다는 생각을 한다. 필자의 부대 간부들은 아내가 주말에 오는지 여부를 잘 알고 있다. 왜냐하면 필자의 얼굴 속에서 그것이 나타나기 때문이라고 한다. 얼마 전에는 모처럼 아내와 오붓한 시간을 보내던 중 참모들이 테니스를 치자고 하여 함께 운동을 했다. 이후 저녁에는 부대 근처 이마트에 갔는데 필자의 여름 이불과 옷가지, 그리고 참외, 자두 등 과일들을 사고 식사는 아내가 좋아하는 초밥을 사먹었다.

일요일에는 부대 인근에 위치한 00사단 성당에서 미사를 드린 후 신부님과 함께 점심을 먹었다. 개인적으로 한 번 식사를 하려고 생각했는데 마침 아내도 와서 말씀을 드렸더니 흔쾌히 시간을 내주셨다. 아내는 필자와 함께 더 있다가 오후 5시 차로 가겠다고 말했지만 필자는 3시 차로 가라고 말했다. 늦게 가면 필자야 좋지만 아내는 밤 11시 정도가 되어서야 집에 들어갈 수 있기 때문이다. 버스 정류장까지 바래다주면서 필자는 환히 웃었지만 속마음은 무척 아쉬웠다. 매번 아내가 떠나면 한동안은 마음이 너무 허전하고 울적해진다. 아내는 의정부에서 고속버스로 갈아타면서 또한 집에 도착한 다음에도 전화를 하였다. 관사에서 혼자 외롭게 지내려니 마음은 아프지만 2주 후 다시 만나리라는 희망을 가지고 열심히 장병들과 함께 생활할 것을 다짐해 본다.

■ '10. 7. 12. 월

아름다운 변화를 위하여

최근 우리 예하대대인 000대대가 상급부대에서 볼 때 문제가 많은 것으로 인식되고 있다. 특히, 대대장의 강성 리더십 때문에 간부들이 힘들어 하고 있고, 간부들 상호간 불신이 많아 언제 터질지 모르는 휴화산 같은 상태였다. 여단 참모들도 그러한 분위기를 여단장님께 말씀드렸고, 곧바로 필자에게 전화를 하셔서 "포병단장, 000 부대의 문제점을 정확히 진단하여 그것에 상응하는 후속조치를 강구해 보게."라고 지시를 하셨다.

누구나 알다시피 화합은 전투력 창출의 가장 핵심적인 요소이다. 아무리 부대의 전투력이 강한들 인화가 되지 않고서는 언제 무너질지 모르는 사상누각과 같은 집인 것이다. 이러한 상황에서 필자는 어떻게 문제를 해결할 것인가 고민했다. 왜냐하면 대대장은 약 400여명의 부하를 이끄는 지휘관이기 때문이다.

그래서 우선 필자가 조치한 것은 대대장에게 오해가 없도록 배경을 설명하고 간부들의 애로 및 건의사항을 수렴하였다. 그것들의 내용을 종합한 결과 몇 가지 개선할 점이 도출되었는데 크게는 대대장의 리더십 분야, 간부의식 개선분야, 그리고 개인의 애로 및 건의사항들이었다. 평소 대대장은 기초 기본적인 것을 중요시하면서, 공과 사의 구분이 명확하며 병사들과의 의사소통은 잘되고 있었지만 반면에 간부들과의 의사소통과 칭찬이 부족한 문제점이 있었다.

둘째, 간부들의 의식은 모든 업무에 부정적이고 소극적 행동으로 마지못해 하는 형국이었다.

셋째, 개인의 애로사항은 휴가보장 등 크지 않은 건의사항들이 대부분이었다. 무엇이 문제인지 식별되었기에 그것에 적합한 처방만 잘하면 최강의 대대가 되리라는 확신이 들었다. 여단장님께 이러한 문제점과 후속조치 계획을 보고드렸고 흔쾌히 필자의 조치를 승인하셨다.

그날 저녁 대대장에게 전화를 하여 저녁 식사를 함께 하자고 했다. 그는 필자로부터 무슨 얘기가 나올지 긴장을 하면서 참석을 했는데 술을 권하면서 계속 칭찬만 하였다. 처음에는 어리둥절했지만 술 몇 잔이 들어가자 스스로 대대의 문제점을 말하였다. 대대장은 그 장병들을 위해 야간 및 휴일에도 마다 않고 함께 하는데 간부들은 그런 그의 마음을 너무 모르고 업무를 시키면 마지못해 수행하니 그것이 제일 큰 불만이라고 했다. 그의 아내는 병사들 생일이면 미역국을 끓여 주면서 축하하고, 간부들 운동시 간식까지 준비하는 등 가정 전체가 부대에 헌신하고 있었다. 그러다보니 그의 딸은 "아빠 집은 부대, 우리 집은 아파트"라고 말한다고 하였다. 충분히 그의 열정적인 부대 지휘와 진정한 부하 사랑을 실천하는 노력에 찬사와 격려를 보냈다. 그러면서 다 듣고 난후 필자가 마지막에 한 말은 "대대장, 이제 업무에서 한 발 빼고, 간부들 칭찬을 많이 해주고, 가급적 많이 웃게."라고 화두를 주었다.

필자는 그 부대 간부들을 대상으로 '아름다운 변화를 위하여'라는 제목으로 정신교육을 실시하였다. 우리 인생에서의 성공과 행복은 바로 '긍정적 사고와 적극적인 행동'에서 나온다는 것을 여러 사례를 통해 설명을 해주었다. 또한 대대장의 지휘권 확립 측면에서 현재의 진급제도도 설명해주었는데 군대라는 특수한 조직은 지휘관의 평가가 매우 중요함을 강조하였다. 모두들 강의에 집중을 하였고 고개를 끄덕이는 등 많은 호응을 보냈다. 약 90분간의 강의를 마치고 나가면서 간부 한명 한명과 일일이 악수를 하면서 따뜻한 격려를 보냈다. 일부 간부들은 필자를 따라와 좋은 내용에 사의를 표하면서 앞으로 솔선수범하여 근무하겠다고 말하였다. 이후 대대장은 포대장들과 소주 한잔 마시면서 많은 대화를 나누었다고 한다. 그것을 통해 많은 오해가 풀렸고, 부대를 위해 함께 노력할 것을 다짐했다고 한다. 또한 대대장은 아침 상황보고 전에 웃음체조[1]라는 것을 시행하여 간부들과 활기차게 하루를 시작한다고 하였다. 또한 그동안 허리가 아파 같이 운동을 하지는 못했지만 앞으로 관전은 꼭 하여 간부들의 동참을 유도하겠다고 하였다. 그리고 그동안 소홀하였던 가족들과도 점차 시간을 늘려 남편과 아빠로서의 역할도 충실히 하겠다고 하였다.

결국 그의 말처럼 부대라는 것은 혼자만의 힘으로 성공하는 것이 아니고 조직을 얼마나 잘 리드하느냐에 따라 성패가 좌지우지 된다. 이후 필자는 전입온 후 처음으로 대대장의 얼굴에 잔잔한 미소를 짓는 모습을 볼 수 있었다. 지휘관이 늘 경직된 얼굴을 하면 그 부대의 분위기는 당연히 차가워진다. 필자는 교육 후 복귀하기 전에 "대대장, 단장의 의도를 잘 따라줘서 고맙소. 건투를 빕니다."라고 또 칭찬해주었다. 현재까지의 대대 분위기는 이전과는 달리 많이 달라졌다. 대대장 한 사람이 생각과 마음을 바꾸니 부대 전체가 변하고 있는 것이다. 이제 8월 초에 다시 한 번 그 부대의 분위기를 재진단해 볼 생각이다. 현재의 상태라면 아마 최강의 대대로 거듭날 것 같다. 이곳에 부임하여 오늘처럼 뿌듯하고 보람되는 날은 없는 것 같다. 그리고 나름대로 최선을 다하고 있는 대대장에게 마음으로부터 격려를 보낸다.

■ '10. 7. 14. 수

---

[1] 박수를 신나게 15초간 치면서 크게 웃는 것을 칭함

말조심

옛날 어느 마을에 신부님 한 분이 살고 계셨는데 그는 젊은 과부 집에 자주 드나들었다. 이를 본 마을 사람들은 확인도 하지 않고 좋지 않은 소문을 퍼뜨리며 신부를 비난했다. 그런데 얼마 후 그 과부가 세상을 떠나고 말았다. 그제야 마을 사람들은 그가 암에 걸린 젊은 과부를 위로하고 돌보았다는 사실을 알게 되었다. 그동안 가장 혹독하게 그를 비난했던 두 여인이 찾아와 용서를 빌었다. 그러자 신부는 그들에게 닭털을 한 봉지씩 나눠주며 "들판에 가서 그것을 바람에 날리고 오시오."라고 말하였다. 닭털을 날리고 돌아온 그녀들에게 그는 다시 "그 닭털을 주워 오십시오."라고 말하였고, 그녀들은 "바람에 날려가 버린 닭털을 무슨 수로 줍습니까?"하며 울상을 지었다. 그러자 그는 그녀들을 뚫어지게 쳐다보며 다음과 같이 말했다. "나에게 용서를 구하니 용서해 주는 것은 문제가 없으나, 한 번 내뱉은 말은 다시는 담지 못합니다. 험담을 하는 것은 살인하는 것보다 위험하다는 말이 있습니다. 왜냐하면 살인은 한 사람만 상하게 하지만 험담은 한꺼번에 세 사람을 해치는 결과를 가져오기 때문입니다. 첫째는 험담을 하는 자신이요, 둘째는 그것을 듣고 반대하지 않고 듣고 있는 사람들이며, 셋째는 그 험담의 화제가 되고 있는 사람입니다. 남의 험담을 하는 것은 결국 자기 자신의 부족함만 드러내고 마는 결과를 가져올 뿐입니다."

지난 일주일 동안 필자가 참모들에게 시킨 일들이 많다. 대부분 전투준비 측면에서 미흡한 것을 보완하라는 내용인데 주말을 맞아 어제 회식을 시켜주었다. 반주 삼아 소주를 몇 잔 먹으면서 그들의 이야기를 들었는데 지원과장이 축배를 제의하면서 다음과 같은 말을 하였다. "단장님께서 며칠 전 제가 갖고 간 보고서의 내용을 보시고 대위 수준보다도 미흡하다고 말씀하셨습니다. 그 말씀을 듣고 한 2시간 정도 밖을 보면서 한 숨을 쉬었습니다. 송구스럽게 생각하면서 앞으로 더욱 잘하겠습니다." 이것이 무슨 황당한 상황인가? 내가 정말 그렇게 말했나? 하는 생각이 들었다. 곰곰이 생각해 보니 며칠 전 업무가 미흡한 것을 질책하면서 필자도 모르게 튀어 나온 말인 것 같다. 말한 필자는 잊었는데 그는 그것을 늘 가슴에 담아두고 있었던 것 같다.

우리 병사들의 사고 원인 중 하나가 바로 선임병들의 질책이다. 과거와는 달리 현재 우리 군도 고학력자가 많다보니 더 잘하라는 의미에서 말한 것이 자칫 자신이 인격모독을 당했다고 생각할 수도 있다. 처음부터 잘할 수는 없기에 인내를 가지고 지도해야 하는데 당장의 임무수행에 문제가 있다 보니 질책을 한다. 반면에 타인에 대한 긍정적인 말과 칭찬은 자기 자신도 긍정적으로 바꿔놓는다. 이번 일을 계기로 필자도 항상 말을 조심하고 격려의 말, 칭찬의 말, 좋은 말을 많이 할 것을 다짐해 본다.

■ '10. 7. 17. 토

종교생활

　필자의 종교는 천주교이다. 그래서 이곳 00사단에 위치한 비룡성당에 다니고 있다. 과거 육사 생도시절 각자 한 가지 종교를 선택하라고 하여 천주교를 택했다. 그 이유는 초등학교 시절 집 옆에 성당이 있었기 때문이다. 그곳은 공주시 유구 성당이었는데 어릴 적 학교 수업이 끝나면 그곳에서 친구들과 놀던 기억이 많이 난다. 당시 신부님은 파란 눈의 프랑스 분이셨는데 어린이들을 무척 좋아하셨고 갈 때마다 맛있는 과자를 나누어 주셨다.

　우리 군이 처음 창설할 때는 군종장교들이 없었다고 한다. 그런데 6.25전쟁 시 부상으로 죽어가던 한 병사가 우리 군에도 미군들처럼 임종을 지켜주는 군목이 있었으면 좋겠다고 말하여 이승만 대통령께서 군종 병과를 만드셨다고 한다. 개인적으로 신앙은 군에서 매우 중요한 역할을 수행한다고 생각한다. 입대하여 심리적으로 불안한 장병들을 안정시켜 사고도 예방하고, 정신전력도 강화할 수 있기 때문이다.

　현재 비전캠프라는 것이 사단급 이상 부대에서 운영되고 있는데 복무부적응 병사들은 모아 군종장교인 목사, 신부, 법사님들께서 상담과 인격지도를 통해 활기찬 병영 생활을 유도하고 있다. 이 제도로 많은 장병들이 긍정적인 사고로 변모하는 등 그 효과가 높은 것으로 평가되고 있다.

군대의 종교생활은 사회와 비교하여 몇 가지 특징이 있다. 첫째, 간부 신자 수가 그렇게 많지 않다는 것이다. 평일 근무로 피곤한지 몰라도 신자이면서 휴일에 나오지 않은 간부들도 꽤 있다. 둘째, 매주 장병들에게 간식을 제공한다. 대부분 초코파이나 빵을 주지만 월 1회 이상은 피자, 통닭, 냉면, 짜장, 라면 등 선호 음식을 제공하기도 한다. 셋째, 종교 의식 간 졸거나 자는 병사들이 상대적으로 많다. 아마 심신이 편안하다보니 그러한 현상들이 발생되는 것 같다. 넷째, 감사의 마음이 부족하다는 것이다. 대부분 군에서는 받는 것에만 익숙해져 있고 또한 받는 것을 당연하다고 생각한다. 그래서 봉사하는 자매님들에게 고맙다고 말하는 병사들도 별로 없고, 헌금을 내는 장병들도 많지 않다. 물론 다 그런 것은 아니고 나름대로 열심히 하는 병사들도 있다. 다섯째, 사회와는 반대로 성직자들이 신자들에게 식사를 사주는 경우가 많다. 물론 교우회, 사목회, 금강회 등 신도회나 개인적으로 대접하는 경우도 있지만 군대생활에 노고가 많다고 거꾸로 대접 받는 경우가 종종 있다. 마지막은 군종장교들 중 특히, 신부님들께서 예하부대의 공소들이 많아 대단히 고생이 많다는 것이다. 통상 성당은 사단급 단위에 1개소만 있다 보니 그러한 현상이 나타나고 있다.

최근에는 민간 종교기관에서 군부대를 후원하는 곳이 점차 늘고 있다. 종교라는 것이 원래 소외되고 가난한 사람들을 위해 봉사를 하는데 우리 군인들도 그곳에 포함되는 것 같다. 지난주에는 적성 민간성당을 다녀왔다. 예하 3개 대대 장병들이 그곳에서 미사를 보기 때문이다. 신부님이 안 계셔서 고맙다는 말씀도 못 드리고 그냥 장병들과 함께 미사를 보고 복귀하였다. 일산의 한 성당 교우 분들이 장병들 간식으로 자장면 봉사를 오셨다. 부대의 장으로서 그들에게 정말 고맙다고 사의를 표했고 앞으로도 계속 성원해 줄 것을 부탁하였다.

■ '10. 7. 18. 일

성과분석

우리 군은 주기적으로 업무에 대한 성과분석을 하는데 통상 2가지를 한다. 크게 사업과 교육훈련 성과분석이다. 이 2가지 모두 올해 계획한 업무가 제대로 추진되는지를 점검하는데 통상 반기 단위로 실시한다. 우리 포병단도 금일 여단장님을 모시고 성과분석을 실시하였다. 통상 포병단 성과분석은 단장인 필자가 주관해서 하지만 이번에는 여단장님께서 최근 국방부와 합참 주요 지휘관 회의에 참석하셨기 때문에 군 지휘부의 강조사항을 추가적으로 교육하기 위해서 직접 주관해 주셨다. 이것을 위해 어제 휴일임에도 불구하고 단 자체적으로 예행연습도 실시하였는데 내용을 보니 모든 내용이 잘 된 것 위주로 분석되어 있었다. 그래서 필자는 미흡한 것도 반드시 포함하라고 지시하였다. 여단장님 앞에서 우리 부대의 치부를 드러내는 것이 아닌가라고 생각할 수도 있지만 예하 지휘관들에게 현 수준이 이렇다는 것을 분명히 인식시킬 필요성도 있다고 판단했기 때문이다.

보고 간에 여단장님께서는 예하지휘관들에게 많은 질문을 하셨고 각 분야에 대한 당신의 개념도 중간 중간 설명해주셨다. 결론적으로 비록 필자가 취임한 것은 6월 중순이지만 전반기는 상당히 바쁘게 보냈으며, 예하 지휘관들 모두 책임감을 갖고 열심히 노력하여 전체적인 성과는 매우 높다고 분석이 되었다. 성과분석 회의 후에는 친목을 다지기 위하여 2팀으로 나눠 축구시합을 실시했다. 경기에 참여하는 인원 중에는 최근 교체된 포대장도 다수 있었는데 함께 땀 흘리며 친해지는 아주 좋은 계기가 되었다. 운동 후에는 사열대에 막걸리를 준비하여 그간의 고생을 위로하였다. 축구를 하면서 필자의 마음은 선수였지만 실제 몸이 쫓아가질 못하는 것을 보니 문득 '이제 나도 많이 늙었구나.'라는 생각이 들었다. 그래도 단장인 필자를 우대해 주느라고 패스도 몇 번하여 그나마 공을 만질 수 있었다. 여하튼 이번 성과분석시 미흡한 것과 후반기 추진해야 할 업무를 잘 정리하여 후반기에는 보다 전투력이 강한부대, 따뜻한 백호부대를 만들 것을 다짐하였다.

■ '10. 7. 19. 월

진급추천

군대의 진급은 모든 장병의 관심사이며 특히 간부들에게는 정말 민감한 부분이다. 진급은 야전과 육본의 역할이 있는데 야전은 지휘 및 진급을 추천하고 육본은 그 결과를 가지고 심사를 해서 최종 진급자를 결정한다. 지휘추천은 진급 대상자들을 대상으로 서열을 메기는 것을 말하고 진급추천은 대위에서 소령으로 진급하는 대상자들을 대상으로 우선 진급을 해야 할 장교를 선택하는 제도이다. 대위에서 소령에게만 있는 진급추천은 장관급 부대 지휘관들이 하도록 되어 있는데 거의 예하부대에 위임되었다고 보아도 과언이 아니다.

오늘 여단에서 진급에 들어가는 소령에 대해서는 지휘추천을, 대위들은 진급추천을 하였다. 심의위원들은 보통 진급 대상자들의 자력을 보고 순위를 결정하는데 충분히 토의하면서 진행하지만 의견이 상충될 때에는 투표로서 결정한다. 우선순위로 고려되는 요소는 그동안 본인이 해왔던 업무에 대한 평가기록(근무평정), 주요 보직 실시 여부, 교육성적 등이 고려된다. 이렇듯 모든 객관적인 평가로 결정을 하지만 한 가지 고민되는 부분이 바로 같은 부대에 근무하면서 동시에 진급심사를 하게 되는 부대 선·후임이다. 인정 상 통상 선임자에게 추천을 주어야 하나 후임자도 뛰어난 능력을 보유하고 있으면 정말 선택하기가 어렵다. 만약 추천을 후임자가 받는다면 진급은 유력하지만 선임자는 진급이 어렵게 되기 때문이다. 그렇다고 무턱대고 선임자를 추천하기도 어렵다. 만약 전년도에 한 번 추천하였음에도 진급이 안 된다면 후배는 계속해서 피해를 받을 수 있기 때문이다. 필자의 부대도 이번에 그런 경우가 있어 결심하기가 무척 어려웠다. 어떻게 하는 것이 최선의 선택일까 하고 고민도 많이 하였다. 진급대상자 뿐만 아니라 그들의 가족에게도 진급은 많은 영향을 미치기 때문이다.

 결국 필자는 '정말 우리 군의 미래에 누가 더 필요하고 더 발전시킬 수 있을까?'라는 고민 끝에 결론을 도출하였다. 이것은 오늘 심의 간에도 역시 자기의 부하만을 챙기려 하는 위원들에게 필자가 강조한 말이다. 그랬더니 모두들 사심 없이 심의에 임했고 거의 만장일치로 대상자를 선정할 수 있었다. 그동안 진급관련 심의는 다른 심의와는 달리 통상 많은 시간이 소요되었지만 모두 같은 공감대를 갖다보니 의외로 빨리 끝났다. 그리고 곧바로 그 결과를 최종 결심권자인 여단장님께 보고를 드렸다. 여기서 우리 간부들이 간과하지 말아야 할 사실 중에 하나가 바로 음주운전이나 보안위규, 금전사고 등이다. 이런 것들이 있으면 도덕성이 확립되어 있지 않다고 판단하여 최초부터 심의에서 배제된다. 즉 수신제가치국평천하修身齊家治國平天下인데 수신부터 안 되는 장교를 진급시킬 수는 없기 때문이다.

■ '10. 7. 20. 화

99와 1의 차이

아래 글은 과거 군단 인사참모 시절 함께 근무했던 군종법사님께서 필자에게 보내주신 글인데 가끔 읽으면서 마음을 다스리는 좋은 글이어서 담아본다.

물이 수증기가 되려면 100도가 되어야 합니다. 0도의 물이나 99도의 물이나 끓지 않는 것은 마찬가지입니다. 그 차이가 자그마치 99도 이면서도 말입니다. 수증기가 되어 자유로이 날 수 있으려면 물은 100도가 넘어야 합니다. 99도에서 100도의 차이는 불과 1도라는 사실에도 불구하고 말입니다. 지금 이 글을 읽는 당신은 99까지 올라갔다가 1을 더하지 못해 포기한 일은 없는지요. 무슨 일이든 끈기와 용기, 그리고 자신감을 가지고 끝까지 최선을 다한다면 못할 일, 못 다한 일은 없을 것입니다. 노력 끝에 기쁨이 오고 그 열매는 자신을 밝혀주며 인생에 있어서 가장 밝은 빛이 되어 줍니다. 언젠가 다시 그보다 더한 어려움이 닥쳐와도 지난 노력의 열매들은 당신의 자신감이 되어주고 어려움을 풀어 나갈 수 있는 희망의 열쇠가 되는 것입니다. 그러므로 언제든지 자신을 밝히는 일을 게을리 하여서는 안 됩니다. +1%의 관심을 더하는 것과 그냥 넘어가지 하는 -1%의 차이는 삶의 행로를 바꿀 수 있는 중요한 순간의 선택일 수 있습니다. 모든 일에 +1% 더하시는 날이 되시기를 바랍니다.

그대여 지금 힘이 드시나요? 그대여 지금 힘이 드시나요? 그렇다면 창문을 열고 하늘을 올려다보세요. 저렇게 높고 파란 하늘색도 수시로 변하게 되어 있습니다. 우리의 삶도 우리의 마음도 저 하늘색처럼 수시로 변하는 것이지요. 변하지 않는다면 우리가 존재할 가치가 없는 것이지요. 우리에게 주어진 몫은 우리가 어떻게든 치르고 지나가야 합니다. 우리가 겪어야 하는 과정은 그 누구도 대신 해주지 않습니다.

지금 이 고달픔이 내 것이려니, 하면서 한 걸음 한 걸음 걷다보면 환한 길도 나오게 되는 것입니다.

그대여 지금 힘이 드시나요? 그렇다면 지금 창문을 열고 바람을 쐬어 보세요. 맑은 공기를 심호흡해 보세요. 자연은 우리에게 아무것도 바라지 않고 그저 주기만 합니다. 그대가 지금 힘이 든 것은 더 좋은 것이 그대를 기다리고 있는 미래를 위한 인생길에서 딛고 건너야할 한 과정일 뿐입니다. 우리는 더불어 살아가는 세상에 살고 있습니다. 지금 힘든 과정은 훗날 옆 사람과 함께 웃으며 추억할 날이 될 것입니다. 그대여 용기를 가지세요. 저 높고 푸른 하늘도 창문 밖의 시원한 바람도 모두다 당신의 것입니다. 좋은 용기를 가슴에 담는 하루가 되시길 바랍니다.

■ '10. 7. 21. 수

그린캠프

　육군에는 그린캠프라는 곳이 있는데 이곳은 장병들 중에서 주로 정신적으로 문제가 있는 병사들을 지도하는 곳이다. 예를 들면 우울증이나 자살우려자, 복무 부적응 병사들을 모아서 정신적 치료와 상담 등을 통해 개선시키는 곳이다. 정신적 문제는 물질이 풍요로운 현재의 사회에서 발생되고 있는 특징 중에 하나이다. 그린캠프는 그러한 장병들을 모아서 병영의 스트레스를 줄이면서 오직 치료에만 전념시키고, 예하 지휘관의 부담을 감소시키는 측면에서 시행하고 있다. 현재 사고예방에 많은 효과가 있는 것으로 현재 분석되고 있는데 편성은 군단의 인사참모 밑에 인품이 뛰어난 부사관 중 2명을 선발하여 별도의 조직을 구성하여 운영하고 있다.

　필자도 군단 인사참모로 재직 시 그곳을 자주 갔는데 입소한 장병들과 면담하는 것이 매우 힘들다는 것을 느꼈다. 그들은 다음과 같은 몇 가지 특징을 가지고 있는데 첫째는 대화중에 필자의 눈을 제대로 맞추는 병사들이 없다는 것과, 둘째는 말을 거의 하지 않아 늘 애를 먹이고, 셋째는 의지가 약해 자신은 아무것도 할 수 없으며 하루 빨리 전역만 시켜주었으면 좋겠다는 생각을 지니고 있다. 필자는 군단 인사참모 재임기간 중에 많은 시간을 할애하여 그들과 소통하려고 노력하였다. 누가 알아주는 사람도 없었지만 늘 필자의 자식이라고 생각하고 온갖 정성을 기울였다. 대체적으로 그들 10명 중 한 3명 정도가 필자의 설득으로 모범 병사로 바뀌었다.

한 번은 예하부대를 방문한 적이 있는데 한 병사가 뛰어와 필자에게 반갑게 인사를 하였다. 누군가 하고 자세히 보니 그는 과거 그린캠프를 다녀간 병사였다. 대대장 의견에 따르면 그는 캠프를 다녀와서 성실한 병사로 바뀌었다고 한다. 필자가 군 생활에 정말 보람을 갖는 것 중에 하나가 바로 그런 것을 보는 것이다. 그러나 좋은 것만 있는 것은 아니다. 한 번은 캠프 생활관 3층에서 갑자기 뛰어내려 크게 다친 병사도 있었다. 다행히 필자가 신속히 현장에 도착하여 응급 처치를 통해 귀중한 생명을 구하기는 하였으나 지금도 그 때를 생각하면 아찔하다.

필자는 정신적으로 문제가 있는 병사와 상담할 때는 다음과 같은 몇 가지 방법을 활용하고 있다. 첫째는 그의 취미를 알아내어 먼저 그것으로 대화를 시작하는 것이다. 전혀 말을 안 할 것 같은 병사도 관심을 나타내는데 경험상 효과가 매우 크다. 취미에 대한 공감대 형성은 상호 마음을 연결하는 끈과 같은 역할을 한다. 둘째는 그가 하고 싶은 분야에서 미래의 성공에 대해 이야기하는 것이다. 그러면서 천천히 그렇게 될 수 있다는 자신감을 불어 넣는 것이 중요하다. 셋째는 국가관과 안보관에 대해 정신교육을 하는 것인데 언뜻 보면 그것이 무슨 효과가 있는가 싶은데 의외로 효과가 크다. 그것은 '군인인 내가 매우 중요한 역할을 수행하고 있구나.'하는 인식을 갖도록 만들기 때문이다. 그 같은 상담 기법 외에 교육 프로그램도 외부와 협조하여 민간 전문가 상담이나 불우시설 봉사 등도 병행하면 효과가 크다.

아래 글은 당시 캠프의 교육대장을 지낸 간부가 임무를 마치고 떠나면서 필자에게 남긴 글이라 소개한다.

진군! 그린캠프 교육대장입니다. 이제 저는 임무를 마치고 드디어 자대로 복귀합니다. 이곳에 근무한 6개월은 제에게는 무엇과 바꿀 수 없는 소중한 시간이었습니다. 처음 교육대장의 임무를 받았을 때는 잘 할 수 있을까 하는 걱정과 두려움이 있었습니다. 또한 오자마자 얼마 안되어 같이 근무하던 행정담당관이 목 디스크로 후송을 간 후 혼자서 모든 것을 하려고 하니 그 막막함이란 이루 헤아릴 수 없었습니다. 그러나 그럴 때마다 저에게 가장 큰 힘이 된 분은 참모님이셨으며, 그 덕분에 온갖 어려움을 무사히 극복할 수 있었습니다. 특히, 진두지휘하면서 문제를 해결하는 참모님의 열정에 깊은 감명을 받았으며, 긍정적인 사고와 적극적인 행동을 몸으로 실천하는 참군인의 모습을 본 것 같습니다. 그것이 저에게도 여기서의 임무와 분명한 목표의식을 갖게 한 계기가 되었습니다. 무엇보다도 그 바쁜 전투지휘검열을 받으면서 잠시 시간을 내어 병사들을 지도하는 모습은 제 가슴에 영원히 남을 것입니다.

 이번 교육대장 임무를 수행하면서 새삼 병력관리의 중요성을 인식하게 되었으며 앞으로 인명사고 없는 부대를 만드는데 혼신의 노력을 다하겠습니다. 자대인 공병 000부대는 현재 위험을 무릅쓰고 지뢰제거 작전에 투입되어 있는데, 저도 중대 행정보급관으로 단 한건의 사고가 없도록 맡은바 최선을 다하겠습니다. 참모님께서 연대장반 교육을 가시는 바람에 못 뵙고 떠나서 송구스럽습니다. 늘 건강하시고 행복하시길 기원합니다. 진군!

■ '10. 7. 23. 목

아버지의 마음

아래 글은 어느 일간지에서 읽은 글인데 우리 아버지들의 마음을 엿볼 수 있는 의미 있는 내용이어서 여기에 수록한다. 필자의 부친도 지금은 돌아가셨지만 아래의 아버지처럼 마음으로 항상 필자를 감싸 안아주셨다. 독자 여러분도 각자 아버지의 모습을 떠올리면서 읽어보자.

나의 고향은 경남 산청이다. 지금도 비교적 가난한 곳이다. 그러나 아버지는 가정형편도 안 되고 머리도 안 되는 나를 대구로 유학 보냈다. 그래서 나는 대구 중학교를 다녔는데 공부가 하기 싫었다. 1학년 8반, 석차는 68/68등, 즉 꼴찌를 했다. 부끄러운 성적표를 가지고 고향에 가는 어린 마음에도 그 성적을 내밀 자신이 없었다. 당신이 교육을 받지 못한 한을 자식을 통해 풀고자 했는데 꼴찌라니……. 끼니를 제대로 잇지 못하는 소작농을 하면서도 아들을 중학교에 보낼 생각을 한 아버지를 떠올리면 그냥 있을 수가 없었다. 잉크로 기록된 성적표를 1/68로 고쳐 아버지께 보여드렸다. 아버지는 보통학교도 다니지 않았으므로 내가 1등으로 고친 성적표를 알아차리지 못할 것으로 생각했다. 대구로 유학한 아들이 집으로 왔으니 친지들이 몰려와 "공부는 잘하냐?"고 물었다. 아버지는 "앞으로 봐야지. 이번에는 1등을 한 모양이네."라고 말씀하셨다. 이에 마을 사람들은 "자식 하나는 잘

됐어. 1등을 했으면 책거리를 해야 제." 했다. 당시 우리 집은 동네에서 가장 가난한 살림이었다. 이튿날 강에서 멱을 감고 돌아오니, 아버지는 한 마리뿐인 돼지를 잡아 동네 사람을 모아 놓고 잔치를 하고 있었다. 그 돼지는 우리 집의 재산목록 1호였다. 참으로 기가 막힌 일이 벌어진 것이다. "아버지"하고 불렀지만 다음 말을 할 수가 없었다. 그리고 달려 나갔다. 그 뒤로 나를 부르는 소리가 들렸다. 겁이 난 나는 강으로 가 죽어버리고 싶은 마음에서 물속에서 숨을 안 쉬고 버티기도 했고, 주먹으로 내 머리를 내리치기도 했다. 충격적인 그 사건 이후 나는 달라졌다. 항상 그 일이 머리에 떠올랐기 때문이다.

그로부터 17년 후 나는 대학교수가 되었다. 그리고 나의 아들이 중학교에 입학했을 때, 그러니까 내 나이 45세가 되던 날, 부모님 앞에 33년 전의 일을 사과하기 위해 "어머니, 저 중학교 1학년 때 1등은요."하고 말을 시작하려고 하는데, 옆에서 담배를 피우시던 아버지는 "알고 있었다. 그만 해라. 손자 듣는다."고 하셨다. 자식의 위조한 성적을 알고도 돼지를 잡아 잔치를 하신 부모님 마음을 박사이고 교수이고 대학 총장인 나는 아직도 감히 물을 수가 없다.

■ '10. 7. 26. 월

이등병 집체교육

　최근 이등병 집체교육이 있었는데 그것은 처음 입대하는 병사들이 군 생활을 잘 적응할 수 있도록 연대(단)급 부대에서 소집하여 교육을 실시하는 것이다. 교육 프로그램 중에는 지휘관 정신교육도 2시간 편성되어 있는데 필자도 교육할 내용을 정리하여 강의를 하였다. 그런 다음 질문을 받았는데 그 중 한명이 "단장님! 우리가 북한군하고 싸우면 이길 수 있습니까?"하고 물었다. 그래서 필자는 당연하다고 대답하면서 우리 무기체계의 우수성을 설명해 주었다. 다만 모든 것은 싸울 의지가 없으면 무용지물이라는 설명도 곁들였다.

　최근 천안함 피격 사건은 아군이 전혀 예상치 못한 방법으로 적이 도발함을 보여주고 있다. 그러다보니 장병들 가운데에는 일부 불안감을 갖고 있는 장병들도 있다. 그러나 일부 언론처럼 '전쟁이 일어날 것 같다.'는 막연한 불안감은 조금만 냉정을 가지면 기우에 불과함을 알게 된다. 지금 우리의 대비태세를 고려한다면 생명을 보존하면서, 궁극적으로 적을 무력화시킬 수 있는 충분한 능력이 있기 때문이다. 설령 교전상황이 발생하더라도 전술적인 행동 원칙만 지킨다면 아무런 피해 없이 적을 제압할 수 있다. 따라서 쓸데없는 불안감과 공포감을 떨쳐버리고 전투현장에서 유용한 전기전술 연마에 더욱 매진해서 전투프로로서의 자신감을 갖는 것이 무엇보다도 중요하다고 본다.

전투에서 이기고 살아남기 위해서는 몇 가지 원칙이 있는데 이는 월남전 등 실전에서 얻은 매우 중요한 교훈이다. 우선 적과 조우시는 선제사격으로 적을 제압해야 하며, 적의 포탄이 낙하될 때는 가장 신속히 엎드려야 하고, 자신을 보호하기 위해 서 항상 은폐·엄폐를 실시하며, 틈만 나면 호를 파서 그 안에 위치하고, 야간에는 기도비닉을 유지해야 하며, 사격은 허공이 아닌 침착한 조준사격으로 적을 제압하고, 탄창과 크레모아는 상시 청결히 유지하여 작동 가능토록 해야 하고, 마지막으로 이동시는 포복, 약진 등 전술 원칙에 입각한 전술 이동을 실시해야 한다.

전투에서 이긴 부대의 특징은 감시와 타격의 유기적 운용과 지형에 익숙한 방자의 이점을 최대한 활용하고, 자질과 능력을 갖춘 지휘자의 전투지휘와 사랑과 정으로 뭉쳐 있는 부대이다. 북한은 우리와 싸워 질 수밖에 없는데 그 이유는 먼저 20년 이상 노후화된 장비를 50%이상 보유하고 있고, 그들의 일거수일투족을 위성과 정찰기 등을 통하여 24시간 감시하고 있으며, 우리 군의 훈련체계와 전투수행 방법은 적을 충분히 격퇴할 대비태세를 갖추어 놓았기 때문이다.

그러나 아무리 훌륭한 계획과 무기체계를 갖추었다고 하더라도 그것이 반드시 승리를 보장하지는 않는다. 우선 지휘관에 대한 신뢰를 바탕으로 전우를 믿고 부여된 임무를 기필코 수행하고자 하는 전투의지와 사명감이 있어야 한다. 그런 가운데 준비된 계획을 이행하고 무기사용 요령 등이 숙달되어야만 전승을 보장할 수 있다. 따라서 확고한 정신무장을 견지한 가운데 모든 것은 행동화로 실천을 해야만 한다.

■ '10. 7. 30. 금

안보의 중요성

'마불정제'馬不停蹄라는 말이 있는데 그 의미는 '달리는 말은 말굽을 멈추진 않는다.'는 뜻으로 지난 성과에 만족하지 말고 더욱 발전하고 정진하자는 의미이다. 원어는 '적타급난척수 타적타마불정제'的他急難蹠手 打的他馬不停蹄로 '적이 공격할 때는 미처 손 쓸 틈이 없이 재빠르게 공격해야 하고, 일단 공격을 하면 쉬지 않고 적을 사지로 몰아야 한다.'는 뜻으로 원나라 극작가 왕시푸王實甫의 작품 여춘당麗春堂에서 나오는 글이다. 현재 우리 군은 천안함 피격 사건을 계기로 전투준비 태세를 점검하고 미흡분야는 하나하나 보완하여 최상의 대비태세를 유지하고 있다. 특히 편제장비 숙달을 통한 전술전기 연마와 강인한 체력단련, 정신전력 강화를 통해 싸워 이길 수 있는 능력을 갖추고 있다. 그러나 여기에 만족하지 말고 보다 실전적 교육훈련으로 전투능력을 배가시켜야 한다.

미국 워싱턴시 '한국전 참전용사 묘지'에는 다음과 같은 글이 있다고 한다. 'We honors our sons and daughters who answered country's call to defend the freedom. we fought the state we never knew. we fought the people we never met. Freedom is not free.' 이 글을 해석하면 '우리는 자유를 지키기 위해 이름 모르는 나라와 국민을 위해 생명을 바친 우리의 아들과 딸들을 자랑스럽게 생각한다. 자유는 거저 얻어지는 것이 아니기 때문이다.'라는 뜻이다. 공기가 있어야 우리가 살 수 있듯이 자유는 안보가 있어야 존재하는 것이다. 그런데 우리는 공기의 고마움을 모르듯이 안보의 소중함을 점점 잊어가고 있는 것 같아 안타깝다. 문득 1975년 패망한 월남의 교훈이 생각난다. 월맹이라는 적을 앞에 두고 그들은 국가의 안보보다 자신들의 이익을 위해 싸웠다. 특히 안보는 미국이 있으니 걱정할 필요가 없다고 생각했었다. 그러다보니 월맹보다 몇 배 좋은 무기를 갖고 있음에도 그들은 패망 할 수밖에 없었고, 그것으로 말미암아 수많은 국민들이 죽거나 보트피플로 해외를 떠돌았다.

　최근 천안함 피격사건과 관련하여 그것이 북한의 소행이 아니고 미국이나 남한의 자작극이라고 국제사회에 재조사를 요구하는 시민단체도 있다. 필자는 그들에게 이렇게 묻고 싶다. '자기 자식이 죽었으면 그랬을까?', '북한이 핵무기를 개발하고 장거리 미사일을 발사했을 때는 왜 침묵을 지켰는지?' 정말 정의를 추구한다면 북한의 인권도 그냥 지나쳐서는 안 될 문제임에도 이것에 대해서는 말이 없다. 김일성은 6.25가 시작되기 전 연안파, 소련파, 남로당 계열의 사회주의 세력들을 자신의 정적으로 인식하여 모조리 숙청을 시켰고, 월맹의 호지명도 베트남을 통일한 다음에는 월남에 있었던 모든 사회주의 세력들을 일거에 제거해 버렸다. 알다시피 일본의 조총련에 의해 북송되었던 사람들도 얼마 되지 않아 모조리 죽음을 당했다. 왜 그들은 사회주의를 지향하는 동반자인데 숙청을 당해야만 했을까? 그 대답은 너무 간단한데 언젠가 그들은 현 체제를 비판하는 반체제 세력으로 등장할 것이기 때문이었다. 그럼에도 불구하고 우리나라의 일부 단체와 시민들은 그들의 실체가 얼마나 무서운지를 잘 모른다. 격언에 '어른들 말씀은 그른 것이 하나도 없더라.'라는 말이 있다. 6.25전쟁 시 참전했던, 이 땅에 아직까지 살아계신 우리 할아버지, 아버지가 "북한은 아직 대남 적화야욕을 버리지 않고 우리 민족을 말살하기 위해 수단과 방법을 가리지 않는다."고 말씀하신다. 임진왜란 1년 전에 수신사로 일본에 갔던 김성일과 황윤길은 똑같이 도요토미 히데요시가 전쟁을 일으킬 준비를 하고 있는 것을 보았는데 당파싸움 때문에 김성일은 귀국하여 일본이 침략하지 않을 것이라고 말했다. 그 결과 두 번의 전란으로 우리 국민과 국토가 처절하게 당한 역사적 교훈이 있다. 이제 더 이상 안보는 너와 내가 아닌 우리 모두가 함께 공감대를 갖고 대비해야 하는 것임을 잊지 말아야 한다.

안보는 우리뿐만 아니라 자식들, 나아가서는 우리 후손에게까지 물려줘야 할 소중한 가치이기 때문이다. 필자는 특히 군의 간부로서 우리 장병들이 확고한 정신무장을 위해 노력하고 늘 그들과 싸워 이기기 위해 노력할 것이다. 왜냐하면 정신력에서 지면 모든 것에서 패배하기 때문이다. 비록 천하가 평안하더라도 전쟁을 잊으면 위험하다는 진리를 다시금 되새겨 본다天下雖安 忘戰必危.

■ '10. 8. 1. 목

허무

 필자는 대대장 시절 함께 근무했던 참모 및 포대장들과 1년에 1~2회 정도 모임을 갖고 있다. 다행히 함께 근무했던 포대장들 모두 소령으로 진급하여 국가와 군의 발전을 위해 하루하루 최선을 다하고 있다. 그들은 만날 때마다 필자를 만난 것을 행운이라고 말하나 필자는 거꾸로 생각하고 있다. 이번에도 필자의 부대에서 모임을 가졌는데 모임의 취지는 육군대학에 입교하는 인원과 중령 진급 발표를 기다리고 있는 대상자를 미리 격려해주자는 것과 필자의 포병단장 취임을 다시 한 번 축하하기 위함이었다. 이 모임은 늘 부부동반으로 실시하고 있는데 이번 모임에는 부사관 가족도 한 분 참석하였다.
 지난 한 주간은 이 모임에 대한 기대감으로 마음이 많이 설레었고 필자의 아내도 어제 오전에 대구에서 올라왔다. 필자는 모임을 위해 수박과 옥수수, 감자를 준비한 후 모처럼 테니스 시합을 했다. 과거 대대장 시절 잡초만 무성하게 자랐던 테니스장을 보수하여 특별한 경우 아니면 자주 간부들과 시합을 가졌는데 어제 치는 것을 보니 실력들은 여전하였다. 몸으로 체득한 것은 죽을 때까지 없어지지 않는다는 진리가 꼭 맞는 것 같다. 다행히 날씨가 한여름임에도 구름이 끼어 그렇게 덥지는 않았다. 남자들은 시합만 붙여 놓으면 지지 않으려 하다 보니 시간이 지날수록 열기가 뜨거워졌다. 더군다나 아내들도 준비된 음식을 먹으면서 남편들을 열심히 응원하고 아이들까지 합세하니 테니스장은 떠나갈듯 하였다. 시합 후에는 근처 사단 복지회관에서 식사를 함께 하였는데 과거 함께 근무하면서 있었던 여러 가지 에피소드를 이야기 하면서 정말 화기애애한 시간을 가졌다. 기쁨이란 '일반적으로 욕구가 충족되었을 때 느끼는 감정'인데 보고 싶은 그들과 함께 하고 싶은 필자의 욕구가 이루어져 정말 기분이 좋았다. 그러나 시간이라는 것은 늘 한정되어 있어 그것이 아쉽다. 더 오랜 시간을 갖고 싶지만 각자 맡은 바 임무가 있기에 다음의 만남을 기약한 채 오늘 모두들 헤어졌다.

필자의 아내도 오늘 함께 미사를 드리고 점심을 먹고 갔는데 의정부 고속버스 터미널까지는 필자가 태워주었다. 혼자 있는 필자를 위해 2주에 한 번씩 올라오는 아내에게 늘 미안한 마음을 갖고 있다. 즐거운 시간이 지나고 사랑하는 아내가 떠나고 나면 마음 한 구석에 밀려오는 허무를 느낀다. 허무는 '아무것도 없이 텅 빔, 또는 무가치하고 무의미하게 느껴져 매우 허전하고 쓸쓸함'라는 뜻인데 지금이 바로 그런 심정이다. 그러나 필자는 2,000명이라는 장병을 데리고 있는 지휘관이다. 그런 마음을 빨리 지우고 사랑하는 우리 장병들과 함께 조국 대한민국을 지키기 위해 부여된 임무에 매일매일 최선을 다할 것이다.

■ '10. 8. 2. 일

하계휴양

　필자의 부대는 경기도 양주시 남면에 위치하고 있는데 근처에 유명한 감악산이 있다. 취임식 후 최대한 빨리 그곳을 등산하려 했으나 차일피일 미루다가 지난주에 아내가 대구에서 올라왔기에 함께 갔다. 오는 날이 장날이라고 소나기가 내렸고, 8부 능선까지 갔는데 아내가 갑자기 배가 아프다고 하여 도중에 내려왔다. 그러다가 어제 간부들과 하계휴양 개념으로 다시 올라갔는데 코스는 범륜사 방향으로 쉬지 않고 올라가니 한 시간 정도 걸렸다.
　원래 감악산은 감악사, 운계사, 범륜사, 운림사 등 4개의 절이 있었는데 현재는 1970년 옛 운계사 터에 재 창건한 범륜사만 남아있다. 이번에도 정상에 도착하니 비가 부슬부슬 내렸다. 정보과장이 10회 정도 올라갔다고 하고 나머지는 2~3회 정도이며, 최근 부임한 필자와 정훈장교는 처음이었다. 물론 필자가 23년 전 소위로 임관하여 이곳으로 배치됐을 때 유격장이 그곳에 있어 간 적은 있으나 기억이 잘 나지 않고, 0군단 인사참모 시절 군단장님과 함께 왔으나 거의 정상까지 차를 타고 와서 실제 도보로 산에 오른 것은 이번이 처음이다. 대부분의 산이 사람이 오르내리면 많이 오염이 되는데 그곳은 자연 그대로의 모습이라 정말 보기 좋았다. 정상에는 파주와 양주, 연천군의 안내간판이 3개 설치되어 있는데 양주시가 가장 좋게 보였다. 이것은 지자체의 재정 상태를 나타내는 것이 아닌가라고 생각된다. 또한 그곳에는 방송국 안테나가 있으며 글자가 없는 비석이 하나 있는데 진흥왕 순수비로 추정하고 있다. 감악산은 675m의 바위산으로 검은빛과 푸른빛이 그곳에서 동시에 나온다하여 감색바위, 즉 감악紺岳이라고 불렸다고 한다.

감악산 바로 앞에는 6.25전쟁 시 격전지로 유명한 설마리 지역이 위치해 있다. 그곳은 1951년 4월 문산~화천선에 집중된 중공군 제63군 3개 사단 4.2만 명과 英연방군 글로스터셔 연대 1개 대대 750명이 치열한 전투를 벌인 곳이다. 그 전투는 무려 56배의 적은 병력으로 중공군의 포위공격을 사흘간 버틴 세계전사에도 유래가 없는 영웅적인 전투이다. 매년 추모행사가 열리는데 금년은 6.25 발발 60주년을 맞이하여 성대하게 열렸다고 한다. 이역만리까지 와서 자유 수호를 위해 헌신한 그들의 노고에 감사를 드린다. 비가 내려서인지 계곡물은 많아졌고 흐르는 물소리를 들으며 법륜사 근처에서 준비해 온 음식을 먹었다. 막걸리, 두부김치, 호박전, 수박 등으로 간단히 회포를 풀었고 기념사진으로 하계휴양을 대신했다.

■ '10. 8. 7. 토

줄탁동시 啐啄同時

줄탁동시란 직역하면 '쪽쪽 빠는 것과 쪼는 것을 같은 시기에 한다.'라는 뜻이다. 줄啐이란 글자는 한자에는 없으나 중국 송宋나라 시대의 대표적 불서인 『벽암록』에는 '쪽쪽 빨 줄'로 해석하고 있고 입구口와 마칠 졸卒을 합쳐서 만든 글자이다. 줄탁동시는 선禪에 있어서 매우 중요한 화두話頭, 깨우침을 위한 물음의 요체로 많이 언급되고 있다. 병아리가 알속에서 나오려면 먼저 스스로 알을 깨기 위해 부리로 알을 쪼아야 하는데 그것이 줄이요, 이에 어미닭은 그 소리를 알아듣고 동시에 밖에서 알을 쪼는데 그것이 탁인 것이다. 그런데 이 두 가지는 같은 시간과 장소에 이루어져야 하는데 이유는 동시에 이루어지지 않으면 새끼는 알속에서 죽을 수밖에 없다. 이것을 다른 것에 비유해보면 병아리는 깨달음을 향해 달려 나가는 수행자이고, 어미닭은 수행자에게 깨우침의 방법을 알려주는 스승으로 표현할 수 있다. 즉 제자와 스승이 의기투합하여 일치하는 곳에서 깨달음을 얻는 계기가 된다는 것이다.

중국 당나라시대의 경청선사는 "무릇 수행하는 사람이라면 반드시 줄탁동시에 눈을 맞추고, 그것의 쓰임새用를 알아야 진실로 선승이라고 부를 수 있다."라고 말하면서 그것이 선 수행에 얼마나 중요한지를 강조하였다. 일찍이 공자는 논어에서 "분발하지 않으면 깨우쳐 주지 않고, 말하려고 애쓰지 않으면 틔워주지 않는다."고 자신의 교육법을 말하였다. 즉 제자의 배움에 대한 정열이 모든 것을 초월할 정도가 되지 않으면 그를 깨우쳐 주지 않는다는 것이다. 그런데 이 줄탁의 기틀은 비단 선문에만 한정되어 있는 것이 아니고 가정이나 사회생활에 있어서도 없어서는 안 될 중요한 것이다. 즉, 행복한 가정은 부부가 줄탁동시할 때 이루어지고, 세계적인 기업은 노사가 줄탁동시할 때 가능하며, 국가의 번영은 지도층과 국민이 줄탁동시할 때 달성된다. 이를 통해 우리는 스승과 제자가 줄탁동시하면 훌륭한 인재가 탄생하고, 상하 간, 동료 간 줄탁동시하면 바라는 목표를 어렵지 않게 달성할 수 있음을 알 수 있다. 그렇다면 이 줄탁동시를 군대에 적용하면 어떨까? 그것은 표현만 다를 뿐이지 이미 일심동체라는 용어로 군대에서 많이 사용하고 있다. 상·하급자 간에 일심동체하면 부여된 임무를 쉽게 달성할 수 있고, 선·후임병간 일심동체하면 정과 사랑이 넘치는 선진병영이 육성되어 그 누구도 넘볼 수 없는 최강의 군대가 될 것이다.

　필자가 과거 포대장 시절 당시 인사계(지금의 행정보급관)와 의기투합하여 전군 최고의 부대로 만들기 위해 노력한 결과, 각종 경연대회에서 우승하고 우수포대로 선정되는 결실을 거둔바 있다. 대대장 시절에는 선·후임병간 일심동체 하도록 각종 여건을 마련한 결과, 선임병은 기존의 기득권을 포기하고 후임병은 불손행위가 사라지는 등 명실상부한 화합·단결된 부대를 조성할 수 있었다. 이처럼 줄탁동시는 인간의 만사가 그 틀 안에 있으며, 그것이 이루어지느냐 못하느냐에 따라 성공과 실패가 좌우된다는 점에서 매우 중요하다. 남북관계도 줄탁의 관계로 공동 번영하는 지혜를 모아야 하며, 이를 통해 세계 속에 우뚝 서는 대한민국이 되었으면 하는 바람이 간절하다.

■ '10. 8. 9. 월

환경의 중요성

　최근 신문방송에서 군부대 훈련장에서 각종 쓰레기가 발견되었다고 호들갑을 떨었다. 그동안 우리 군은 환경정화에 대해서는 다른 어느 기관보다 열심히 추진해 왔으나 일부 사소한 문제로 인해 전체가 잘못되는 것처럼 국민들에게 비춰지는 모습이 매우 안타까웠다. 현재 우리 병사들은 쓰레기 분리수거라든지 훈련장에서의 잔반처리 등을 깨끗이 처리하고 있다. 필자가 대대장 시절, 훈련을 할 때에는 반드시 쓰레기봉투와 잔반통을 갖고 가서 다른 훈련장으로 이동할 때 전장정리의 개념으로 깨끗이 치우고 갔다. 물론 잔반은 인근 농가에서 가축사료로 많이 가지가기 때문에 별 문제가 없었고, 나머지 쓰레기도 반드시 차량에 싣고 차후 분리수거하여 처리하였다. 아직까지도 문제로 제기되고 있는 과거 진지공사에 쓰였던 폐타이어 또한 최근 깔끔하게 정리하여 반납하고 있다. 깨끗한 환경은 수없이 강조해도 지나침이 없는데 그 이유는 우리의 생명과 직결되기 때문이다. 여기 한 가지 예를 들어보겠다.

　옛날 어느 마을에 머리가 둘이고 몸은 하나인 쌍두조雙頭鳥가 살고 있었다. 왼쪽 머리는 성격이 내성적, 수동적이었으며 초식을 좋아하였고, 오른쪽은 외향적, 적극적이었으며 육식을 좋아하였다. 그런 차이점 때문인지는 몰라도 둘은 항상 의견이 상충되었으며 그로 인해 많이 다투었다. 그럼에도 둘이 타협을 본 것이 하나 있는데 그것은 한 명이 자면 다른 한 명이 망을 보는 것이었다. 그런데 어느 날 뱀 한 마리가 쌍두조 옆을 지나가고 있었다. 아까의 사소한 일로 감정이 남아 있던 육식 새는 보복으로 초식 새를 골탕 먹이기 위해 그 뱀을 날름 집어먹었다. 자다가 속이 이상해짐을 느낀 초식 새는 일어나서 육식 새에게 왜 이렇게 속이 안 좋으냐고 물었더니 뱀을 먹었기 때문에 그렇다고 답했다. 둘은 다시 싸웠고 한참 후에 초식 새는 자기가 근무를 서는 시간에 평상시 육식 새가 절대 먹지 말라고 한 독초를 먹어버렸다. 속이 이상해짐을 느낀 육식 새가 일어나 왜 그런지 물었더니 초식 새가 독초를 먹었다고 대답하였다. 그것을 먹으면 같이 죽는 줄 몰랐느냐고 또 싸우다가 결국 쌍두조는 죽고 말았다.

 이 이야기를 확대해 보면 지구는 쌍두조의 몸이고 각 나라는 쌍두조의 머리이다. 자기 나라의 이익을 위해 자기만 살겠다고 환경을 파괴하면 결국 온 인류가 멸망함을 알아야 한다. 현재 지구는 대기오염으로 기상이변과 자연재앙의 현상이 계속 발생하고 있다. 그런 경고가 계속 다가옴에도 자기에게는 피해가 없다고 생각한다면 결국 모든 인류가 죽게 될 것이다. 우리나라도 과거 금수강산이라고 불릴 만큼 환경이 깨끗하였지만 현재는 많이 오염되어 있다. 필자가 어릴 적에는 어떤 곳에서나 우물물을 마셔도 배탈이 나지 않았으나 지금은 생수를 사먹거나 정수기의 물을 먹어야 하는 실정이다. 그만큼 오늘날의 환경오염은 심각해져 가고 있다. 지구는 끊임없이 우리에게 점점 물이 부족하여 인류에게 재앙이 다가올 것이라 경고하고 있다. 다시 한 번 환경의 중요성을 인식하여 물 한 방울도 아껴 쓰고 쓰레기 발생량도 줄여서 깨끗한 국토를 만드는데 나부터, 나아가 우리 군부터 앞장서야 하겠다.

■ '10. 8. 10. 화

마음의 편지

며칠 전 여단장님으로부터 이메일로 편지를 받았다. 필자의 예하대대 병사 한 명이 여단장님께 마음의 편지를 보냈는데 필자 책임 하에 조치를 했으면 좋겠다는 말씀이셨다. 편지의 내용은 다음과 같다.

여단장님! 익명으로 애로 및 건의사항을 말씀드리겠습니다. 000대대장 중령 000는 고정관념으로 이등병과 일병의 의견만을 듣고 간부, 병장과 상병들에게 부당한 지휘권을 행사하고 있습니다. 잘못이 없는데도 선의의 피해를 입고 있는 선임병들의 고충을 생각하시어 대대장의 지휘권 남용을 막아 주시면 감사하겠습니다. 지금과 같은 상황이 계속 되면 사고가 일어날 가능성이 정말 많습니다.

필자는 평소 000대대장이 원리원칙에 입각하여 부대를 지휘하는 유능한 지휘관으로 생각해왔던 터라 왜 이러한 편지가 접수되었는지 도저히 이해가 되지 않았다. 그래서 우선 참모를 보내 최근에 징계를 받은 사람이 누구인지 확인하라고 했더니 제 1포대 병사 5명이 과도한 폭언과 욕설로 징계를 받았었다. 처벌은 휴가제한 3~5일을 받았고 그 중 한명은 몇 회 경고를 했음에도 개선이 되지 않아 결국 다른 포대로 보냈다고 한다. 그들 중 한명이 편지를 썼으리라는 짐작은 들었으나 더 이상 조사를 하지는 않았다. 왜냐하면 그 병사를 식별하여도 포대에 잔존하고 있는 문제점이 근본적으로 없어지기는 어려울 것이라 판단되었기 때문이다.

그래서 크게 3가지의 해결방안을 대대장에게 지시했는데 첫째는 그의 리더십을 보완하는 측면에서 신상필벌을 신중히 하도록 당부했다. 상實이면 몰라도 벌罰을 줄 때는 명확히 본인이 잘못을 인정한 다음 시행토록 했고, 휴가제한이나 영창 위주의 징계보다 군기교육을 활성화 하도록 했다. 왜냐하면 앞의 두 가지는 병사들이 가장 싫어하는 벌이고, 큰 잘못이 아니라면 군기교육으로도 교육적 효과가 높기 때문이었다. 그리고 영창을 간 경우에는 기간 중에 대대장이 필히 위문을 가도록 했다. 그것은 잘못은 밉지만 인간 자체를 미워하면 안 된다는 '인간 중심의 리더십'을 구현하기 위해서였다. 그리고 벌이 끝나면 필히 격려를 통해 그들이 앞으로 잘하겠다는 마음을 가질 수 있도록 조치하라고 했는데, 이는 규정에 의한 처벌만이 능사가 아니라 후속조치를 잘함으로써 부하가 진정으로 믿고 따르는 지휘관이 되어야 한다는 필자의 소신 때문이었다.

둘째는 병영혁신 대토론회를 개최하라고 지시했다. 이 회의는 참가대상을 병사들로만 한정하고 분대장들로 하여금 토의 준비를 하도록 했다. 다만 주제만큼은 병영부조리 개선, 폭언 및 욕설 척결방안, 병영생활 임무분담제 정착 등 필자가 선정을 하였다. 그래서 현재 선임병과 후임병 상호간에 느끼는 갈등을 허심탄회하게 말함으로써 개선에 대한 공감대를 갖도록 하였다. 제 1포대가 지난주에 그것을 실시했는데 처음에는 말 안하다가 한번 말문이 터지자 그동안 속에 있던 불만들을 모두 털어놓음으로써 갈등이 순식간에 봉합되는 현상이 발생했다고 한다. 즉 선임병은 후임병 시절의 어려움을 다시 돌아보고 앞으로 자상하게 가르쳐 주겠다고 다짐하였고, 후임병은 최대한 빨리 업무를 숙지하여 선임병들이 부담을 느끼지 않도록 노력하겠다고 결의하였다. 대토론회는 서로의 애로사항을 인식하는 정말 좋은 계기가 되었다.

　마지막은 대대 단합 체육대회를 개최하도록 했는데 참가대상을 부모님과 애인까지 확대하여 실시하도록 지시했다. 그래서 그분들도 함께 동참할 수 있는 종목과 축제 성격의 다양하고 재미있는 행사도 병행토록 하였다. 예를 들어 2인 3각 달리기, 풍선 터트리기, 어머니 및 애인 오래안고 있기 등을 종목에 추가하라고 하였고, 기타 비보이 경연대회, 장병 여장대회, 장기자랑, 마술시범, 포토샵, 반합라면 시식하기, 먹거리 장터 운영 등도 포함하여 실시할 것을 지시하였다. 그것은 필자의 과거 경험상 매우 호응이 좋았던 행사였기 때문이다. 대대장은 체육대회를 부대의 운영주기를 고려하여 이번 달 말에 실시하겠다고 건의를 하였다. 흔쾌히 승낙하였고, 필자는 000대대가 이러한 3가지 조치를 통해 앞으로 보다 화합 단결된 부대로 거듭날 것으로 확신한다.

■ '10. 8. 11. 수

종교에 관하여

종교란 무엇인가? 종교가 먼저인가 인간이 먼저인가? 이런 물음이 가끔 필자의 머리를 스치곤 한다. 종교는 누가 뭐래도 인간이 만든 것임에 틀림없다. 그렇다면 왜 만들었을까? 그것은 인간이 나약하기 때문이다. 거대한 자연의 각종 현상 앞에서 인간은 항상 초라해질 수밖에 없다. 번개가 치고 태풍이 몰려오고 지진이 발생하는 각종 현상 앞에서 인간은 너무나 무기력하기 때문에 신이라는 존재가 있는 것이다.

동서양의 자연에 대한 관점은 많이 다르다. 동양세계는 인간을 자연의 일부로서 서로 어우러지는 것으로 생각하고 있으나, 서양은 자연을 극복해야 할 정복의 대상자로 생각하고 있다. 그런데 아이러니 한 것은 과학이 발달한 현대에도 종교는 계속 확장되고 있다는 점이다. 우주선을 타고 하늘에 가보면 신의 나라가 없음을 알면서도 오히려 더욱 믿게 된다는 점은 참으로 아이러니하다. 이러한 현상이 발생하는 이유는 인간으로서 극복하지 못하는 것이 존재하기 때문이다. 그 대표적인 것이 바로 생로병사이다. 누구도 그것 앞에서는 자유로울 수 없다. 여기서 바로 죽음을 이기지 못하는 인간에게 종교라는 것은 앞으로도 계속 존재하고 더욱 믿게 될 것이라는 가설이 성립된다.

인간은 종교를 통해 죽음을 마주함에 있어 마음의 평안을 가질 수 있다. 이러한 종교의 태동은 시대상을 많이 반영하고 있는데 대부분 이민족으로부터 피해를 받아 고통을 받는 가운데에 생겨났다. 그런 어려운 상황에서 부처, 예수, 마호메트 등은 개혁가로서 기존의 틀을 타파하고 마음의 평화를 통한 실질적 구원을 강조하였다. 이러한 종교는 마음의 평안을 찾을 수 있다는 점에서 매우 좋지만 '기적'을 바라게 된다는 점은 큰 문제이다. 예를 들어 기독교에서 예수가 부활했음을 믿는 것은 자연과학을 공부한 우리로서는 이해하기 어렵다. 천주교 신자인 필자도 가끔 그 문제에 대해서는 고민이 많다. 불교에서도 잘못을 저지르면 축생으로 태어난다는 윤회사상이 있는 이 또한 마찬가지이다. 물론 그들이 강조한 사랑과 자비는 우리 인간 세상에 귀중한 것임에는 틀림없지만 기적은 믿음의 근원도 되고 한편으로 불신의 근원도 된다. 결국 종교라는 것은 두려움을 극복하기 위해 신을 믿는 것이라 정의할 수 있다. 어려운 상황에서 신은 나를 도와줄 것이며 죽어서도 천당에 갈 것이라 믿음은 나약한 우리 인간에게 큰 위로가 될 수 있다. 그러나 필자는 그것을 극복하기 위해 갖는 믿음보다는 그것을 있는 그대로 받아들이는 것이 더 낫다는 생각이 든다.

　최근 필자의 머리가 많이 빠지고 희어지면서 많은 분들이 걱정해준다. 그러나 그것 때문에 스트레스를 받지는 않는다. 이유는 필자 스스로가 있는 그대로를 마음속에 받아들이기 때문이다. 나이가 들면 힘과 치아, 머리가 빠진다는 것은 어쩔 수 없는 자연의 섭리이다. 그것을 막으려고 여러 가지 방법을 써도 시간이 문제이지 그것을 거스를 수는 없다. 필자는 불교의 용어 중에 '제행무상 시생멸법 생멸멸이 적멸위락' 諸行無常 是生滅法 生滅滅已 寂滅爲樂이란 문구를 좋아한다. 이 뜻을 직역하면 '모든 것은 항상 변하며 그것을 받아들일 때 기쁨이 있다.'라는 뜻인데 의역하면 '이 세상 모든 것은 덧없으니 생사의 갈등이 사라지고 나면 모든 것은 기쁨이어라.'라는 뜻이다. 즉 변한다는 것, 죽는다는 것을 받아들이라는 것이다. 그럼으로써 마음의 평안을 얻을 수 있다는 것이다. 여기에서 우리는 모든 불안과 두려움이 죽지 않기 위해 몸부림치는 것으로부터 생긴다는 것을 알 수 있다. 매사

하느님이 계시다는 것을 믿는 것은 축복이다. 종교가 있다는 것은 인간에게는 불안을 평안으로, 불행을 행복으로, 이기적인 것을 이타적인 것으로 만드는 힘이 있기 때문이다. 군대에서도 개인에게 한 가지 종교를 믿도록 권장하고 있는데 그것을 통해 자신의 마음을 다스릴 수 있기 때문이다. 대체적으로 종교를 믿는 장병들은 어려움을 잘 극복하고 군대생활도 잘 적응한다. 평소 주말에 천주교 미사를 가면 피곤한 가운데 그래도 졸지 않고 진리의 말씀을 들으려는 자세가 때때로 아름답게 보인다. 장병 모두가 이러한 종교를 통해서 서로 사랑하고 타인을 배려하며 아름다운 삶을 가졌으면 좋겠다.

■ '10. 8. 12. 수

근원을 알자

모든 원인의 근원을 아는 것은 대단히 중요하다. 사람들은 그 본질은 잘 알지 못하고 겉만 보고 판단을 하는 경향이 있다. 여기 한 사례를 들어 보고자 한다.

한 고행자가 있었다. 그는 진리를 얻고자 여름 한 낮에 장작을 산더미처럼 쌓아놓고 불을 지른 다음 그 속에 들어가 수행을 하였다. 얼마 후 그는 심한 고통을 받았는데 땀은 비 오듯이 내렸고, 입술과 목은 바싹바싹 타들어갔다. 마침 그곳을 지나가던 여승이 "당신은 태울 것은 태우지 않고 쓸데없는 것을 태우고 있군요."라고 말하면서 한심한 듯이 그를 쳐다보았다. 몹시 화를 내는 고행자에게 여승은 계속해서 말을 했는데 "태워야 할 것은 당신의 마음속에 있는 분노이며 그것을 불살라버리는 것이 진정한 수행입니다. 소에게 수레를 끌게 하려면 소에게 채찍을 가해야 하지 수레를 쳐보았자 아무 소용이 없습니다. 즉 당신의 마음을 채찍질해야지 신체를 괴롭히어 보았자 아무 의미가 없습니다. 그것은 또한 사람이 사자에게 활을 쏘면 사자는 사람에게 달려드는데 개에게 돌을 던지면 개는 저를 때린 돌에게 달려드는 것과 마찬가지입니다. 즉 사자는 근원을 알지만 어리석은 개는 그 근원을 알지 못하고 행동하는데 당신의 행위가 바로 그 개와 같은 것입니다."라고 충고를 하였다.

군대생활을 하다보면 부대에 가끔 사고가 발생한다. 필자도 대대장 시절 우리 대대 병사가 탈영을 한 적도 있고, 휴가 간 민간인과 싸움을 한 장병도 있었다. 그런데 많은 부대가 사고에 대한 후속조치에만 급급하고 근원적인 조치는 하지 않아 재발되는 경우를 종종 보았다. 예를 들어 폭행사고가 발생하면 구타한 선임병과 피해자인 후임병간의 이분법적 범위에서 사고를 한정하는 것이 그것이다. 어항 속에 병든 고기가 있는데 그 병든 고기만을 끄집어내는 것만으로 모든 문제가 해결되지 못한다는 것을 알아야 한다. 근원적 해결을 위해서는 어항 자체의 물을 바꿔줘야 하듯이 사고가 있었다면 자체적으로 부대를 정밀 진단하여 부대 환경을 개선해야 주어야 하는 것이다. 설사 원인을 분석한 결과 개인의 문제점으로 판명되더라도 그러한 고민을 말하지 못한 의사소통 측면에서의 문제가 없었는지 확인을 해보아야 한다. 사고를 빨리 봉합하고 아무 문제가 없었다는 듯이 정상적으로 가려는 심정이야 이해되지만 단편적인 원인만 분석하다보면 더 큰 것을 놓치는 경우가 생길 수 있기 때문이다.

교육훈련 주기에 보면 부대관리 주가 있는데 이 기간을 잘 활용해야 한다. 그 기간에 장병들 상호간 친목도 도모하고, 부대 환경도 개선하고, 개개인의 애로 및 건의사항도 수렴하여 조치하고, 어려움을 갖고 있는 병사를 다양한 방법으로 식별하고, 심층면담도 병행하여 함께 해결책을 모색해야 한다. 때로 그것이 작전이나 교육을 통해 전투력을 창출하는 것보다 오히려 더 중요한 요소가 될 수 있다. 왜냐하면 끈끈한 전우애를 보유한 부대야말로 가장 강한 전투력을 갖는 기초이기 때문이다.

■ '10. 8. 13. 목

긍 정 일 기

아내 사랑

우리의 아내들이 항상 밝은 미소를
지을 수 있도록 남편들이 노력하자

아내 사랑

필자는 현재 아이들 교육 때문에 아내와 떨어져 살고 있다. 그래서 훈련이나 작전 등 부득이한 경우를 제외하고는 월 1회 정도는 휴가를 받아 가족이 있는 대구로 내려간다. 집에 내려가면 집 근처에 있는 형제봉을 아내와 함께 등반하곤 한다. 등산이 좋은 이유 중에 하나가 아내와 대화를 많이 할 수 있다는 것이다. 평소에는 즐거운 이야기를 주로 하지만 얼마 전에는 산을 내려오다 집으로 가는 도중 아내의 짜증 섞인 목소리를 들었다. 최근 아이들의 성적이 저조하고 필자 또한 모처럼 내려오면 후배들과 시간을 보내면서 과음하다보니 그것이 못마땅한 것이었다.

화를 그만 내라는 심정으로 아내의 목을 손으로 눌렀더니 갑자기 "아! 여보 시원하네. 그쪽 말고 옆쪽도 눌러 주세요."하는 것이 아닌가. 속된 말로 '이 무슨 황당한 situation인가?'라고 생각을 하였다. "여기야?" "아니 그 쪽 말고 아래쪽." 아내의 말대로 계속 목을 눌러주면서 속으로 웃었다. 화내지 말라고 누른 것이 아내는 남편의 자상한 배려로 생각하고 있으니 한편으로 미안하고 다른 한편으로 민망스러웠다. TV에 보면 여자는 약하지만 아내 또는 엄마는 강하다는 말이 있다. 그렇다면 과연 이렇게 강한 아내의 어원은 어디서부터 시작된 것일까?

통상 남에게 자기 부인을 지칭하는 말로 아내, 마누라, 여편네, 안사람, 집사람 등의 용어를 쓴다. 그래도 아내는 높이는 말로 인식하지만 기타 용어는 자신의 부인을 낮추거나 겸손한 말로 사용한다. 그러나 실제 그 어원을 찾아보면 재미있는 사실을 알 수 있다. 아내란 결혼한 여자를 그 남편과 상대하여 이르는 말로서 어원은 '안 해'라고 한다. 여기서 안은 밖의 반의어이고 해는 사람이나 물건을 지칭하는 접미사이다. 일부에서는 '안 해'를 집안의 태양으로 해석하기도 한다. 그 이유는 가정에서 아내의 미소는 집안을 밝게 하는 원동력이기 때문이다. 다음으로 마누라는 '마노라'에서 나온 용어로 옛날에 노비가 상전을 부르는 칭호, 임금이나 왕후에게 대한 칭호로 사용하였다. 그것은 조선시대에 '대비 마노라, 대전 마노라, 선왕 마노라'라는 말처럼 마마와 혼용되어 사용하던 극존칭이었는데 왕조가 쇠퇴하면서 늙은 부인 또는 아내를 낮추는 말로 변해 버렸다. 오늘날 만일 대통령이나 상관 부인에게 '마누라'라고 호칭하면 예의가 없는 사람으로 여겨지기 쉽다.

참고적으로 마누라와 대비되는 용어는 '영감'인데 그것은 정 3품 이상 종 2품 이하의 관원을 말하는 것으로 오늘날은 판검사를 지칭하기도 한다. 이러한 점에서 조선시대에 남자는 기껏해야 정 3품으로 생각했지만 아내는 왕이나 왕비로 지칭했으니 오늘날 아내들이 받는 대우와는 차원이 많이 다르다는 것을 알 수 있다. 여편네라는 용어는 한자어로 '여편'을 집단을 뜻하는 네와 붙여 만든 것으로 남편과 대립되는 용어이다. 안사람과 집사람은 아내를 호칭하는 다른 용어로 타인에게 겸손하게 표현하는 단어이다.

이렇듯이 자기 부인을 지칭하는 단어 모두 예로부터 남자와 대비하여 지극히 높임을 알 수 있다. 우리 군인들은 직업 특성상 바쁜 부대 일로 인하여 통상 자신의 아내에게 관심이 다소 부족한 경향이 있다. 하지만 수신제가치국평천하修身齊家治國平天下란 말처럼 집안을 화목하게 이끌지 않고서는 다른 일들을 잘 할 수 없다. 아내를 행복하게 하는 것, 그것이 가정을 행복하게 하는 것이고 크게는 사회와 나라를 평안하게 하는 길인 것이다. 우리의 아내들이 항상 밝은 미소를 지을 수 있도록 남편들은 첫째, 아내의 사랑을 책임지고, 둘째, 아내의 자존심을 책임지며, 셋째, 아내의 건강을 책임지도록 노력해야 한다. 이를 통해 모든 가정이 즐겁고 행복하기를 진심으로 기원한다.

■ '10. 8. 14. 금

배려 配慮

배려配慮는 한자로 짝지어줄 배配와 걱정해줄 려慮로 구성되어 있다. 직역하면 '걱정을 짝지어 준다.' 즉 '걱정을 같이 해준다.'라는 뜻이다 배려는 인간이 만들어낸 말 중에서 가장 소중한 말이다. 이 말을 들으면 왠지 포근해지는 느낌이 든다. '배려', 참으로 따뜻한 단어이다. 누군가가 내 마음을 헤아려 주는 것만으로도 고마운데, 그것에 맞는 행동까지 이어진다면 그야말로 뜨거운 감동이다. 그 사람의 처지에 서보는 것, 더 나아가 그를 살펴보는 것, 그것이 배려의 시작이다.

진정한 배려는 다음 4가지를 포함하고 있는데 첫째는 상대가 원하는 것을 주는 것으로 본인은 이것이 하고 싶은데 다른 것을 준다면 그것은 배려라고 할 수 없다. 둘째는 받기 전에 먼저 주는 것으로 다르게 말하면 정신적, 물질적인 무엇을 타인에게 베푸는 것이다. 셋째는 지속적으로 해야 하는 것으로 단 한 번으로 끝나는 것은 진정한 배려가 아니라는 것을 의미한다. 넷째는 자연스럽고 즐겁게 하라는 것으로 진정 마음에서 우러나와 해야지, 하기 싫은 것을 억지로 하는 것은 받는 사람에게 오히려 부담이 된다는 것을 의미한다. 마지막으로 사소하지만 감동을 주어야 한다. 그것을 크게 생각하여 물질적으로 많이 주어야 한다는 생각은 것은 잘못된 것이다. 작지만 정성이 깃들어 있는 그런 것을 베푸는 것이 진정한 배려인 것이다. 여기 아내를 울려버린 한 남자의 진정한 배려를 통한 사랑 이야기를 살펴보자.

　　백년을 기약하면서 달콤한 연애를 하는 한 연인이 있었다. 그들은 앞으로 펼쳐질 미래를 생각하며 꿈에 부풀어 있었다. 더군다나 남자는 이미 그들의 보금자리인 아파트까지 준비해 놓았다. 그런데 여자의 아버지가 갑자기 사업에 실패를 하여 회사는 문을 닫았고, 그 충격으로 그녀는 병원에 입원하게 되었다. 설상가상으로 결혼을 며칠 앞두고 그가 보여준 아파트는 사실 자기 것이 아니라는 고백까지 듣는다. 솔직히 그녀도 혼수품을 살 수 없는 형편이었기에 그 말에 그렇게 실망하지는 않았다.

　　마침내 둘은 결혼을 하였고 간신히 얻은 단칸방에서 신혼살림을 시작하였다. 그런데 남편의 월급이 결혼 전에 이야기하던 것과는 달리 너무나 작았다. 그렇지만 그녀는 신혼의 맛에 기쁘게 살았고, 시간이 흐르면서 그녀의 아버지도 점차 건강을 회복하였다. 부친은 다시 사업을 시작하였고 이전보다 잘 되어 점점 잘살게 되었다. 그런데 사람의 마음은 참 간사한지 친정집이 어려울 때는 그냥 있는 것에 감사하였는데 형편이 좋아지면서 그녀는 점점 자기의 모습이 매우 초라하게 느껴졌다. 그러면서 결혼 전 아파트를 보여주며 경제적으로 어렵지 않게 살게 해준다던 남자의 말이 모두 상처로 되살아났다. 그녀는 그렇게 사랑스럽던 신랑이 점차 미워지게 되었고, 자신의 속상하고 억울한 심정을 친정어머니께 말씀드렸다.

　　아픔을 이야기하는 여자의 볼에서는 눈물이 흘러내렸고, 그녀의 어머니 역시 눈물을 흘렸다. 이야기를 다 듣고 난 후 어머니는 그동안 그녀에게 숨겨놓았던 비밀을 이야기하였다. "사실은 김 서방이 아무에게도 말하지 말라고 했는데 이제는 털어놓아야 하겠구나." 그녀의 어머니가 그녀에게 해준 말은 이런 내용이었다. 남편은 혼수용품을 준비하지 못하는 그녀의 마음이 상할까봐 아파트를 팔아 그녀의 부친 빚을 갚는데 보탰다. 또한 그의 월급도 그녀의 아버지 병원비로 썼던 것이었다. 이야기를 듣는 그녀의 눈에서는 감동의 눈물이 얼굴을 적셨다.

이 이야기를 통해서 진정한 배려가 무엇인지 이해했을 것이다. 그것은 상대방의 아픔까지도 자기가 다 품는 것이다. 우리 장병들도 입대하면 초기에 잘 적응하지 못하여 많은 어려움을 겪는다. 그것은 또한 개인 건강이나 가정, 여자관계가 복합적으로 관련되면 상승 작용을 일으켜 더욱더 어려워진다. 이럴 때 간부들이나 선임병들이 그를 친동생으로 생각하여 정성어린 조치를 해주면 원만히 극복할 수 있다. 대표적인 예로 비무장 지대에 수색이나 매복 작전에 투입되는 장병들의 전우애를 보면 배려의 표본을 볼 수 있다. 생명을 담보로 하는 그들에게 전우의 일은 곧 자기의 일인 것이다. 마음으로 전우를 사랑하고 도와주는 배려의 자세로 따뜻한 선진 병영을 만들도록 다함께 노력해보자.

■ '10. 8. 15. 일

긍정적 사고

긍정적 사고가 얼마나 중요한지는 대부분 다 알고 있다. 그것은 인생에서의 성공과 보람을 갖도록 만드는 핵심 요소이다. 어떤 현상이 발생했을 때 그것을 인지하는 태도에 따라 행동의 방향이 결정되는데 그것이 곧 그 사람의 운명을 결정짓게 만든다. 여기 두 가지 사례를 들어보고자 한다.

한 회사의 신입사원들에게 문제가 주어졌는데 그것은 스님들에게 빗을 파는 내용이었다. 대부분 "머리가 없는 스님에게 빗을 어떻게 팔지? 그것이 가능한 일이야?"라며 부정적으로 생각을 하였다. 그러나 그들 중 한 사람은 무려 1,000여개 빗을 스님에게 팔았다. 그 비결로 그는 먼저 유명한 스님이 계신 암자를 찾아갔다. "스님, 제가 스님께 빗을 팔려고 왔습니다." "아 그래요. 그런데 저는 머리카락이 없어 굳이 살 필요가 없는데요." "그렇습니까. 그러면 스님을 찾아 먼 곳에서 오는 불자들에게 그것을 나누어주면 어떻겠습니까?" "선물로 말입니까?" "그렇습니다. 대신 그 빗에 적선소積善梳라는 글을 새기셔서 그들이 머리를 빗을 때마다 선을 생각하고 행하도록 하면 좋을 것 같습니다." "참으로 좋은 생각이신 것 같습니다. 구입하도록 하지요." 그의 의미 있는 답변에 스님께서는 동조하시면서 그 빗은 아직까지도 팔리고 있다고 한다.

또 다른 사례를 들어보자.

어떤 회사에서 세일즈맨들의 능률이 오르지 않아 사장이 세미나를 개최했다. 그는 귀퉁이에 검은 점 하나를 찍은 흰 수건을 펼쳐 보이면서 무엇이 보이는지를 물었다. 다들 검은 점이 보인다고 대답하였다. 그는 다시 물었다. "자세히 보십시오! 다른 것은 보이지 않습니까?" 그들은 여전히 검은 점밖에 보이지 않는다고 대답하였다. 그래서 그는 다음과 같이 말했다. "여러분! 이 수건의 검은 점은 구석에 하나밖에 없는데 왜 이 넓은 흰 바탕은 보지 못합니까? 결국 여러분은 잘 안 된다는 부정적인 생각을 하기 때문에 다른 면은 보지 못하는 것입니다. 여기 검은 점은 불가능이고 흰 바탕은 가능입니다. 수건처럼 여러분의 불가능과 단점은 작고 가능성과 장점은 많습니다. 여러분은 충분한 능력이 있으므로 다시 도전해 보시기 바랍니다." 이렇게 하여 사원들은 긍정적 사고로 전환하여 열심히 노력한 결과 그 회사는 많은 이윤을 남겼다고 한다.

위 두 사례에서 우리 장병들은 어느 부분에 속하는지 생각해 보자. 처음 군대에 입대하면 매우 낯설고 어려운 일들이 많기에 미숙하고 힘들다고 느낀다. 그래서 "나는 그것을 잘하지 못하는데."하고 지레 겁을 먹고 스스로를 부정적 관념의 틀에 넣는다. 그러니 사소한 일에도 자꾸 위축이 되고 자신감을 상실하기도 한다. 예를 들어 개인화기 사격결과가 남보다 뒤졌다고 앞으로도 못할 것이라고 생각하면 계속 못할 수밖에 없다. 그러나 이번에 몇 발 맞혔으니 다음에는 더 잘할 수 있다는 생각으로 노력한다면 분명 좋은 성적을 거둘 것이다. 즉 긍정적 사고는 바로 신념과 자신감으로도 귀결된다. 자수성가한 모든 사람의 공통점이 바로 현실을 부정하지 않고 오히려 긍정적으로 생각하여 전화위복의 기회로 삼아 노력했기에 가능하다. 앞으로 주어진 상황과 여건을 부정이 아닌 긍정으로 인식해 보자. 그러면 우리의 병영이 정말 활기차게 변모할 것이다.

■ '10. 8. 16. 월

휴가

 다른 공무원들처럼 군인에게도 휴가가 있는데 크게 연가, 공가, 청원휴가, 특별휴가로 구분한다. 연가는 전 장병에게 매년 정기적으로 부여하는 휴가를 말하며, 공가는 공무수행으로 인해 허가해주는 휴가이고, 청원휴가는 본인 및 가족의 신상에 특별한 사유가 발생했을 때 실시하는 휴가이며, 특별휴가는 위로, 포상, 보상, 전역 전, 재해구호 휴가 등 특별한 사유로 인해 실시하는 휴가를 말한다. 연가는 간부인 경우 연 21일 범위 내에서 실시하고 병인 경우에는 복무개월 수에 따라 차이가 있는데 21개월 복무 시 28일이며 6개월에 10일, 12개월에 9일, 18개월에 9일로 구분하여 나갈 수 있다. 물론 연가는 가장 기본적인 휴가이기에 이것 이외에도 병인 경우에는 신병교육 수료 후 자대에 배치된 다음 신병격려 외출·외박이라는 것을 최대 4박 5일 갈 수 있고, 복무기간 중 친지면회 및 개인의 용무해결을 위해 성과제 외출·외박이라는 것을 최대 10일간 나갈 수 있다. 간부는 연가의 분할이 가능하기 때문에 연중 균형 있게 나갈 수 있게끔 하고 있다. 또한 법정휴무일은 연가 공제일에 포함되지 않기 때문에 월 1~2일을 휴일(주말)에 붙여서 통상 3~4일 가는 것이 일반화되어 있다.
 필자도 한 달에 한 번은 부대 임무에 크게 지장이 없는 기간을 선정하여 휴가를 다녀오고 있다. 평시에는 개인적인 용무를 보는 것이 제한되기 때문에 대부분

휴가기간을 이용하여 업무를 본다. 즉 필자가 직접 가야만 하는 공공기관이나 금융 업무, 집안의 대소사, 차량관련 사항 등을 주로 그 때를 이용하여 처리하는 것이다. 또한 간부인 경우 많은 이가 자녀 교육문제로 어쩔 수 없이 떨어져 살고 있는데 휴가 기간에 집을 방문하여 모처럼 가족과 즐거운 시간을 보내기도 한다.

  필자도 지난주 토요일부터 어제까지 3일간 휴가를 내서 현재 아내와 아이들이 살고 있는 대구의 2작전사령부로 갔다. 과거에 근무한 곳으로 지금은 소속이 달라 아파트를 퇴거해야 하지만 자녀가 중 3 또는 고 3인 경우는 1년간 유예가 가능하여 고 3인 큰 아들 덕분에 올해까지는 거주할 수 있다. 첫날은 점심 때 도착하여 아내와 부대 내의 헬스장에서 함께 운동을 하였고 이후 가까운 마트에서 식료품을 샀으며 저녁에는 부대에서 상영하는 영화를 보았다. 둘째 날은 오전에 미사를 보고 오후에는 대구의 큰 재래시장인 서문시장에서 필요한 물품을 사왔고, 마지막 날인 어제는 아내와 함께 시내에 나가 은행업무와 영화 관람, 외식을 한 다음 오후에 부대로 복귀하였다.

  이번 휴가 기간 중 의미 있는 한 가지 일은 과거 필자가 대구에서 근무할 때 같은 사무실에서 근무했던 병사를 만났던 일이다. 그는 지난주에 필자에게 전화하여 자기가 조만간 전역을 하는데 그동안 군 생활을 잘하도록 지도해 준 것에 대한 고마움을 표했다. 아무리 편하게 대해주어도 병사가 대령에게 전화를 하는 것은 매우 어렵고, 더군다나 필자가 그곳을 떠난 지 거의 9개월이 되어 전화번호를 찾는 것도 어려움에도 다른 간부들에게 물어물어 필자에게 연락하였다고 한다. 그는 입대 전에 대구의 한 초등학교에서 선생님을 하다가 남보다 늦은 26세에 입대하여 적응을 잘할까 무척 고민을 했는데 필자의 도움으로 난관을 잘 극복하였다고 말했다. 다행히 필자가 이번에 휴가를 나가게 되어 일요일 저녁에 그를 만나 복지회관에서 식사를 함께 했다. 과거 힘들고 어려웠던 일들을 필자는 대부분 잊었지만 그는 너무나도 생생하게 기억하고 있었다. 마지막 휴가를 다녀온 후 다음 주에 전역할 예정이며 가급적 올해 결혼할 계획이고 그 때도 반드시 필자를 초대하겠다고 한다.

　군대생활에서 정말 보람되는 것은 이렇게 같이 근무했던 병사들이 잊지 않고 찾아주는 것이다. 부대로 복귀하는 고속버스 안에서도 과거 필자가 대대장시절 데리고 있었던 운전병이 그의 아내가 임신한 사실을 메일로 자랑하여 크게 축하해주었다. 이렇듯 군대에서의 소중한 인연은 오래도록 가슴에 맺혀 있는 것 같다. 다시 한 번 우리 간부 및 선임병들의 조그마한 격려가 일·이병들에게는 군 생활 간 큰 힘이 된다는 사실을 직시하여 많은 장병들에게 따뜻한 격려의 말을 많이 할 것을 다짐해 본다.

■ '10. 8. 18. 화

처신處身

처신處身을 글자 그대로 해석하면 '몸을 두다'인데, 사전을 찾아보면 '세상을 살아가는 데 가져야 할 몸가짐이나 행동'으로 정의하고 있다. 우리가 통상 상관이 하급자를 혼낼 때 "처신을 똑바로 하라"고 말하곤 한다. 그것은 주로 하급자의 행동이 못마땅할 때 쓰는 용어이다 보니 부정적 단어로만 인식하기 쉽다. 그러나 위 정의에서 해석하는 것처럼 사실은 긍정적인 좋은 단어이다. 역사책에서 난세에 처신을 잘해서 균형과 조화를 이루는 사례를 우리는 많이 찾아 볼 수 있다. 어떻게 보면 기회주의자로 인식되기 쉬우나 넓게 생각하면 상황에 맞게 융통성 있게 대처한 것이라고 말할 수 있다. 처신을 잘한 대표적 인물로 우리는 황희 정승을 들 수 있다. 그는 생각이 깊어서 큰일에는 관심을 가졌지만, 작은 일에는 특별히 관심을 두지 않았다. 아래 내용은 우리가 익히 들어서 아는 내용이지만 언급해 보겠다.

어느 날 그가 집에 있는데 한 여자종이 다른 여자종과 다투었다. 그녀는 그에게 억울함을 하소연하며 다른 여자종을 혼내주길 바랬다. 그녀의 이야기를 다 듣고 난 후 그는 "네 말이 옳다. 알았으니 그만 나가서 일해라."고 달래서 그녀를 내보냈다. 조금 있으니 다른 여자종이 와서 똑같이 억울함을 호소하였다. 이번에도 그는 "그래 네 말이 옳다. 알았으니 그만 나가서 일 해라."고 조금 전과 동일하게 말하였다. 그것을 지켜보던 그의 아내가 "한 쪽이 옳으면 다른 쪽은 그른데 어찌하여 양쪽 모두 옳다고 하십니까?"하고 묻자 "당신 말도 옳소."라고 대답하면서 분명하게 따지려 하지 않았다.

하루는 그가 여러 대신들과 오후 늦게까지 국사를 논하고 있었는데 저녁 시간이 되어서도 일이 끝나지 않았다. 이에 공조판서가 대신들의 배가 고플 것을 염려하여 자기 집에서 음식을 가져오도록 하였다. 이에 황희는 그를 꾸짖으면서 "조정에는 예빈시禮賓侍라는 부서가 이런 경우에 음식을 준비하도록 제도화 되었는데 왜 개인의 집에서 음식을 가져 왔느냐."고 꾸짖고 국법을 어긴 죄를 물어야 한다고 주장하였다.

이 두 가지 사례 중 첫째 사례를 보면 그는 줏대가 없고 원칙을 무시하는 사람으로 비춰지기 쉬운데, 두 번째 사례를 보면 원칙을 가려서 시비를 가려야 할 것과 그냥 덮어 두어야 할 것이 어떠한 것인지를 분명히 가려서 처신한 것이라고 볼 수 있다. 즉 집안일에 대한 시비를 가리면 서로 반목하여 더 나쁜 결과를 가져올 것이라고 판단하여 잘잘못을 가리지 않았지만 국가에 대한 일처리는 아무리 좋은 동기에서 출발한 작은 문제일지라도 원칙에 벗어나면 통치가 되지 않음을 그는 경계한 것이다.

군대 내에서의 처신은 아무래도 사회보다 운신의 폭이 좁다. 그 이유는 군대는 사회에 비해 상명하복이라는 특수한 조직이기 때문이다. 상급자가 말하는데 그것이 잘못되었다고 조목조목 따질 수도 없고 그렇다고 가만히 있을 수도 없기 때문에 때때로 진퇴양난을 겪을 수도 있다는 것이다. 장병들 간에도 선임병이 말하는데 대꾸하면 예의가 없다고도 인식할 수 있다. 따라서 설사 상급자가 잘못 지시하였을 경우라도 우선 수명을 하는 것이 올바른 처신이다. 왜냐하면 그도 나름대로 여러 가지 요소를 고려하여 말하기 때문이다. 그런 다음 결과를 가지고 조용히 찾아가 "실제 해보니까 이런 문제점이 발생하였습니다. 따라서 이렇게 해보는 것이 어떻겠습니까?"라고 간접적으로 말하는 것이 바람직하다. 이렇듯 그의 권위에 손상이 가지 않도록 언행을 조심할 때 이는 오히려 전폭적인 신뢰를 받는 계기가 될 수도 있다. 선임병과 후임병 간의 근본적인 마찰은 기존의 군대 질서에 적응한 병사들과 최근 변화된 규정을 배운 병사들 간에 발생되는 문제이다. 따라서 어떻게 보면 계급이 낮은 후임병들의 처신이 매우 중요하다고 볼 수 있다. 따라서 우선 선임병들의 말을 경청하고 최대한 존중하면서 친분이 어느 정도 쌓이면 자연스럽게 애로사항을 말하는 자세가 필요하다고 본다. 이것이 군대에서 본인의 입지를 강화하는 올바른 처신임을 명심했으면 한다.

■ '10. 8. 19. 목

책임의 중요성

군인에게 가장 중요한 덕목이 무엇일까? 물어보는 사람마다 각자 다르게 대답을 하는데 그 중에서 가장 많이 언급된 것이 명예, 용맹, 책임, 청렴, 인격 등이다. 필자는 그 중에서 책임이 가장 우선순위가 높은 덕목이라고 말하고 싶다. 왜냐하면 우리 군인은 국토방위, 국민보호라는 막중한 사명을 띠고 있기 때문이다. 책임은 부여된 임무에 대하여 끝까지 주인의식을 가지고 완결하는 정신자세이다. 그래서 그것은 각자의 직책에 부여된 의무라고도 말할 수 있다. 누가 시키지 않아도 스스로의 책무를 다할 때 그 조직은 강해지고 목적도 쉽게 달성할 수 있다.

그런데 이러한 책임의식이 최근 신세대 간부들에게서는 다소 약해짐을 느낄 수 있다. 그것은 때로 임무를 완수하는 것보다 자신의 권리를 먼저 언급하는데서 느낄 수 있다. 필자는 다음 두 가지 사례를 통해서 책임의 중요성을 강조하고 싶다.

먼저 일본이 태평양전쟁의 유일한 개선장군이라고 부르는 한 청년장교의 이야기이다. 화제의 주인공은 1945년 일본군이 패한 후 29년 만에 필리핀 정글에서 발견된 52세의 오노다 소위이다. 그는 일본군이 필리핀의 루방 섬을 철수했던 1944년 12월 정찰 임무를 부여받고 홀로 남게 되었다. 그 후 그는 종전 사실을 모른 채 작전을 수행하고 있었다. 그가 일본에서 개선장군으로 평가받은 이유는 먼저 부여된 임무를 30년 동안이나 충실히 수행하였기 때문이다. 그러나 그것보다 더 세계의 주목을 받은 이유는 귀화하기 전까지의 과정 때문이었다. 그는 직속상관의 전투명령 없이는 자신의 임무를 그만둘 수 없다고 종전을 거부하였다. 하는 수 없이 일본은 당시 그의 직속상관으로 환갑이 넘은 다니구찌 소좌를 찾아서 그곳으로 보냈다. 그는 밀림으로 들어가서 당시의 군복으로 갈아입고 그에게 임무해제 명령을 내렸다. 그는 "오랫동안 명령하달이 늦어서 정말 미안하네. 자네는 참으로 훌륭히 임무를 수행해 주었네."라고 그를 높이 치하했다.

다음은 지금부터 약 4,000여년 중국의 요堯 임금 시절의 이야기이다. 당시 요나라는 빈번한 홍수로 집과 전답이 무너지고 수많은 사람들이 물길에 휩쓸려 죽곤 하였다. 이에 요임금은 곤鯀을 시켜서 치수를 하도록 지시하였는데 그가 세월만 보내고 있자 그의 아들 우禹에게 임무를 맡겼다. 그는 임명을 받자마자 모든 일에 책임감을 갖고 솔선수범하였는데 그러다보니 손에는 굳은살이 박이고, 발은 온통 물집이 잡혔으며, 얼굴과 머리까지 지저분하게 변했다. 더군다나 물속에서의 오랜 작업으로 손톱과 털까지 모두 빠져버렸다. 더군다나 그는 13년의 치수 동안 세 번 자기 집을 지나쳤으나 한 번도 들어가지 않았다. 맨 처음은 산고로 고생하는 아내의 목소리와 갓난아이의 울음소리를 들었다. 두 번째는 아내의 품 안에 있는 아들이 그를 부르며 바둥거렸으나 손짓만으로 답해주었다. 세 번째는 열 살 된 아들이 달려 나와 손으로 잡아끌었으나 임무가 종료되기 전까지는 안 된다고 서둘러 작별하고 떠났다. 치수로 백성들을 구하고자 한 그의 이 감동적이고 위대한 행동은 사서史書에서 그를 하우夏禹 또는 대우大禹라고 칭하고 있고, 그는 후에 하夏나라의 첫 군주가 되는 영예를 가졌다.

위 두 가지 사례는 다소 극단적이라고 생각할 수 있지만 부여된 임무를 완수하려는 그들의 강인한 정신을 엿볼 수 있다. 그것이 오늘의 일본과 중국을 만드는 원동력이 아닌가도 생각해 본다. 우리 장병들도 각자의 직책에서 자신에게 부여된 임무를 최선을 다해 완수할 때 그 누구도 우리 조국을 함부로 넘볼 수 없을 것이다. 책임감만 있으면 능히 어려움을 극복하고 임무를 성공적으로 마무리 지을 수 있다. 각자 현재의 임무에 책임감을 가지고 최선을 다하고 있는지 한번 생각해 보자.

■ '10. 8. 20. 목

현장중심의 부대지휘를 하자

　삼성전자의 윤종용 부회장이 쓴 '이기는 습관'이란 책은 CEO라면 반드시 읽어봐야 할 책으로 과거 대중들로부터 선풍적인 인기를 끌었던 책이다. 그 책의 핵심내용은 바로 '현장중심'의 업무수행을 강조한 것이다. 그는 임원을 평가할 때 '해당 임원이 현장을 얼마나 잘 알고 있고 얼마나 자주 직접 방문하는가?'를 최우선으로 삼는다고 한다. 왜냐하면 지속적으로 성장하는 조직의 특성은 '~라 하더라.'하는 소식통을 무시하고 자신의 눈과 귀로 현장을 직접 확인한다는 것이다.

　현장 경험이 없는 사람이 얼마나 위험한지 한 가지 사례를 들고자 한다. 옛날 중국의 조나라 시대에 조사라는 명장이 있었다. 대국인 진나라가 침공을 하였을 때 그는 사력을 다해 진군을 격파한 전공을 가지고 있었다. 조사가 죽고 난후 다시 진으로부터 공격을 받게 되었는데 이때 총사령관으로 임명된 사람이 바로 그의 아들 조괄이었다. 그는 어릴 때부터 여러 사람으로부터 병법을 배워왔기 때문에 이론 면에서는 그를 따를 자가 없었다. 그러나 그는 현장 경험이 부족했기 때문에 당시 재상인 인상여와 그의 모친도 곧바로 실전에 투입하는 것을 우려하였다. 생전에 조사도 그와의 대화에서 입으로 말하는 병법은 실전에 통하지 않으므로 현장을 경험하는 것이 중요하다고 누차 강조하였다. 그러나 조나라 왕은 그

같은 반대를 무시하고 그에게 전군의 지휘권을 맡겼다. 그 결과는 명약관화하여 조괄은 그 싸움에서 패하여 전사하였고 조나라 군대는 진나라에 완전히 궤멸되고 말았다.

　우리 군도 현장 중심의 부대 지휘가 정말 중요하다. 장병들이 실시하는 각종 작전과 교육훈련, 부대관리가 어떻게 이루어지는지는 사무실이 아닌 현장에서 확인을 해야 한다. 그것은 예하부대를 간섭하려고 하는 것이 아니라 그들의 애로사항과 문제점이 무엇인지를 확인하여 적절한 지휘조치를 하기 위해서이다. 즉 사무실에만 있으면 무더위나 추위에 우리 장병들이 어떻게 교육훈련을 하는지 모른다. 또한 그동안 내린 지시나 계획이 현장에서 어떻게 실천이 되어 가는지도 확인할 필요가 있으며 여건에 맞는 후속조치를 취해야만 한다. 이론과 이상은 실전에 투입하면 그 가치를 잃는데 그것을 막기 위해 현장에서의 경험을 체득하도록 하는 것이 해결책인 것이다. 모든 것은 현장에 답이 있다.

■ '10. 8. 22. 일

가족에 대한 오해와 진실

　국내 유명한 신경과 전문의인 양찬순 박사는 '가족에 대한 오해와 진실'이란 글에서 가족 사이에 4가지 오해와 이를 줄이기 위한 4가지 해결책을 제시하고 있다. 일본의 영화감독 기타노 다케시가 "가족이란 누가 보지만 않는다면 어딘가로 내다버리고 싶은 존재다."라고 말한 것처럼 가족이란 때론 누구도 어쩌지 못할 애증으로 얽힌 관계이기도 하지만 서로를 가장 아끼고 사랑하면서도 상처를 가장 많이 받는 불가사의한 관계이기도 하다.
　그러면 먼저 우리가 잘못 알고 있는 4가지 오해에 대해 알아보자.
　첫째 오해는 가족관계는 노력을 안 해도 잘 유지될 것이라 여기는 것이다. 즉, 가족이니까 다른 사람들과의 관계처럼 잘 보이려고 할 것도 없어 굳이 가면을 쓰고 대할 것도 없고, 그저 편하게 있는 그대로 대하면 된다고 여기는 것인데, 물론 이는 아주 틀린 생각은 아니지만 그렇다고 정확히 맞는 사실 또한 아니다. 그 이유는 가족이란 서로 다른 성별, 서로 다른 나이의 구성원들이 모여 서로 다른 욕구를 표현하는 최초의 집단이기 때문이다. 따라서 각자가 그 구성원들을 진심으로 대하고 노력을 기울이지 않으면 어려워질 위험이 있는 관계이기도 한 것이다.
　둘째 오해는 가족들끼리는 서로에게 느끼는 감정을 다 표현해도 된다고 여기는 것이다. 통상 집에 돌아가면 몸에 걸친 옷만 벗는 게 아니라 마음의 옷까지도 다 벗어 버린다. 그래서 감정은 여과 없이 표현되는 경우가 많다. 바로 거기서부터 문제가 생겨난다. 여과 없이 쏘아대는 화살에 맨몸을 드러내고 있으니 더 크게 상처받게 되는 것이다. 하지만 가정도 하나의 작은 사회이다. 그렇기에 가정생활에서도 최소한의 얇은 가면은 필요하다. 감정의 수문을 함부로 활짝 열었다가는 마침내 둑까지 무너져 버릴 위험이 있기 때문이다.

셋째 오해는 가족관계는 단순하다고 여기는 것이다. 하지만 사실은 그 반대로 가족관계는 마치 거미줄과 같은 복잡한 관계이다. 예를 들어 부부와 딸 한 명으로 이루어진 가족에서 파생되는 인간관계는 4가지이다. 하지만 여기에 동생 한 명만 더 낳아도 인간관계는 4가지에서 무려 11가지로 늘어나게 된다. 시댁, 친정식구 등을 합하면 마치 거미줄과 같이 얽히고설키니 이 얼마나 복잡한 관계인가?

넷째 오해는 가족이란 나의 모든 기대치를 다 걸어도 되는 관계라고 여기는 것이다. 사실은 이것이 가장 위험하고 치명적인 오해인데, 그 이유는 기대치가 크다는 것은 그만큼 실망과 피해의식, 분노도 그만큼 커질 수 있다는 것을 의미한다. 우리가 사회생활에서 만나는 사람들에게 거는 기대치는 어느 정도 현실적이다. 하지만 배우자나 자녀들에게 거는 기대치는 그렇지 않다. 남편은 아내에게, 아내 노릇, 며느리 노릇, 엄마노릇은 말할 것도 없고, 사회적인 일도 잘하기를 기대한다. 아내 입장에서 남편에게 거는 지나친 기대 역시 마찬가지이다. 하지만 가족이란 기본적으로 시행착오가 많은 집단임을 인식해야 한다. 그 이유는, 대부분 미성숙한 상태에서 준비가 부족한 가운데, 부부가 되고 부모 자식 사이가 되기 때문이다.

자, 그럼 이런 오해, 갈등, 그리고 상처를 줄이기 위해선 어떻게 해야 할까? 여기에는 4가지 처방이 있다. 바로 영어의 알파벳 앞 글자를 딴 4L, 즉 Love, Limits, Let them go, Loose integration이 그것이다. 첫째 Love—있는 그대로 사랑하기—는, 가족들이 내가 원하는 모습을 가졌기 때문에 사랑하는 것이 아니라, 그들의 성품, 능력, 특성을 있는 그대로를 받아들여 사랑하는 것을 말한다. 둘째 Limits-경계선 넘지 않기-는 가족들 사이의 경계선을 뜻한다. 아무리 가까운 가족사이라도 서로 해선 안 되는 행동, 넘어서는 안 되는 선이 있다는 점을 알고 서로 존중해 주는 것이다. 셋째 Let them go-독립과 이별 인정하기-은 가족들이 지나치게 상호 의존하는 경향을 벗어나 독립을 추구하고 또 그것을 인정해 주는 것을 말한다. 넷째 Loose integration-느슨하게 간섭하기-은 자율성의 보장을 의미한다. 죄책감을 느끼지 않고 자기가 원하는 것을 결정하고 가족들이 그런 결정을 서로 격려해 줄 수 있어야 하는 것을 의미한다.

그러므로 무엇보다 가장 중요한 것은 가족구성원들이 모두 이 4L의 의미를 깨닫고 함께 노력하는 것이다. 오늘부터라도 가족에 대한 이 네 가지 오해와 편견을 털어 버리고 4가지 처방을 통해 보다 좋은 관계가 되도록 노력하자.

■ '10. 8. 23. 월

건강

지난번 TV에서 생로병사라는 프로그램을 보았는데 거기서 한의사들이 선정한 5대 건강식품은 5위가 민들레, 4위가 죽순, 3위가 양파 / 마늘, 2위가 누에가루, 1위가 강황(우리말로 울금)이었다. 대부분 5~2위까지는 잘 이해하지만 1위로 선정된 강황에 대해서는 잘 모르는 경우가 많을 것이다. 강황이란 것은 바로 카레에 들어가는 주원료이다. 알다시피 인도 사람들이 그것을 잘 먹어서인지 암 발병률이 대단히 적다고 한다.

필자의 아내도 자주 카레를 해주는데 그것이 의사들이 선정한 제일의 식품인지는 잘 몰랐다. 특히 진도지역의 강황은 효능이 뛰어나 건강식품으로 판매가 크게 증가하고 있다고 한다. 이렇게 음식으로 건강을 유지한 것도 중요하지만 필자가 생각하기에는 현대인에게는 무엇보다도 정신건강이 중요하다고 생각한다. 그것을 위해서는 우선 스트레스를 받지 않는 것이 필요한데, 이것은 장수마을의 공통된 요인이 스트레스를 별로 받지 않는다는 점에서도 알 수 있다. 또한 규칙적인 운동도 우리의 신진대사를 원활히 해주기 때문에 건강에 있어 중요한 요소이다. 따라서 필자는 건강의 3대 요소가 음식과 정신건강, 그리고 규칙적인 운동을 하는 것이라고 주장하고 싶다.

과거에 군인이라고 하면 건강의 대명사처럼 여겨지던 시절이 있었다. 힘든 훈련을 극복해 나가는 모습에서 국민에게 멋지고 강인한 모습을 보여주었던 것이다. 또한 '군대에 가면 위장병이 낫는다.'는 말처럼 식사도 규칙적으로 하기 때문에 입대 전에는 아팠다가 입대 후 건강해지는 병사들도 많았다. 또한 체력단련과 훈련 등으로 운동을 꾸준히 하다 보니 건강이 좋아지는 것도 사실이다. 과거에는 술을 많이 마시면 배포가 큰 사람으로 인식된 시절도 있으나 현재는 그렇게 권하지도 않고, 술을 마시고 싶은 사람만 마시는 등 회식문화가 많이 바뀌었다. 우리 군에서도 요즘 유행하는 단어가 119인데 회식시 한 가지 술로 1차에 한해서 9시까지 끝낸다는 것이다. 그렇게 함으로써 개인 건강에도 좋고 가족들도 좋아하고 익일 업무에도 지장이 없다. 하지만 간부 같은 경우는 조금 다르다. 병사와 달리 많은 것을 지도해야 한다는 점에서 정신적 스트레스를 받는 것이다.

정신 건강을 유지하기 위해 필자는 명심보감 정기편正己篇의 글을 가슴에 많이 새긴다. 거기에는 '孫眞人養生銘손진인양생명에 云운 怒甚偏傷氣노심편상기오 思多太損神사다태손신이라. 神疲心易役심피심이역이오 氣弱病相因기약병상인이라.'라는 말이 있다. 해석하면 손진인의 '양생명'에 이르기를 '성내기를 심히 하면 기운을 치우쳐 상하고 생각이 많으면 크게 정신을 손상시킨다. 정신이 피로하면 마음이 쉽게 부림을 당하고 기운이 약하면 병이 따라서 일어난다.'라는 뜻이다. 즉 정신건강에 크게 악영향을 미치는 요인이 바로 화와 고민이라는 것이다. 이 두 요인은 군 조직의 특성인 상명하복과 매우 연관되어 있다. 임무 달성이 미흡하면 지휘관은 부하에게 화를 내고 부하는 그 임무를 달성하기 위해 많은 고민을 하기 때문이다. 따라서 가급적 화를 적게 내고 고민을 하지 않도록 하는 역할은 바로 지휘관에게 있다. 물론 수없이 많은 임무가 주어지는 지휘관의 입장에서는 참모가 맡은바 임무를 충실히 해주길 바라지만 현실은 그렇지 못하다. 다소 눈높이를 낮추고 역지사지의 입장에서 가르쳐주고 지도해 준다면 부하들의 정신건강 측면에서도 매우 효과적이리라 생각한다.

끝으로 정신과 의사가 권하는 정신건강을 지켜줄 10가지 수칙을 알아보면 다음과 같은데, 항상 지키기는 어렵겠지만 나름대로 실천해 보도록 노력해 보자.

　첫째, 긍정적으로 세상을 본다. 둘째, 감사하는 마음으로 산다. 셋째, 반갑게 마음이 담긴 인사를 한다. 넷째, 하루세끼 맛있게 천천히 먹는다. 다섯째, 상대의 입장에서 생각해 본다. 여섯째, 누구라도 칭찬한다. 일곱째, 약속시간에 여유 있게 기다린다. 여덟째, 일부러라도 웃는 표정을 짓는다. 아홉째, 원칙대로 정직하게 산다. 열째, 때로는 손해를 볼 줄도 알아야 한다.

■ '10. 8. 24. 화

토끼

　필자의 관사 옆에는 토끼장이 있다. 처음 부임했을 때는 10마리였었는데 현재는 4마리가 남았다. 타 부대 지휘관들이 부대를 방문했다가 달라고 요청하여 나눠주다 보니 현재의 수밖에 없다. 필자는 그것들을 가급적 가두지 않고 풀어 놓았는데 그러나보니 관사 근처의 풀들은 그들의 식량이었다. 이런 토끼의 모습은 장병들의 정서순화에도 많은 도움을 주고 있고 때때로 장병들은 풀을 주면서 토끼와 대화를 하기도 한다.

　토끼는 크게 굴을 파고 사는 굴토끼와 멧토끼로 구분하는데 통상 집토끼와 산토끼로 구분한다. 또한 토끼의 몸이 하얀 것은 멜라닌 색소가 없어서 그런 것인데 눈도 그것의 영향을 받아 피가 고스란히 보이다보니 빨갛다. 앞니는 위아래 1쌍씩 4개가 있고 뒷다리가 앞다리보다 훨씬 길어서 오르막엔 날쌔지만 내리막은 쩸병이다. 그래서 토끼몰이를 할 때는 산 위에서 아래로 하는 것이다. 토끼는 소화를 주로 맹장에서 하는데 보통 크기가 위장의 10배가 넘는다. 토끼 똥은 두 가지가 있는데 환약처럼 딱딱한 것과 묽은 점액성 대변이 있다. 후자는 누자마자 후딱 먹어버리기에 우리 눈으로 보기에는 매우 어렵다. 그것은 맹장에서 발효된 영양 덩어리로 대장에서 흡수할 수 없기에 그것을 다시 주워 먹어 위에서 흡수한다.

이러한 토끼와 관련된 고사성어도 있는데 대표적인 것이 '토사구팽'兎死拘烹이다. 이 뜻은 '토끼가 죽고 나면 충실했던 사냥개도 쓸모가 없어져 잡아먹히게 된다.'는 의미이다. 다시 말해 필요할 때에는 중용 하다가 필요가 없어지면 야박하게 내치는 것을 말한다. 이 말은 옛날 중국 춘추시대 월나라 재상 범려의 말에서 유래되었다.

　　그는 월왕 구천이 오나라를 멸하고 춘추오패의 한 사람이 되도록 만든 명신이었다. 월나라가 패권을 장악한 후 구천은 공을 세운 그와 문종을 각각 상장군과 승상으로 임명하였다. 그러나 범려는 곧바로 월나라를 탈출하였는데 구천과는 고난은 함께 하지만 영화는 같이 할 수 없다고 생각했기 때문이었다. 제나라에 은거한 범려는 문종을 염려하여 '새 사냥이 끝나면 좋은 활은 감추어지고 교활한 토끼를 다 잡고 나면 사냥개를 삶아 먹는다'蜚鳥盡 良弓藏 狡兎死 走拘烹라는 내용의 편지를 보내 피신토록 충고하였으나, 문종은 월나라를 떠나기를 주저하다가 결국 구천에게 반역의 의심을 받아 끝내 자결하고 만다.

　　여하튼 토끼는 신체적 특징도 불리하고 고사성어도 별로 좋지 않다. 더군다나 동화 속 달리기 시합에서 거북이에게도 지는 애처로운 동물이다. 그러나 산토끼 노래를 부르고 달 속에서 절구질하는 모습을 떠올리면 어릴 적 시절의 엄마, 잊었던 소꿉친구, 그리고 머리에서 멀어진 담임선생님의 추억도 떠오르게 만드는 우리와 매우 친숙한 동물이다. 또한 경계심을 드러낼 때 귀를 쫑긋이 세우고 쳐다보는 놀란 토끼의 모습은 더욱더 그를 사랑스럽게 만든다. 오늘도 필자가 지나갈 때 바라보는 그들의 따뜻한 눈빛을 느끼며 오래도록 함께 살았으면 하는 바람이다.

■ '10. 8. 25. 수

미운사람 확실히 죽이는 방법

　인생을 살다보면 남은 홀대하고 자신에게는 무척 관대한 얄미운 사람이 있게 마련이다. 그러면 통상 그 사람이 잘못되기를 바라는 것이 대부분이고 복을 빌어주는 마음을 가지는 것은 그야말로 성인이 아니면 어렵다. 예수님께서는 원수를 사랑하라고 말씀하셨지만 그것이 얼마나 어려운지는 누구나 다 알고 있다. 간혹 뉴스에서 자신의 가족을 죽인 범죄자를 용서하는 사례가 있지만 그것은 정말 특별한 예인 것이다. 여기 시어머니와 며느리간의 갈등을 아름답게 치유한 사례가 있어서 언급해 보고자 한다.

　옛날에 시어머니가 너무 고약하게 굴어서 도저히 견딜 수가 없었던 며느리가 있었다. 사사건건 트집을 잡고 야단을 쳐서 그녀의 음성이나 얼굴만 생각해도 속이 답답하고 숨이 막힐 지경이 되었다. 그녀는 시어머니가 죽지 않으면 죽을 수도 있겠다는 위기의식이 들어 몰래 용한 무당을 찾아갔다. 그녀의 이야기를 듣고 난 후 무당은 한 가지 비방이 있다고 말하면서 시어머니가 가장 좋아하는 음식이 무엇이냐고 물었다. 그녀가 "인절미"라고 대답을 하자, 앞으로 백일동안 하루도 빼놓지 말고 그것을 드리면 백일 후에는 그녀가 이름 모를 병에 걸려 죽을 것이라고 예언했다. 며느리는 신이 나서 돌아왔고, 곧바로 찹쌀을 정성껏 씻어서 인절미를 만들었다. 시어머니는 처음에 "이 년이 곧 죽으려나, 왜 안하던 짓을 하고 난리야?"라고 생각했다. 그러나 그녀는 보기 싫었던 며느리가 매일 말랑말랑한 인절미를 해다 바치자 마음이 조금씩 누그러졌고 야단도 덜 치게 되었다. 두 달이 지나자 그녀는 하루도 거르지 않는 며느리의 마음에 감동을 받아 동네 사람들에게 침이 마르도록 그녀를 칭찬하였다. 석 달이 다가오면서 며느리는 이제 자신에게 잘 대해주는 그녀를 죽이려는 자신이 무서워졌다. 그래서 그녀는 있는 돈을 싸들고 무당에게로 다시 달려가 "내가 잘못 생각했으니 그녀를 죽지 않을 방도를 가르쳐 주세요."라고 무당 앞에서 닭똥 같은 눈물을 흘렸다. 그러자 무당은 빙그레 웃으며 "이제 미운 시어머니는 죽었죠?"라고 말했다.

　병영생활을 하면서 싫은 선임이나 동료를 죽이는 방법도 마찬가지이다. 그들도 역시 떡 한 개로는 안 되고 적어도 며느리처럼 했던 것처럼 백번정도 인절미를 바쳐야만 미운 놈(?)이 죽는 것이다. 병영 내에서는 인절미가 어려우니 커피를 사주던가 아니면 그가 필요로 하는 물건이나 일을 하면 된다. 그러면서 그를 칭찬할 일이 생기면 무조건 칭찬을 해보자. 그럴 때마다 자신의 수첩에 정(正)자를 그려가면서 딱 100번만 채워보면 정말 미워했던 그 선임은 사라질 것이다. 군대는 싫은 사람이 있으면 생활 자체가 무척 힘들어진다. 인간관계에서 대부분의 경우에는 내가 싫어하면 상대방에게도 그 마음이 전달되어 갈수록 관계가 불편해지기 마련이다. 그래서 우리 속담에 "미운 놈 떡 하나 더 준다."라는 말이 있나보다. 그런데 꼭 무엇을 갖다 주지 않아도 선임의 마음을 바꿀 수 있는 방법이 있다. 그것은 비록 선임이 자신을 힘들게 할지라도 항상 밝은 모습으로 대하는 것이다. 그러면 그도 언젠가는 그의 마음을 활짝 열고 다가올 것이다.

■ '10. 8. 26. 목

숙흥야매 夙興夜寐

숙흥야매夙興夜寐란 '아침에 일찍 일어나고 밤에 늦게 잔다.'라는 고사성어로 부지런히 일함을 이르는 말이다. 성공을 위해서는 그만큼 남보다 수고해야 한다는 뜻이다. 다른 말로 한 가지 숙어를 만들어 보면 자승타승自勝他勝과 그 의미가 유사하다. 즉 '자신을 이겨야 남을 이길 수 있다.'는 뜻으로 이것 역시 노력을 강조한 말이다. 뭇 사람들은 자기 자신은 돌아보지 않고 남과 싸워서 이기려만 하다 보니 자기 잘못은 못보고 남의 잘못만 자꾸 들추려고 한다. 도리불언하자성혜桃梨不言下者成蹊라는 말이 있는데 그 뜻은 '복숭아 꽃, 배꽃은 스스로 아름다움을 말하지 않아도, 그 나무 아래에 사람의 발길은 끊이지 않는다.'라는 뜻이다. 군대에서 계급이 높다고 먼저 근무했다고 하여 하급자나 후임이 무조건 따라 오지는 않는다. 그들이 따라오기 위해서는 나 자신부터 솔선수범하고 긍정적으로 사고하며 타인에게 겸손한 모습을 보일 때 하급자나 후임들이 저절로 본받으려 하는 것이다.

과거 필자가 2군으로 보직이 변경되어 부임하였을 때 필자의 처장님께서 전입 축하를 하면서 쪽지 한 장을 써주셨다. 거기에는 '사랑하는 이영찬 중령에게. 인사처 인력과 인력계획장교로의 전입을 축하합니다. 멋지게 임무를 완수할 것을 확신합니다. 업무수행 간 다음 몇 가지 사항을 강조합니다. 첫째, 상황변화에 민감하고 적시적인 조치를 실시하며, 둘째. 미리미리 업무를 파악하여 준비하고,

셋째, 반드시 행동으로 실천할 것을 당부합니다. 고난 없는 영광은 결코 없습니다(No Pain No Crown). 2007. 1. 15 처장이' 그 당시 그분의 말씀은 필자의 가슴속에 아직까지 살아서 움직인다. 그래서 지금까지 늘 모든 업무를 선제주동으로 미리 계획하여 시행하며, 긍정적인 사고와 적극적인 행동으로 주어진 임무를 최선을 다해서 완수하고자 노력하고 있다.

  2차 대전을 승리로 이끌었던 윈스턴 처칠이 후배들에게 늘 강조하던 말이 있다. 그것은 'Don't give up!(포기하지 마라), never give up!(절대 포기하지 마라), Don't you ever and ever give up!(절대로 절대로 포기하지 마라)'였다. 이 뜻은 끊임없는 인내와 노력을 강조한 말이다. 군대생활을 하면서 우리 장병들의 눈앞에는 많은 난관이 주어진다. 체력에서, 사격에서, 주특기에서, 전술지식에서 남보다 뒤쳐질 수 있다. 그러나 뒤졌다고 그 순간 포기한다면 영원히 낙오자가 될 수밖에 없다. 체력에서 뒤지면 자유 시간을 활용하여 단련하고, 사격에서 뒤지면 바둑알을 이용하여 사격술을 연습하고, 주특기에서 뒤지면 남은 1번 연습할 때 10번 연습하고, 전술지식이 부족하면 교범과 전사를 끊임없이 연구하면 되는 것이다. 그 후에는 자연스럽게 남보다 뛰어난 능력을 가질 수 있다. 한 번은 져도 두 번은 지지 않겠다는 각오는 군대뿐만 아니라 인생에 있어서 많은 도움이 될 것이다. 숙흥야매의 마음가짐을 다시 한 번 되새겨 나 자신을 채찍질해 본다.

■ '10. 8. 28. 토

공주의 초대

옛날 어떤 나라에 아주 똑똑한 공주님이 살았다. 그녀는 성탄절 전날 밤, 허름한 변장을 하고 마을의 집을 돌면서 먹을 것을 얻으러 다녔다. 그런데 그녀를 대하는 태도가 사람들마다 조금씩 달랐다. 어떤 이는 문전박대하고, 어떤 이는 찌꺼기를 던져주며, 또 다른 이는 설익은 음식을 주거나 아예 상한 음식을 주는 이도 있었다. 그런데 마을 끝에 사는 늙고 가난한 농부는 새로 만든 빵과 과자를 그녀에게 주었다.

성탄절 아침에 공주는 마을 사람들을 초대했다. 사람들은 기쁜 마음으로 멋진 옷을 차려입고 성으로 갔다. 얼마 후에 공주는 그들에게 음식을 골고루 나눠 주었다. 어떤 이는 쓰레기를, 어떤 이는 설익은 음식을, 또 다른 이는 상한 음식을 주었고, 농부에게는 맛있는 궁중음식을 주었다. 즉 간밤에 그들이 그녀에게 주었던 대로 음식을 준 것이다. 그녀는 그들에게 "어젯밤 여러분을 찾아간 거지는 바로 저였습니다. 부디 서운하게 생각하지 마시고 드셔보시기 바랍니다."라고 말했다. 그 후 그들은 낯선 사람과 가난한 이들에게 무례한 대접을 하지 않았다고 한다.

이 글은 동화작가 남미영 님의 '생각하는 사과나무'라는 책에서 발췌하여 요약한 글이다. 평소에는 잘 모르지만 그 사람의 인간됨을 알아보려면 그보다 못한 사람에게 대하는 태도를 보면 알 수 있다고 한다. 많은 사람들이 군대는 상명하복의 특수한 조직이라 하급자나 후임병에게 막 대한다고 생각한다. 그러나 실제로는 그렇지 않다. 오히려 같은 목적을 위해 서로 노력하는 동반자로 생각한다. 물론 일부 인원 중에 그렇지 못한 사람도 있고, 그것이 사고의 한 원인이 되기도 한다. 그러나 그것은 선임자에게만 해당되는 것이 아니라 후임의 이기주의도 큰 원인으로 작용한다.

지난번 필자는 포병단장 취임식 후 버스 정류장까지 아내를 바래다준 적이 있다. 복귀도중 저녁시간이 되어 운전병과 함께 바깥 식당에서 식사를 하였다. 대령과 상병이 마주보며 다정스럽게 식사하는 것을 보고 모두들 이상한 듯 쳐다보았다. 그들은 필자와 운전병이 계급상 다른 자리와 다른 음식을 먹어야 한다고 생각한 것이다. 이 뿐만 아니라 필자는 일과 이후나 휴일에 그들의 개인시간을 철저히 보장하기 위해 특별한 경우 아니면 찾지를 않는다. 그러다보니 그들은 자기 계발을 위해 열심히 공부도 하고, 최근 특급전사가 되기 위해 체력단련과 사격연습 그리고 주특기 연마에도 매진하고 있다.

근래 총장님이 바뀌시면서 우리 육군은 '강인한 군대, 따뜻한 육군'이라는 캐치프레이즈를 내걸었는데 강인한 군대는 실전적 교육훈련을 통해서 그리고 따뜻한 육군은 배려와 존중, 인정과 칭찬을 통해서 달성하려고 노력하고 있다. 실전적 훈련을 위해서는 적을 편성하여 운영하고 활성교보재를 이용하여 상황을 조성하고 있고, 따뜻한 육군을 위해서는 먼저 언어폭력 척결과 '칭찬합시다.' 운동 전개, 그리고 웃음체조 등을 추진하고 있다. 특히 군 입대 후 느꼈던 어려움을 상기하면서 후임들이 조기에 적응하도록 모두들 자상하게 지도하고 있다. 왜냐하면 그러한 행동들이 언젠가는 내 아들에게도 이어지게 되기 때문이다.

■ '10. 8. 29. 일

경술국치 100년

　오늘은 우리나라가 일제에 강제병합이 되는 100주년이 되는 날이다. 미 철학자 조지 산타야나는 "과거를 기억하지 못하는 사람들은 그 과거를 되풀이 한다."고 말했는데 우리도 과거에 나라를 지킬 힘이 없어 일제의 식민지가 되었던 경험이 있어 되새겨보아야 하는 의미심장한 말이다. 무려 35년이라는 긴 시간 동안 우리 민족은 일제의 갖은 핍박과 수탈을 속수무책으로 당해야만 했다. 청년 23만 명이 징집되어 전쟁에 투입되었고, 전시노동자로 100만여 명이 징용되어 노예처럼 혹사당했으며, 미혼여성 5만 명 이상을 종군위안부로 납치하여 천인공노할 인권유린을 자행하였고, 역사를 날조하여 식민 사관을 조장하였으며, 일본어 강제사용과 창씨개명, 신사참배를 통해 문화를 말살하였고, 토지소유조사를 통해 땅을 수탈당하고, 산미증산을 통한 쌀 반출로 우리 민족은 늘 굶주리게 되는 등 이루 헤아릴 수 없는 고통을 당했다.

　이러한 치욕스럽고 아픈 역사인 경술국치는 오늘날 우리에게 몇 가지 교훈을 주고 있는데 그 첫째가 국제정세에 둔감해서는 안 된다는 사실이다. 경술국치 이전 우리는 구한말 쇄국정책으로 근대화를 달성할 수 있는 기회를 놓쳤고, 일제의 침략야욕을 간과하고 오히려 독립과 근대화의 후원자로 인식하는 등 둔감한 정세파악을 가지고 있었던 것이다. 둘째는 외세의 침략에 효과적으로 대처하지 못했다는 사실이다. 서구식 근대화에 치우친 나머지 외세의존적인 개혁운동으로 민족내부의 갈등과 반발을 초래하였고, 개화파와 척사파간 대결로 적전분열 양상을 드러내었다. 셋째는 일제의 교활한 술책을 꿰뚫어 보지 못했다는 사실이다. 이는 일제가 개항이후 경술국치 전까지 한국 독립의 지지자로 자청하다보니 그들의 속임수에 넘어간 것이다.

이제 100년이 된 오늘 우리는 치욕의 역사를 절대 되풀이해서는 안 된다. 그것은 과거가 현재와 미래의 발전을 위한 소중한 밑거름이 되기 때문이다. 따라서 힘이 없었던 역사를 겸허히 반성하고 무조건적인 반일보다는 바람직한 한일관계를 모색해야 한다. 또한 선열들의 숭고한 애국정신과 민족혼을 계승·발전시켜야 한다. 즉 그들의 고귀한 희생정신과 불굴의 의지는 우리 후속들에게 영원히 기억되도록 해야 한다는 것이다. 군인인 우리가 해야 할 일은 무엇보다도 본연의 임무인 전술전기를 연마하고 상시 싸울 수 있는 태세를 갖추어야 한다. 또한 확고한 국가관과 안보관을 가지고 부여된 임무에 최선을 다해야 함을 잊지 말자.

■ '10. 8. 30. 월

갈등

갈등葛藤이란 칡과 등나무를 말하는 것으로 2가지가 서로 얽힌 것 같이 개인이나 집단 사이에 목표나 이해관계가 달라 서로 적대시하거나 충돌함을 말한다. 통상 노사간, 고부간, 세대간 갈등 등에서 많이 들을 수 있다. 하지만 칡과 등나무는 오히려 서로 버팀목이 되어야만 더 강하게 자라날 수 있다. 즉 갈등이 잘 마무리되면 오히려 강한 힘이 불출될 수 있다는 것이다.

경희대 언론정보학부 허경호 교수가 연구한 결과 우리나라가 한 해 동안 갈등을 해결하는데 쓰는 비용이 300조원으로 GDP의 27%나 차지한다고 한다. 특히, 정부와 국민, 공공기관과 민간, 정당간, 노사간, 부부간, 종교간 등의 갈등은 사회발전을 저해하는 큰 원인이고, 갈등해결을 위해 사용하는 시간 또한 하루 업무시간의 60%이상이라고 한다. 그러나 갈등은 나쁜 것만이 아니다. IT솔루션업체인 IBM과 반도체 제조업체 인텔은 성장 동력을 바로 갈등을 해결하기 위한 격렬한 토론문화에서 찾고 있다. 또한 효과적인 갈등해결을 위해 서로의 다름을 이해하고, 상대방 입장에서 문제를 바라보며, 상대방의 숨은 욕구를 파악하고, 공감하고 긍정화법을 사용하며, 서로가 만족 할 수 있는 창의적인 대안을 제시하고 있다.

군대도 선·후임병, 상·하급자, 장교와 부사관, 처부 상·하급부대 등 다양한 갈등이 존재한다. 다만 상명하복의 특수한 조직이다 보니 그것이 잘 나타나지 않을 뿐이다. 그래서 군내에는 '갈등관리위원회'라는 조직이 있어 그곳에서 상호 조율을 거친다. 이렇듯 갈등이 없다면 그 조직은 발전 가능성이 없는 것이다. 그것이 타협과 양보를 통하여 우리 모두가 공감하는 방향으로 추진된다면 엄청난 효과를 발휘할 수 있는 것이다. 따라서 우리 지휘관들은 부대 내 구성원 간에 어떤 갈등이 없는지를 늘 확인하여 적절한 조치를 통해 한 단계 높은 전투력을 창출하는데 매진해야 한다.

■ '10. 8. 31. 화

위대한 군인 안중근

필자가 역사상 가장 존경하는 인물은 이순신 장군과 안중근 의사이다. 그 이유는 두 분 모두 조국을 사랑하는 마음이 남달랐기 때문이다. 특히 올해는 안중근 의사가 순국한지 100주년 되는 뜻 깊은 해이다.

그는 우리나라를 강제적으로 일제에 병합시킨 이토 히로부미를 1909. 10. 26일 사살하고 이듬해 3.26일 순국을 하였다. 올해 초 육군에서 안중근을 의사를 장군으로 호칭한다고 하자 일각에서 그를 폄하하는 것으로 말이 많았다. 그러나 그는 이토를 저격 후 신분을 묻는 일본 검찰관에게 "대한제국 의군 참모중장 겸 특파 독립대장이다."라고 분명히 밝혔고 사형당하기 바로 전 간수에게 '爲國獻身軍人本分'이라는 휘호를 써주었으며 독립군으로서 그 누구보다 각종 전투에 참여했던 진정한 장군이었다.

그의 본격적인 항일투쟁은 1905년 을사늑약이 체결한 후 먼저 교육으로부터 시작하였다. 그는 '무식이 망국의 지름길'이라 생각하였고, 결국 사재를 털어 1906년 삼흥학교를 설립하고 돈의학교를 인수하였다. 1907년 군대가 해산되면서 시위대가 봉기하자 1908년 연해주에서 의병부대를 조직하여 참모중장으로서 함경북도 홍의동과 경흥에서 일본 정찰대를 격파하는 전과를 거두었으나, 회령에서 일본군 5,000여명과 전투를 벌여 중과부적으로 패하였다. 이후 1909년 동지 11명과 단지를 통해 죽음으로 대한독립과 동양평화 유지를 위해 헌신할 것을 결의한다. 그해 침략의 원흉인 이토가 만주로 온다는 소식을 접하고 하얼빈에서 그를 사살하였고 1910. 2. 7~14일까지 6차에 걸친 공판 후에 사형을 언도받았다. 감옥에서 그는 그의 삶을 정리한 '안응칠 역사'와 '동양평화론'을 집필하기도 하였다. 그의 시신은 여순감옥 묘지에 매장되었다고 하는데 여러 번의 유해발견 시도에도 불구하고 아직 발견되지 않고 있다.

군인으로서 그의 애국심은 여러 가지 행적에서 잘 나타나는데 이토를 죽인 이유를 묻는 일본 검찰관에게 명성황후를 시해한 죄, 대한제국 황제를 강제로 폐위시킨 죄 등 15가지의 이유를 논리정연하게 설명함으로써 오히려 검찰관을 감격하게 만들었고, 또한 개인적 원한이 아닌 대한제국 의병으로서 이토를 처단했으므로 전쟁포로에 관한 만국공법으로 대우해줄 것을 요구하였다.

그의 어머니도 사형 판결이 있자 "옳은 일을 하고 형을 받으면 비겁하게 삶을 구하지 마라. 대의를 위해 죽는 것이 나에 대한 효도니라."라고 말하는 등 결코 굴하지 않는 정신을 보여주었다. 사형 당하기 전 동포에게 고하는 편지에 "내가 대한제국의 독립을 회복하고 동양평화를 유지하기 위하여 3년 동안 해외에서 풍찬노숙을 하다가 마침내 그 목적에 도달하지 못하고 이곳에서 죽노니 우리 2천만 동포는 각각 스스로 분발하여 학문에 힘쓰고 실업을 진흥하여 나의 끼친 뜻을 이어받아 자유 독립을 회복하면 죽는 자 유한이 없겠노라."고 당부하였다. 마지막으로 면회 온 동생들에게는 "나는 천국에서 가서도 마땅히 우리나라의 국권회복을 위해 힘을 다할 것이다. 대한의 독립 소리가 천국에 들려오면 나는 마땅히 춤을 추며 만세를 부를 것이다."라고 말하였다. 형장으로 가는 순간 일본 관헌이 수갑을 채우고 포승줄로 묶으려 하자 "귀관들은 들으라. 나는 저항하지 않을 것이니 내 몸에 손대지 마라."고 말하고, 유언을 묻는 감옥서장에게 "이번 거사는 오직 동양평화를 위해 한 것이므로 다함께 만세삼창을 할 것을 제의한다."고 당당히 말했다. 그는 교수대에 서서도 일체 저항하거나 불안해하지 않고 어머니께서 보내주신 흰 두루마리를 입은 채로 의연하게 집행을 받아드렸다.

필자도 군인이지만 그의 애국심은 도저히 따라갈 수 없을 것 같다. 사람은 누구나 죽음에 대한 경외가 있다. 그러나 조국을 위해 그것을 초개와 같이 버릴 수 있는 마음은 아무나 가질 수 있는 것이 아니다. 꽃이 떨어져 씨앗으로 다음 해에 새로 태어나듯, 그의 품은 큰 뜻은 매년 새롭게 거듭나고 있음을 생각해본다. 문득, 법정스님께서 남기신 '위대한 존재는 결코 사라지지 않는다.'는 말씀이 가슴에 남는다.

■ '10. 9. 2. 목

꿈을 갖자

최근 EBS교육방송에서 유명한 여강사가 '군대는 사람을 잡는 곳'이라고 비하하여 논란에 휩싸인 적이 있다. 필자는 개인적으로 남북한이 대치되어 있는 현실에서 그것은 너무나 무책임한 말이라고 생각한다. 조국이 있어야 내가 있다는 당연한 진리를 망각한 참으로 한심하기 짝이 없는 말인 것이다. 필자는 그녀에게 한 가지 묻고 싶은 말이 있는데 '아무도 군대에 안가면 누가 우리나라를 지킬 것인가?'라는 것이다.

최근 인터넷에 작년 화제를 모았던 '말년 병장의 편지글'이 다시 등장하고 있다고 한다. 그 글은 전역을 몇 주 앞둔 병장이 월급카드를 분실하여 몇 달 동안 쓰지 못해 쌓여 있던 50만원을 후임병들을 위해 의미 있게 썼다는 내용이다. 카드를 찾은 이후 돈을 어디다 쓸지 고민하던 병장은 결국 후임병들의 꿈을 이루는 데 필요한 것들을 사주기로 결심하였다고 한다. 그래서 그는 곧바로 소대원들의 꿈을 조사하기 시작하였고 전역 전날 파티에서 그동안 준비한 선물을 나누어 주면서 다음과 같이 말했다고 한다.

"지금 가지고 있는 너희들의 꿈을 절대 잊지 말고 꼭 이뤄라. 내가 지금까지 군 생활을 잘 견딘 것은 꼭 이루고 싶은 꿈이 있어서였다. 정말 힘들어

포기하고 싶을 때도 그 꿈을 생각하면서 극복해 내었고, 그것은 군 생활뿐
만 아니라 앞으로의 삶에도 희망으로 작용할 것이다. 힘내라."

이 글처럼 군대도 사람 냄새가 잔뜩 묻어나는 사회조직이다. 병역의 의무를 다하기 위해 입대하였지만 힘든 훈련을 통해서 그 누구보다도 가까워지는 곳이며, 정신 및 육체적으로 자신의 한계를 시험하면서 진정 남자로 다시 태어나는 장소이기도 하다. 그래서 친구들과 소주 한잔하면 반드시 나오는 이야기가 바로 군대인 것이다. 필자가 장병들과 대화를 할 때 꼭 물어보는 것이 그들의 장래 희망이다. 명확히 대답하는 병사는 덜 걱정되나 우물쭈물 하는 병사는 솔직히 걱정이 된다. 왜냐하면 분명한 꿈을 갖고 있는 병사는 인내력이 있어 군 생활에 빠르게 적응하기 때문이다.

최근 필자는 예하부대에 지시하여 모든 장병들의 장래 희망을 적어 관물함에 붙이도록 지시하였다. 하루에 한 번씩 그것을 보면서 미래에 펼쳐질 자신의 삶을 그리며 가용시간을 활용하여 그것을 준비하도록 했다. 조만간 국가기능공 시험이 있는데 많은 장병들이 응시하여 자기의 꿈을 달성하는데 일조했으면 하는 바람이다.

■ '10. 9. 3. 금

노블레스 오블리주 Noblesse Oblige

'노블레스 오블리주'라는 말은 프랑스어로써 '사회 고위층 인사에게 요구되는 높은 수준의 도덕적 의무'를 말한다. 이것은 초기 로마시대의 귀족들이 공공봉사와 기부, 전쟁에 참여하는 전통에서 비롯되었고 그것이 고대 세계의 맹주로 자리 잡는데 크게 기여하였으며 그 전통이 오늘날 선진국에 계승되어 오고 있다.

예를 들어 영국은 1·2차 대전시 이튼칼리지를 졸업한 고위층 자제 중 2,000여명이나 전사하였고, 포클랜드 전쟁에는 앤드류 왕자가, 이라크 전쟁에는 해리 왕자가 참전하였으며, 미국은 2차 대전시 루즈벨트 대통령의 장남인 제임스가, 6.25전쟁에는 아이젠하워, 마크 클라크, 벤 플리트, 워커 등 장성들의 자제 142명이 참전하여 그 중 35명이 사상을 당했다. 중국 또한 모택동의 아들이 한국전에 참전하여 전사하였는데 그 때 모택동이 시신 수습을 포기하도록 지시했던 것은 너무나 유명한 일화이다.

그런데 6.25전쟁 때 당사자인 우리나라의 지도층 자제들은 어디에서 무엇을 하고 있었을까? 필자는 그들이 전투에 참가했다는 이야기를 아직까지 들어 본 적이 없다. 그것은 월남전도 마찬가지이며 그러한 것이 오늘날 병역기피 현상과 징병검사 비리로 나타나고 있어 참으로 개탄스럽다. 병역은 나라의 주인인 국민으로서 당연한 의무지만, 현실은 군 복무를 회피하거나 편하게 지내려는 생각이 일반적이고, 일부는 고의로 신체훼손, 국적포기 등의 편법까지 동원하여 징집을 면제 받으려 하고 있다. 물론 뜻있는 젊은이들은 해외영주권을 포기하면서까지 입대하거나 결격사유인 자신의 신체를 치료하면서까지 입대하는 경우도 있다.

여하튼 잘못된 국민정서를 바꾸기 위해서는 사회 지도층 인사의 솔선수범과 병역을 이행한 사람들이 우대받는 사회풍토가 조성되어야 한다. 미국은 모병제임에도 불구하고 군필자가 대학 입학시 10점의 가산점과 학비 면제, 전역시는 정착금 지급, 공무원 채용시는 5%의 가산점을 부여하는 등 많은 혜택을 주고 있음에도 누구하나 이의가 없으며 오히려 군필자를 존중해 준다. 이에 반면 우리나라는 징병제로 모든 젊은이들이 본인의사와 관련 없이 병역을 이행해야 함에도 불구하고 복무자에 대한 국가적 지원은 거의 전무한 실정이며, 오히려 그들에 대한 가산점 부여가 사회적 논쟁거리가 되는 참으로 안타까운 현실에 처해 있다.

이제 우리도 선진국으로 인정받기 위해서는 병역에 대한 국민적 인식의 변화와 함께 국가를 위해 헌신한 군필자를 지원하기 위한 노력이 절실히 요구된다. 아울러 출산의 급격한 저하로 적절한 군사력 유지와 노동인력의 확보도 제한되고 있기 때문에 국가차원의 정책개발도 시급히 추진해야 할 것으로 생각한다.

■ '10. 9. 4. 토

곤파스

곤파스는 태풍의 명칭인데 '콤파스'의 일본말이라고 한다. 지난 수요일(9.1) 강화도에 상륙하여 오전에 한반도를 통과하였는데 이 태풍은 강수보다 강풍에 의한 피해가 더 많았다고 한다. 다행히 우리 부대는 피해가 전혀 없었는데 그 이유는 예보를 받자마자 사전에 건물 지붕을 끈으로 묶었고, 배수로 정리, 붕괴우려 지역 대피, 정전 대비 등의 조치를 미리 실시했기 때문이다. 뉴스를 보니 도시 지역에 강풍으로 나무들이 뿌리째 뽑혀졌다고 하던데 실감이 나질 않았다.

어제 아침 총각장교들과 양주시청 근처의 불곡산을 등산하였다. 그동안 계속 비가 오다가 모처럼 하늘도 맑게 게였다. 어제 저녁에 5km를 뛴 후 아침에 곧바로 등산을 해서인지 4부 능선 정도 올라가다 잠깐 현기증을 느꼈지만 참고 이겨내 정상에 오르니 기분이 무척 상쾌하였다. 그리고 이때 필자는 등산로 좌우측의 소나무들이 대부분 부러지거나 넘어져 있고, 아예 송두리째 뿌리가 뽑혀있는 모습을 보며 비로소 태풍의 위력을 실감하였다. 농민들이 낙과와 벼가 쓰러져 시름이 크다고 하던데 조기에 극복하였으면 하는 바람이다.

오후에는 지난 을지훈련에 수고한 여단 참모들을 불러 테니스를 쳤는데 여단장님께서도 참석을 하셨다. 과거 다른 포병단은 가서서 대대장들을 격려해 주었는데 우리 부대는 못 하셨기에 이번에 겸사겸사 오셨다고 한다. 여단장님과 필자, 여단 참모, 대대장, 단 참모들을 편성하여 시합을 하였다. 아내들도 참석하였는데 필자의 아내만 원거리인 대구에 거주하고 있어 참석하지 못하였다. 운동 후 새롭게 정비한 부대 내 목욕탕에서 몸을 씻은 후 근처 사단 회관에서 회식을 하였다. 필자가 초청했음에도 불구하고 계산은 여단장님께서 하셨다. 오늘 모임에 대해 모두들 무척 좋아하였고 여단장님께서도 흐뭇해 하셔 필자도 기분이 좋았다.

　회식 후 혼자 관사에서 뉴스를 보던 중 태풍 '말로'구슬이라는 뜻가 한반도로 북상 중이라는 기사를 접했다. 현재 그 영향인지는 몰라도 밖에는 폭우가 쏟아지고 있다. 사전 대비를 했기에 크게 걱정하진 않으나 그래도 우발 상황에 대해 긴장의 끈을 놓지 않고 있다. 이 비가 그치면 아마 가을로 성큼 다가갈 것 같다.

■ '10. 9. 5. 일

초조주

　초조주란 진급시기가 임박하여 선배 또는 후배들이 당사자에게 술을 사는 것을 말한다. 그것은 그들이 시간이 흐를수록 마음이 초조해지기 때문에 힘을 내라는 의미에서 산다. 올해는 이번 9월 달부터 진급발표가 시작되는데 필자의 부대에도 5명이나 대상자가 있다. 그 중 몇 명이나 진급할지는 모르겠지만 마음만은 모두가 진급했으면 좋겠다.

　어느 조직사회든 승진에 대해 스트레스를 받지만 우리 군인이 특히 심한 것 같다. 그 이유는 다른 공무원들은 설사 승진이 안 되더라도 정년이 보장되지만 군인은 일정기한 내 진급하지 못하면 전역을 해야 하기 때문이다. 예를 들어 현재 중령은 53세, 대령은 56세로 자녀가 성년이 될 때까지 근무하지만 소령은 45세로 한참 자녀들이 클 때 군문을 떠나야 하기에 심적 고민이 매우 크다. 필자도 대령으로 진급하니 어느 정도 마음이 편하지만 제한된 공석으로 진급을 못한 선후배 및 동료들을 바라보면 매우 안타깝다. 진급이 인생에 있어서 성공과 실패의 척도는 분명 아니지만 일부는 그것에 너무 집착하다보니 가정적으로 불행해 지는 경우도 종종 보았다.

　필자도 과거 대령 진급 1차에서 떨어진 경험을 갖고 있다. 나름대로 최선을 다해 복무를 해왔다고 자부했는데 누락이 된 것이다. 당시 마음은 아팠지만 곧바로 아내와 어머니, 형님께 그 사실을 말씀드렸다. 그 때 아내는 "여보. 너무 걱정하지 마세요. 나는 계급이 아닌 당신을 사랑해요. 힘내세요."라고 말했고, 어머님은 "얘야 너무 기죽지 말거라. 열심히 노력했으면 나는 그것으로 만족한다."고 말씀하셨으며, 형님께서도 "우리 아우 힘내시게. 내가 돈을 조금 보낼 테니 집사람과 직원들끼리 식사나 한 번 하시게."라고 말씀하셨다. 또한 사령부에 근무하시는 선배들께도 일일이 찾아가 그동안 성원해 주셔서 감사하다고 말씀을 드렸더니 "이 중령! 자네가 최선을 다한 것은 우리가 다 아네. 공석이 부족해서 그리 된 것이니 힘내시게."라고 위로를 해주셨다. 그래서 그런지 조기에 슬픔을 극복하고 다시 예전처럼 활기차게 생활을 하였다.

그러나 필자의 동료 중에는 너무 슬퍼하다보니 그의 아내뿐만 아니라 사무실의 동료들까지 힘들어 하는 경우를 보았다. 그도 한 3개월 정도 시간이 흐르자 어느 정도 슬픔을 극복하였는데 그동안 남에게 준 부담감으로 고개를 잘 들지 못하였다. 초조주 외에도 발표가 되어 진급하면 축하주, 안 되면 위로주가 있고, 연말에 보직이 바뀌어 이동하게 되면 가는 사람을 위한 이별주, 오는 사람을 위한 전입주 등이 있다. 농담이지만 부대 근처의 식당들은 그 시기에 돈을 벌어 1년을 먹고 산다는 말도 있다.

다들 알고 있겠지만 군인만큼 사회와 연계성이 없는 직업도 없다. 군대는 전투 수행능력을 키우는 곳이기 때문에 사회에서 활용할 수 있는 분야는 매우 적다. 그렇다고 군인들만 특혜를 줄 수는 없어 어려움이 많다. 따라서 간부들은 부대 업무에 최선을 다하면서 자투리 시간을 활용하여 자기 계발에도 힘써야 한다.

최근 많은 간부들이 야간대학원도 다니고 국가기술자격 취득, 영어 등 어학능력을 키우기 위해 많은 노력을 기울이고 있다. 자칫 임무수행에 소홀할까 걱정을 하는 이들도 있지만 이러한 노력은 오히려 전투력을 향상시키고 건전한 사생활을 하는데도 많은 도움이 되고 있다. 즉 자기 발전을 위한 노력이 보람을 갖게 만들어 군 생활까지 즐겁게 만드는 것이다. 그러나 필자는 자기계발보다 전투발전을 위한 교리개선에 힘을 많이 쓰고 있다. 즉, 시간이 날 때마다 어떻게 하면 효과적으로 싸워서 승리할 수 있을까 하는 고민을 많이 하는 것이다. 그래서 필자가 저술한 교리를 누군가 읽고 그것에 대해 호평을 해줄 때 가장 큰 보람을 느낀다. 여하튼 진급은 본인 외에도 아내, 자녀들에게도 큰 관심사인 것은 틀림없다. 그러나 그것으로 행복이 좌지우지해서는 안 되며 오히려 가족의 사랑이 중요한 것임을 늘 잊지 말고 진인사대천명盡人事待天命의 자세로 긍정적인 군 생활을 하기를 당부하고 싶다.

■ '10. 9. 7. 화

불가능은 없다

 필자의 예하부대가 최근 유격훈련을 받았다. 우리 장병들에게 유격은 군 생활 중 가장 부담되는 훈련 중 하나인데 그 이유는 체력적으로 극기를 요구하기 때문이다. 즉 입소부터 행군을 하고 피로가 채 가시기도 전에 유격체조를 포함한 다양한 훈련을 받으며 퇴소 후 복귀 간에도 장거리 행군을 하기 때문이다. 이러한 유격훈련의 궁극적인 목적은 자신감 배양과 체력단련에 있다. 통상 유격을 마치면 문제가 있는 병사들도 대부분 병영생활을 잘한다. 그것은 힘든 훈련을 통해 무엇이든지 할 수 있다는 자신감이 생기기 때문이다. 또한 그 어느 때보다 병 상호간 전우애가 싹터 끈끈한 유대관계를 갖게 된다. 그렇기에 지휘관들도 유격을 대단히 중요시하게 생각한다. 따라서 여건만 된다면 1년에 2번씩 유격훈련을 받는 것도 좋은 방안이다. 여름이 되면 학생과 일반인들도 자발적으로 군부대 입소하여 그것을 받고 있다. 편안히 집에서 쉬면되는데 굳이 그것을 받으려는 이유도 자신감을 통해 자신을 한층 업그레이드하기 위해서이다.

 여기 우리나라 경제에 있어서 큰 거목인 정주영 회장의 일화를 소개하고자 한다. 그는 울산의 불모지에 돈도 없으면서 조선소를 만든 그야말로 불가능을 가능으로 바꾼 입지전적의 인물이다. 그 당시 조선소를 만들기기 위해서는 먼저 영국 수출신용보증국의 보증을 받아야 했다. 그런데 보증은 그곳에서 배를 사겠다는 증거를 제출해야만 승인을 내주었다. 결국 배를 사겠다는 사람이 없자 그는 그리스로 날아가 '리바노스'를 만났다. 그는 선박왕 오나시스의 처남이었다.

"나는 한국의 정주영입니다. 제가 조선소를 하나 세우려는데, 세계에서 가장 튼튼하고 제일 좋은 배를 만들어 주겠으니 계약서를 써주시지요." 그러자 리바노스는 "한국은 고작 소형 배나 만드는 나라인데 내가 당신의 말을 어떻게 믿겠소?"라고 물었다. 그러자 그는 태연하게 500원짜리 지폐를 그에게 펴 보이며 "우리는 이미 400년 전에 세계 최초로 군함을 만들었고, 우리의 이순신 장군이 그것으로 일본해군과 23번을 싸워 모두 이긴 실력이 있소. 나를 믿고 배를 산다면 틀림없이 좋은 배를 만들어 제때에 인도하겠으며, 위반할 경우에는 계약금의 원금에 이자까지 지불하겠소."라고 말하였다.

그러자 리바노스는 "아! 거북선이라! 나도 영국에서 대학을 다닐 때 그 전설을 들은 일이 있소, 그런데 그것이 사실이요?" "그렇소." "그것은 대단한 기술이요. 당신의 유머에 나는 감동을 받았소. 당신을 믿고 배를 구입하리다."라며 흔쾌히 수락했다. 그러나 그 당시 우리나라에서 만든 가장 큰 배는 1만 7천 톤짜리가 고작이었다. 그런데 정 회장이 계약했던 배는 무려 26만 톤짜리 두 척이어서 사람들은 많은 걱정을 하였다. 어찌됐든 리바노스와의 계약으로 배를 팔 수 있다는 증명서를 영국에 제출했고 이후 돈을 빌려 조선소를 짓고 수많은 노력을 기울여 결국 약속을 한 기한 내 배를 그에게 인계하였다.

필자는 우리 젊은이들에게 정주영 회장과 같은 자신감을 키워주는 곳이 바로 군대가 아닌가 생각한다. 그리고 이러한 모든 것을 해낼 수 있는 능력이 바로 나라를 부강하게 만드는 원천인 것이다.

군대에 다녀온 연예인들의 인터뷰를 보면 거의 대부분 군대를 예찬하고 있다. 인기 절정의 순간에 입대하면 손해라고 생각할 텐데 전혀 그렇지 않다는 것이다. 이는 그곳에서 자신을 돌아보고 다른 사람들의 생각도 들어보며 인내 또한 배우기 때문이 아닌가라고 생각한다. 그래서 군대가 사람을 만드는 곳이라고 말하는 것 같다. 모쪼록 우리 장병들이 유격을 통해 자신의 능력을 한층 향상시키는 계기로 삼았으면 하는 바람이다.

■ '10. 9. 10. 금

메이지 유신

1999년 일본은 새로운 밀레니엄을 맞이하면서 지난 천 년 간 일본에 가장 공헌한 인물이 누구인가 여론조사를 했다. 1위가 사카모토 료마, 2위가 오다 노부나가, 3위가 도쿠가와 이에야스, 4위가 다나카 가쿠에이, 5위가 요시다 시게루였다. 그 이유를 필자가 분석해 보니 사카모토 료마는 명치유신을 이룩하였고, 오다 노부나가는 일본 전역을 절반이나 정복하여 통일의 기틀을 마련하였으며, 도쿠가와 이에야스는 천하통일을 달성하였고, 다나카 가쿠에이는 신칸센 등 사회기반 시설을 확충하였으며, 요시다 시게루는 전후 혼란스런 시기를 전쟁 이전의 번영기로 뒤돌려 놓았기 때문이다. 그런데 필자가 놀랐던 것은 1위로 선정된 사카모토 료마가 불과 29세라는 젊은 나이에 명치유신을 설계하여 성사시켰다는 점이다. 노련한 정치가들도 하기 어려운 대업을 그는 새로운 미래를 설계하려는 호연지기로 이룩한 것이다. 물론 그것은 그가 당시 막부의 신료였던 가쓰 가이슈라는 개화의 선각자를 만나면서 급변하는 세계정세의 흐름을 정확히 파악했기에 가능하였다.

당시 일본은 번藩: 지역을 다스리는 장군가의 영토을 둔 봉건국가로 황실의 실권은 거의 없었던 시절이었다. 때마침 미국의 페리 제독이 일본 앞바다에서 개항의 위협을 가하자 그는 일본이 부강하기 위해서는 개항과 근대화를 추진해야 하고 그리기 위해서는 막부의 모든 권한을 천황에게 돌려주어야 한다고 주장하였다. 그래서 1866년 서로 대립관계에 있었던 조슈 번과 사쓰마 번을 화해시켜 그들로 하여금 에도막부를 무너뜨리고 역사적인 대정봉환大政奉還: 막부의 실권을 황실에게 바치는 것을 성사시켰다. 그러나 결국 기득권을 놓지 않으려는 수구파들의 저항으로 막부순찰대의 습격을 받아 1867년 33세의 젊은 나이로 그는 암살당했다. 놀라운 것은 그가 29~33세의 단 4년간을 질주하고도 일본 역사상 가장 위대한 인물로 평가를 받고 있는 것이다. 왜냐하면 그의 명치유신이 오늘날 번영을 누리게 된 원동력이었다는 사실을 모두가 인정하고 있기 때문이다.

비록 남의 나라 이야기이지만 우리의 젊은이들이들도 이렇게 원대한 꿈을 가지고 노력했으면 좋겠다. 특히 지금 세계는 경제력이 중요한 국력의 중요한 요소로 작용하고 있기 때문에 과학기술의 첨단 분야에 있어서 독보적인 지위를 갖도록 가일층 노력해야 한다. 젊은이들의 모험과 꿈을 향한 열정은 우리 대한민국의 미래를 밝게 만드는 원동력이고 세계 속의 중심국가로 도약하는 발판이 되기 때문이다.

■ '10. 9. 12. 일

마음을 열어주는 이야기

준이는 백화점에 가자고 엄마를 졸랐습니다. "엄마, 언제 데려 갈 거야?" "아빠가 월급을 받아오면 가자꾸나." "그럼 몇 밤을 자야 해?" "가만 있자, 오늘이 십오일이니 열흘 남았구나." 그러면서 엄마는 빨래를 하기 위해 이불 호청을 뜯고 있습니다. "에이, 엄마 심심해." 준이는 대문을 열고 밖으로 나갑니다.

엄마는 대문 틈으로 빠끔히 보이는 골목을 바라보며 한숨을 내쉽니다. 아빠의 월급을 받으면 집세 내야지, 계돈 내야지, 할아버지 약값 드려야지, 유치원비 내야지, 그러고 나면 한 달 생활비도 달랑달랑한데 저렇게 백화점에만 가자고 조르니 은근히 준이가 미워집니다. 옆집 태영이 엄마는 속도 모르고 백화점 구경시켜 주는 것이 뭐가 어려우냐고 합니다.

대문의 방울종이 울리면서 준이가 집으로 들어왔는데 얼굴빛이 노랬습니다. "왜, 누구하고 싸웠니?" "아, 아니." "그런데 왜 그러니?" "엄마, 나 점심 먹은 거 다 토했어." "뭐라고? 낮에 먹은 호떡이 체한 거로구나, 내가 뭐랬니? 군것질 심하게 하지 말라고 그랬지." 엄마는 약국으로 달려가서 소화제를 사 왔습니다. 그러나 준이는 소화제를 먹고도 다시 토했습니다. 엄마의 전화에 아빠가 급히 달려왔습니다. "이상한데, 병원에 한번 가 봅시다."

아빠가 준이를 업고, 엄마는 준이의 신발을 들고 병원으로 갔습니다. 의사 선생님의 준이를 진찰해 보더니 고개를 갸우뚱하였습니다. "머리 사진을 한번 찍어 봐야겠는데요." 엄마 아빠는 말문이 막혀서 한동안 바로 서 있지를 못하였습니다. 한참 후, 컴퓨터실에서 나온 의사 선생님이 급히 엄마 아빠를 찾았습니다. "수술을 서둘러야겠습니다." 준이는 이내 환자 옷으로 갈아입고 머리를 깎았습니다.

　울고 있는 엄마를 보고 준이가 말을 걸었습니다. "엄마 왜 울어? 엄마도 어디 아파? 웃어. 나는 엄마 웃는 얼굴이 제일 좋아." 이때 의사 선생님과 간호사들이 들어왔습니다. 그리고 준이를 조용히 밀차 위로 옮겨 실었습니다. 엄마가 뒤에 따라가면서 말했습니다. "준아, 수술을 받다가 하나님을 뵙게 되거든 엄마 아빠와 더 살게 해달라고 빌어라, 응?" "걱정 마, 엄마. 나는 얼른 나아서 백화점에 가야 해. 거기서 엄마 선물을 사야해." "무슨 선물?" 준이가 엄마의 귀를 잡아당겼습니다. 그러고는 작은 소리로 말했습니다. "엄마는 속옷을 기워 입었잖아. 내가 전번에 봤다. 그래서 할머니가 준 돈하고, 아빠 친구가 준 돈하고 베개 속에 감춰 뒀어. 백화점 가서 엄마 속옷 사려고." "……"

　하늘에 별이 떠오르기 시작했습니다. 별들은 준이가 있는 수술실을 초롱초롱히 지켜보고 있었습니다. 나뭇가지 사이에서 바람이 기지개를 켰습니다. 달맞이꽃이 노랗게 입술을 여는 밤이었습니다.

　이 글을 읽으면서 필자도 참으로 행복한 사람이구나 하는 생각이 들었다. 왜냐하면 두 아들들이 건강하게 성장하였고, 크게 속을 썩이지도 않고 가끔 필자와 아내의 생일, 그리고 각종 기념일은 잊지 않고 그동안 모은 돈으로 작은 선물을 사주기 때문이다. 물론 선물이 중요한 것이 아니라 부모를 생각하는 그들의 마음 때문에 매번 가슴속이 따뜻해진다. 어떻게 보면 그것은 필자의 부부가 어머님을 대하는 태도를 보고 배웠는지도 모른다. 그래서 산교육이 중요한 것 같다.

　최근 고 3인 큰 아들의 학교성적이 좋지 않아 고민이 되었다. 나름대로는 노력을 하는 것 같아 더욱 아쉬웠고 본인도 민망한지 필자를 보면 미안해한다. 그런 그의 마음을 헤아려 공부하라는 말 대신에 건강을 잘 챙기라고만 하였다. 모처럼 집에 갔을 때 필자를 보고 고생하신다고 껴안아 주는 아들들을 보면 기분이 좋다. 앞으로 필자는 자식에게 너무 많은 기대를 하는 것은 오히려 부담만 되기에 자기가 하고 싶은 것을 도와줄 계획이다. 그리고 부모의 고마움을 느끼고 착하게 생활하는 우리 아이들에게 필자는 사랑한다고 말하고 싶다.

■ '10. 9. 14. 화

북한은 변하지 않는다

 북한은 항상 우리나라에 호전적인데 그 이유는 무엇일까? 매번 우리가 경제지원, 남북 이산가족 상봉 등 화해와 협력을 위한 노력을 하고 있음에도 그들은 핵무기를 만들고 이번에 천안함 피격 사건까지 일으키는 등 군사적으로 위기를 초래하고 있다. 6.25전쟁 후 지금까지 그들이 일으켰던 대표적인 도발은 1.21 청와대 습격사건, 8.18도끼 만행 살인사건, 버마 아웅산 테러사건, 대한항공 폭파사건, 1·2차 서해교전 등이다.

 한 마을에 살면서 자기 집에 도움을 주는 형에게 계속 불을 지르거나 총칼로 위협을 가하는 동생이 있다면 여러분들은 어떻게 할 것인가? 그래도 참고 계속해서 쌀을 포함한 각종 경제 지원을 하는 것이 좋은지 아니면 매를 들어야 좋은지 한번 생각해 볼 필요가 있다. 북한이 더 이상의 군사적 도발을 중지하고 개성공단 등의 협력 사업을 통해 북한 주민을 잘 살게 하면 좋겠지만 우리의 바람과는 달리 그들은 끊임없이 분쟁을 조장하고 있다. 우리 국민들은 대부분 그들에게 잘해주면 그들도 우리에게 잘할 것이라고 생각하는데 실상은 그렇지 않은 것 같다. 또한 6자 회담의 노력에도 불구하고 그들은 절대로 핵을 포기하지 않고 있다.

 우리는 그동안 한 민족으로서 감정적 측면을 앞세워 정책을 펼쳐오고 있는데 이번 천안함 사건을 계기로 냉정한 이성의 정책이 필요할 것 같다. 북한은 집안에서 정신박약아를 키우는 것과 비슷한 존재이다. 즉 아무리 잘해줘도 고마워할지 모르고 계속 보채기만 하는 그런 나라이다. 필자는 이번 천안함을 계기로 형으로서의 역할을 다소 수정하여 경제적 지원보다는 매를 들어야 한다고 생각한다. 그렇다면 북한이 이렇게 잘해주는 우리에게 늘 호전적인 이유는 무엇일까? 그 이유는 첫째, 김정일, 그의 권력을 유지하기 위해서이다. 북한 주민에게 끊임없이 우리와 미국이 위협적이라는 것을 그들은 보여주어야 한다. 그래야만 북한 주민들은 그들에게 보호를 위한 권력을 주기 때문이다. 만일 우리가 위협적이지 않다고 주민들이 인식하게 되면 그들이 존재 가치는 사라지고 정권은 붕괴된다. 둘째, 권력은 총구에서 나온다는 인식하에 모든 것을 군사력에 의존하기 때문이다. 군의 존재 목적은 적과 싸워 이기는데 있는데 그들이 존립하기 위해서는 우리와 끊임없이 분쟁이 발생해야만 가능하기 때문이다. 셋째, 군사력만이 우리 남한을 이길 수 유일한 수단으로 생각하기 때문이다. 이제 북한은 경제력으로는 도저히 우리를 이길 수는 없다. 그래서 군사력으로 적화통일을 달성하여 잘사는 우리를 쉽게 집어 삼키려고 하고 있는 것이다.

필자가 걱정하는 것은 현재와 같이 경제적 어려움이 지속될 경우 이판사판식으로 전쟁이란 최악의 방법을 선택할 수 있다는 점이다. 이처럼 김정일은 자신의 권력을 지키기 위해 끊임없이 분쟁을 일으키고 있다. 최근 천안함 관련한 국내외의 비판을 무력화하기 위해 남북 이산가족 모임을 개최하고, 6자 회담을 추진하며, 군사실무회담을 열자고 주장하는 그들의 저의를 우리는 정확히 꿰뚫어 볼 수 있어야 한다. 그들이 어떠한 평화적인 태도를 취하더라도 대남 적화라는 그들의 본질적인 목표를 변하지 않을 것이기 때문이다.

■ '10. 9. 15. 수

기관장 모임

 필자의 부대가 위치한 양주 시 남면의 기관장은 면장과 농협조합장, 파출소장 등 세분이 계시다. 지난 필자의 단장 취임식 때 축하하러 오셨기에 일간 식사를 한번 대접한다고 약속하였는데 차일피일 미루다가 오늘에서야 겨우 모일 수 있었다. 직업이 군인이다 보니 통상 1~2년 내외로 움직이지만 필자도 분명히 이곳 주민의 일원이다. 이에 따라 먼저 주민으로서 인사를 드린다고 하니 모두들 좋아하셨다.

 필자는 군대가 각 지역에 거주하기 때문에 그들과 함께 호흡하는 것이 매우 중요하다고 생각한다. 그런 의미에서 상호간에 어려움이 있으면 그 문제를 함께 해결하는 것이 바람직하다고 본다. 이런 공감대를 가지면 민군관계를 발전적으로 유지할 수 있는 것이다. 그래서 이번 모임이 처음이지만 통상적인 수준의 친목보다는 몇 가지 의제를 가지고 대화를 나누었다.

 먼저 군에서 지원할 수 있는 4가지 분야에서 필자가 의견을 개진하였는데 첫째는 깨끗한 거리를 만들기에 다함께 노력하자고 제의하였다. 필자가 이곳으로 부임하면서 인상이 안 좋았던 것은 바로 거리가 너무 지저분하다는 것이었다. 이제 얼마 안 있으면 우리나라도 G-20 정상회담을 개최하는 선진국 임에도 환경보호 수준은 매우 미흡하였다. 그래서 월 1회 민관군이 함께 대청소를 시행하기로 약속을 하였다. 둘째는 대민지원인데 이곳도 다른 농촌처럼 젊은이들은 별로 없고 대부분 노인들이 농사를 짓고 계셨다. 따라서 모심기나 벼 베기 등 군의 인력이 필요하면 임무에 지장 없는 범위 내에 최대한 지원하기로 약속하였다. 셋째는 지역행사시 도움이 필요한 사항은 사전 협의 하에 최대한 지원하기로 의견을 나누었다.

이곳도 일 년에 두 번은 축제를 하는데 특기가 있는 장병들의 도움이 필요하면 보내줄 계획이다. 넷째는 지역 내 노인정 위문을 현지 또는 부대로 초청하여 반기 1회 하기로 약속하였다. 이러한 필자의 4가지 제안에 대해 모두들 박수로 화답하였고 면장님은 군부대와 지역 주민과의 마찰시 최대한 중재를 하시겠다고 말씀하셨으며, 농협조합장님은 농촌체험 활동에 장병들을 초청하겠다고 이야기 하셨고, 파출소장님은 부대 훈련시 경찰에 의한 교통통제를 적극적으로 도와주겠다고 말씀하셨다. 또한 이러한 모임을 분기 1회는 정기, 현안업무 발생시 수시로 활성화 하여 함께 해결해 나가기로 약속하였다.

군은 국민을 위하는 군대가 될 때 가장 강한 군대가 되는 것이다. 그런 의미에서 지역의 일을 내일처럼 생각하고 앞으로 적극 지원할 것을 다짐해 본다.

■ '10. 9. 16. 목

어머님 생신

 자욕양이친부대子欲養而親不待라는 말이 있는데 이 말은 한나라 때 한영이 지은 한시외전韓詩外傳에 나오는 글이다. 원문은 수욕정이풍부지樹欲靜而風不止 자욕양이친부대子欲養而親不待로, '나무가 움직이지 않고 가만히 있고자 해도 끊임없이 바람이 불어와 가지를 흔든다.'는 뜻이다. 마찬가지로 자식이 모처럼 자기를 낳아주고 기르느라 온갖 고생을 마다 않으신 부모님을 마음먹고 봉양하려고 하나 부모님은 기다려 주시지 않는다.'라는 의미이다.
 어제가 필자의 어머니께서 69번째 맞는 생신이었다. 21세의 꽃다운 나이에 아버지와 결혼하셔서 형과 필자, 그리고 여동생을 낳으시고 키우셨다. 1997년에 아버지께서 돌아가신 후 수원에 계신 형님께서 모시려고 했으나 고향에 남으시겠다는 고집을 꺾지 못해 현재까지 따로 살고 계신다. 그래서 형님께서는 자주 내려가셔서 함께 지내고 여동생 또한 고향 공주에서 살기에 수시로 가보는데 군인인 필자만 가보지 못해 안타까운 마음이 가득하다. 특히 최근에는 아이들 교육 문제로 휴가 때는 고향보다 아내가 있는 대구로 거의 가고 있다. 그러나 이번만큼은 아내와 가보자고 약속하여 어제 휴가를 내서 다녀왔다. 필자는 의정부에서, 아내는 대구에서 고속버스를 타고 대전에서 만나 공주로 함께 갔다. 필자가 온다는 소식에 어머니께서는 아파트 입구까지 나와 기다리고 계셨다. 여동생의 자가

용을 빌려 오후에는 어머니와 함께 아버지 산소 성묘를 다녀왔다. 저녁은 어머니를 모시고 여동생 부부와 함께 한정식을 먹었다.

오늘은 아침에 미사를 보고 대전 처갓집으로 장모님을 뵈러 갔다. 필자가 온다는 소식에 큰동서와 막내동서도 왔는데 장모님께서 너무 기쁜 나머지 하염없이 눈물을 흘리셨다. 최근 건강이 안 좋으신 탓에 함께 있는 시간내내 마음이 무척이나 아팠다. 가끔 아내에게 필자대신 TV 홈쇼핑에서 홍보하는 좋은 음식이 있으면 보내고 가끔 대전에 들르라고는 말하는데 여의치가 않은 모양이다. 오후 늦게 다시 필자는 부대로, 아내는 대구로 돌아갔다. 엊그제 금요일에는 부대 근처에 위치한 상수리 노인정을 방문했다. 위문품으로 소주와 맥주를 들고 갔는데 그들은 그것보다 누군가 찾아왔기에 더 반기는 것 같았다. 그것은 나이가 들수록 외롭고 허전하기 때문일 것이다. 그래서 부대에서 멀지않은 구암리 노인정도 내일 위문하러 갈 예정이고 10월 초에는 경로잔치를 부대에서 열 계획이다.

또한 불우장병 한 명을 선발하여 지난번 바자회 때 모금한 돈을 전달하면서 격려를 하였다. 그 병사는 가족으로 어머니와 정신질환을 앓고 있는 남동생 둘이 있었는데 최근 남동생이 순간적으로 그녀를 칼로 찔러 죽였다고 한다. 그래서 현재 동생은 구치소에 가있고 조만간 재판이 있을 예정이라고 하였다. 모두들 그 병사 때문에 걱정을 많이 하고 있는데 의외로 잘 극복하고 있다고 한다. 병사와 대화중 필자의 마음을 무척이나 아프게 했던 것은 휴가를 나가도 갈 때가 없다는 것이었다. 입대 후 처음 나가는 신병 위로외박 때도 그는 부대에 남아 있었다고 한다. 면담 후 나갈 때 필자와 악수를 하였는데 그의 손이 무척 거칠었다. 왜 그러냐고 물었더니 습진이 심해서 그랬다고 하여 곧바로 병원에 외진을 보냈다. 오는 수요일이 추석명절인데 필자는 우리 병사들과 함께 보낼 예정이다. 합동차례를 지내면서 조상의 은덕을 기리고 모두들 부모님께 전화하도록 하여 감사의 마음을 전하고 민속놀이도 함께할 예정이다.

최근 국민들에게 조사결과 부모님을 모시고 살겠다고 대답한 비율이 40% 내외로, 해를 거듭할수록 점차 떨어지고 있다고 한다. 돌아가신 다음 아무리 고가의 비석을 세운 들 그것은 아무 의미가 없다고 생각한다. 살아생전에 효도를 다하여 나중에 후회가 없도록 더욱 노력하고 우리 장병들에게도 그것을 강조할 계획이다.

■ '10. 9. 19. 일

뽀글이

'뽀글이'는 군대에서만 쓰는 용어로 봉지라면에 뜨거운 물을 부어서 먹는 것을 말한다. 대부분 컵라면이 보급되기 때문에 그것을 먹으면 되지만 봉지라면을 먹을 때도 있기에 그것을 먹는 한 방편으로 개발된 것이다. 물론 취사반에 가서 끓여 먹으면 되지만 귀찮기 때문에 가지 않는다. 최근 국군방송에서 '몰래 먹었을 때 가장 맛있는 음식'을 조사한 결과 1위가 '뽀글이'였고, 군매점의 전통적 강자인 초코파이가 그 다음 순위로 조사되었다. 필자도 육사 생도시절 가장 맛있었던 음식이 휴일 먹었던 라면이었다. 그것은 일요일 아침에 배식하였는데 토요일 외박 때도 일요일 외출 때도 그것은 먹고 나갔던 기억이 있다. 그 당시 라면은 완전히 익혀서 거의 퍼질 정도의 수준이었는데 지금도 그것을 생각하면 침이 고인다.

최근 우리 예하부대에서 부모님 초청행사를 하였는데 먹거리 장터에서 가장 호평을 받았던 것이 '반합라면'이었다고 한다. 그것은 반합에 라면을 끓여 먹는 것인데 필자도 80년대 말 초임장교 시절에 우리 장병들과 가장 많이 먹었던 라면이다. 가끔 TV에서도 그것을 아이템으로 삼아 장사를 하여 매상을 올리는 가게도 있다고 한다. 장병들과 대화를 하다보면 부대 내에서 먹었던 라면이 하도 맛있어서 휴가를 가면 집에서 한 두 번은 끓여 먹는데 도저히 그 맛이 나질 않는다고 한다. 부대보다 더 맛있게 먹으려고 야채도 넣고 계란도 넣는데 말이다.

가장 맛있는 음식을 묻는 설문에는 '고기, 피자, 어머니가 만들어 주신 음식, 회'순이었다. 어머니의 음식은 어떤 것이나 맛있다고 대답한 것은 집 밥에 대한 그리움 때문일 것이다. 필자는 지금도 어머니께서 해주신 음식은 무엇이든 잘 먹는다. 아내가 요리 솜씨가 무척 뛰어난데도 불구하고 이상하게 어머니의 음식은 평균 두 그릇 이상을 먹는 것 같다. 그중에서도 김치는 그동안 못 먹어본 사람처럼 혼자 다 먹다시피 한다.

이외에도 부모님이 가장 보고 싶을 때는 언제냐는 질문에는 '아플 때'라고 대답하였고, 부모·친구·애인에게 가장 받고 싶은 것은 '편지'이며, 군 복무로 달라진 점은 '생활습관, 말투와 자세, 외모, 식성'순이었다. 훈련소 입소 첫날 잠자리에서 생각했던 것은 '막막했다, 집 생각이 난다, 적응 잘하고 열심히 해야겠다, 꿈인 것만 같다, 설렌다.' 순으로 집계되었다.

부모님께 드린 질문 중에서 아들에게 서운할 때는 '전화 안 할 때, 휴가 나와서 집밖으로만 나갈 때, 여자 친구만 신경을 쓸 때, 휴가 나와서 잠만 잘 때'의 순이었고 대견할 때는 '힘든 훈련을 잘 이겨냈을 때'가 최우선으로 꼽혔다. 이러한 설문을 통해 우리는 장병과 부모님들의 속마음을 어느 정도 살펴볼 수 있었다.

따라서 지휘관들은 그것을 참고하여 적절히 부하를 교육하고 지도해야 한다. 훌륭한 지휘관은 장병의 생각을 읽고 그들과 공감대를 형성하여 동고동락할 때마니 가능하기 때문이다.

■ '10. 9. 21. 화

군대의 시간개념

 군대의 시간개념은 크게 3가지로 구분되는데 첫째, 빨리하고, 둘째, 제때하고, 셋째, 정확히 하는 것이다. 필자도 24년의 군대생활을 하지만 이 말이 항상 진리처럼 여겨진다. 빨리하는 것, 이것은 그 사람의 능력을 결정짓는 가장 핵심적인 요소이다. 빨리하는 것은 여러 가지 장점이 있다. 업무를 주도적으로 처리하여 흥미가 유발되고, 수명자세가 뛰어난 것으로 평가를 받으며, 능력이 다소 떨어지더라도 추진력을 갖춘 것으로 인식되기 때문이다.

 필자도 그 동안 상급자가 지시하면 곧바로 최초·중간·최종보고의 개념으로 업무를 추진하였다. 최초보고를 통하여 주로 추가적인 지침을 많이 받았고, 중간보고를 통해 '진도가 이렇게 진행되고 있습니다.'라는 경과보고 실시하였으며, 최종보고로 '지시하신 업무가 이렇게 마무리되었고 이런 성과를 거두었습니다.'라고 보고를 하였다. 그러나 빠르게 하는 것은 업무가 과중해져 심신이 피곤하고 세밀한 것을 놓치는 단점이 있을 수 있다. 또한 그것은 능력 있는 간부에게만 업무가 집중되는 경향도 있기 때문에 반드시 칭찬과 그에 맞는 포상을 병행해야만 조직의 효율성을 꾀할 수 있다.

 둘째는 제때에 해야 한다. 모든 업무는 타이밍이 중요한데 그것을 놓치면 고생만 하고 성과는 미미하게 나타날 경우가 많다. 예를 들어 초급간부가 전입을

오면 곧바로 필요한 내용에 대한 집체교육을 실시함으로써 조기에 부대에 적응토록 하는 것이 중요하다. 한참 지난 다음 교육을 하면 준비한 노력에 비해 효과가 반감이 되는 것과 같은 이치이다. 따라서 간부들은 항상 업무를 미리 예측하고 있다가 그 시기에 적절히 시행하는 것이 대단히 중요하다.

마지막은 정확히 하는 것이다. 통상 빨리는 했는데 정확하게 하지 못해 성과가 퇴색되고 지휘관이 실망하는 경우가 발생할 수 있다. 예를 들어 상급지휘관이 어떤 연구를 지시하였는데 그것에 대해 빠른 시간 내에 완료했으나 보고간 잘못된 데이터로 전체의 내용을 불신 받은 경우가 그것이다. 따라서 정확히 하는 것은 궁극적으로 그 업무의 질을 평가받는 핵심 요소이다. 즉 빨리하는 것은 처음이고 정확히 하는 것이 마무리인 것이다.

이러한 시간개념은 비단 군대만 적용하는 것이 아니라 정부기관, 민간기업 등 모든 조직에서 대부분 시행하고 있다. 다만 업무의 성격에 따라 그 우선순위에 있어서는 다소 차이가 있을 수 있다. 최근 전입온 초임장교들이 위 개념을 잘 인식하여 업무를 추진한다면 상관으로부터 인정을 받으면서 즐겁게 군대생활을 할 수 있을 것이다.

■ '10. 9. 23. 목

부하사랑

필자가 예하 지휘관들에게 늘 강조하는 것 중 하나가 바로 부하사랑이다. 그것은 부하를 죽게 하지 말고, 다치게 하지 말며, 범죄자로 만들지 않는 것이라고 말했다. 위 3가지는 어떻게 보면 우리 부모님들이 군생활 동안 기대하는 것인지도 모른다.

어제 퇴근 후 샤워하고 있는데 19:30분경 핸드폰 전화벨 소리가 울렸다. 물이 묻은 상태로 전화를 받았는데 본부포대 행정보급관이었다. "단장님! 본부포대 병사 한 명이 휴가복귀 중 교통사고를 당하였습니다." "현재 상태는 어떠한가?" "지금 도로에 누워있는데 정확히는 모르겠습니다." "최대한 생명은 살려야 한다. 앰뷸런스는 불렀나?" "119를 우선 요청하였고 잠시 후 도착한다고 합니다." "알았다." 전화를 끊고 급한 마음에 옷을 입는 등 마는 등 곧바로 사고현장으로 차를 끌고 나갔다. 사고 지점은 상수 삼거리인데 신호등은 있으나 평소 과속으로 달리는 차량으로 상시 위험성이 높은 곳이었다. 그 병사도 버스에서 내려서 신호등이 파란색으로 바뀌자 건너다가 과속차량에 의해 친 것이다. 머리 부분에서 피가 흘러 혹시 뇌출혈이 아닐까 걱정을 하였는데 그나마 다행인 것은 의식이 있는 것이었다. 119차량이 도착하자마자 곧바로 국군 양주병원으로 후송을 시켰고 지휘통제실에 위치하여 치료 경과를 지켜보았다. 여단장님께도 상황보고를 드렸고, 병사의 부모님께도 포대장을 시켜서 연락을 드렸다.

약 1시간이 경과하자 병원에 함께 갔던 본부포대장이 연락이 왔다. "단장님! 다행히 CT촬영결과 뇌에는 손상이 없고 두피가 2cm정도 찢어졌다고 응급군의관이 말합니다." "정말 다행이다. 그러나 승용차에 의해 충격을 받았기 때문에 후유증을 고려하여 정밀 진단을 해야 한다." "그러면 어떻게 해야 합니까?" "부모님과 연락을 취하여 의견을 들어보자. 민간 전문병원에서 치료를 받을 것인지 아니면 군내 최고의 시설을 보유하고 있는 수도통합병원으로 이송할지 물어보아라. 그리고 부모님과 군의관이 환자 상태에 대해 통화할 수 있도록 조치해 주어라." "알겠습니다." 얼마 있다가 본부포대장으로부터 연락이 왔는데 병사의 부친이 수도통합병원으로 후송하기를 희망하셨다고 한다. 그래서 밤 10시에 출발하여 수도통합병원에 11시경 도착한 후 그 때부터 MRI를 이용한 정밀진단을 실시하였고 새벽 3시 최종 결과가 나왔는데 머리는 이상이 없었으나 좌측 무릎 십자인대가 파열 되었다고 하였다.

정말 마음으로 하느님께 감사를 드렸고 이제 남은 것은 최대한 잘 치료받도록 여건을 보장해주는 것이다. 어제 사고 발생 순간부터 현재 크게 문제가 없다는 연락을 받을 때까지 필자는 하느님께 잠깐씩 화살기도를 드렸다. 간부들에게도 수고했다고 크게 치하를 보냈고 상황이 종료되어 글을 쓰는 지금 이 시간이 너무나도 행복하다.

■ '10. 9. 25. 토

소요산

아내와 떨어져 사는 필자는 주말에 부대 인근에 위치한 산들을 등산하곤 한다. 추석이었던 지난 9. 22일 오전에는 장병들과 합동차례를 지내고 오후에는 총각 장교들과 동두천에 위치한 소요산을 다녀왔다. 날씨가 별로 좋지 않았음에도 가 보니 가족 단위로 많은 사람들이 놀러왔다. 소요산을 한 바퀴 도는 가장 먼 코스의 소요시간이 4시간이었다. 그래서 좌측에서 우측으로 가는 코스를 선택했는데 자재암~하백운대~중백운대~칼바위~나한대~의상대~공주봉을 거쳤다. 자재암은 원효대사가 도를 깨우친 곳으로 수행도중 관세음보살과 친견하고 자재무애의 수행을 쌓았다하여 이름 지어진 절이라고 한다. 가장 높은 의상대는 587m였는데 정상에 서니 동두천 전경이 한눈에 들어왔다. 민간인 한 분이 "청량리 588 보다도 1m가 적네."라고 말하자 그곳에 있는 모든 사람들이 웃었다. 청량리 588 은 번지수로 과거 서울의 사창가가 밀집되어 있었던 곳이다.

여하튼 소요산을 완주하는데 걸린 시간을 체크해 보니 3시간으로 무려 1시간을 단축하였는데 젊은 장교들이라 그런지 역시 체력이 좋은 것 같았다. 어제는 막내 동서 부부가 필자를 만나러 왔는데 사전에 오겠다는 연락이 와서 함께 산행을 가기로 약속하였다. 최초에는 감악산을 가려고 하였는데 사람들이 많은 곳으로 갔으면 좋겠다고 하여 소요산으로 다시 갔다.

필자의 아내도 대구에서 올라와서 부부끼리 함께 등반을 하였는데 지난번 코스가 험하고 힘들 것 같아 이번에는 반대로 올라갔다. 그러나 생각과는 달리 공주봉 능선까지 올라가는데도 필자를 제외하고 3명 모두 무척 힘들어 하였다. 그러나 그 이후부터는 잘 따라와 주었지만 그들의 속도를 맞추다 보니 완주하는데 4시간이나 걸렸다. 원래 필자는 등산할 때 천천히 가더라도 거의 쉬지 않고 올라가는 성격이다. 여하튼 모두들 힘들어 하였으나 기분들은 최고로 좋다고 말하였다. 그 이유는 아마 지난번과는 달리 날씨가 무척 청명하였고, 경치 또한 한수 이북 최고의 명산 또는 경기의 소금강이라 불릴 만큼 아름다웠기 때문이며, 무엇인가를 이루었다는 성취감이 작용하였기 때문일 것이다. 이제 가을로 들어가면서 이곳 소요산도 점점 단풍이 들 것이다. 그 때 다시 한 번 흐르는 물소리를 들으면서 우리 간부들과 가을정취를 느끼며 걷고 싶다.

■ '10. 9. 26. 일

천사 마라톤

매년 동두천에서는 천사 마라톤을 하는데 이번이 7회째라고 하였다. 원래 내일인 10월 4일(월)이 천사의 날이어서 그 날 행사를 해야 하나 오늘이 휴일이어서 하루를 앞당기어 실시하였다. 필자도 간부들과 함께 달리면서 깊어가는 가을 정취도 느끼고 또한 좋은 일도 하자는 취지로 참석했다. 참가비로 10.04km는 2만 5천원이고 5km는 만원인데 필자는 다소 부담은 되었지만 10.04km를 신청하였다. 그랬더니 바람막이 옷과 등번호 1102번을 주었다. 평시 5km 정도는 수시로 뛰기 때문에 거리는 문제가 되지 않았으나 최근 4일간 술을 연속으로 마셔 힘들 것이 예상되었다.

독자들이 혹 필자보고 술고래가 아닌가 생각할지 모르나 다 그럴만한 이유가 다 있었다. 수요일은 신부님 영명축일이어서, 목요일은 취사병들 격려하느라고, 금요일은 국군의 날이어서, 토요일은 여단장님과 식사를 함께 하다 보니 그렇게 되었다. 수요일에 함께 술을 드신 비룡성당 신부님의 본명은 미카엘이신데 그 분의 축일이 바로 수요일이었기 때문에 그 날 신자들과 함께 저녁식사를 같이 한 것이다. 이날은 마침 천안함 견학이 오후에 있어 다소 늦게 참석하였는데 바다와 잔디가 어우러진 평화로운 부대 내에 처참하게 망가진 천안함을 보면서 참으로 가슴 아팠고 북한의 만행에 다시 한 번 분노를 느꼈다. 목요일은 장병들의 식사

준비에 늘 노심초사하는 취사병들을 위로하고자 삼겹살과 소주로 저녁 식사를 함께 하였다. 대화를 하면서 그들에게 가장 힘이 되는 말들이 "잘 먹었다. 맛있었다."라고 하니 앞으로 많이 해주어야겠다고 다짐하였다. 금요일은 제 62주년 국군의 날로 오전에 기념식을 하였고 이어서 간부들과 자장면 내기 테니스 시합을 하였다. 무작위로 팀을 편성하였는데 필자의 팀이 2등을 하였다. 오후에는 휴무였는데 대대장 및 참모들과 같이 예하부대로 밤을 주우러 갔다.

마침 여단장님께서도 오셔서 함께 참여하셨고 종료 후에는 막걸리와 보쌈으로 국군의 날을 자축하였다. 어제는 예하 대대장중 한 명이 연락이 와서 이번 달 생일 장병들과 함께 조식을 하면서 그들을 격려해 주었으면 좋겠다고 건의를 하였다. 그의 아내가 매월 그 달의 생일을 맞는 장병들에게 미역국을 끓여 주는데 그것을 보여주고 싶었던 모양이다. 여하튼 흔쾌히 참석하여 그녀에게 수고한다고 치하를 보내고 장병들에게도 생일 축하와 더불어 산고에 고생했을 어머님께 감사의 전화를 드리라고 당부하였다. 조식 후에는 그 대대의 간부들과 테니스 시합을 가졌는데 젊고 힘이 넘치는 그들과 상대하여 3전 2승 1패의 전적을 거두었다. 운동 후에 관사로 돌아오니 때마침 필자의 아내가 대구에서 올라왔다. 지난 주에 왔기 때문에 이번 주는 오지 않으려 했는데 여단장님께서 여단내 3명의 단장들을 부부동반으로 초청하였기 때문이다. 비가 약간 내리는 가운데 야외 천막 안에서 맛있는 음식을 먹으면서 즐거운 시간을 보냈다.

오늘 아침에 일어나니 그동안 과음은 하지 않았지만 연속되는 음주로 몸이 많이 무거웠다. 그래서 잘 뛸 수 있을까 싶었지만 나름대로 천천히 페이스를 조절하면서 뛰었다. 2.5km까지는 숨이 다소 찼으나 그것을 벗어나자 안정이 되었다. 그래서 천천히 속도를 증가하였는데 7.5km 지점에서 다시 한 번 고비가 왔고 다행히 그것을 무사히 넘겼다. 그러나 마지막 600m 지점부터는 오르막길로 너무 힘들어서 걸어가려 했으나 종점에서 기다리고 있을 아내를 생각하며 힘을 내었다. 몸이 좋지 않은 상태에서 한 번도 쉬지 않고 완주를 한 것에 대해 마음속에 뿌듯함이 몰려왔다.

　필자가 내는 작은 돈이 모아져 누군가에게는 큰 희망이 되겠지만 필자도 이번 기회를 통해 새로운 도전을 하게 되어 오히려 그분들에게 감사하고 싶다. 또한 간부들과 함께 뛰면서 많은 대화를 통한 단합의 계기도 갖게 되어 이 마라톤이 무척 의미 있는 행사였다고 생각한다.

■ '10. 10. 3. 일

어느 날 문득

며칠 전 여단장님께서 필자에게 다음과 같은 말씀을 하셨다. "단장. 오해는 하지 말고 듣기 바랍니다. 최근 군단에 들어갔는데 단장에 대해 들은 것이 있어서 이야기 합니다.

크게 2가지인데 첫째, 단장이 너무 강골이어서 참모들이 업무 수행하는데 힘들다고 하는 것과 둘째, 지난번 대대장들과 회식을 바깥 노래방에서 과하게 했다고 하던데…." "그 내용은 저도 인지하고 있습니다. 다만 여단장님께서 아시는 내용과는 차이가 많습니다. 그러나 그러한 이야기는 제가 처신을 잘하지 못해서 발생하였기에 앞으로 조심하겠습니다." "그러면 그것이 잘못된 사실이란 말이지?" "예. 그렇습니다. 핑계 같지만 사실 강골이라는 것은 제가 부임해보니 각종 전투준비가 미흡하여 그것을 보완하는 과정에서 일부 실무자가 힘들어서 말한 것 같고 회식 문제는 지난번 전출가는 대대장을 격려하고자 사단 복지회관에서 식사하고 그곳에 있는 노래방을 간 것을 누군가 악의적으로 잘못 퍼트린 것 같습니다." "전투준비에 관련한 사항은 부임 초에 힘들더라도 반드시 고쳐야 하고 회식 문제는 복지회관이라면 별 문제가 없는데 단장에게 혼난 누군가가 임의대로 해석하여 이곳저곳에 말한 것 같구먼?" "여하튼 이 모든 불찰이 저로 인해 발생했기에 앞으로의 처신에 유의하겠습니다." "그래요. 나도 과거 연대장 시절 종교

문제로 곤욕을 치른 적이 있는데 그래서 단장의 마음을 이해합니다. 아까 단장이 말한 대로 처신에 보다 신경을 쓸 필요가 있겠습니다." 그 말씀을 듣고 필자는 어느 간부가 외부에 필자의 욕을 하고 다니는지 대충은 짐작이 간다. 손으로 하늘을 가릴 수 없듯이 만일 필자 같은 고급지휘관은 잘못을 하면 누구나 금방 알 수 있다. 그래서 군 생활을 하면서 본연의 임무인 전투 준비에만 늘 최선을 다해 왔고 회식도 가급적이면 부대 복지회관에서 하였는데도 그런 말이 나온 것이다. 대대장 시절에도 지금과 거의 비슷한 경우가 있었지만 늘 정도를 걸었기에 나중에는 오해가 풀린 경험이 있다. 그래서 당장에 화는 나고 구체적으로 누가 그런 음해를 하고 조사하고 싶지만 반대로 점점 더 인내하면서 필자의 진면목을 보여주는 것이 오히려 좋겠다는 생각을 하였다.

그러면서 혹시 부하를 가르친다고 그들에게 상처를 주는 말을 하지 않았는지 뒤돌아보고 개선할 내용이 있다면 능력을 고려하여 속도를 조절할 계획이다. 아래 글은 과거 필자와 가깝게 지낸 법사님이 보내준 글인데 지금 상황에 꼭 맞는 말씀이라 마음을 가다듬는 측면에서 음미해 본다.

> 오늘 문득 이런 생각이 들었습니다. 나는 잘한다고 하는데 그는 내가 잘못하고 있다고 생각할 수도 있겠구나! 나는 겸손하다고 생각하는데 그는 나를 교만하다고 생각할 수도 있겠구나! 나는 그를 믿고 있는데 그는 자기가 의심받고 있다고 생각할 수도 있겠구나! 나는 그를 사랑하고 있는데 그는 나의 사랑을 까마득히 모를 수도 있겠구나! 나는 고마워하고 있는데 그는 은혜를 모른다고 생각할 수도 있겠구나! 나는 떠나기 위해 일을 마무리하고 있는데 그는 더 머물기 위해 애쓴다고 생각할 수도 있겠구나! 나는 아직도 기다리고 있는데 그는 벌써 잊었다고 생각할 수도 있겠구나! 나는 이것이 옳다고 생각하는데 그는 저것이 옳다고 생각할 수도 있겠구나! 내 이름과 그의 이름이 다르듯, 내 하루와 그의 하루가 다르듯 서로의 생각이 다를 수도 있겠구나! 오늘도 좋은 하루가 되셨는지요? 내 생각이 때로는 잘못된 때

도 있습니다. 역지사지 상대방의 입장에서 생각 해 보는 것! 존중과 배려는 아름다운 삶의 관문입니다.

위의 글처럼 필자는 부대를 위해 최선을 다해 노력하고 있다고 생각하는데 한 명의 부하라도 그렇게 생각하지 않으면 그것도 지휘관인 필자의 잘못인 것이다. 이것을 해결할 수 있는 제일 좋은 방법은 대화이다. 따라서 다음 주부터는 처부별로 간담회 시간을 가져 그들의 의견을 허심탄회하게 들어볼 생각이다. 서로 간에 공감대를 가지면 오해도 풀리고 부대를 위해서 부하를 위해서 함께 최선을 다할 수 있고 그것이 전투력 발휘에 크게 기여하리라 믿어 의심치 않기 때문이다.

■ '10. 10. 4. 화

외로움

　최근 TV프로그램 중 강호동씨가 진행하는 무릎팍 도사에 토니안이 출현하였다. 그는 90년대 인기그룹 H0T의 멤버였으며 최근에도 인기가수로 활동 중이다. 그는 자기의 고민이 군대로 다시 돌아가고 싶은 것이라고 말해 그곳에 있는 모두 사람들을 당황하게 만들었다. 대부분의 연예인들이 군대에 가지 않으려고 갖은 편법을 다 동원하는데 그는 예외였던 것이다.

　최근 가수 MC몽이 입대하기 싫어 멀쩡한 어금니를 뽑았다가 사법기관의 조사를 받고 있어 그의 말은 특히 주목을 받았다. 그는 돌아가고 싶은 이유를 크게 3가지로 말했는데 요약하면 첫째, 군대가 그 자신의 인생을 뒤돌아볼 수 있는 기회를 제공하였고, 둘째, 전우들과 마음 편히 가슴 속에 담아둔 이야기를 나눌 수 있었으며, 셋째, 사소한 것이라도 소중함을 느낄 수 있는 곳이 군대였기 때문이라고 말했다. 토니안의 얼굴을 보면 귀공자 타입으로 생전 고생을 모르고 산 인물처럼 보이지만 실제 매우 어렵게 살아왔다고 한다. 부친의 사업 실패로 온 가족이 미국으로 건너가 접시 닦기 등 갖은 고생을 다했다고 한다. 그는 우연히 유명한 엔터테인먼트 대표이사인 이수만 씨가 직접 아이돌 그룹을 결성한다는 소식을 듣고 지원하였다가 선발되는데, 공원에서 오디션을 받는 도중 배터리가 떨어져 음악이 꺼지자 무려 30분이나 달려가서 그것을 사오는 열성을 보였다고 한다. 그는 가수로서 성공하기 위해 늘 최선을 다했고 현재는 학생 교복과 연예인 기획사까지 운영하는 등 각종 사업 수완을 발휘하여 활동영역을 넓히고 있다. 그러나 그러한 과정에서 우울증을 얻었고 무려 4년간이나 치료약을 복용해왔다고 한다. 그는 그것을 먹지 않으면 잠을 잘 수도 없었고 늘 머리가 아파 여러 번 자살까지 결심했다고 한다.

그러한 고통 속에서 무엇인가 변화를 택하고 싶어 늦은 나이인 서른 살에 군에 입대하였고 신병 교육을 마치자마자 국방 홍보원의 연예병사로 선발되어 그곳으로 가게 되었다. 그는 도착하자마자 그곳 간부 및 선임병에게 자신은 우울증이 있으며 현재 약을 복용하고 있다고 말했다고 한다. 그 때의 선임병이 바로 가수 '싸이'였는데 그는 "네가 군 생활 하는 동안 우리가 반드시 너의 병을 고쳐주겠다. 아무 걱정하지 말고 열심히 생활하여라."고 말하면서 자상하게 군 생활을 지도해 주었다고 한다. 동료들도 그의 고민에 대해 많은 격려를 보냈고, 이후부터 약을 줄이기 시작하여 그는 입대 7개월 만에 완전히 끊었다고 한다. 사회적으로 성공은 했지만 활동이 없을 때 대화를 나눌 사람도 없었고, 가족까지 떨어져 지내다 보니 외로움이 밀려와 이것이 곧 우울증으로 발전되었던 것이다.

필자는 그의 말에 정말 공감을 하는데 필자도 작년 10월 이후 아내와 떨어져 혼자 살고 있다. 처음부터 혼자 살았으면 모르지만 결혼 이후 한 번도 떨어지지 않다가 떨어져보니 모든 것이 불편하고 무엇보다 외로움이 밀려와 필자를 힘들게 하였다. 지금도 포병단장의 직책으로 관사에 혼자 살고 있는데 남들이 보면 무척 부러워 할 수 있지만 실제는 외로움을 많이 느낀다. 역시 인간은 사회적 동물로 함께 살아야 한다는 말이 꼭 맞는 것 같다. 그래서 퇴근하면 일부러 거실의 TV를 크게 틀어 놓거나 운동을 한다거나 야외 휴게실로 가서 장병들과 많은 대화를 나누고 있다. 혼자 고요한 가운데 바람소리를 들으며 자는 모습을 한 번 상상해 보아라! 우리 장병들이 외로움을 느끼는 것은 통상 대화의 상대가 없거나 자신의 행동을 타인이 이해하지 못할 때 발생한다. 그것은 사고로 이어질 가능성이 높기 때문에 지휘관들은 특별히 관심을 가져야 한다. 각 부대는 혹시 그런 장병들이 없는지 확인하여 관심과 사랑을 통해 그것을 극복할 수 있도록 다함께 노력해야 하겠다.

■ '10. 10. 17. 일

구암리 노인

필자는 일과이후 간부들과 운동을 하는데 주로 테니스를 한다. 그러나 병행하여 뜀걸음도 많이 하는데 영내가 아닌 영외로 뛴다. 코스는 부대 밖의 효천저수지를 거쳐 구암리 마을을 돌아 부대로 오는데 거리는 대략 5km 정도 된다. 구암리 마을은 전형적인 농촌지역으로 뛰다보면 일하시는 어르신들을 많이 뵙는데 필자는 그냥 지나치지 않고 반드시 인사를 드린다. 처음에는 누군가하고 다소 이상하게 쳐다보았지만 필자가 지난번 노인정을 위문하였고 부대로도 초청을 하여 경로잔치를 열어드린 경험이 있기 때문에 이제는 잘 알아보신다.

그분들 중 늘 반갑게 인사를 받아주시는 한 분이 계셨는데 그동안 뵙지를 못하다가 오늘에서야 만났다. 마침 밭에서 무를 캐시고 계셨는데 반가워서 큰 소리로 인사를 드렸다. "어르신! 안녕하십니까?" "어 이게 누구야 단장 아니야?" "예. 어르신 오래간만에 뵙습니다." "또 뛰는 거야?" "예. 그동안 바빠서 못하다가 모처럼 뛰고 있습니다." "좋지. 잠시 기다려봐. 내가 무를 몇 개 줄 테니 온 김에 갖고 가게." "말씀은 고맙지만 부대까지 들고 가기 어려우니 괜찮습니다." "그래도 내 성의인데 안 받으면 섭섭하지." "저는 드릴 것도 없는데 받으면 송구스러워서." "별말 다 하네. 내가 주고 싶어서 주는 거지. 양쪽에 두 개씩 들고 가게." "감사합니다. 제가 운동 중이라 저희 간부에게 말해 조금 있다 갖고 가도록 하겠습니다." "그래. 그렇다면 차를 갖고 올 테니 몇 개 더 실어야 하겠구먼." "아닙니다. 충분합니다." "아니야. 좀 더 줄 테니 갖고 가게." "어르신께서 주신 무는 내일 생채를 만들어 간부들과 함께 먹겠습니다." "아니 집에 갖고 가라니까." "저는 아내와 떨어져 살아 많이 먹지 못합니다. 먹을 것이 생기면 늘 간부들과 함께 먹는데 그것이 훨씬 좋습니다." "훌륭한 단장이구먼." "과찬이십니다. 그런데 여기 밭고랑에 있는 무를 다 캐야 합니까?" "응. 내일 기온이 영하로 떨어진다니 빨리 뽑아서 비닐하우스에 보관하려고 해." "지금 날이 어두워지는데 언제 다하시려고 하십니까?" "천천히 하면 되지 뭐. 괜찮아. 단장은 바쁠 테니 어서 가게." "아닙니다. 제가 미력하나마 조금 거들겠습니다." "그만 두레도." "아닙니다. 어르신 혼자 하시는 것을 보니 마음이 불편하여 그냥은 못가겠습니다." "참. 고집도 세구먼." 그러면서 필자는 무를 뽑기 시작하였고 잠시 후에 우리 부대 인사행정관이 도착하여 함께 도와드렸다. 일이 끝나고 가겠다고 인사를 드렸더니 너무 수고했다고 오히려 미안해 하셨다.

   문득 필자의 고교시절 부친의 모습이 떠올랐다. 당시 필자의 집 앞에는 조그마한 텃밭이 하나 있었는데 아버님께서는 소일거리로 야채를 심어 가끔 밥상에 올리셨다. 공부하느라 바쁜 시절이었지만 당신께서 혼자 일하시는 것이 미안하여 하루는 필자가 돕겠다고 나섰다. 그러자 아버님께서는 "농사는 아무나 짓는 것이 아니야. 그것도 다 요령이 있어야 한다."고 말씀하셨다. 그러나 쇠스랑으로 땅을 파는 그의 모습이 너무 쉽게 보여 막무가내로 달려들었다. 한 20분 정도 작업을 했을까 생각 외로 너무나 힘이 들어 드디어 포기를 하였다. 그 모습을 보고 아버님께서는 빙그레 웃으셨는데 당신의 말씀이 맞지 하는 표정과 그래도 아들이 도와주니 기쁘다는 뜻이 함께 담겨있는 듯 했다.

   그래서 그때부터 필자는 농사의 고됨과 어려움을 잘 알게 되었고 음식을 남기지 않는 습관도 또한 가지게 되었다. 노인께서 주신 그 무는 당신께서 그동안 새벽같이 일어나 힘들게 일한, 정말 소중한 것을 선물해 주신 것이다. 그것으로 내일 생채를 만들어 간부들과 먹으면서 어르신의 감사함을 대신 전할 생각이다.
"어르신 정말 감사합니다. 오래오래 사십시오."

■ '10. 10. 25. 월

훈련소 하면 떠오르는 것

어제는 육군훈련소가 창설된 지 59주년을 맞이하는 날이었다. 그래서 훈련병 2,700명을 대상으로 훈련소를 떠올리게 하는 추억의 대상을 조사[2]했는데 그 결과 1위는 초코파이, 2위는 편지, 3위는 행군, 4위는 금연, 5위는 눈물로 드러났다. 초코파이가 1위로 선정된 이유는 훈련기간 동안 과자를 사먹을 수 없는 그들에게 종교행사 등에서 맛볼 수 있는 그 맛은 평생 잊을 수 없는 추억으로 간직되기 때문이다. 대부분 입대 전에는 거들떠보지도 않지만 이제 그것은 군 생활의 기쁨으로 인식된다.

편지는 입대 후 난생 처음 쓰는 경우가 대부분인데 부모님의 사랑을 깨닫게 하고 그동안의 불효를 반성하게끔 만들어 글을 쓰면서 많이들 운다. 그러면서 자대로 배치 받으면 부모님께 전화와 편지를 자주하는 착한 아들이 되겠다고 다짐한다. 행군은 훈련기간 중 200km 이상을 걷는데 자신의 한계를 극복하는 법을 익히는 인생의 터닝 포인트가 되도록 만드는데 일조한다. 그것은 그들에게 혹독한 경험으로 인식되게 만들지만 자신과의 싸움에서 이겼다는 성취감과 자신감을 심어준다. 금연은 훈련 기간 중에는 절대로 담배를 피울 수 없는 규정에 따라 추

---

2) 1위: 초코파이 1026표(38%), 2위: 864표(32%), 3위: 행군 324표(12%), 4위: 금연 189표(7%), 5위: 눈물 135표(5%), 기타: 162표(6%)

진되는데 이로 인해 저절로 담배를 끊게 된 훈련병들은 5주간의 고통으로 50년의 행복을 보장받고 자신에게 붙어 다니던 저승사자를 떼어낸 기분이라며 무척 고마워한다. 훈련병에게 훈련소를 떠올리게 하는 눈물의 종류는 다양한데 입영 행사 날 처음으로 본 아버지의 눈물로부터 친구와 애인의 눈물, 그리고 화생방 교육 시 흘린 눈물까지 여러 가지로 그것들이 자신을 강하게 만든다고 생각한다.

훈련소는 새로운 만남이 형성되는 곳, 인생에서 가장 기억에 남는 곳, 젊은 날을 회상하게 하는 추억이 깃든 곳으로 우리 대한민국 남성들의 영원한 마음의 고향인 것이다. 또한 사소한 것, 일상의 작은 것들을 매우 소중하게 느끼고 일깨워주는 곳이기도 하다. 힘든 일이 생기면 훈련소 시절을 생각하며 그것을 극복하는 자세를 가졌으면 하는 바람이다.

■ '10. 11. 2. 화

해트트릭

해트트릭은 축구에서 한 경기 중 한 사람이 3골을 넣은 것을 말한다. 그것을 달성하기는 선수들도 힘들지만 우리 같은 일반인들도 마찬가지 매우 어렵다. 그렇지만 필자가 어제 그것을 달성했는데 아마 평생 동안 그런 일은 다시없으리라 생각한다.

이곳 남면 농협 조합원들과 우리 간부들 간 친선 축구시합이 오늘 있었는데 그것에 대비하여 어제 병사 팀과 연습을 가졌다. 우리 병사들의 평균 나이는 21세로 47세인 필자와는 무려 2배 이상 차이가 난다. 그들이 치고 달리면 아무리 쫓아가려고 해도 따라잡을 수 없다. 그래서 주력은 안 되지만 위치로서 커버를 하는데 그것은 공을 받을 지점으로 뛰어가서 우리 편이 패스할 수 있도록 만드는 것이다. 다만 전후방을 왔다 갔다 할 때 체력을 고려하여 활동반경을 줄인다. 어제도 우리 편이 측면으로 쇄도해 들어갈 때 필자도 중앙에서 달려갔는데 센터링한 것이 필자의 우측 발에 걸려 그대로 골대로 들어갔다. 또 한 골도 그런 방식으로 들어갔고 3번째 골은 코너킥을 공이 떨어지는 위치를 잘 잡아 논스톱으로 때린 것이 들어갔다. 독자들은 필자가 정말 축구를 잘한다고 생각할지 모르지만 실제 그렇지는 않고 다만 좋아하고 열심히는 한다.

군대 축구는 사회 축구와는 달리 몇 가지 특징이 있다. 첫째, 누가 머래도 공을 멀리 차는 장병이 축구를 잘한다고 생각한다. 이것을 일명 '똥볼'이라고 하는데 전입 신병이라도 그것을 잘하면 우대를 받는다. 둘째, 골키퍼는 서로 안하려고 한다. 왜냐하면 이기면 본전이지만 지면 그 책임이 대부분 그에게 가기 때문이다. 그래서 지면 당분간 고개를 들고 다니지 못하는데 최근 이러한 분위기는 많이 바뀌고 있다. 셋째, 간부나 선임병들은 주로 공격을 하고 후임들은 대부분 수비를 본다. 군대는 계급사회이다 보니 그것이 의식적으로 작용도 하고 또한 후임들은 아직 몸이 둔하기 때문이다. 넷째, 지휘관에게는 특별히 잘해 준다. 다시 말해 볼도 많이 패스해 주고 몸싸움도 가급적 하지 않는다. 어제의 시합에서도 많은 간부들도 필자에게 공을 밀어 주었고 상대편 병사들은 심하게 달려들지 않았다. 다섯째, 업사이드에 관대하다. 그것은 부심들이 룰을 잘 모르거나 정확히 보지 못하기 때문이다. 그러나 그것도 최근에는 많이 바뀌어 가고 있다. 여섯째, 축구를 잘하면 능력이 있는 장병으로 인식한다. 그것은 축구를 남자들만의 운동으로 생각하기 때문이다.

　여자들이 남자들 이야기 중 제일 싫어하는 것이 바로 군대와 축구라고 한다. 군대는 가보지 않았으니 공감대가 없고 그곳에서 가장 많이 하는 운동이 축구이다 보니 흥미가 없는 것이다. 그러나 최근 우리의 여자 축구선수들이 세계 선수권을 재패하듯이 이제 축구도 남자들의 전유물인 시대는 지나간 것 같다. 오늘 시합에서는 3번의 기회가 있었는데 한 골도 넣지 못했다. 첫 번째는 골대 맞고 둘째는 골대를 비켜났고 세 번째는 골대 위로 날아갔다. 첫 골이 들어갔으면 나머지도 들어갔을지 모르는데 아쉬웠다. 농협 팀은 매주 축구를 하기에 나이는 들었어도 조직력은 매우 강했다. 결국 2:2 무승부로 경기를 마쳤고 야외에서 모두 함께 고기를 구워 먹으면서 친목을 다졌다. 즐거운 하루였다.

■ '10. 11. 6. 토

행복지수

유대인의 탈무드를 보면 '세상에서 가장 지혜로운 사람은 배우는 사람이고, 세상에서 가장 행복한 사람은 감사하면서 사는 사람이다.'라는 말이 있다. 언젠가 세계 54개국의 국민들을 대상으로 행복지수를 조사한 결과 모든 이의 예상을 깨고 최빈국인 방글라데시가 1위로 뽑혔다. 2위는 아제르바이잔, 3위는 나이지리아로 경제대국이면서 문화시설과 교육 및 자연환경을 두루 갖춘 미국, 스위스, 독일, 캐나다 등이 40위권 밖으로 밀려나 충격을 주었다. 방글라데시는 1인당 국민소득이 200달러로 세계 최빈국이며 인구밀도 또한 세계 1위이고 문맹률도 90%를 육박하는 나라이다. 이것을 보면 물질과 소득이 행복에 비례하는 것만은 아닌 것 같다. 사회학자들의 견해에 따르면 1950년대의 지구촌 사람에게 필요한 생필품은 72가지였고 절대 필요한 생필품은 18가지였으나 현대는 필요한 생필품이 500가지 이상 되고 꼭 필요한 물품만도 50가지가 넘는다고 한다.

방글라데시 사람들이 행복한 이유는 작은 것에도 늘 감사하고 가족 및 이웃과의 정이 매우 돈독하기 때문인데 그것이 행복지수를 최고로 만든 원인이었다. 그러나 선진국들은 개인주의에 따른 소외감과 물질 만능주의에 따른 소유의식으로 상대적인 빈곤감을 가져와 그들의 삶을 불행하게 만들고 있는 것이다.

앞의 논리를 해석하면 우리의 삶은 행복하기 때문에 감사한 것이 아닌 감사하기 때문에 행복한 것이라 말 할 수 있다. 즉 감사의 마음을 가질 때 행복은 자연스럽게 다가오는 것이다.

    이러한 감사의 마음을 방해하는 것이 있는데 그것은 비교, 욕심 그리고 걱정이다. 자신이 남보다 적게 가졌다고 비교하거나 더 가지려고 욕심을 부리면 그것이 불행의 씨앗이 되고, 더 잘할 수 있을까 하는 걱정은 불안감으로 작용하여 그것을 가지기 어렵다. 심지어 우리가 마시는 물도 "감사한다, 사랑한다."라고 말하면 물의 결정체가 육각수로 변하여 인체에 유익한 면역력이 생기지만 욕설과 폭언을 하면 결정이 깨져 해로운 물로 바뀐다고 한다. 감사에도 수준이 있다고 하는데 1차원은 조건부(if) 감사로 무엇이 잘되거나 또는 더 많이 가지면 감사하는 것을 말하며, 2차원은 때문에(because) 감사로 무엇을 받아서 또는 어떤 재능을 가져서 감사하는 것을 말하고, 3차원은 불구하고(in spite of) 감사로 설사 자신이 힘들고 어려운 상황이 닥치더라도 감사하는 단계이다. 1, 2차원은 대부분의 보통 사람들이 하지만 3차원은 굉장히 하기 어려운데 그것을 해야만 자신의 삶이 진정으로 행복해 질 수 있다고 한다. 예수님께서 "원수를 사랑하라."는 용서의 마음도 그것에 포함된다고 말 할 수 있다.

    감사한다고 자신이 처한 환경이 바뀌는 것은 결코 아니다. 그러나 감사할 때 자신의 마음이 긍정적으로 변하고 그것이 인생을 아름답고 풍요롭게 만든다. 많은 사람들이 현재 경제적으로 어렵다고들 한다. 그러나 돌아보면 각 가정에 TV, 냉장고, 휴대폰 등 필요한 것들은 다 있고 배고파 굶는 사람들도 거의 없다. 분명 과거보다 현재가 넉넉하고 편리하지만 불행하게 느끼는 것은 안타깝게도 정서적으로 메마르고 감사의 마음이 없기 때문이다. 행복하려면 이제부터라도 감사의 마음을 가져야 한다. 왜냐하면 행복은 가짐의 크기가 아니라 감사의 크기에 비례하고 그것이 행복의 문을 여는 열쇠이기 때문이다. 범사에 감사하는 마음을 갖도록 노력하자.

■ '10. 11. 9. 화

미국과 중국의 수출품

최근 세계 선진국 정상들의 모임인 G20 회의가 우리나라에서 개최되었다. 특히 그것은 우리가 의장국으로 회의를 주관하여 그 의미가 무엇보다 크다. 주요 이슈는 환율이었는데 미국은 무역적자의 원인인 그것을 해결하려 노력했으나 여의치 않은 것 같다. 언론에서는 이번 회의 간 오마바 미국 대통령이 전혀 얻은 것이 없으며 오히려 중국의 위상만 높아졌다고 떠들었다.

정말 그럴까? 필자는 현재 중국과 미국의 주요 수출품 비교를 통해서 이 문제를 살펴보기로 하겠다. 현재 중국의 수출품 중에서 10위권 안에 들어가는 것을 보면 10위는 가방, 9위는 선박, 8위는 가전제품, 7위는 가구, 6위는 신발, 5위는 철강, 4위는 직물, 3위는 휴대폰, 2위는 컴퓨터, 1위는 의류이다. 이와 같은 대표적 10대 수출품을 살펴보면 크게 두 가지 패턴을 알 수가 있는데 첫째는 노동집약형 상품으로 대표적인 저가품이거나 둘째는 외국 기업들의 현지 생산 공장에 불과하다는 사실이다. 선박이나 철강 정도가 예외지만 선박도 역시 저부가가치 위주이고 철강은 우리나 일본, 인도 등도 생산하고 수출한다. 중국이 세계 생산량의 50%를 차지하지만 특별한 기술경쟁력을 갖고 있기 때문은 아니다. 그동안 중국은 10%가 넘는 경이적인 경제성장을 지속하여 세계의 찬탄을 받았지만 이는 다른 저개발 국가들이 가져갈 몫을 자신들이 가로챘기 때문이다. 즉 중국의 인위적인 평가절하가 없다면 세계 50% 수준의 소비재 공장들은 다른 저개발 국가들로 갔을 것이고 경제성장률은 지금 보다 낮아졌을 것이다. 이러한 모습은 그동안 중국의 성장을 위해 노력해 온 근로자들이 그동안 이룩한 성과에 비해 정당한 몫을 가지지 못한다는 점에서 중국 내부적으로도 심각한 문제를 가지고 있다. 그것은 현재 중국의 빈부격차가 세계 최고 수준에 이르고 있는 것만 봐도 알 수 있다. 결국 중국은 소비재 생산에 있어서 '세계의 공장'이나 '중국의 공장'이 아니라 '외국기업들의 공장'에 노동력만 제공하는 것이고 특별한 기술 경쟁력을 가진 것이 아닌 환율의 인위적인 평가절하를 통해 자국의 근로자들을 희생시킨 결과이다.

다음은 미국의 10대 주요 수출품을 무역흑자를 기준으로 살펴보자. 현재 10위는 영화, 9위가 무기, 8위가 화학제품, 7위가 반도체, 6위가 여행, 5위가 농산물, 4위가 항공기, 3위가 금융서비스, 2위가 라이선스, 그리고 1위가 바로 재무부 채권이다. 중국에서처럼 그것들도 크게 두 가지의 패턴이 있는데 첫째는 첨단 및 핵심기술을 바탕으로 한 수출품들이 많다는 것과 둘째는 국가의 안위에 직결되는 분야는 타의 추종을 불허한다는 것이다. 10대 품목 중 전자는 화학, 반도체, 항공기, 라이선스 등이며 후자는 무기, 농산물, 금융 산업 등이 해당된다. 그것들을 세세히 살펴보면 미국이 왜 세계의 패권국인지를 잘 알 수 있다.

하나씩 분석해 보면 먼저 미국의 영화는 전 세계인들이 좋아할 만큼 잘 만드는데 이것은 폐쇄국가인 북한의 통치자 김정일까지도 좋아한다고 알려져 있는 것으로도 증명할 수 있다. 둘째, 무기는 모두 최첨단으로 제작되어 수출만 허락한다면 가격을 불문하고 사겠다는 나라가 줄지어 서 있다. 셋째, 화학제품은 첨단기술의 결정판으로 줄곧 세계 1위였고 앞으로도 이에 도전할 국가는 별로 보이지 않는다. 넷째, 반도체는 우리의 삼성전자가 메모리에서 세계 1위를 자랑하지만 그것은 대만, 일본 등 다른 나라들도 만든다. 그러나 메모리에 반드시 들어가는 CPU는 오직 미국만이 만들 수 있으며 그것이 없다면 컴퓨터는 무용지물이다. 휴대폰에 들어가는 칩셋도 마찬가지인데 그것이 없다면 휴대폰 공장은 곧바로 멈출 수밖에 없다. 중국의 10대 수출품 중 2위가 컴퓨터이고 3위가 휴대폰인데 그것들이 수출되지 않으면 어떻게 될까? 다섯째, 여행은 관광목적으로는 점차 감소되겠지만 비즈니스를 위한 여행은 멈출 수 없으며, 여섯째, 농산물은 대부분 후진국들이 수출할 것이라고 생각하지만 객관적으로 보면 선진국들이 더 많이 하는데 그것은 '식량안보'가 무엇을 의미하는지 잘 알기 때문이다. 일곱째, 항공기는 군수산업과 직결되므로 미국은 절대로 그것을 놓지 않고 있으며 기술력을 고려한다면 현재 세계 1위이다. 여덟째, 금융서비스는 미국의 힘이 얼마나 무서운지를 단적으로 보여주는 것으로 이러한 영향력으로 인하여 우리나라는 얼마 전 미국의 이란에 대한 금융 제재에 동참하였다. 뿐만 아니라 세계의 다른 많은 나라들도 이에 동참했는데 그 이유가 무엇일까? 당시 미국은 동참하지 않는 나라들에 대해 '미국의 금융시스템에 대한 접근을 불허'하겠다고 선포했다. 그것을 쓸 수 없다는 말은 수출입 대금 결제를 사용할 수 없다는 것으로 한 나라에 일종의 사형선고를 내리는 것과 마찬가지이다. 현재 미국은 세계의 금융 산업을 제패하고 있으며 그것으로 다른 나라를 압박하는 무기로도 시용하고 있다. 아홉째, 라이선스는 일종의 로열티를 내는 것으로 예를 들면 컴퓨터인 경우에는 마이크로소프트가 OS(운영체제), 신종플루의 치료제인 타미플루 등을 들 수 있는데 이는 미국의 원천기술을 사용함에 따른 비용을 지불하고 있는 것이다. 그런 것들을 미국은 수많이 많이 보유하고 있으며 다른 나라들을 압도하고 있다. 마지막으로 미국 국채의 일종인 재무부 채권은 결코 수출품이 아니다. 그러나 그렇게 되는 이유는 달러가 이미 세계의 통화수단이고 미국이 패권국가라는 점 때문이다. 그것은 일종의 빚인데 수출품으로 본다는 관점이 재미있다.

    2008년 말부터 미국의 국내저축이 증가하면서 점차 국채발행이 줄어들고 있는데 그것을 수입하던 나라들은 먼저 소유하려고 각축전을 벌이고 있다. 왜냐하면 각국의 중앙은행을 비롯하여 이에 대한 고정 수요는 상시 존재하기 때문이다.

결국 미국과 중국의 수출품을 비교하면 매우 선명한 대비를 이루고 있는데 중국의 수출품은 미국이 꼭 수입할 이유가 없지만 미국의 수출품은 중국이 미국 이외의 다른 국가에서는 결코 수입할 수 없는 것들이다. 따라서 중국이 만일 수입을 멈춘다면 곧바로 수출이 정지될 뿐만 아니라 자신들이 죽을 수밖에 없는 근본적인 구조적 한계를 가지고 있다. 따라서 단편적인 시각으로 중국이 미국의 경제를 추월하여 세계를 압도한다는 말들은 다시금 곰곰이 뒤집어 봐야 할 과제이다.

■ '10. 11. 14. 일

인명무사고 1,500일 달성 체육대회

　오늘은 우리 포병단이 인명 무사고 1,500일을 달성한 뜻 깊은 날이다. 전년도에 우리 육군은 79건의 사망사고가 발생하였는데 이 수치는 창설 이래 가장 작은 인원이었다. 통상 연대급은 1년에 1명 정도 발생하는데 4년 이상 인명 사고가 없다는 것은 그만큼 부대가 안정되었다는 것과 간부들의 노력이 매우 지대했음을 반증하는 것이다. 이를 축하하고 앞으로도 더욱 노력하자는 의미에서 기념식과 체육대회를 개최하였다. 먼저 기념식은 이번 호국훈련 준비간 불의로 사고로 순직하신 4분을 추모하고 그동안 무사고 달성에 노력한 간부들에게 표창을 수여하였다. 또한 인명 무사고를 위한 결의도 다져 간부들부터 솔선수범하여 노력하기로 뜻을 모았다. 이어서 곧바로 체육대회를 시작하였는데 과거에 비해 몇 가지 차이점을 두고 실시하였다.

　첫째, 신분별로 팀을 구성하도록 하였다. 즉 축구를 예로 들면 병 3명, 부사관 4명, 장교 4명으로 인원을 편성하였다. 그렇게 함으로써 장병 상호간 팀워크를 최대한 발휘하도록 하였다. 둘째, 각종 먹거리 운영은 민간단체에게 위탁을 주었다. 과거에는 각 부대별로 식사와 먹거리를 준비하다보니 예하부대의 부담이 매우 컸었다. 그래서 이번에는 농협에 위탁을 주어 저렴하게 이용하면서 경기를 즐기도록 여건을 조성해주었다. 셋째, 대대장과 주임원사들은 별도로 테니스 대회를 개최하여 사기를 진작시켜 주었다. 물론 그들의 가족들도 참여시켜 함께 운동하도록 해 주었고 저녁도 필자가 준비해 주었다. 넷째, 부대 인근 마을 사람들도 초청하여 함께 즐기도록 조치하였다. 이장님과 노인회 어르신들, 주민들도 모셔와 점심을 같이 하는 등 민군이 함께 어우러지도록 하였다. 모처럼 날씨도 춥지 않았고 행사 또한 원활히 진행되어 모두들 즐겁게 보낸 뜻 깊은 하루였다.

■ '10. 11. 19. 금

군대에서 업무를 인정받는 방법

최근 군내에 초급 간부들이 자살하는 사례가 가끔 발생되고 있다. 그동안 간부들의 자살은 대부분 부채, 과음, 이성 등 개인적인 문제였으나 최근의 경향은 복무부적응으로 인한 스트레스가 주요 원인으로 대두되고 있다. 특히 업무처리에 대한 능력이 부족하여 그것을 감당해 내지 못하고 있는데 요령을 잘 몰라서 그런 측면도 없지 않아 있다. 따라서 그것을 잘 알고 조금만 노력한다면 지휘관으로부터 인정을 받을 수 있고 군 생활도 어렵지 않게 할 수 있다. 지난주에 필자는 예하부대 간부들을 대상으로 업무를 인정받는 방법에 대해 교육을 실시하였는데 간부들은 이것에 많은 공감을 받았다 하여 소개해보고자 한다.

맨 처음 그들에게 강조한 것은 모르면 물어보라는 것이다. 지휘관들은 실무자들의 생각과는 달리 부하들이 업무에 대해 어떻게 수행할지를 물어보는 것을 매우 좋아한다. 왜냐하면 그의 경험을 충분히 전수해 줄 수 있는 기회를 갖게 하기 때문이다. 예를 들어 어떤 보고서를 작성할 때도 그의 의도에 맞지 않으면 재작성해야 하는 악순환이 발생하기 때문에 사전에 지침을 받는 것이 좋다. 그렇게 함으로써 소요 시간을 절약할 수 있고 무엇보다 그의 의도에 맞게 작성하였기에 때문에 칭찬을 받을 수도 있다. 그래서 업무를 혼자 해결하려고 고민하지 말고 가능한 빨리 지휘관과 상의하여 함께 추진하면 쉽게 처리할 수 있다.

둘째는 모든 지시된 업무는 최초, 중간, 최종보고의 개념으로 실시하라는 것이다. 최초보고는 세 가지를 포함하고 있어야 하는데 지휘관의 지시사항을 잘 알아들었다는 복명과 앞으로 그것을 어떻게 추진하겠다는 자기의 복안을 언급하면서 지휘관으로부터 지침을 받는 단계이다. 중간보고는 업무를 추진하는데 현재 진도가 얼마나 되었고 남은 것은 무엇이며 필요시 현장에 모시고 가서 추가지침을 받는 것을 말하고, 최종보고는 지시된 업무가 이렇게 마무리되었고 이런 성과와 문제점이 있었다는 보고하는 것이다. 이렇게 최초, 중간, 최종보고의 개념으로 업무를 추진하면 내실 있게 마무리 지을 수 있다.

셋째는 업무를 빨리, 제때, 정확히 하는 것이다. 군대는 하게 되어있는 것은 가급적 빨리하는 것이 좋은데 그것이 그 사람의 능력을 결정짓는 중요한 요소이기 때문이다. 또한 제때에 해야 하는데 다른 말로는 타이밍이라고도 한다. 아무리 업무를 잘해도 이것이 미흡하면 고생만하고 성과는 떨어지는 것이다.

마지막으로 정확히 하는 것은 업무의 질을 결정짓는 요소로서 이것도 관심을 가지지 않으면 안 된다. 앞에서 언급한 3가지 방법을 실무에 잘 적용하면 업무도 어렵지 않게 수행할 수 있고 지휘관으로부터도 많은 인정과 칭찬을 받을 수 있다. 지휘관과는 자주 대화를 나누고 가까워지려고 노력할수록 편해진다고 하는데 그 이유는 지휘관의 의도를 정확히 맞출 수 있기 때문이다.

소통은 윗사람이 아랫사람에게만 하는 것으로 인식하고 있지만 오히려 아랫사람이 윗사람과 자주 접하는 것이 보다 효과적임을 간과해서는 안 된다. 궁금하면 고민하지 말고 물어보고, 부여된 업무는 최초·중간·최종보고를 실시하고, 이와에 할 거면 빨리, 제때, 정확히 하도록 노력하자

■ '10. 11. 24. 수

전투에서 살아남는 방법

엊그제인 11월 23일(화), 북한은 서해에서 122mm방사포로 우리의 영토인 연평도에 약 170여발의 포탄을 퍼부었다. 이로 인해 해병대원 2명과 민간 근로자 2명 등 4명이 사망하고 19명이 부상당했으며 가옥 21채도 파괴되는 심각한 인적·물적 피해를 입었다. 이번 도발의 특징은 무방비인 민간인에게도 무차별적으로 포격했다는 점에서 기존과는 큰 차이점을 갖고 있다. 그렇다면 왜 그들은 이렇게 비인도적인 만행을 저질렀을까?

필자가 생각하기에 거기에는 크게 4가지 의도가 있기 때문이다. 첫째는 최근 권력을 승계한 김정은의 지도능력을 과시하여 후계체제 구축 강화와 체제 결속을 다지려는데 있다. 즉 우라늄 농축시설 공개에 이은 포격으로 김정은의 강한 지도자 상을 조작하고, 외부의 긴장을 조성함으로써 내부의 주민통제력을 강화하려는데 그 목적이 있다. 둘째는 국제사회의 대북 제재에 대한 불만을 표출하고 극단적인 상황조성을 통하여 현 고립 국면을 타개하려는 노림수가 숨겨져 있다. 지난 천안함 피격사건 이후 우리와 미국이 '전략적 인내'를 계속하자 노골적인 도발로 그들이 원하는 형태의 대화 국면을 조성하려는 의도인 것이다. 셋째는 국민들로 하여금 안보 불안감을 조성하고 우리 군의 활동을 위축시키는데 있다. 이번과 같이 주민지역까지 무차별 포격을 가한 것은 그동안 연례적이고 정상적인 호국훈련을 논란의 대상으로 만들려는 의도가 짙게 깔려있다고 볼 수 있다. 넷째는 현재의 북방한계선(NLL)을 무력화시키려는 의도이다. 우리 군의 정상적인 군사훈련을 북에 대한 도발로 억지 주장을 하면서 NLL를 무력화시키고 서해 5도와 인근 해역을 일종의 분쟁지역으로 만들려는 목적을 가지고 있는 것이다.

뉴스 보도를 들으니 이번에 사망하신 민간인 두 분은 포탄 낙하시 마을로 이동하다 참변을 당했다고 한다. 집중 포격을 당한 군인보다 민간인 피해가 상대적으로 큰 것은 전투에서 살아남는 생존 수칙을 잘 몰랐기 때문이라고 생각한다. 따라서 이번 기회를 통하여 국민들에게도 그것을 알려줄 필요성이 있다고 생각한다.

6.25전쟁과 월남전 등에서 분석한 전투에서 살아남는 방법은 다음과 같다. 첫째, 포탄 낙하시는 최대한 빨리 엎드려야 한다. 이는 포탄의 비산각도가 40도이므로 터지기 전에 엎드리면 설사 고막이 터질지언정 생명에는 지장이 없게 되는 것이다. 둘째, 최대한 개인호, 아니면 땅이 움푹 파인 곳으로 몸을 피하라는 것이다. 물론 견고한 대피호가 있으면 제일 좋겠으나 시간상 가지 못하면 즉시 주위를 살펴 그런 곳에 위치하고 있다가 차후 안전한 곳으로 움직여야 한다. 셋째, 은폐·엄폐가 가능한 곳으로 자신의 몸을 숨겨야 한다. 몸의 2/3만 숨기더라도 직사화기로부터 보호받을 수 있고 사망률도 수 만 발당 1명으로 크게 떨어지는 점에 주목해야 한다. 넷째, 상시 기도비닉을 유지해야 한다. 기도비닉은 적의 관측 및 탐지로부터 나의 존재를 감추게 하는 것이다. 특히 야간작전인 경우에는 그것에 따라 전투의 승패가 달려있다고 해도 과언이 아니다. 다섯째, 적과 조우한 경우에는 선제사격을 실시해야 한다. 그것은 처음 몇 초간이 자신의 생사를 결정짓는 중요한 요소이기 때문이다. 여섯째, 침착하게 조준사격을 실시해야 한다. 통상 생명에 대한 위협으로 교전시 허공에 사격을 하는 경우가 많은데 그것은 총알만을 낭비할 뿐이다. 일곱째, 탄창과 크레모아 등을 상시 청결하게 유지해야 한다. 급박한 상황에서 개인화기 등의 고장은 생명을 위험하게 만들기 때문

에 평시부터 기능 발휘가 잘되도록 관리해야 한다. 여덟째, 이동 간에는 전술원칙을 필히 준수해야 한다. 전술적 이동에는 각개 약진, 구간전진, 개인간격 유지 등이 있는데 상황에 맞게 그것을 잘 지켜서 특작부대의 공격이나 기관총 사격으로부터 자신을 보호해야만 한다.

  위의 원칙 중에서 첫째부터 넷째까지가 우리 국민들이 잘 알고 적의 공격시 적용해야 할 원칙이다. 사망한 민간인들이 최초 적의 1격에는 살아있었다고 하는데 이때 이동하지 말고 개인호나 움푹 파인 지형에 당분간 엎드려 있었으면 생존했을 것이라는 아쉬움이 든다. 그런 다음 어느 정도 위협이 사라지면 그 이후에 안전한 곳으로 대피를 했으면 좋았을 것이다. 삼가 고인들의 명복을 빌고 유가족에게도 심심한 위로를 보낸다.

■ '10. 11. 25. 목

이카로스

　이카로스는 그리스 신화에 나오는 인물로 당대의 뛰어난 건축가이며 조각가 및 발명가인 다이달로스의 아들이다. 다이달로스는 크레타 섬을 방문하여 미노스와의 환대를 받으며 지내다가 그의 시녀와의 사이에서 그를 낳았다. 그런데 다이달로스는 왕비 파사파이의 부정을 방조했다는 이유로 황제의 미움을 받아 그의 아들과 함께 미궁에 갇히는 벌을 받는다. 그곳을 탈출하기 위해서는 바다를 건너야 하는데 모든 배가 통제되었기 때문에 거의 불가능하였다. 그러자 다이달로스는 공중으로 탈출하기로 마음을 먹고 성위에 떨어지는 새의 깃털을 모아 밀랍으로 날개를 완성하였다.

　출발 전에 그는 아들에게 너무 높이 날지 말 것을 당부하였는데 그 이유는 밀랍이 녹아 추락할 것을 우려했기 때문이다. 그러나 이카로스는 새처럼 나는 것이 너무 신기하여 아버지의 경고를 잊었고 결국 바다에 추락하여 죽었다. 이후 이카로스의 날개하면 미지의 세계에 대한 인간의 동경 또는 욕심 많은 인간의 추락을 상징하고 있다.

　최근 진급발표가 이루어져 많은 영관장교들이 야전의 대대장, 연대장으로 부임하고 있다. 진급은 이카로스의 날개처럼 성공과 권력의 날개로 비유할 수 있다. 그 날개를 달고 다니면 권한과 능력에 도취해 점점 금지된 태양으로 접근할 수 있다. 여기서 태양은 과음, 여자 및 금전문제를 말한다. 지휘관은 부하의 사기를 위해 많은 회식을 주관해야 한다. 그러나 절제하지 못하면 건강뿐만 아니라 여러 가지 문제를 야기하게 된다. 군대의 모든 사고는 과음과 밀접하게 연관되어 있음은 누구나가 인지하는 사실이다. 과음은 또한 여자 및 금전문제 하고도 상관관계가 매우 크다. 지휘관이 사용할 수 있는 운영비도 처음에는 엄격하게 집행하다가 점점 융통성을 핑계로 삼아 공적용도에 벗어나게 사용하기도 한다. 과거 훌륭한 선배들이 위의 3가지 이유 때문에 더 나은 능력을 펼쳐보지 못하고 도중에 하차하는 경우를 우리는 보아왔다. 이카로스의 날개를 안전하게 비행하기 위해서는 주기적으로 자신을 성찰하는 시간을 가져야만 한다. 그것이 처음 지휘관으로 나갈 때의 초심을 유지하는 가장 좋은 방법이다.

 필자의 생각에 자신을 뒤돌아보는 좋은 방법 중에 하나는 신앙을 갖는 것, 그리고 등산인 것 같다. 매주 종교시설에서 한 주를 뒤돌아보고 반성하며 다음 주를 알차게 설계하거나 또는 등산을 하면서 자신의 마음을 정리해 보는 것은 그것을 이루는데 많은 도움이 된다. 신임 지휘관들이 비행궤도를 잘 지켜 바라는 목표를 잘 이루길 당부해 본다.

■ '10. 11. 26. 금

연리지 連理枝

연리지는 뿌리가 다른 나뭇가지가 서로 엉켜 마치 한 나무처럼 자라는 현상을 말한다. 이런 현상은 두 나무가 오래 맞닿아 있는 채로 세월이 지나면서 서로 합쳐지는 것이다. 신비로운 것은 두 나무가 붙어서 하나가 되지만 각각의 본래의 개성은 그대로 유지한다는 것이다. 즉 노란 꽃을 피운 나무는 여전히 노란 꽃을 피우고 빨간 꽃을 피운 나무는 그대로 빨간 꽃을 피운다고 한다.

당나라 시인 백거이는 현종과 양귀비의 뜨거운 사랑을 읊은 장한가長恨歌에서 '비익조연리지'比翼鳥連理枝라는 구절을 언급하였는데 비익조는 날개가 한쪽뿐이어서 암컷과 수컷의 날개가 결합되어야만 날 수 있는 새로 그것과 동일한 의미로 사용하고 있다. 즉 그것은 남녀 또는 부부애가 진한 것을 바유하기도 하고 옛날에는 효성이 지극한 부모와 자식의 관계를 말하기도 했다. 흔히 부부는 살아가면서 조금씩 닮아간다고 한다. 전혀 다른 사람이 만나 사랑을 하고, 같은 곳에서 함께 음식을 먹으며, 같은 곳을 바라보고, 같은 생각을 하며, 같이 울고 웃는 등 사랑과 미움을 교차하면서 서로 동화되고 그 속에서 비슷해진다는 것이다. 서로 둘이지만 마치 한 몸처럼 살아가는 부부의 모습 속에서 우리는 연리지의 사랑을 발견할 수 있다.

동두천에 위치한 소요산의 자재암에는 신라의 원효대사와 요석공주의 애틋한 사랑이 전해져 온다. 공주는 대사를 향한 그리움으로 먼 길을 찾아오지만 깨달음을 얻기 위해 도를 닦는 그를 만나지는 못하고 애끓는 심정으로 먼발치에서 바라만 볼 수밖에 없었다. 그러나 마침내 그녀의 진실한 사랑을 확인한 대사는 결국 그녀를 만나게 되고 설총이라는 위대한 인물을 낳게 된다. 그래서 많은 연인들이 사랑을 이루기 위해 그곳을 찾고 있다고 한다.

후한서 채옹전蔡邕傳에는 효성이 지극한 채옹의 이야기가 나온다. 그는 어머니가 병으로 눕자 삼년 동안 옷을 벗지 않고 정성을 다해 간호를 해드렸다. 그럼에도 그녀의 병세는 점점 악화되자 백일동안 잠자리에 들지 않고 보살폈다. 그러나 그녀는 끝내 회복하지 못하고 죽었는데 채옹은 어머니를 그리워하면서 무덤 곁에 초막을 짓고 시묘侍墓살이를 시작했다. 얼마 후에 초막 앞에는 두 그루의 나무가 자랐는데 시간이 흐르자 서로 엉켜 붙어 마침내 한그루처럼 변했다고 한다. 그것을 보고 사람들은 그의 효성이 하늘을 감동시켜 그렇게 되었다고 말하였다. 이처럼 연리지 나무는 가슴이 저며 오는 연인들의 사랑, 금슬 좋은 부부간의 사랑, 화목한 가족 간의 사랑을 나타내고 있다.

우리 장병들도 입대하기 전까지는 서로의 가정환경도 다르고 생각에도 많은 차이를 가지고 있다. 그러나 함께 병영생활을 하면서 같은 목적을 가지고 서로의 버팀목이 되어 훈련을 받고 있다. 이렇게 힘들고 어려운 것들을 함께 하면서 형성되는 것이 바로 전우애이다. 서로 아끼고 아껴주는 마음, 그것이 바로 연리지의 사랑이면서 우리의 군대를 강하게 만드는 원동력이 되는 것이다.

■ '10. 11. 27. 토

지부복궐상소 持斧伏闕上疏

지부복궐상소持斧伏闕上疏란 글자그대로 몸에 도끼를 지니고 문 앞에 꿇어앉자 자신의 올린 상소에 가납하지 않는다면 도끼로 쳐 죽여 달라는 상소이다. 이러한 상소는 조선왕조 500년 역사상 단 두 번 있었는데 한 사람은 임진왜란 시절 의병장으로 활약한 중봉 조헌이고 다른 사람은 구한말 면암 최익현 선생이다. 그것은 선비로서 나라를 사랑하는 자신의 충정을 가장 소중한 목숨으로 지켜내려는 비장한 결의의 발현이다. 특히 최익현 선생은 그의 스승인 화성 이항로 선생으로부터 선비의 가장 아름다운 덕목인 지행知行: 배워서 익힌 바를 스스로 행하는 것을 배웠고 또한 역사상 그것을 가장 잘 실천한 인물로 알려져 있다. 젊은 시절에는 절대 권력이었던 흥선대원군의 실정을 통박하면서 그의 퇴진을 요구하였고, 강화도조약이 체결되던 1876년 1월에는 44세의 나이로 살을 에는 추위를 견디며 그것에 대한 반대를 지부복궐 상소하였다. 또한 1905년 을사보호조약이 체결되자 74세의 고령임에도 불구하고 의병대장이 되어 일본과 싸웠고, 패하여 대마도로 유배되자 단식을 하다가 끝내는 순국을 하였다. 그는 말늘로도 영향력을 행사할 수 있었지만 늘 행동으로 자신의 옳음을 실천하였다.

그러나 오늘날의 지식인들과 조국의 미래를 이끌 청소년들은 어떠한가? 지식인들은 자신의 이익에 정의를 묻고 청소년들은 호연지기를 잃어 정서가 날로 황폐해 가고 있다. 호연지기를 사전에서 찾아보면 '거침없이 넓고 큰 기개' 또는 '하늘과 땅 사이에 가득 찬 넓고 큰 원기'로 해석하고 있다. 여기서 기개란 필자의 생각에 국가와 민족을 생각하는 넓은 도량과 모든 일을 행함에 있어서 공명정대하고 누구에게나 떳떳한 도덕적 용기를 가진 것을 뜻한다. 그것은 학문으로 배우는 것이 아니라 인성으로 배울 수 있는데 도덕성이 확립되고 역사인식을 바로 가져야만 얻을 수 있다. 그러나 아쉽게도 그것을 가르쳐야 할 학교에서는 도덕과 역사의 중요성을 잘 모르고, 이에 따라 심도 깊은 교육이 이루어지지 않아 문제가 되는 것이다. 국민으로서 지켜야 할 법규와 자기의 뿌리인 역사를 모르면 민족의 자긍심도 모르고 미래에 대한 꿈도 사라지는 것이다.

도덕을 배우면 인간의 올바른 삶이 놓여있고, 역사를 배우면 선열들의 빛나는 지식이 그 안에 녹아있다. 오늘날이 도덕과 역사의 상실인 시기임을 감안한다면 이제라도 그것에 대한 관심을 경주해야 한다. 그래야만 우리 민족이 세계 속에 우뚝 서는 강건한 나라를 만들 수 있는 것이다.

■ '10. 11. 30. 화

용서 容恕

오늘 아침 '지구촌 지금'이란 TV프로를 보았는데 필자는 그곳에서 진정한 용서를 볼 수 있었다. TV의 내용은 미국의 한 처녀가 친구들과 결혼을 앞두고 집에서 파티를 가졌다. 그런데 절친한 친구의 장난으로 그녀는 수영장으로 떨어졌고 목뼈를 다쳐 결국 하반신 마비라는 장애를 가지게 되었다. 이제 며칠만 지나면 결혼식인데 이 무슨 마른하늘에 날벼락이었겠는가? 그런데 피해자인 그녀는 오히려 가해자인 그녀의 친구를 걱정하고 있었다. 왜냐하면 자기를 그렇게 만든 죄의식으로 그녀가 평생 불안하게 살지 모른다는 생각 때문이었다. 가장 행복할 시기에 자기에게 닥친 불행보다도 친구의 마음을 오히려 걱정하는 그녀의 말한 마디는 모든 이에게 감동을 주었다. 그녀의 남자 친구도 올해 안에 그녀와 결혼하겠다고 약속하면서 휠체어에 그녀를 태우고 함께 산책을 나갔다. 이렇게 용서는 사람의 마음을 움직이는 위대한 사랑인 것이다. 보통사람 같았으면 자기를 그렇게 만든 사람을 평생 원망하면서 살았을 것이다.

용서容恕의 용容은 '담다.'라는 뜻이며 서恕는 여如와 심心이 합쳐진 글로 직역하면 '너의 마음을 내 마음처럼 담는다.' 즉 '너의 마음을 헤아린다.'라고 해석할 수 있다. 즉 상대방의 마음을 이해하여 그가 불편하지 않도록 거꾸로 배려해 주는 것이다. 기독교의 주기도문을 살펴보면 '저희에게 잘못한 이를 저희가 용서하오니, 저희 죄를 용서하시고.'라는 문구가 있다. 나에게 잘못한 이를 용서하라는 것은 매우 어렵다. 그러나 예수님은 일곱 번을 일흔 번이라도 용서하라고 강조하신다. 왜 그럴까? 그 이유는 용서가 화와 분노를 잠재우기 때문이다. 타인에게 내뱉는 그것들은 남보다도 오히려 자신의 심신을 황폐화시킨다. 그러나 따뜻한 용서는 가해자뿐만 아니라 당사자에게도 큰 힘이 된다.

　이렇듯 군대생활에서도 후임병들이 다소 실수를 하더라도 넓은 아량으로 그들을 용서를 해주어야 한다. 왜냐하면 자신도 과거 많은 실수 속에서 생활해왔기 때문이다. 실수했다고 무조건 화를 내면 그것은 후임병의 가슴에 새겨지고 시간이 흐르면 본인도 많은 후회를 하게 된다. 진정한 후배 사랑은 바로 용서에 있음을 강조하고 싶다.

■ '10. 12. 4. 토

생활의 달인

TV프로그램 중에 '생활의 달인'이란 프로그램이 있다. 생활 속의 어느 분야에서 정말 타의추종을 불허하는 능력을 가진 사람을 취재하는 내용이다. 재미있어서 자주 보는데 제작팀에서 갑자기 부여하는 과제들도 완벽하게 마무리하여 필자를 놀래게끔 만든다. 그것을 자주 보면 몇 가지 공통적인 것을 발견할 수 있다.

첫째는 대부분 후천적인 노력으로 그러한 능력을 가졌다는 것이다. 즉 어떠한 직업을 가지면서 반복되는 행동을 통해 남보다 더 빠르게 숙달된 무엇인가를 가지게 되는 것이다. 둘째는 맡은 분야에 대해 즐겁고 긍지를 가지며 일한다는 것이다. 단순하고 반복적인 일임에도 짜증을 내지 않고 언제나 즐겁게 일하면서 맡은 분야에 대해서는 매우 소중하게 생각한다. 셋째는 일을 효율적으로 하기 위해 끊임없이 연구한다는 것이다. 빠르고 정확한 일처리를 위해 늘 스스로 쉽게 하는 방법을 고민하고 또한 숙달하기 위해 열심히 노력한다.

최근 연평도 적 포격에 대한 아군의 대응 시간과 정확도 때문에 논란이 많다. 즉 적 포탄이 낙하된 지 13분 만에 아군의 초탄이 발사되고, 원점이 아닌 다른 곳으로 떨어졌다는 점이다. 연일 그것 때문에 우리 군이 언론으로부터 뭇매를 맞고 있다. 그것은 결국 장병들의 화포에 대한 운용 능력이 부족하고, 말로만 최신형 장비이지 정확도도 형편없다는 지적으로 해석되고 있다. 그러나 포병 장교인 필자의 생각에 우리 해병장병들의 능력은 대단히 우수하고 장비 또한 문제점이 없다고 생각한다. 평시 포병은 무경고 하에서는 15분 이내에, 경고 하에서는 5분 이내 에 초탄이 발사되도록 훈련되어 있다. 즉 적의 기습을 받았을 경우 우선 생존성을 보장하기 위해 가용 장소로 대피하고 그 다음 포상으로 달려가서 뇌관, 신관, 포탄, 장약을 결합하여 발사하게끔 되어 있다. 화포는 보병의 소총처럼 곧 바로 대응할 수는 없는 종류의 화기인 것이다. 경고 하에서는 모든 사격준비를 갖춰 놓고 대기하는 개념인데 이것도 우선은 포상 내부나 자주포 안에서 적의 제 1격을 피하고 사격제원이 하달되면 곧바로 대응사격을 실시하는 것이다. 이를 위해 평시부터 생활의 달인처럼 우리 포병은 주특기의 숙달을 매우 강조하고 있다. 그래서 포술경연대회를 주기적으로 실시하여 실력도 평가하고 훈련 수준도 유지하기 위해 노력하고 있다. 결국 연평도 포격간 무경고 하에 13분 만에 대응했다는 것은 그들의 훈련수준이 매우 높다는 것과 목숨을 두려워하지 않고 용감히 싸웠다는 것을 반증하는 것이다. 동시에 정확도에 관련한 문제도 원점이 불분명한 상황 하에서는 계획된 지점에 우선 투발하고 그 다음 그것이 확인되면 그곳을 타격하는 것이 일반적인 절차를 고려했을 때 전혀 문제가 없다.

중국 고위 간부의 말에 의하면 북한은 우리보다 몇 배 더 인명피해를 입었다고 말했는데 이를 통해서도 정확도 면에서 결코 뒤지지 않았다는 것을 증명할 수 있다. 요즘 군대 내에서는 특급전사와 전투프로라는 말이 유행하고 있다. 이는 사격과 체력 그리고 주특기가 우수한 장병들을 언급하는 용어이다.

다시 말해 사회에서 말하는 생활의 달인이 군대에서는 특급전사와 전투프로인 것이다. 특급전사는 측정수준이 90% 이상으로 전투수행 능력이 매우 탁월한 장병들로 조기 진급과 포상의 혜택이 주어진다. 전투프로는 계급별 도달해야 수준을 초과한 것으로 이것에 도달하지 못하면 진급이 제한된다.

최근 우리 장병들은 그것들을 달성하기 위해 자발적으로 노력하고 있는데 유사시 이것은 전투력으로 발휘되어 적에게 심대한 피해를 안겨줄 것이다. 다시 말해 우리 장병들 모두가 전투의 달인이 될 때 조국의 안보가 강건해짐을 명심하자.

■ '10. 12. 6. 월

4가지 인忍

우리 장병들은 군대생활을 하면서 계급별로 4가지 인이 요구된다. 이병 시절에는 참을 인忍, 일병 시절에는 알 인認, 상병 시절에는 어질 인仁, 병장 시절에는 사람 인人이 그것이다. 어떻게 보면 그것은 인생을 살면서 모두에게 요구되는 것일 수도 있다. 일각에서는 우리나라가 이렇게 선진국으로 발돋움하게 된 이유가 군대에서 국가관과 자기 가치관을 확실히 정립했기 때문이라고 말한다. 결국 군대는 위 4가지 인을 배우기 때문이 그것이 접목되어 그렇게 된 것이 아닌가 생각한다.

이병 시절에는 처음으로 상명하복 위계질서라는 군대의 고유문화를 접하게 된다. 계급이 가장 낮다보니 자기 뜻대로 할 수 있는 것이 많지 않고, 때로는 자기보다 못한 사람의 지시와 명령을 따르기도 해야 한다. 더군다나 인간의 기본적 욕구인 먹고 싶은 것, 하고 싶은 것, 보고 싶은 것 등에 대해서도 참아야 하는데 이를 통해 절제를 배우고 심적으로 성장하게 된다.

일병 시절에는 배울 인認을 익혀야 한다. 즉 임무와 관련된 지식을 습득하고 주특기에 대해 본격적으로 숙달할 시기이다. 이때 가장 많은 시행착오를 겪는데 그로 인해 때로는 눈물을 짓기도 한다. 그러나 이 시기를 잘 견디고 실력이 늘면 차후 후배들에게 존경을 받을 수 있다. 반면 이 시기에 제대로 배우려고 노력하지 않으면 차후 진급을 해도 존경을 받기 어렵다.

　상병 시절에는 어질 인仁을 배워야 한다. 이 시기에는 이미 군 생활을 1년 정도 했기에 임무수행에 큰 어려움은 없다. 다만 후임들을 잘 가르쳐 임무에 차질이 없도록 해야 하고 선임들과는 원만한 인간관계를 유지하여 병영을 활력 있게 만들어야 한다. 이러한 교량 역할을 수행함으로써 부대의 전투력을 향상시킬 수 있는데 그 때 중요한 것이 바로 어짐인 것이다.

　병장 시절에는 사람 인人을 배워야 한다. 그들은 병 계급 중에 최고의 위치로서 후임들의 어려움을 살피고 간부들에게는 맡은 바 임무에 대해 책임을 갖고 완수하는 모습을 보여야 한다. 보상심리에 따라 자신의 편의와 욕구에 따라 후임들을 힘들게 해서는 안 되며 오히려 솔선수범을 통해 인간적인 리더십을 보여주어야 한다.

■ '10. 12. 7. 화

소문과 오해

소문이란 사람들 입에 오르내려 전하여 들리는 말을 말한다. 그것은 진실성 여부에 관계없이 사람들에게 퍼져 있는 사실이나 정보를 뜻하며, 그것이 흘러가는 동안 출처가 흐려지고 내용이 과장되거나 왜곡되는 경향이 있다. 즉 오해가 생기는 것이다.

최근 필자와 같이 연대장을 하는 동기생 두 명이 그런 소문과 오해를 받고 있다. 한 명은 지난번 소령 진급심사에 들어가는 대위들을 대상으로 격려회식을 치르다 좋지 않은 소문이 들리기 시작했고 다른 한명은 연평도 적 도발이 발생한 날 회식을 하다가 그렇게 되었다. 앞의 동기생은 복지회관에서 회식 후 그의 관사에서 차를 마셨는데 그 자리에 여군이 한 명 끼면서 잘못된 소문이 발생하였다. 부하를 격려하고자 좋은 의미에서 실시한 회식이 오히려 거꾸로 그에게 화를 불러일으킨 것이다. 그는 매우 유능한 동기생이었는데 능력을 발휘하기도 전에 꺾어져 안타까웠다.

뒤의 동기생은 본인의 취임 1주년을 맞아 그동안 고생한 참모들을 격려하고자 회식을 준비하였는데 마침 연평도 적 포격도발이 발생하였다. 그래서 곧바로 대비태세를 갖추고 대기하다가 저녁 늦게 참모 및 직할중대장들과 영내에서 이미 준비된 음식을 먹었다. 그런데 그것이 진돗개 상황에서 군인들이 음주회식을 한 것으로 외부에 소문이 났고 심지어 신문·방송에까지 보도되었다. 곧바로 헌병에서 조사를 하였지만 음주는 전혀 없었고 포도주스로 간단히 축하 식사를 한 것으로 확인되었다. 잘못은 크게 없지만 여하튼 그런 상황에서 오해를 만들도록 처신한 것이 다소 안타까웠다. 앞의 두 사례 모두는 사실이 왜곡되어 소문으로 퍼지면서 오해가 발생된 사건이다.

  필자도 이곳에 부임하여 지금까지 크게 두 가지 오해를 받았다. 첫째는 전출을 가는 예하 대대장을 격려하고자 부대 복지회관에서 회식을 하였는데 밤을 새워 술을 먹은 지휘관으로, 둘째는 필자의 생일 때 대대장들을 초청하여 회식을 하였는데 모든 준비를 참모 가족들에게 시킨 것으로 소문이 났다. 사실과는 전혀 다른 내용이어서 무척 화가 났고 누가 그렇게 말하고 다니는지 알아보고 싶었다.

  그러나 돌이켜보면 그것들이 필자를 올바르게 처신하도록 만든 계기가 되어 지금은 오히려 다행스럽게 생각하고 있다. 왜냐하면 필자는 그런 소문과 오해 이후 모든 회식을 저녁 9시 이전에 끝냈고 참모 가족의 접근을 일체 차단시켰기 때문이다. 지위가 올라갈수록 더 많은 도덕적 의무가 주어진다. 현재의 시대적 흐름 속에서 모든 것이 깨끗하고 투명하지 않으면 지도자로서의 자격을 상실할 수밖에 없다. 따라서 모범적 언행을 생활화하여 그러한 것들을 근원적으로 차단하는 지혜를 발휘해야 한다고 생각한다.

■ '10. 12. 9. 목

긍 정 일 기

진정한 감사

진정한 감사는 잘 될 때가 아닌
가장 안 될 때 하는 것이다.

역린 逆鱗

　역린逆鱗이란 용의 목 아래 직경 한자쯤 되는 곳에 나있는 비늘로서 다른 것과는 반대 방향으로 나 있는 것을 말한다. 용도 길들이면 사람이 올라탈 수는 있지만 그것을 건드리면 반드시 죽인다고 한다. 그 용어는 한비자의 세난편說難篇에 나오는데 '임금의 노여움을 일컫는 말'로 신하가 참지 못할 그의 약점만 건드리지만 않으면 목적을 이룰 수 있다고 한다. 어떻게 보면 설득의 어려움을 내포하는 말로도 해석할 수도 있다. 특히 상대방의 마음을 읽어서 자신의 말을 그것에 잘 맞춤에 따라 성공과 실패로 갈라질 수 있다는 것을 의미한다. 예를 들어 상대가 명예를 중시하는데 이익을 말하면 속물이라 할 것이고, 이익을 중시하는데 명예를 말하면 세상물정을 모른다고 배척을 당할 것이다. 속으로 이익을 바라면서 겉으로 명예를 중히 여기는 사람에게 명예를 이야기하면 겉으로는 받아들이는 체하지만 결국 버리고 만다. 만약 이런 자에게 이익을 이야기하면 내심으로는 은근히 그것을 받아들이면서도 겉으로는 그것을 경원하는 체 할 것이다. 그 만큼 사람의 심리상태를 파악하기는 어렵지만 그럼에도 그것에 맞게 설득하여 자기가 원하는 바를 달성해야 한다.

　모든 사람에게는 누구에게도 도저히 양보할 수 없는 자기 나름대로의 소중한 가치가 있다. 만일 타인이 그것을 건드리면 화를 내고 어떠한 형태로든 보복을 하려 할 것이다. 그것이 일종의 역린인데 이것은 자존심, 명예, 사랑, 종교, 권력, 돈 등 사람마다 다르다. 사회생활을 하면서 그것을 조기에 파악하여 생활간 지켜주면 원만한 대인관계를 유지할 수 있다. 만일 정치인이 국민의 역린을 건드리면 선거에 질 것이고, 부하가 상관의 역린을 건드리면 한직으로 쫓겨나며, 상관이 부하의 역린을 건드리면 그의 뒤통수를 칠 것이고, 남편이 아내의 역린을 건드리면 황혼에 이혼을 당할 것이며, 부모가 자식의 역린을 건드리면 효도는 사라진 단어가 될 것이다.

  필자의 생각에 군대에서 발생한 사고들의 대부분은 장병 각자의 역린을 건드렸기 때문에 발생했다고 생각한다. 즉 상관 및 선임병이 부하나 후임병을 질책할 때 해서는 안 되는 언행이 분명히 있다. 즉 반드시 지켜야 할 도리를 벗어날 때 화가 일어나고 그것이 심해질 때 사고로 연계되는 것이다. 따라서 장병들이 최초 부대로 전입을 오면 심층 깊은 분석을 통해 그들의 역린이 무엇인지를 파악하여 최대한 지켜 주는 것이 바람직하다. 예를 들어 별명을 부르는 것을 싫어하거나 여자 친구에 대해 극도로 민감한 장병에게 그것에 관련된 말을 함부로 하면 심적 타격을 받는 것과 같다. 이러한 장병 각자의 역린을 존중하여 사고 없는 밝은 병영을 조성하는데 우리 모두 노력해야 하겠다.

■ '10. 12. 10. 금

인정

어느 부부가 있었는데 서로 깊이 사랑하지만 식성만은 좀 달랐다. 국을 끓이면 아내는 국물을 좋아했고 남편은 건더기를 좋아했다. 아내는 늘 건더기만 골라 먹는 남편이 싫었고, 남편은 국물만 마시고 건더기를 남기는 아내가 이해되지 않았다. 그것 때문에 부부는 식사 때만 되면 늘 불만을 가졌다. 그렇게 10년이 흘렀지만 부부는 여전히 자기의 생각을 고치려 하지 않았다. 그러던 어느 날 남편은 식사 도중 환하게 미소를 지으며 아내를 쳐다봤다. "자기, 국물 좋아하지?" " 당연한 걸 가지고 새삼 왜 그래요." "그럼, 내 국을 먹어요." 하고 자신의 국물을 아내에게 부어주었다. 갑자기 일어난 일이라 아내는 당황하면서도 남편의 행동이 무슨 뜻인지 금방 알아챘다. "자기는 건더기를 좋아하지." 하면서 아내는 자신의 건더기를 남편에게 주었다. 그러면서 부부는 미소를 띠우고 한참 동안을 웃었다. "여보! 미안해, 내 고집대로만 하려 해서……" "무슨 소리에요. 내가 더 나빴지요." 아내는 눈물을 주르륵 흘렸다. "이렇게 당신을 인정해 주는데 10년이나 걸렸다니……" "정말 고마워요. 우리 이제 행복하게 살아요." 아내는 환하게 미소를 지었다. "우리가 이렇게 서로를 인정해 주기만 한다면 도저히 불행해 질 것 같지 않네." 부부는 또다시 크게 웃었다.

이 이야기는 개개인의 다름과 차이점을 인정하는 것이 얼마나 중요한지를 강조한 글이다. 그냥 그대로 상대를 인정해 주었다면 서로간의 갈등은 진작 사라졌을 것이다. 뒤늦게나마 서로의 차이점을 인정하면서 행복으로 승화한 부부가 참으로 아름답다. 군인의 사명은 국민보호, 영토수호이다. 그러한 목적을 위해 열심히 훈련을 받는데 문제는 처음 입대한 장병들과 선임들 간의 능력 차이에서 발생한다. 오랜 동안 숙달이 된 선임의 입장에서 보면 후임들은 늘 미숙하게 보인다. 문제는 그것을 인정하지 않고 다그칠 때 갈등이 유발되는 것이다. 모든 후임들이 주특기 수준이 탁월하다면 선임들의 존재가치가 있을까? 다르고 차이가 나기 때문에 선임들의 가치가 빛나는 것이다. 따라서 자상하게 지도해 주는 것이 무엇보다 중요하다. "이 이병! 잘했어. 내가 이병 시절에는 자네보다 못했는데 정말 훌륭하구먼. 아까 잘못한 것을 내가 다시 가르쳐 줄 테니 한번 따라해 보게."하고 상대를 인정하면서 지도하면 후임들이 얼마나 행복해 할까? 아마 후임들은 정말 마음으로 고맙게 생각하고 열심히 따라 할 것이다. 그러면 부대의 전투력 수준도 높아지고 병영 또한 화기애애한 분위기로 바뀔 것이다.

■ '10. 12. 11. 토

진정한 감사

한 기업가가 있었는데 동업자와 열심히 노력한 결과 회사는 날로 번창해졌다. 그러던 어느 날 출장을 다녀와 보니 믿었던 동업자가 회사 돈을 전부 가지고 달아나 버렸다. 그는 충격으로 쓰러져 반신불수가 되었고 아픈 그에게 빚쟁이들은 날마다 찾아와 돈을 내놓으라고 소리쳤다. 더군다나 그의 아내도 병수발과 빚의 독촉으로 심신이 지쳐서 결국 그의 곁을 떠났다. 이와 같은 어처구니없는 현실 앞에서 그는 매일 눈물만 흘렸다.

그러던 어느 날 그의 침대 옆에는 전신이 마비되어 겨우 말만 하는 노인이 실려 왔다. 곧 숨이 멎을 것 같은데도 노인은 "감사합니다. 감사합니다."라고 말하는 것이었다. 그는 너무나 어이없어 그에게 말을 걸었다. "선생님, 초면에 외람되지만 방금 전에 무슨 말씀을 하셨습니까?" "감사하다고 하였네." "그런데 선생님 처지에 뭐가 감사하다는 겁니까?" "솔직히 아무것도 감사할 것이 없다는 것을 나도 잘 아네." "그런데 왜 그런 말씀을 하신 겁니까?" "여보게, 감사는 잘 될 때 하는 것이 아니고 가장 안 될 때 하는 것이며, 아무것도 감사할 것이 없을 때 진정 감사해야 하네." 너무나 진실 되게 말하는 노인의 말에 그는 알 수 없는 눈물을 흘렸다. "죽을 것 같이 힘든 절망의 바다 속에서도 항상 고통의 바닥은 있다네. 그 때가 바로 감사해야 하는 순간이지. 자신에게 일어난 모든 일들을 남의 탓으로 돌리지 말고, 오히려 그 정도로 끝난 것을 감사하게. 그러면 그 때부터 기적이 일어날 테니까." 그는 도망친 동업자와 자신을 버린 아내, 그리고 부도난 인생을 떠올리며 감사의 마음으로 이해하려 노력하였다. 그러자 그의 가슴에 진정한 참회와 감사의 마음이 물결치면서 뜨거운 눈물이 다시 흐르기 시작하였다. 그 순간 갑자기 몸이 상쾌해지면서 알 수 없는 힘이 생겨났고 마비된 손과 다리가 움직이기 시작하였다. 놀라운 기적에 노인에게로 다가가 "감사합니다. 감사합니다. 선생님 덕분에 제 몸이 다시 건강해졌습니다."라고 말하자 노인은 환한 미소를 지으며 마지막 숨을 거두었다.

이 이야기는 자신의 처지가 절망적일 때 원망보다는 오히려 감사하는 마음을 가지면 기적을 일으킬 수 있다는 내용이다. 대부분의 사람들이 일이 잘 풀리고 뜻대로 이루어지면 기쁜 마음으로 감사를 한다. 그러나 자신이 불행하다고 여길 때에 그것을 갖기는 정말 어렵다. 하지만 최악의 상황에 도달해서도 그것을 가지면 희망을 가질 수 있다. 진정한 감사는 잘 될 때가 아닌 가장 안 될 때 하는 것이다.

장병들이 군대생활을 하면서 자신의 인생에서 가장 힘든 곳이라고 느끼면 결코 행복하지 않다. 더군다나 하루하루 힘들고 답답하다고 생각하면 그야말로 그곳은 지옥과 같은 곳이다. 그러나 감사의 마음으로 생활하면 점차 웃는 날이 시작되고 군 생활이 기쁨으로 변할 것이다. 또한 좋은 인연으로 소중한 선임과 후임들을 만나게 됨을 나중에 고마워 할 것이다. 진정한 삶은 감사하는 마음으로부터 시작되며 모든 기적은 그곳에 숨어 있음을 명심하자.

■ '10. 12. 14. 화

쓰레기통

 어느 회사의 부장이 업무를 잘못 처리한 그의 부하직원을 심하게 꾸짖었다. "김 대리! 일이 이게 뭐야. 도대체 정신이 있는 거야 없는 거야." "죄송합니다. 부장님 더 열심히 노력하겠습니다." "이건 노력이 아닌 머리의 문제야. 왜 같은 잘못을 반복하나? 월급을 받는 것이 미안하지도 않아? 정신 차리라고!" "예, 명심하겠습니다." "당장 내 눈앞에서 꺼져. 이 쓰레기야." "예?" "어서 꺼지라고!" 그는 참을 수 없는 모멸감으로 심장의 피가 거꾸로 솟음을 느꼈다. "안 꺼지고 뭐 하는 거야?" 그는 주먹을 불끈 쥐고 부장을 쳐다보았다. "그렇게 쳐다보면 머리가 좋아지나? 대가리에 똥을 넣었는지 든 게 없어. 에이……!" 그는 끓어오르는 화를 참고 돌아섰으나 온종일 일이 손에 잡히질 않았다. '에이, 사표를 쓰고 저놈의 얼굴을 갈겨버려? 아니야, 지금까지 참아온 시간이 얼마인데.' 이런저런 고민으로 멍하니 창밖을 바라보고 있는데 그의 과장이 다가와 말을 건넸다. "자네 오늘 부장님께 혼났다며?" "예. 정말 심하게 혼났습니다." "뭐라고 했는데?" "저보고 쓰레기 같은 놈이라고 하고 머리에 뭐가 들었는지 모르겠다고 말씀하셨습니다. 그래서 도저히 참기 어려워 내일 사표를 쓰려고 합니다." 그의 말을 듣고 과장은 무겁게 입을 열었다. "자네, 저것이 무엇인가?" 그는 과장이 가리킨 곳을 쳐다보았다. "쓰레기통 아닙니까?" "자네, 저 쓰레기통과 같이 되고 싶은가?"

"아니 그게 무슨 말씀이십니까?" "자넨 우리 과에서 가장 성실하고 우수한 직원이야. 그런데 쓰레기 같은 말 몇 마디에 이렇게 괴로워하다니 내가 사람을 잘못 보았네. 자네는 쓰레기의 악취를 담고 있는 쓰레기통이 되어버렸어." "과장님······." "다른 사람의 하찮은 말 때문에 자네의 능력과 가능성을 스스로 과소평가하지 말게. 지금처럼 의기소침하면 그 정도 수준밖에 안 되는 것임을 명심하게." "과장님, 감사합니다. 이제 좀 숨을 쉬겠습니다. 제 마음의 쓰레기들을 말끔히 치우겠습니다." "그래, 힘을 내고 우리 다시 한 번 시작해봄세." 과장은 그의 어깨를 가볍게 두들겨 주었다.

군 생활을 하다보면 본의 아니게 잘못을 저지르고 상관 또한 선임에게 지적을 받기도 한다. 어떤 때는 정말 참기 어려울 정도의 괴로운 순간들도 있다. 더군다나 인간적인 모욕을 동반한 지적이라면 심한 고통도 가지게 될 것이다. 하지만 그것을 잘 참고 마음을 추스른다면 더 큰 능력을 발휘할 수 있고 성취감도 가질 수 있다. 결코 쉬운 일은 아니지만 어렵기 때문에 더욱 가치가 빛날 될 것이다. 군대에서 한 번도 아프지 않고 눈물을 흘리지도 않고 넘어지지도 않는 것을 기대하기는 어렵다. 그래서인지 필자는 절망을 두려워하여 희망을 포기하는 인원을 볼 때마다 매우 안타깝다. 왜냐하면 인생은 우리의 바람처럼 항상 기쁨과 축복만으로 가득차지 않기 때문이다. 시련을 긍정적으로 생각하고 그것을 극복하려고 노력하는 사람만이 진정으로 행복할 수 있다는 것을 명심하자.

■ '10. 12. 19. 일

천둥과 화

　다른 사람들과 자주 시비를 걸고 걸핏하면 화를 내는 사람이 있었다. 그는 자신의 마음에 조금이라도 들지 않으면 싸우기 일쑤였고 그것은 집에서도 마찬가지였다. 그러던 어느 날 갑자기 하늘이 어둑해지더니 천둥이 내리쳤다. 그는 얼른 어린 딸과 이불속으로 들어가 그것이 지나기를 기다렸다. 그런 그의 모습을 딸아이는 물끄러미 바라보았다. "얘야, 너는 안 무섭냐?" "네, 하나도 안 무서워요." "세상에 참 대단하다. 어째서 그것이 안 무섭냐?" "저는 늘 그것과 함께 살기에 전혀 무섭지 않아요." "그게 무슨 소리냐?" "밖의 천둥소리는 한번 멈추면 그만이지만 아버지의 화는 언제일지 몰라 항상 떨고 있거든요." 그는 미안한 표정으로 딸아이를 쳐다보았다. "얘야, 그동안 내가 정말 잘못했다." 그의 말에 딸은 하염없이 눈물을 흘렸다. "내가 잘못 살았구나. 그동안 천둥보다 더 크게 너와 사람들을 놀래고 괴롭혔구나." 그들은 서로 포옹을 하고 한참동안 그대로 있었다.

　인생을 살다보면 수많은 상황에서 다른 사람들과 충돌하게 된다. 아무리 큰 천둥소리도 사람간의 충돌소리보다는 크지 않다. 또한 충돌 때마다 남의 탓, 세상 탓을 하면서 원망을 한다. 그러나 남을 원망하는 것은 본질적으로 자신의 인격수양이 부족하기 때문이다.

군 생활을 하면서 필자 또한 일이 뜻대로 풀리지 않으면 가끔 남의 탓을 한다. 즉 상관이 지침이 불명확해서 또는 후배가 능력이 부족해서 그랬다고 책임을 전가하는 경우도 있었다. 특히 지금은 많은 병력을 통솔하는 지휘관으로 참모들에게 업무를 똑바로 못한다고 질책을 종종 한다. 그들도 필자의 질책을 천둥보다 더 두려워하고 있다. 나름대로 필자는 군인은 전투에서 승리하기 위해 실수를 해서는 안 되며 그 이유는 부하의 생명을 책임지고 있기 때문이라는 논리를 대고 있다. 그러나 따지고 보면 그것도 하나의 변명이 아닌가 싶다.

돌이켜보면 지금의 참모들은 과거의 필자보다 분명히 잘한다. 자상하게 가르쳐줘도 좋은데 너무 엄격히 권위를 내세워 지휘하고 있지 않나 반성해 본다. 엄과 정의 원활한 조화를 통하여 군기와 전우애가 함께 넘치도록 최선을 다해 노력하겠다고 다짐한다.

■ '10. 12. 21. 화

욕망

한 제자가 몹시 괴로워하는 것을 스승이 바라보았다. "어디가 불편하냐?" "예, 스승님, 저는 요즘 마음이 너무나 괴롭습니다. 그곳에는 항상 두 마리 사자가 있는데 사냥을 더 하자는 사자와 그만하자는 사자, 배고프다는 사자와 배부르다는 사자, 일하자는 사자와 이제 그만 쉬자는 사자, 불평이 많은 사자와 만족하는 사자 등 하루에도 수없이 번갈아가며 으르렁 대고 있습니다. 제게 언제쯤 편안한 휴식이 오겠습니까?" "그 두 마리 사자는 누가 키웠지?" "그야 제 마음속에 있으니까 제가 키웠죠." "그렇다면 더 이상 그들을 키우지 마라. 그동안 너는 그들을 위해 많은 시간을 허비하였다. 앞으로도 그것에 붙잡혀 남은 인생을 보낼 것인가?" 스승의 말에 제자는 커다란 깨우침을 얻고 비로소 마음의 평화를 갖게 되었다.

우리 인간은 태어나서 죽을 때까지 끊임없는 욕망의 유혹에 시달린다. 때로는 그것을 벗어나지 못해 노예로 사는 사람들도 있다. 그러나 사자를 기른 사람이 그것을 다스릴 수 있듯이 욕망도 자신만이 다스릴 수 있다. 욕망은 매우 이기적이며 사랑이 없기 때문에 우리에게 행복과 평화를 주지 않는다. 인간은 욕망의 존재로 태어났지만 그것에 둘러싸여 죽을 수는 없다. 우리는 그것을 벗어날 수 있지만 거기에는 늘 선택의 갈등이 놓여 있다. 다소 불편하더라도 견디면 되지만 되레 욕심을 부려 망하는 경우도 있다.

　군에서 발생하는 간부의 사고 중에도 금전문제, 즉 부채와 관련된 부분이 있다. 그것은 부모지원이나 부동산 구입 등의 정상적인 것이 아니라 과음이나 투기, 여자문제 등 사생활 문란이 원인이다. 그런 간부들은 자신의 욕망을 절제하지 못했기 때문에 결국 고통을 받게 되는 것이다. 옛말에 분수를 지키지 못하면 푼수가 된다고 했는데 자신의 형편에 맞게 검소하게 살아야 한다. 젊은 혈기에 사고 싶은 것도 많고 고급스럽게 술도 마시고 싶지만 자신의 내일을 위해 아끼고 저축해야 한다. 최근 필자는 과다한 부채를 지닌 간부들을 대상으로 상환여부를 지속적으로 점검하고 있다. 부모의 입장에서 잘 지도하여 그들이 건전한 생활을 갖도록 노력하겠다.

■ '10. 12. 23. 목

지금

나이가 지긋한 노신사분이 있었는데 그는 젊었을 때는 끝임 없는 학구열로 명예를 얻은 분이었다. 그래서 그의 주변에는 많은 사람이 모였고 그는 늘 중심에 서 있었다. 그러나 지금은 나이가 들어서 예전의 화려했던 모습은 사라졌다. 어느 날 한 사람이 그에게 물었다. "선생님, 당신의 인생에서 가장 의미 있었던 순간은 어느 때 이었습니까?" 그는 잠시 눈을 감고 생각하더니 다음과 같이 말했다. "바로 지금이라네." "예, 지금이요?" "과거의 모든 화려한 날도 오로지 지금을 위해 달려왔던 것이지." 그러면서 그는 빙그레 미소를 지었다.

다음으로 오랫동안 호스피스 봉사활동을 하신 분이 어느 날 지인들과 함께 자리하였다. 그들은 그녀에게 많은 질문을 하였다. "그동안 얼마나 많은 분들의 임종을 지켜봤나요?" "백여 분 정도 됩니다." "기억에 남는 분들도 많이 계시지요." "그럼요. 임종에 다다르면 담담한 분도 계시고 살고 싶다고 절규하는 분도 계십니다." "그럴 때면 힘드시죠?" "처음에는 힘이 들었어요. 왜냐하면 저의 노력으로 병이 낫는다고 생각했기 때문이에요. 그래서 좋아지지 않으면 제 정성이 부족했기 때문이라고 괴로워도 했습니다. 그러나 지금은 순간순간 최선을 다할 뿐이며 그 어떤 결과라도 담담히 받아들입니다." "대단하십니다." "누구나 내일은 없어요. 지금 수의를 만드는 사람이 내일 그 옷을 입을지도 모릅니다." "맞습니다. 앞일은 아무도 모르지요." "그런데 모든 것이 불완전하지만 한 가지 만큼은 확실한 것이 있습니다." "그것은 무엇이지요?" "바로, 지금이에요. 내일은 잘 몰라도 지금만은 확실하죠. 불행한 사람은 내일의 행복을 위해 지금을 포기하는 사람입니다. 지금 행복하면 내일도 행복한 것입니다. 아쉽게도 많은 사람이 과거를 추억하거나 미래를 위해 지금의 소중함을 망각하고 있다는 사실입니다." 위의 두 가지 사례는 지금 이 순간이 우리에게 얼마나 중요한지를 강조한 내용이다.

    필자도 군 생활을 27년간이나 하였는데 가끔 후배들로부터 어느 때가 가장 기억에 남느냐고 질문을 받는다. 그럴 때면 육사에 입교하여 기초 군사훈련을 받은 때부터 현재까지 각종 일들이 파노라마처럼 지나간다. 훈련하면서 힘들었던 일, 진급해서 기뻤던 일 등 많은 추억이 있었지만 그 모든 것들은 현재를 지향하고 있다. 또한 다가올 미래도 어떻게 될지는 아무도 모르기 때문에 불안하다. 따라서 현재를 행복하게 만들어 과거를 소중하게 기억되게 하고 미래를 활기차고 희망차게 만들어 나가야 한다. 힘들다고, 하기 싫다고, 보기 싫다고 지금 최선을 다하지 않으면 남는 것은 후회뿐이다. 그래서 많은 사람들이 황금보다 귀한 것이 지금이고, 지금 만나는 사람이 가장 소중한 사람이라고 말하는 것이다. 지금을 사랑하는 사람은 가장 행복한 삶을 사는 사람임을 명심하자.

■ '10. 12. 25. 토

스텔스

 이번 연평도 적 포격도발에도 불구하고 우리는 12월 20일(월) 해상사격훈련을 실시하였다. 만일 사격훈련을 하면 제 2, 3의 보복 타격을 한다고 북한은 대남방송을 통해 위협을 가했지만 어찌된 일인지 그들은 잠잠했다. 이를 두고 대북전문가들은 분쟁을 바라지 않는 중국의 설득으로 또는 우리의 완벽한 응징태세 때문이라고 말하고 있다. 그러나 일각에서는 스텔스 전투기 때문이라고 말하는 시각도 있는데 그 근거로 훈련 당일 평양 주민들은 대부분 지하로 대피했다고 한다. 즉 그것이 평양 상공에서 언제라도 최고 지휘부를 공격할 수 있다고 소문이 났기 때문이다. 그러한 소문이 어떻게 전파되었는지는 모르지만 그것은 대공에 대한 북한의 공포심을 여지없이 드러낸 것이다.
 김일성은 6.25전쟁에서 미군의 공중 폭격에 대해 심한 공포를 가졌는데 이유는 수많은 전력을 쏟아 부은 낙동강 전투에서 미군의 융단폭격으로 하루아침에 전세가 역전되는 현상을 목격했기 때문이다. 이후 그것에 대한 대비로 대규모 고사포 부대를 육성하였고 군사기지를 지하 깊숙이 요새화하여 구축해 놓았다. 그것은 김정일도 마찬가지인데 걸프전쟁에서 미군의 공중폭격을 보고 생명에 대한 위협을 크게 느꼈고 이에 따라 평양 인근에 고사포병, 기동고사포, 대공 로켓 등을 배치하여 강력한 대공방어 체계를 구축해 놓고 있다. 심지어 김일성 시대에는 고가여서 구입하지 못한 최신형 미그 31 전투기를 자신 소유의 금괴로 20여기를 구입하여 순천공항에 전개시켜 놓았다(탈북 장군의 증언에서 발췌). 이렇게 대공에 대한 위협을 상시 느끼는 그들로써는 레이더로 잡히지 않는 스텔스기가 자기 머리위에 떠 있다는 사실이 곧 공포 그 자체로 다가오는 것이다.

현대전에서 특히 중요한 것은 심리전인데 그것은 사람의 정신을 마비시켜 전투를 수행하지 못하게 만든다. 그래서 북한이 특히 민감하게 반응하는 것이 아군의 대북 심리전 방송, 심리전단 살포, 애기봉 점등과 같은 행동이다. 그동안 북한 정권은 북한 주민들에게 정보를 통제하여 허위 사실을 계속 유포해 왔는데 진실이 그렇지 않다고 한다면 체제 유지에 커다란 장애물로 다가갈 것이다.

스텔스는 상대의 레이더, 적외선 탐지기, 음향탐지기 등에 대항하는 은폐기술이다. 스텔스 전투기는 제 5세대 전투기라고 불리는데 현재의 최신형은 미군의 F-22 랩터란 전투기이다. 2006년 실험한 가상 적기와의 모의 공중전에서 랩터 12대는 무려 108대의 적기를 격추시켰고 그것이 포함된 블루포스는 대항군 레드포스에 241:2라는 경이적인 승리를 기록하였다. 물론 랩터는 단 한 대도 격추되지 않았다. 러시아도 그것에 대항에 개발된 것이 최신형 수호이 T-50인 파크파이다. 랩터는 핵탄두까지 장착 가능하다고 하는데 보이지도 않는 전투기가 그것을 장착하고 적지에 들어간다면 적은 어디서 공격해 오는 지도 모르면서 속수무책으로 당할 수밖에 없다. 현재 대당 가격이 1억 5천만 달러이니 우리 돈으로 환산하면 약 1천 8백억 원 하는 고가 장비이다.

현재 우리 공군이 보유하고 있는 최신형 전투기는 F-15K 슬램이글인데 그것은 스텔스기는 아니다. 따라서 다소 비싼 수업료를 물고서라도 미국과 러시아만이 갖고 있는 그러한 기술을 빨리 확보하도록 노력해야 한다. 왜냐하면 그것만이 북한의 비대칭 전력을 극복할 수 있는 유일한 방법이기 때문이다.

■ '10. 12. 26. 일

열정

　열정이란 어떤 일에 열렬한 애정을 가지고 열중하는 마음을 말한다. 필자는 후배들로부터 "선배님은 참으로 열정이 강합니다."라는 소리를 가끔 듣는다. 그 단어를 들으면 기분은 나쁘지 않은데 때로 왜 그런 말을 할까 생각해 본다. 아마 어떤 업무를 할 때 그것이 완료될 때까지 끊임없이 노력하고 확인하기 때문이라고 생각한다. 다시 말해 부하나 후배들이 그 정도면 됐다고 생각하는데 한 발 더 나아가 반복 숙달 및 확인을 해 보기 때문이다.

　여기 커피 두 잔이 테이블 위에 나란히 놓여 있었다. 한 커피가 다른 커피에게 말했다. "야, 너하고 나는 똑같은 물에, 같은 커피와 설탕, 크림을 탔는데 사람들은 왜 너만 좋아하지?" "아직도 그 이유를 몰라?" "응. 왜 그런 거야?" "재료는 똑같지만 다른 것이 하나 있지." "그것이 뭔데?" "너는 항상 차갑게 식어 있잖아." "……." "하지만 나는 항상 뜨겁기 때문에 사람들이 좋아하는 거야. 그들은 커피의 맛보다 뜨거운 열정을 더욱 사랑하거든." "……." "그들을 탓하지 말고 한 번 생각을 해 봐. 너라면 어떻게 할지……." "그렇구나." 식은 커피는 아무 말 없이 뜨거운 커피를 바라보았다.

　위 사례처럼 똑같은 재료라도 온도에 따라 맛의 차이가 나고 그렇게 다른 평가를 받게 된다. 뜨거운 커피는 열기로 모든 재료들을 조화시켜 특유의 달콤함을 만들어 낸다. 사람들도 열정을 가진 사람은 무엇이든 긍정적이고 최선을 다 하지만 그것이 없는 사람은 일단 부정하고 노력도 하지 않는다. 군 입대는 분명히 자기의 의지와는 무관하게 시작을 한다. 그러나 똑같은 군 생활을 하면서도 어떤 장병은 전역할 때 정말 많은 것을 얻고 나가고 어떤 장병은 그렇지 못하다. 그 차이점은 바로 이왕에 할 것이면 멋있게 해보자는 마음가짐 즉 열정을 보유하느냐에 따라 달라지는 것이다. 그것만 있으면 군 생활도 재미있을 뿐만 아니라 힘들지 않게 할 수 있다. 세상에 열심히 노력하는 장병을 어느 간부가 싫어할 것인가? 그는 분명히 모범병사로 선발되어 많은 포상 속에 즐겁게 생활할 것이다. 그러나 어떠하든 피하려고만 하면 자신을 더욱 옥죄이는 것이 군대생활이다. 그래서 피할 수 없으면 즐기라는 말처럼 최선을 다해 군 복무를 해야 한다.

열정이 있는 사람은 자신의 삶에 불을 지르고 다른 누군가의 삶에도 등불이 되어주는 사람이다. 이제 우리 장병들은 각자 자신의 가슴속에 담겨있는 열정을 두드려 깨워야 한다. 그것이 펼쳐지는 순간 장병 여러분의 인생은 몰라보게 바뀔 것이다. 지금부터 시작하자. 파이팅!

■ '10. 12. 28. 화

완벽

군대라는 조직의 여러 가지 특징 중에는 완벽을 추구하는 것도 포함되어 있다. 그것은 필자가 30여년 가까이 복무하면서 상관 및 선배로부터 배운 대표적인 복무 자세였다. 모든 업무를 계획하고 시행하면서 빈틈없이 완벽해야만 능력 있는 장교로 인정을 받았다. 전시 승리하기 위해서 군인에게 당연히 요구되는 항목이지만 솔직히 그것 때문에 스트레스 또한 많이 받는 것도 사실이다.

예를 들어 과거에는 보고서를 작성할 때 내용도 중요하지만 형식도 매우 강조하였다. 그렇게 사소한 것까지 신경을 쓰다 보니 퇴근도 늦고 정작 실천에 소홀하게 되는 경향도 없지 않았다. 지금은 실사구시로 많이 바뀌어 웬만한 것은 구두로 보고하든가 간단히 한 장으로 요약보고를 하고 있다. 군인에게 이러한 완벽은 가정에도 영향을 미쳐 집안을 피곤하게 하고 전역 후에는 심신의 병도 얻게 만든다. 여기 그것이 가지는 문제점을 한 가지 사례를 들어 설명해 보겠다.

한 완벽주의자가 살고 있었는데 그는 어떤 일을 해도 자신이 직접하고, 누군가 대신하면 그 일이 완벽해질 때까지 잔소리만 하였다. 그래서 그의 얼굴은 언제나 굳어있었고 조금이라도 여유를 부리거나 잘못하면 심하게 질책을 하였다. 그런 그에게 어느 날 뜻밖의 일이 생겼다. 속이 좀 불편하여 병원엘 갔더니 놀랍게도 위암 초기 증상이라는 것이었다. "제가 어떻게 암에 걸린 거죠?" "그야 환자분께서 더 잘 아시지 않습니까? 제가 오랜 진찰 경험으로 한 가지 깨달을 것이 있습니다." "그것이 무엇입니까?" "대개 환자분과 같은 위장의 질병으로 오시는 분들은 자신의 얼굴과 그것의 모습이 거의 흡사합니다. 즉 얼굴이 긴장하면 따라서 위도 긴장하고, 화를 내면 위산도 많이 배출합니다. 그러나 반대로 미소 짓는 얼굴은 그것도 아주 건강하며 윤기가 흐릅니다." "그렇군요." 대화가 끝나자 그는 환자복으로 갈아입고 병실로 갔는데 마침 그곳에서 크게 싸우는 소리가 들렸다. "아니, 내가 뜨거운 물을 가져오라고 했잖아. 이게 뭐냐? 다 식었잖아." 한 남자가 자기 아내에게 고함을 질렀다. "여보, 그것은 차가운 것이 아니고 미지근한 것이에요." 아내가 안타까운 모습으로 말했다. "뜨거운 것이 아니면 차가운 것이지. 무슨 말이 그렇게 많아." 그 순간 완벽주의자는 커다란 충격에 빠졌다. 왜냐하면 남편의 '뜨거운 것이 아니면 차가운 것.'이라는 말은 자신의 생각과 너무나 똑같기 때문이었다. 그녀의 말처럼 '차갑지 않으면 나름대로 온기가 있는 것이다.'라는 것도 틀린 말은 아닌데 말이다. 그는 그동안 너무 분명하고 양보 없는 흑백논리로 살아왔고, 자신의 기준에 맞지 않으면 가혹하게 남을 심판하였던 것이다. 이제야 그렇게 살아온 자신의 삶을 후회하였고 그런 마음이 일자마자 갑자기 심신이 깨끗해지는 느낌이 들었다.

다음 날 다시 정밀검사를 받았는데 결과를 보고 의사가 놀란 표정을 지었다. "하루 만에 암세포가 사라졌습니다. 이건 도저히 불가능한 일입니다. 어떻게 이런 일이 일어날 수 있습니까?" "불가능한 일이란 없는 것이지요. 가능이 아니면 모든 것은 불가능이 아니라, 불가능만 아니면 나름대로 가능한 것입니다." 그제야 그는 세상을 모든 가능성과 여유를 가지고서 바라보게 되었다.

이처럼 완벽주의는 모든 것을 흑백논리로만 보게 만들어 생각을 굳게 만들고 심지어 몸까지 병들게 만든다. 거꾸로 보는 생각, 즉 실패한 것이 아니면 나름대로 성공한 것이고, 가난하지 않으면 나름대로 부자이며, 어리석지 않으면 나름대로 지혜롭고, 게으르지 않으면 나름대로 열정을 갖고 있는 것으로 해석할 필요가 있다. 그렇게 마음을 바꾸면 심신이 편안해지며 한층 여유가 생긴다. 절대적 기준과 완전한 판단은 어디에도 존재하지 않는다. 가장 낮은 자리에서 가장 큰 행복이 보이고, 가장 겸손한 마음에서 가장 높은 꿈들이 이루어진다. 풍요로운 마음은 세상에서 여러분을 가장 행복한 사람으로 만들어 줄 것이다.

■ '10. 12. 29. 수

침착의 중요성

 인간은 위험에 처하면 정도의 차이가 있을 뿐 누구나 공포와 불안을 느낀다. 그러나 지휘관은 설사 부하들이 두려움으로 떨고 있을 때에도 초조하거나 동요되어서는 안 된다. 그의 침착하고 여유 있는 모습은 부하들로 하여금 오히려 자신감을 갖도록 만든다. 1차 대전시 그 같은 행동으로 부하들을 공포에서 구해된 독일군 중대장의 사례를 들어보자.

 대전이 한창이던 1916년 8월에 독일군의 한 중대는 상부로부터 동맹군인 오스트리아 전선을 보강하도록 지시를 받았다. 그곳은 러시아군과 대치하고 있는 요충지로 전략상 중요한 진지였다. 중대는 야음을 이용하여 최대한 접령하려 했으나 인근의 한 오두막집에 이르렀을 때 아침 해가 밝았다. 그런데 그들의 상공 위로 러시아군의 관측기구가 떠서 아군 지역을 정찰하고 있었다. 그곳을 접령하려는 아군의 기도를 은폐하고자 그것이 사라질 때까지 오두막에 머무르기로 하였다. 잠시 후 러시아군의 포탄이 그들이 있는 오두막에도 떨어지기 시작하였다. 그의 부하들은 불안과 공포를 느껴 빨리 진지로 이동하자고 요구하였다. 그러나 중대장은 그들의 요구를 묵살하였는데 만일 위치가 노출되면 전체적인 작전에 차질이 생기기 때문이었다. 부하들은 점차 불만을 토로하고 침착성을 잃으며 동요하기 시작하였다. 이에 중대장은 자신의 태연한 모습을 그들에게 보여야할 필요성을 느꼈다. 곧바로 그는 중대 이발병을 불러 러시아군의 포탄이 날아오는 방향으로 등을 돌리고 침착하게 머리를 깎았다. 이를 본 부하들은 그들이 우려하는 만큼 위험하지 않다는 생각을 가지게 되었다. 점차 안정을 찾고 전처럼 대화를 하면서 카드놀이까지 하는 분위기로 호전이 되었다. 비록 적의 포탄으로 2명의 병사가 부상을 당했지만 당시 되찾은 그들의 사기는 결코 사라지지 않았다. 후에 중대장은 당시를 회고하면서 자신의 생애에서 가장 위험한 이발을 하였다고 고백을 하였는데 이처럼 지휘관은 극도로 긴장되는 순간에도 태연함을 보여주는 침착성을 가져야 한다.

이번 연평도 적 포격 도발 시 포병중대장이 보여준 모습도 마찬가지이다. 포탄이 파열하고 여기저기 화염이 발생한 상황에서 그는 전혀 당황하지 않고 장비를 소산한 다음 곧바로 사격준비를 실시하였다. 부대장의 지시에 따라 대응사격을 하였지만 또다시 적의 포격으로 정전과 사격장비 등이 작동되질 않았다. 그는 다시 비상 발전기를 가동하여 사격 장비를 정상으로 가동시키고 화재진압과 환자를 치료하는 등의 조치도 병행하였다. 갑작스런 적의 기습 포격에도 장병들이 자기 임무를 충실히 수행할 수 있었던 것도 중대장의 침착한 지휘 때문이었다. 그는 자신의 부대를 '대한민국 국가대표 포병중대'라는 애칭으로 부르도록 하여 평시부터 자부심을 가지도록 만들었다.

생사가 달려 있는 전장의 불확실한 상황에서 지휘관의 침착은 부하들에게 한 치의 흔들림 없이 자신의 임무를 수행하도록 만든다. 그것은 평시 부단한 전술지식의 함양과 실전적인 교육훈련, 확고한 정신무장이 있어야만 가능하다. 우리 간부들도 부단한 노력을 통해 그 같은 능력을 갖도록 최선을 다해야 하겠다.

■ '10. 12. 30. 목

우동 한 그릇

필자가 어릴 적에는 집안 형편이 그렇게 좋지 못하여 어렵게 살았다. 아버님께서 선생님이셨지만 봉급의 일부만 집에 갖다 주고 나머지는 삼촌들의 학비를 충당하시느라 그랬다. 가장 잘 먹은 기억은 돼지 등뼈를 삶아 먹거나 계란을 먹었던 날이었다. 또한 학교에 가면 미국에서 보내준 전지분야와 소금으로만 간을 한 빵을 먹을 때가 가장 행복했던 것 같다. 요즘 장병들에게 그것을 이야기하면 믿지 않을 것 같고 속된 말로 '영양식만 먹었네요.'라고 말할지도 모른다. 그러나 분명한 것은 우리나라도 '보릿고개'라는 매우 어려운 시절이 있었다는 것이다.

최근 경찰국 보안청에서 탈북자들의 수기를 모았는데 북한의 한 주민이 아사 직전의 가족과 이웃을 위해 송아지를 몰래 잡아먹고 자수를 했는데 그에게 적용된 혐의는 '살인'이었고 결국 그는 공개총살을 당했다고 한다. 며칠 전 TV에서 북한을 잡입 취재한 방송을 보니 북한 주민의 굶주린 정도가 매우 심각하였다. 인간에게 있어 배고픔은 정말 견디기 어려운 것이다. 프랑스 대혁명이 발생한 근본 원인은 자유가 목말라 발생한 것이 아니고 기상이변으로 인해 흉년으로 먹을 것이 없자 굶어 죽는 것 보다 정부를 뒤엎자는 주민들의 폭동에 의해 발생되었다는 것이 이를 증명해준다. 필자는 어려서 차례를 지내는 집을 무척 부러워 한 적이 있다. 왜냐하면 맛있는 음식을 먹을 수 있기 때문인데 그것이 좋지 않은 것을 알면서도 그 당시 어린 마음에는 생각을 다르게 한 것이다.

　아래 이야기는 일본을 배경으로 한 내용이지만 우리의 정서와 너무나 흡사하여 필자도 읽어보고 훈훈한 감동을 받았다. 그 글을 통해 우리 장병들도 부모님 세대들의 어려움을 한 번 느껴보았으면 좋겠다.

　1997년 2월 일본 국회의 예산심의위원회에서 질문에 나선 공명당의 오쿠보 의원이 난데없이 뭔가를 꺼내 읽었는데 돌연한 행동에 멈칫했던 장관들과 의원들은 낭독이 계속되자 그것이 한편의 동화라는 사실을 깨달았다. 그런데 이야기가 반쯤 진행되자 여기저기 눈물을 훌쩍이다가 끝날 무렵에는 온통 울음바다를 이루었다. 그것이 점차 나라 전체를 울린 '우동 한 그릇'이란 제목의 이야기였다. 삭막한 현대인에게 참으로 오랜만에 감동을 주었는데 그 줄거리는 다음과 같다.

　일본의 삿포로에는 북해정이란 우동집이 있었는데 일 년 중 섣달 그믐날이 가장 바빴다. 그러나 밤 10시 정도 되자 손님이 뜸해졌고 문을 닫으려는 순간 한 젊은 여자가 두 명의 아이를 데리고 들어왔다. "어서 오세요!"라고 맞이하는 여주인에게 그녀는 "저. 우동 1인분만 주문해도 괜찮을까요."하고 말했다. "네. 자, 이쪽으로. 앉으십시오."라고 그녀는 그들을 난로 곁의 2번 테이블로 안내하였다. 주문을 받은 주인은 일인분의 우동에 반을 더 넣어서 삶았다. 조금 후 그들의 이야기가 카운터까지 들렸는데 "맛있네요. 엄마도 드세요." "많이 먹어라."는 소리였다. 다 먹고 난후 그녀는 150엔을 지불하며, "맛있게 먹었습니다."라고 머리를 숙였고 주인 내외는 "고맙습니다, 새해 복 많이 받으세요!" 라고 목청을 돋워 인사를 하였다.

　한 해가 흘러 또다시 12월 31일을 맞이하였다. 작년 이상으로 바쁜 하루를 끝내고 10시를 막 넘긴 참에 그들이 다시 왔다. 여주인은 일 년 전에 왔던 그들을 알아보고 작년과 같이 2번 테이블로 안내하였고, 아이들의 어머니가 우동 1인분을 시키자 동일하게 우동 하나 반을 준비해 주었다. 세모자의 대화가 들려왔는데 "올해도 북해정의 우동을 먹게 되네요?", "내년에도 먹을 수 있으면 좋으련만."

이란 말이었다. 나가는 그들에게 주인 내외는 작년과 같이 힘차게 인사를 하였다. 그 다음해의 섣달 그믐날 밤에도 그들이 들어왔는데 이번에는 우동 2인분을 시켰다. 이번에 그들의 대화는 무척 활기가 있었다. 어머니는 "돌아가신 아빠가 일으켰던 사고로 여덟 명이 부상했는데 그동안 형은 신문배달, 동생은 저녁 준비를 잘해주어 오늘에야 빚을 다 갚을 수 있었다. 그동안 정말 고마웠다." 그러자 형이 "엄마! 아빠가 교통사고로 빚을 많이 남긴 것, 엄마가 아침부터 밤늦게까지 일하시는 것, 제가 신문을 돌리는 것, 여기 주인 내외분이 우동을 많이 주어 사람에게 희망을 주는 것을 담아 '우동 한 그릇'이란 글을 썼는데 선생님으로부터 많은 칭찬을 받았어요."라고 대답을 하였다. 세모자의 대화를 듣는 주인 내외의 눈가에는 하염없이 눈물이 흘러내렸다.

또다시 일 년이 흘렀고 주인은 2번 테이블에 예약석이란 팻말을 올려놨으나 어쩐 일인지 그들은 나타나지 않았다. 그 이후 10년이 세월이 흘렀으나 그들의 모습은 보이지 않았다. 그동안 장사도 잘되어 내부수리까지 하였지만 2번 테이블 만은 혹시 몰라 그대로 두었다. 그것을 의아스럽게 생각하는 손님들에게는 배경을 설명해주었는데 '행복의 테이블'로 불리면서 많은 이가 찾게 되었다.

몇 해가 지나고 또다시 12월 31일이 된 어느 날, 그날따라 손님들이 만원이었고 모두들 밤늦게까지 북적이었는데 10시 반쯤에 정장차림의 두 청년이 들어왔다. 여주인은 자리가 없어 거절하려고 다가갔는데 마침 한 부인이 또 들어왔다. 그녀는 여주인에게 "저. 우동 3인분을 부탁합니다. 괜찮겠죠."라고 말했고 그 말에 그녀는 오래 전의 젊은 엄마와 어린 두 아들의 모습이 눈앞의 아른거렸다. 당황하고 있는 여주인에게 청년 중 한 사람이 말했다. "우리는 14년 전 섣달 그믐날 밤에 1인분의 우동을 주문했던 사람들입니다. 주인 내외분의 따뜻한 배려로 용기를 얻어 열심히 살았고 그 덕분에 저는 소아과 의사, 동생은 우동집 주인은 되지 않았습니다만 현재 은행을 다니고 있습니다. 오늘 저희들은 인생에서 최고로 사치스러운 것을 주문하려 하는데 그것은 우동 3인분을 시키는 것입니다." 그

때서야 여주인은 정신을 차리고 "정말 잘 오셨어요. 여기 앉으세요. 여보! 2번 테이블에 우동 3인분!"라고 외쳤고, 그 말이 끝나자 가게 안의 손님들은 환성과 박수를 쳤다.

■ '10. 12. 31. 금

신묘년을 맞아

신묘년의 새날이 밝았다. 아침 일찍 대대장들과 함께 지역 내에 위치한 충혼탑을 참배하였다. 그곳은 6.25시 이곳 설마리 일대를 지키다가 용맹이 전사한 감악산 결사대 38인의 넋이 깃들어있는 곳이다. 누가 벌써 이곳에 먼저 왔는지 쌓여있는 눈들이 깨끗이 치워져있었다. 필자는 매년 새해에 지역에 위치한 현충탑에서 하루를 시작한다. 그것은 선열들의 애국심을 본받아 필자도 그렇게 살겠노라고 다짐하는 하나의 의식이다. 한편으로는 앞으로 '어떻게 살아갈 것인가?', '군인으로서 어떻게 죽을 것인가?'하는 사생관을 다지는 계기도 된다.

새해 첫날은 우리 군도 떡국이 나오는데 대대장들과 함께 먹으면서 덕담을 나누었다. 지휘관이 되면 대화의 주제 중 많은 부분을 차지하는 것이 장병들에 관한 이야기다. 특히 개인적으로 어려움을 가지고 있는 병사들에 대해 부모 심정으로 마음 아파한다. 우리 포병단의 장병들 모두 몸 건강히 아무런 사고 없이 군 생활을 잘했으면 하는 마음이 간절하다.

금년 신묘년은 토끼의 해이다. 토끼의 생김새를 보면 귀가 매우 크고, 사는 형태를 보면 굴을 뚫어 놓고 살며, 전설 속에서는 용궁을 무사히 빠져나오는 꾀돌이고, 동화 속에서는 거북이와는 경주에서 자만심으로 시합에 지기도 한다. 그런 토끼에서 우리는 몇 가지 교훈을 얻을 수가 있다. 먼저 귀가 큰 것은 경청하라는 의미이다. 특히 필자처럼 지휘관은 듣는 것보다 말하는 것이 많고, 설사 듣더라도 좋은 것만 들으려는 경향이 있다. 심지어는 부하들이 이야기하는 것을 도중에 끊어버리기조차 한다. 하지만 듣는 것은 상대방과 소통하고 마음을 얻는 제일 좋은 방법이다. 금년에는 경청으로 부하들과 소통하는 한해를 만들고 싶다.

다음으로 굴을 뚫어 놓는 것은 위험에 늘 대비하라는 뜻이다. 아시다시피 우리 군은 작년에 천안함 침몰로부터 연평도 피격까지 북한으로부터 기습 도발을 당했다. 적의 도발을 늘 준비하고 있어야 하는데 그렇지 못해 피해를 입었다. 특히 필자는 병과가 포병인데 사격태세를 잘 갖추어 즉각 응징할 수 있도록 만반의 준비를 갖추도록 노력하겠다.

다음으로 용궁에서 무사히 빠져 나올 수 있었던 것은 지략을 기르라는 의미이다. 필자도 육군대학을 졸업한 이후에는 전략과 전술을 기르기 위한 노력이 많이 부족하였다. 솔직히 지금도 과거 배운 군사지식과 경험으로 부대를 지휘하고 있다. 이제부터라도 교범과 전사를 탐독하여 그러한 능력을 갖추도록 노력하겠다.

마지막으로 거북이에게 경주에서 진 것은 자만심을 경계하라는 뜻이다. 무조건 이긴다고 생각하는 자만심은 반드시 패배를 불러온다. 다시 한 번 전투준비 면에서 미흡한 것이 없는지 꼼꼼히 따져보고 그것이 식별되면 보완하도록 하겠다. 자만은 적으로 하여금 자신의 취약점을 노출시키기 때문에 늘 경계해야 한다.

이처럼 필자는 토끼로부터 경청의 자세, 위험에 상시 대비하는 태세, 지략을 기르는 노력, 자만심을 경계하는 마음가짐 등을 배워 상하 소통하고 싸워 이기는 한 해를 만들도록 최선을 다하겠다.

■ '11. 1. 1. 토

공직자

오 헨리O. Henry의 단편 소설 '20년 후'의 내용을 보면 공직자가 어떠한 자세로 근무를 해야 하는지가 잘 제시되어 있다. 한 마디로 요약하면 선공후사先公後私의 원칙을 잘 보여주는 대표적 내용이다. 공직자는 근무를 하면서 가끔 공적인 일과 사적인 일 사이에서 갈등을 겪는다. 이 때 개인의 사사로운 감정에 얽매이면 나중에 커다란 화를 맞이할 수 있다. 따라서 항상 바른 길을 걷는다는 제행정도諸行正道의 자세로 공정하고 투명하게 업무를 처리해야 한다.

그 소설의 줄거리는 다음과 같다. 뉴욕의 어느 늦은 밤에 한 남자가 건물 벽에 기대어 누군가를 기다리고 있었다. 마침 순찰 중이던 경찰이 그에게 무슨 일이 있는지 묻자 그는 차분히 사연을 풀어놓았다. "저는 절친한 친구인 지미를 기다리고 있습니다. 20년 전에 우린 이곳에서 저녁을 먹으면서 헤어졌는데 한 가지 약속을 했습니다. 20년 후 이 시각에 멋진 모습으로 다시 만나자고 말입니다. 지금쯤 올 시간이 되었는데 그가 너무 보고 싶습니다." "아 그러세요. 정말 아름다운 약속이네요. 그 분이 얼른 왔으면 좋겠네요." 경관은 다시 순찰을 돌기 위해 그 자리를 떠났다. 30분쯤 지나자 한 남자가 그의 앞에 나타났다. "지미! 정말 반가워. 보고 싶었어. 얼른 가서 이야기 하지." 그는 너무 감격하여 그를 데리고 가로등이 있는 밝은 곳으로 나갔다. 그러나 그는 깜짝 놀랐는데 그 사내는 자신이 그토록 학수고대했던 지미가 아니었던 것이다. 당황해 하는 그에게 그 사내는 한 장의 편지를 건네주었다. "아까 어두워 자네가 알아보지 못한 경찰이 바로 나였네. 나는 자네가 담배에 불을 붙일 때 곧바로 지명 수배자라는 것을 알게 되었지. 그런데 차마 내 손으로 자네를 체포하기는 어려웠네. 그래서 다른 형사에게 그것을 부탁하였지. 친구인 지미로부터."그는 오랜만에 만난 그의 친구가 범죄자란 것을 알았을 때 심한 내적 갈등을 겪었을 것이다. 즉 오래된 우정과 경찰이라는 책임감에서 고민을 하다가 결국 후자를 선택한 것이다. 왜냐하면 경찰이란 공직에 충실한 것이 올바른 선택이라고 믿었던 것이다. 이러한 공정성을 유지하기 위해서는 특히 정신적인 용기가 필요하다. 제갈공명은 친자식과 같은 마속이 군령을 어기고 전장에서 퇴각하자 눈물을 머금고 그의 목을 베었다. 이렇듯 군대에서 지휘관의 공정성은 지휘의 성공과 실패를 가름하는 매우 중요한 덕목이다. 하지만 실질적으로 이것을 행하기란 매우 어려운데 여기 한 가지 일화를 통해 그것이 얼마나 어려운지 언급해 보겠다.

러시아의 명군주로 유명한 피터대제는 그의 아들이며 황태자인 알렉키세프 대공을 해군에 복무시켰다. 대공은 소위 후보생들과 함께 군함을 타고 항해 훈련을 나갔는데 덴마크 근해에서 암초에 부딪쳐 침몰 위기에 처했다. 함장은 먼저 대공을 구하려고 그에게 보트에 타도록 명령을 하였다. 그런데 그는 명령을 듣지 않았고 이에 함장은 "아무리 대공일지라도 제 지휘 하에 있는 이상 명령에 복종하십시오."라고 질책을 하였다. 그러자 대공은 "함장님은 저의 상관으로 당연히 복종을 해야 합니다. 하지만 먼저 내리는 것은 제왕으로서의 도리가 아니기 때문에 그 명령은 따를 수 없습니다. 죄송합니다."라고 대답하였다. 군함은 점점 가라앉기 시작하였고 드디어 침몰할 상황에까지 이르렀다. 마침내 사관들과 수병들 모두 군함을 벗어났고 대공과 함장은 마지막으로 보트를 탔다. 함장은 육지에 도달하자마자 상관의 명령에 불복종한 죄를 물어 대공을 1주일 동안 금고에 처했다.

이러한 사실을 보고받은 피터 대제는 "나는 불복종한 죄인인 대공에게 금고를 명한 함장의 공정한 처벌을 기뻐하며, 또한 내 아들 대공의 불복종한 행위도 기쁘게 생각한다."고 말하면서 그들에게 각각 큰 상을 내렸다. 황태자를 아끼려는 함장의 조치는 당연하지만 불복종을 벌하기 위해서는 엄정한 정신적 용기가 필요했을 것이다. 처벌은 인간이 아닌, 죄에 대해 하는 것이므로 설사 개인적으로 친하더라도 공정하게 집행해야 한다.

필자도 군의 지휘관으로 부하들을 무척 사랑하지만 잘못을 하였을 때는 원칙대로 처벌을 해왔다. 특히 마음이 아팠던 것은 나름대로 열심히 하려다 실수를 했을 경우이다. 그러나 규정대로 처벌하지 않고서는 영이 서질 않고 부대지휘도 매우 어렵게 된다. 따라서 처벌은 분명히 하되 그것을 마친 후에는 따뜻한 격려를 통해 사기를 북돋아 주는 것이 좋다. 이처럼 부하의 신뢰는 철저히 공명정대해야 얻을 수 있음을 우리 지휘관들은 항상 명심해야 한다.

■ '11. 1. 3. 금

면장님 전화

오늘 오후 체력단련 시간에는 영외로 뜀걸음을 실시하였다. 2.5km 정도에 위치한 마을회관을 돌아오는데 면장님께서 핸드폰으로 전화를 하였다. "포병단장님, 무엇하고 계세요?" "열심히 뛰고 있습니다." "아까 군단장님께서 갑자기 우리 면사무소로 오셨어요." "아 그러십니까? 무슨 일로 그곳에 오셨지요?" "군단장님 고향이 이곳 아닙니까? 오늘 00사단에 오셨다가 잠깐 들렀다고 하네요." "그러세요." "내가 우리 단장님 자랑을 많이 했어요." "아이고 감사합니다. 그런데 제가 별로 한 것이 있나요?" "왜 한 것이 없어요. 마을 노인정을 방문하여 어르신들 위문도 하고, 거리 청소도 해주고, 남면 축제 때는 각종 지원도 해주셨잖아요." "그거야 군부대 지휘관이라면 다 합니다." "아 그래도 우리 단장님 마음하고는 틀려." "너무 과찬의 말씀을 해주셔서 제가 몸 둘 바를 모르겠습니다. 다음 주가 혹한기 훈련인데 끝나면 한번 찾아뵙겠습니다." "그래요. 추운데 몸조심하고 훈련 후에 봅시다."

면장님은 필자보다 연세가 많으신데 최근 구제역으로 추운 날씨에도 직원들을 이끌고 방역초소를 운영하시느라 정말 고생이 많으시다. 지난 연말에 그와 함께 또다시 노인정을 위문하기로 하였는데 그것 때문에 취소를 하였다. 면장님의 집은 의정부인데 평일은 이곳에서 지내고 휴일만 그곳으로 가신다고 한다. 여하튼 면장님으로부터 칭찬을 받으니 매우 기분이 좋았다.

'칭찬'稱讚이란 단어는 듣기만 하여도 가슴이 설레는 말이다. 아마 세상에 돈 안들이고 남을 가장 행복하게 만들 수 있는 것이 그것이 아닌가 생각한다. 군대에서 칭찬은 병영생활에 잘 적응하지 못하는 장병들도 자신감을 갖게 맞들고, 행동도 피동에서 능동으로 변화시킬 수 있으며, 그것을 통해 부대 단결도 강하게 만들 수 있다. 그래서 한 가지라도 잘하는 것이 있으면 그것을 칭찬하여 다른 분야로 확산시키는 것은 매우 좋다.

최근 우리 부대로 온 지원과장이 업무 수행능력이 부족하여 필자가 나름대로 가르쳐 주고 있지만 잘 따라오고 있지 못하다. 그래서 몇 번 질책을 하였더니 처음보다 더 긴장하여 더 못하는 현상이 발생하였다. 다소 못하더라도 이제 칭찬을 통해서 지도해 보겠다. 필자의 인내력이 많이 요구되겠지만 한번 시도해 볼 계획이다. 본인도 필자의 칭찬을 통해 더욱 분발하기를 기대해 본다.

■ '11. 1. 7. 금

핫팩(손난로)

우리 장병들이 군대생활 간 가장 힘들어 하는 훈련은 바로 혹한기와 유격훈련이다. 이번에 필자의 부대도 혹한기 훈련을 실시하였는데 마침 한파가 몰아닥쳐 영하 16~18도 되는 강추위 속에 훈련을 실시하였다. 훈련에 여념이 없는 병사에게 다가가 다음과 같은 질문을 갑자기 해 보았다. "혹한기 훈련에 가장 필요한 것이 무엇이냐?" "당연히 핫팩입니다." "왜 그렇지?" "그것이 없으면 추위를 견디기 힘들기 때문입니다." 언뜻 생각하면 내복이나 방한피복이라고 대답할 것 같은데 실제는 그렇지 않았다. 이번 훈련 간 난로 설치가 허락된 곳은 지휘통제실과 건조장 2개뿐이었다. 즉, 작전을 지휘하는 장소와 장병들이 잠시 몸을 녹이면서 전투화를 말리는 곳만 가능한 것이다. 과거에는 지휘관의 텐트도 가능했는데 장병들과 동참한다는 측면에서 이번에는 배제하였다.

필자의 나이도 어느덧 50에 가까워지는데 온기 없이 야외에서 하루를 지낸다는 것은 상당히 힘들다. 나이가 많은 주임원사가 필자의 건강을 염려하여 난로를 설치해 놓았지만 상급부대의 지침 위반을 필자의 양심상 허락할 수 없어서 곧바로 철거하였다. 그러자 그는 손바닥 크기의 핫팩을 주었는데 그것은 최대 15시간까지 자체적으로 발열할 수 있다. 가격도 저렴하여 500원 내외로 매우 저렴하지만 효과는 상당히 높아 경계 작전에서도 자주 활용한다. 물론 민간인들은 야영이

나 사냥, 낚시, 골프, 재난 등에도 이용하는 것으로 알고 있다. 야간 전투 휴식시 침낭 안에 그것을 넣으면 따뜻해져 잠자기도 좋다. 그런데 이번 추위는 너무 강해 침낭 밖으로 나와 있는 머리는 그야말로 얼 지경이었다. 물론 머리를 침낭에 완전히 넣으면 되지만 그러면 무척 답답해진다. 결국 훈련하는 4일 내내 누워는 있는데 정신을 말짱한 상태로 가면을 취하고 아침에 일어나니 머리가 굉장히 묵직함이 느껴졌다. 그러나 우리 장병들은 핫팩만 있으면 잠자는데 전혀 문제가 안 된다고 말하는데 이것은 체력과 관련이 많은 것 같다. 어쨌든 필자가 이처럼 혹한을 견딘다는 소문은 예하부대에까지 퍼졌고 이에 따라 간부들도 다들 솔선수범하였다.

훈련 둘째 날 저녁에 아내로부터 전화가 걸려왔는데 연일 강추위가 계속되자 걱정스러워 연락을 한 것이다. "여보! 무척 춥지요. 몸은 괜찮아요?" "아직 견딜 만 해. 젊었을 때는 별문제 없었는데 이제 나이가 들었나봐. 무르팍이 많이 시리네." "건강 조심하세요. 어제 당신 고생하는 것 동참하고 싶어 보일러 온도를 낮추고 잤어요." "그러다가 감기 들면 어쩌려고?" "그래도 당신 고생을 아이들과 함께 느껴보고 싶었어요." "이 사람아, 안 아픈 것이 오히려 나를 도와주는 거야." "그래도 그렇게 하니 아이들이 당신 고생하는 것을 약간이나마 느끼는 것 같은데?" "여하튼 생각해 주는 것은 고맙지만 그런 행동하지 말아요." 전화를 끊었지만 아내의 따뜻한 정이 온 몸을 휘감으며 힘이 솟아났다.

추운 겨울을 이기게 해주는 핫팩도 온기를 품고 있어 장병들의 사랑을 받는 것이다. 필자는 집을 떠나 수고하는 우리 장병들에게 늘 사랑의 온기를 불어넣는 인간 핫팩이 되고 싶다. 그것은 많은 대화를 통해서 가능하리라 생각한다. 늘 그들과 동고동락하면서 함께 난관을 헤쳐 나갈 것을 혹한기 훈련을 마치면서 다짐해본다.

■ '11. 1. 14. 금

문산 방문

어제 가장 힘든 훈련 중 하나인 혹한기 훈련이 끝났고, 마침 아내의 생일이라 함께 지내려고 올라오라고 말했더니 오늘 저녁에 아내가 도착하였다. 아이들 학교 때문에 아내와 떨어져 산지도 벌써 일 년이 넘었다. 생일 선물은 미처 못 샀지만 아내가 좋아하는 아귀찜을 사주었더니 대구에서 5시간이나 걸려 멀미로 속이 좋지 않다고 하면서도 맛있게 먹었다.

오늘 아침은 영하 17도의 강추위로 바람이 불어 체감온도는 영하 20도를 넘었다. 그럼에도 불구하고 아내와 함께 이곳에서 30분 정도 걸리는 문산을 다녀왔다. 그곳은 젊은 시절 아내와 결혼하여 살았던 곳에서 멀지 않아 많은 추억이 깃는 곳이다. 법원리를 지나면서 포대장 시절 3년간을 살았던 용산골이란 마을에 잠깐 들렸다. "당신 이곳으로 시집와서 고생 많았지?" "글쎄요, 환경은 열악했지만 인정이 많아서 그렇게 힘들지는 않았어요." "저기 보이는 관사가 우리가 처음 살았던 곳이네." "그러게요. 벌써 20년이 되어가네. 그 때는 당신 퇴근이 늦어서 큰아들 동기하고만 시간을 보냈지." "많이 심심했겠어?" "애 키우면 그렇지도 않아요. 하루 4번 다니는 버스를 타고 병원도 가고 시장도 보고 은행도 다녔는데 뭘?" "여자는 약해도 엄마는 강하지?" 아내는 문산으로 나가면서 과거의 기억을 되살리느라 창밖을 이리저리 살펴보았다.

선유리로 들어서면서 당시에는 없었던 아파트가 보였지만 지형의 윤곽은 그 때와 별 차이가 없었다. 이후 문산에 도착하였지만 날이 너무 추워 돌아다니기가 어려웠다. 마침 시장입구에 어묵을 파는 가게가 있어서 그곳으로 들어갔다. 뜨거운 국물이 몸속에 들어가니 추위가 다소 풀렸다. "주인아주머니! 20년 전에도 이곳에서 사셨어요." "아니에요. 이곳에서 산지는 10년 정도 되었어요. 그런데 왜요?" "그 때 제가 이 근처에서 살았는데 오늘 처음 방문하여 감회가 새로워서 그럽니다." "많이 바뀌었지요." "그렇습니다. 저쪽에 영화관이 있었는데 노래방으로 변했고……." "머리가 짧은 것을 보니 군인이세요?" "예." "휴가 받아서 오신 거애요." "아닙니다. 여기서 멀지 않는 곳에서 근무하는데 마침 아내가 올라왔기에 잠깐 들렀습니다." "부인하고 떨어져 사는 모양이지요." "예." "그런데 아내 되시는 분이 매우 젊으시네요." "얼굴이 동안이어서 그런 모양입니다. 그래도 40대 후반입니다." "전혀 그렇게 보이지 않네요. 주름도 없고." "감사합니다." "솔직히 아저씨와 함께 들어와서 이상하게 생각했어요." "그게 무슨 말씀이신지?" "아저씨는 머리가 희니 나이 드신 것이 표시가 나는데 부인은 너무 젊어 이상한 관계로 생각했지요." "예, 별 말씀을. 하하하. 저도 예쁜 아내 데리고 살려니 걱정이 많습니다." 그러자 아내는 "이이는 별소릴 다하네."라고 핀잔을 주었지만 싫지는 않은 표정이었다.

잠시 후 그곳을 나와 추억이 깃든 문산을 뒤로하고 집으로 출발을 하였다. "여보! 아까 아주머니가 말한 이상한 관계가 두 번째 부인을 말하는 거야? 불륜을 말하는 거야?" "글쎄요. 당신은 어떻게 받아들였는데?" "나는 두 번째 부인으로 해석했는데?" "별소리를 다하네요. 그러면 첫 번째는 누구인데요?" "물론 당신이지?" "장난 그만하시고 앞으로 어디 아프지 말고 함께 오래 살아요."

아내를 만나 결혼에서 산지도 만 19년이 되었다. 돌이켜 생각하면 전방 격오지도 가고 이사도 많이 하였지만 많은 어려움을 사랑으로 극복했던 것 같다. 아이들 교육문제로 현재는 떨어져 살지만 늘 필자의 건강을 염려해 주고 있다. 먼

거리를 기쁨으로 달려오는 아내의 모습은 그래서 늘 천사의 모습처럼 보인다. 아내의 말대로 아프지 말고 오래오래 함께 행복하게 살았으면 하는 마음이 간절하다.

■ '11. 1. 15. 토

긍   정   일   기

삶과 죽음

삶속에는 늘 죽임이 존재하고,
죽음 속에서는 또 다른 새 생명이 존재한다.

삶과 죽음

히말라야의 어느 설원에 고려장을 하는 부족이 있었다. 그것은 물과 식량이 부족한 마을에서 다른 가족들을 위하여 어쩔 수없이 내려온 오래된 풍습이었다. 노인들 중에 병약하여 거동이 불편하면 아들은 그를 등에 지고 아무도 모르게 집을 나왔다. 광활한 벌판을 묵묵히 걷다가 적당한 장소가 나타나면 아들은 임시로 노인이 머물 천막을 쳤다. 그리고 보름치의 식량을 놓고 그에게 마지막으로 큰절을 올리고 마을로 돌아갔다. 노인과 아들은 헤어지면서 서로 말이 없다. 아들이 떠나면 보름동안 노인은 천막 안에서 눈을 감고 오직 죽음만을 기다린다. 그러면서 호흡을 가다듬고 임종이 찾아오기를 간절히 기도한다. 황량한 벌판위에서 추위와 굶주림을 겪으며 죽음만을 생각하면 과거의 자신이 아닌 새로운 자신을 만나게 된다. 즉 지금껏 살아온 모든 것들이 하나의 꿈으로 변하고 진정한 내면의 자신을 비로소 만나게 된다.

아들은 보름이 지나면 노인의 죽음을 확인하기 위해 오는데 그 때까지도 살아 있으면 보름치의 식량을 또 두고 간다. "아이들은 잘 있느냐?" "네." "오는데 불편하지는 않았느냐?" "네." "그러면 다행이구나. 나도 그랬고 네 할아버지도 그랬으니 전혀 부담을 갖지 마라. 이처럼 맑은 하늘을 다시 보게 되어 참으로 감사하구나. 어서 가봐라." 아들은 이번이 마지막이라고 생각하며 다시 큰 절을 올린다. 아들이 떠나고 나면 노인은 또 다시 기도에 열중한다. 이 풍습은 자식이 부모를 버리는 참으로 비정한 관습일지 모른다. 그러나 남은 가족들에게 부담을 주지 않고자 죽음을 순명으로 받아들이는 모습에서 다른 한편으로 거룩함이 느껴진다. 즉 그것은 자연의 이치에 거스르지 않고 순리를 따르는 것이다.

요즘 의학의 발달로 자신의 의지와는 전혀 관계없이 남은 가족들에게 부담을 주면서 인위적으로 생명을 연장하는 사람들이 있다. 아무 의식 없이 얼마 후에 죽게 되어있는 것을 현대 의학으로 삶을 연장시키는 것은 본인에게나 남아있는 가족에게나 모두 고통이다. 인간에게는 스스로의 삶을 정리하고 뜻 깊은 죽음을 맞도록 하는 것이 그에게 주어진 마지막 권리이며 또한 존엄한 가치인 것이다. 불교에서 말하는 것처럼 삶과 죽음은 둘이 아니다. 삶속에는 늘 죽임이 존재하고, 죽음 속에서는 또 다른 새 생명이 존재하는 것이다. 그런 의미에서 세상을 살면서 너무 남과 부대끼고 가슴 졸이면서 살 필요는 없다고 본다. 또한 세월이 흘러감도 아쉬워 할 필요도 없으며 삶속에서 수시로 다가오는 희로애락을 기쁘게 받아들이는 여유로움이 필요하다. 모든 것을 초월한 노인처럼 파란 하늘을 보면서 미소 속에 하루를 맞고 보람차게 사는 것이 중요하다고 필자는 생각한다.

■ '11. 1. 17. 월

대장부

장부丈夫란 글자그대로 어른이 된 남자를 말한다. 통상 씩씩한 남자나 훌륭한 남자를 일컫는데 대장부는 그것보다 더 나으니 정말 남자다운 남자라고 말할 수 있다. 그렇다면 어떤 사람을 대장부로 볼 수 있는가? 라는 의문이 생긴다. 이에 대한 답변은 맹자의 등문공편滕文公篇에 나오는데 그곳에 보면 경춘이란 사람이 "위나라 사람 공순연과 장의가 참으로 대장부가 아니겠는가? 그들이 한번 노하면 제후들이 두려워하고 그들이 조용히 하면 천하가 조용하니 말입니다"라고 설명하고 있다. 즉 그는 외적 위세나 무력에 의해 남을 위협할 수 있는 자가 대장부라 언급하고 있다.

그러자 맹자는 "그들이 어찌 대장부라 할 수 있는가? 대장부란 모름지기 천하의 넓은 곳에 기거하며, 천하의 바른 지위에 서서, 천하의 가장 큰 도를 행하는 사람이다. 그리하여 뜻을 이루면 백성들과 더불어 말미암고, 뜻을 얻지 못하면 홀로 그 도를 행하여야 한다. 부귀해도 결코 음란하지 않으며, 가난해도 절개가 변하지 않고, 힘으로 협박을 해도 굴하지 않는 것. 이러한 것을 두루 갖춘 사람이 바로 대장부일세."라고 경춘의 견해를 반박하였다. 즉 맹자는 정의正義와 정도正道을 추구하면서 깊은 수양과 내면적 인격의 함양을 대장부의 조건으로 제시하고 있다. 쉽게 말하면 경춘은 출세하여 권력을 가지고 세상을 호령하는 것을 대장부라 생각하는데 반해 맹자는 정의를 위해 정도를 걸으면서 인격을 수양하는 사람이라고 말하고 있다.

조선시대 남이장군의 시北征歌를 해석해 보면 경춘과 맹자 중 어느 사람의 생각과 비슷할까? 그의 시를 살펴보면 "사나이 스무 살에 나라를 평안하게 만들지 못하면 후세에 누가 대장부라 칭하리오.男兒二十未平國 後世誰稱大丈夫"라는 구절이 나온다. 이것은 권력을 잡아 나라를 안정되게 만들겠다는 것인지, 아니면 조선을 괴롭히는 여진족을 토벌하여 나라를 평안하게 만들겠다는 것인지, 이 두 가지로 해석할 수 있다. 물론 당시에는 신진세력으로 급격히 성장하던 그를 음해하기 위해 유자광 등이 평平을 득得으로 바꿔 '나라를 얻지 않으면'으로 해석하여 역모로 몰아 죽였지만 실상 남이장군은 장수로서 여진족을 물리쳐 백성을 평안하게 만들겠다는 충성심을 시北征歌에 나타낸 것이다. 즉 그는 외적을 물리치는 것이 진정한 대장부의 역할이라고 주장한 것이다. 비단 군인만이 적을 물리치는 것은 아니지만 우선 행동으로 보여줄 수 있는 것은 군사력이다. 그런 의미에서 우리 군인들은 어떻게 보면 그것의 1차적인 조건은 갖고 있다고 볼 수 있다. 이제 적과 싸워 이길 수 있는 능력만 확실히 갖추면 된다.

최근 교육훈련을 강화하고 있는데 이제 진정한 전사만이 대장부로 불릴 수 있다. 이번 연평도 적 포격 도발시 우리 해병 전우들이 보여준 투혼이야말로 대장부의 기개를 보여준 대표적인 사례이다. 조국을 위해 이 한 목숨 기꺼이 바칠 수 있는 그들이야말로 남자다운 남자, 즉 사내대장부인 것이다.

■ '11. 1. 19. 수

수신거부

어제 아내로부터 관사에 전화가 걸려왔다. 통상 핸드폰으로 하는데 일반전화를 사용하여 처음에 무슨 일이 있는가 걱정을 하였다. "여보! 왜 내 전화를 안 받는 거예요." "무슨 소리야 전화를 안 받다니?" "엊그제도 안 받고 어제도 안 받던데 무슨 일 있어요." "아니 특별한 일 없었는데" "당신에게 무슨 일이 있는가 얼마나 마음을 졸였는데요." "내가 왜 당신 전화를 안 받아? 핸드폰에 무슨 이상이 있나? 확인하고 다시 연락할게." 필자는 아내와 떨어져 살고 있어 거의 매일 저녁이면 그녀로부터 안부 전화가 걸려온다. 그런데 연이틀 필자가 전화를 안 받았으니 걱정을 많이 한 모양이다. 필자도 매일 걸려오는 전화가 오질 않아 내심 의아하게 생각하던 참이었다.

아침에 출근하여 통화기록을 보니 집 전화번호에는 적색의 원형 표시가 있었다. 그것은 수신거부로 그 번호로 전화하면 울리지 않게끔 되어 있다. 통화기록을 확인할 때 그 번호에 대고 메뉴를 누르면 '메시지 거부, 스팸으로 등록, 수신거부 등록, 전화번호 저장, 삭제, 모두 삭제' 등의 기능이 표시된다. 아마 필자가 통화기록을 삭제한다고 하면서 잘못하여 수신거부를 누른 것 같다. 그래서 해제를 시키려고 기능을 찾아보았는데 쉽게 찾지를 못하였다. 하는 수 없이 근무병에게 물었더니 곧바로 통화설정의 메뉴에 들어가서 그것을 해제시켜 주었다. 확실히 젊은이들이 첨단기기에 대한 조작 능력은 뛰어나다. 통상 전화와 메시지만 주고받는 우리 하고는 차원이 다른 것이다.

곧바로 아내에게 전화를 걸어 자초지종을 설명해 주었다. "여보! 미안해요. 통화기록을 지운다고 하다가 잘못하여 수신거부를 눌렀네." "일부러 그런 것은 아니고?" "내 어찌 중전마마의 전화를 감히 받지 않겠소. 하하하!" 핸드폰 기능을 잘 몰라서 벌어진 해프닝이지만 그것으로 한바탕 아내와 크게 웃었다. 가끔 받고 싶지 않은 전화, 예를 들면 토지매입이나 보험 가입 등의 전화는 그것으로 해놓으면 되겠다는 생각이 들었다. 점심 때 간부들과 식사하면서 그 사례를 말했더니 모두들 재미있게 웃었다. 그들에게 "너희들은 내가 설사 밉더라도 수신거부를 해놓으면 절대 안 된다. 알았지."라고 말했더니 또 한 번 폭소를 자아내면서 즐거워하였다.

■ '11. 1. 20. 목

전투형 부대

요즘 군의 화두는 전투형 부대 육성이다. 즉 싸울 수 있는 부대를 만들기 위해 반드시 해야 할 것들에 대한 토의가 활성화 되고 있다. 그러나 사실 그동안 전투형 부대 육성을 위해 노력을 하지 않은 것은 아니다. 전투준비, 교육훈련, 부대관리로 구분하여 제대별로 열심히 준비해 왔다. 다만 우선순위를 일부 지휘관들이 부대관리에 집중하다보니 그런 말을 듣는 것이다. 그렇게 된 이유는 부하관리에 있어서 문제가 발생할 경우 개인의 문제일지라도 모든 책임을 지휘관에게 돌렸기 때문이다. 전투형 부대를 만들기 위한 핵심은 전투에 관계되는 것만 숙달하고 기타 행정에 관계되는 것은 과감히 줄이거나 없애는 것이다.

6.25전쟁 이후 우리 군은 적과 실질적인 전투를 해오지 않았다. 그러다보니 전술전기 숙달보다 행정이 점점 많아져서 간부들은 이중으로 어려움을 받고 있다. 또한 어느 때부터인지 야전보다 후방에서 행정을 하는 간부들이 진급을 하다보니 야전을 비선호하는 경향까지 발생하였다. 과거에는 사격 잘하고 체력 좋고 주특기가 뛰어나면 우선 진급을 시켰다. 그런데 최근에는 속된 말로 '하자'가 없는 군인이 진급되는 경향이 나타났다. 여기서 하자란 도덕성을 말하는데 이것이 너무 청교도처럼 강화되어 있다. 그러다보니 보신주의로 흐르고 그것이 군의 야수성을 사라지게 하고 있다. 또한 장기근속 간부들은 변화를 싫어하고 그냥 편하

게 지내려는 안일한 사고도 또한 존재하고 있다.

　최근에 부는 변화의 바람처럼 이제 군인으로서 야전으로 돌아가고자 노력해야 한다. 고급간부들은 전술토의를 강화하고, 중간 간부들은 전술전기를 확실히 연마하고, 장병들은 전원 전사로서의 정신력과 체력, 그리고 주특기를 숙달해야 한다. 또한 간부들은 장병들과 동고동락하는 분위기도 조성해야 한다. 개인 군장도 꾸려 놓아 상시 출동할 수 있는 태세도 갖추어야 한다. 누군가 말했듯이 교육훈련도 영내 사육형 훈련이 아닌 야지 방목형 훈련 체계로 나가야 한다. 필자가 포대장 시절에는 야외에서 2주 이상의 전술훈련을 실시했다. 그 때는 누구의 간섭도 없이 필자 독단으로 훈련을 실시한 것이다. 야외에서 숙식하면서 전술훈련에만 전념하면 전투준비도 가능하고 교육 수준도 향상되며 장병 상호간 우의도 생긴다.

　최근에 필자는 전투형 부대를 만들기 위해 전시 대비 과목위주로 교육훈련을 실시하고, 행정 간소화를 통해 불필요한 업무를 경감하였으며, 부하에게 권한을 최대한 위임하여 자율적으로 임무를 수행하도록 지도하고 있다. 또한 강한 정신무장을 통한 전의 고양을 시키고, 참모훈련을 통한 전술 조치능력을 배양하고 편제장비도 자유자재로 다루도록 숙달시키고 있다. 왜냐하면 강군이 되기 위해서는 강한 정신무장과 유능한 간부, 실전과 같은 교육훈련만이 가능하기 때문이다. 필자는 이번 기회를 통하여 전투복을 수의로 생각하고 적과 싸우면 반드시 이길 것을 다짐해 본다.

■ '11. 1. 22. 토

희망을 갖자

필자에게 '인간이 세상을 살면서 가장 중요한 것이 무엇이냐?'고 묻는다면 그것은 바로 '희망'이라고 말하고 싶다. 왜냐하면 그것이 없다면 존재의 의미가 사라지기 때문이다. 자살하는 대부분의 사람들이 우울증을 겪는데 그것은 희망이 사라졌기 때문이다. 즉 어떤 이유에서 오는 자신감 상실로 희망을 잃고 자포자기 심정에서 자살이 유발되는 것이다. 남들은 잘하는데 왜 나만 못할까?, '자신은 아무것도 아니다.'라는 희망 상실이 주원인인 것이다. 따라서 문제점이 식별되면 치료나 상담을 통해 희망을 부여하거나 자신감을 갖도록 하여 빠른 시간 내 스스로 그것을 벗어나게 해야 한다. 예를 들어 가정형편이 어려운 병사에게 물질적인 도움은 가능하지만 보다 중요한 것은 그것을 대하는 본인의 의지이다.

간부들도 마찬가지인데 진급시기가 지난 분들은 대상자들에 비해 아무래도 업무 추진능력이 떨어진다. 그것은 더 이상 군에서 성공할 수 없다는 사실과 직업을 변경해야 하는 문제, 커가는 자녀들의 교육문제 등 많은 점이 불안요소로 작용하기 때문이다. 또한 진급 대상자인 경우에도 다른 동료에게 뒤처지지 않을까 하는 불안감이 항상 자신을 짓누른다. 그것은 어느 조직이든 위로 올라가면 점점 인원이 줄어들고 누군가는 경쟁에서 탈락된다는 사실 때문이다. 군대에서 중요한 것은 보직이 아니라 어느 위치에든 그가 거둔 성과로 대접을 받아야 한다. 그러나 실상 중요 보직은 상대적으로 성과도 많기에 이것도 이치에는 맞지 않는 것 같다. 여하튼 자기 직책이나 직업에 대해 희망을 갖도록 만드는 것, 이것이 조직의 리더가 가져야 중요한 책무이다. 다시 말하면 리더는 비전을 제시하는 사람이다. 지휘관이 교육훈련에서 우수한 병사를 포상하는 것도 일종의 희망을 부여하는 방법 중에 하나이다.

희망은 다른 말로 동기부여이다. 병자에게 나을 수 있다는 희망이 있다면 스스로 이겨내기 위해 최선을 다한다. 만일 나을 수 없다고 말한다면 절망에 빠져 오히려 악화된다. 업무에 있어서도 마찬가지이다. 이 업무가 끝나면 칭찬을 듣고 푹 쉴 수 있다는 희망이 있어야 한다. 그래야 열심히 일을 한다. 현재 필자의 희망은 아이들 교육문제로 아내와 헤어져 살지만 언젠가는 같이 살 수 있을 것이라는 믿음이다. 또한 격주 단위로 주말에 올라오는 아내를 볼 수 있다는 기쁨이 있다. 결국 희망은 자기 자신을 지탱하는 힘인 것이다. 그런데 그것은 사람마다 차이가 있는데 많이 갖고 있는 사람도 있고, 적게 가진 사람도 있다. 물론 능력이 중요한 변수지만 개인의 생각과 성격에 따라서도 많은 차이가 있는 것이다. 즉 긍정적이고 낙천적인 사람은 그것이 많고, 부정적이고 비관적인 사람은 그것이 적다.

그렇다면 희망이 많으려면 어떻게 해야 하는가? 그것은 어느 정도 자기최면을 걸어야 하는데 내일은 좋은 일이 생긴다는 생각, 사소한 일에도 기쁨을 가지려는 마음이 중요하다. '나는 행복하다.'고 하루에 열 번 외치면 진짜 행복해진다는 피그말리온 효과가 정말 중요한 것이다. 우리 장병들도 그러한 생각으로 힘든 훈련을 잘 극복하면 미래의 인생에서 크게 성공할 것이라 확신한다.

■ '11. 1. 24. 월

어느 연대장의 눈물

여러 공무원 중 특히 우리 군인들이 이사를 많이 한다. 필자도 아내와 결혼 후 벌써 13번이나 이사를 하였다. 물론 지금은 아내와 아이들을 놔두고 혼자만 다니지만 과거에는 함께 살다보니 이사를 많이 다녔다. 그렇게 된 이유는 장교 보직이 통상 1년 단위로 마치다보니 그렇다. 과거 이사할 때 가장 마음이 아팠던 것이 바로 아이들에게 그들의 친구를 헤어지게 만드는 것이었다. 그래서 그들 입에서 친구들 이야기 나올 때면 늘 미안한 마음을 갖게 된다. 지금은 큰 아이가 고3, 둘째가 고1이라 같이 다닐 수 없어 필자만 돌아다니고 있다. 혼자 다니다 보면 불편한 것이 한두 가지가 아닌데 그동안 아내가 해주었던 식사, 빨래, 청소 등을 스스로 해야만 한다. 그러나 그것보다 더 아쉬운 것은 아이들과의 대화가 거의 사라진다는 것이다. 같이 살 때는 아무리 바빠도 1주일에 한 번은 온가족이 외식을 하면서 그간의 일들을 이야기하지만 지금은 한 달에 한번 휴가 때나 잠깐 보니 어쩔 수 없이 거리감이 생긴다. 아래 내용은 필자의 관련된 내용은 아니지만 군인이라면 누구나 공감하는 이야기여서 여기에 소개하고자 한다.

어느 전방 연대장이 있었습니다. 바쁘게 하루를 보내고 관사에 들어가 보면 인기척이 없는 썰렁한 공기가 자신을 맞이했습니다. 가족들은 서울에 있고 자신만 혼자 생활을 한지 벌써 몇 년이 흘렀습니다. 처음에는 그럭저럭 버틸 만 했지만 시간이 지날수록 가족에 대한 그리움이 점점 커져갔습니다. 한 달에 한 번 외박을 내어 서울로 올라가는 날에는 가슴이 설레어 흥분이 될 정도였습니다. 옷을 다려 입고 신발도 깨끗이 닦으며 사랑하는 아내, 듬직한 자식들 얼굴을 떠올리는 것만으로도 너무나 행복감에 가득 찼습니다. 드디어 집에 도착하고 아내가 문을 열어 주었습니다. 막 집안으로 들어서보니 아들 녀석이 소파에 앉아 TV를 보고 있었습니다. 반가운 마음으로 씩 웃고 있는데 녀석이 고개를 꾸벅 숙이고는 그냥 자기 방으로 들어가는 것이었습니다. 연대장은 너무나 당혹스러워서 어쩔 줄을 몰랐습니다. 자신의 아들이 한 달 만에 보는 아버지를 보면서도 반가운 기색 없이 그냥 돌아서는 것이 상상도 되지 않았습니다. "뭐해요? 얼른 씻으세요." 아내는 뻘쭘하게 서있는 연대장에게 아무 일도 아니라는 듯 퉁명스럽게 말했다. "여보, 지금 저 녀석이 나한테 하는 거 봤지? 이거 너무 한 거잖아. 어떻게……." "뭐가 너무해요, 제가 요즘 신경이 날카로워서 그런 거예요." "아무리 그래도 그렇지, 내가 이 정도 밖에 안 되는 건가?" "아휴, 당신답지 않게 왜 그리 속이 좁아진 거예요" "당신도 그래, 내가 지금 한 달 만에 집에 들어왔는데 하나도 반가운 얼굴이 아니잖아." "이이가……, 이젠 나를 잡고 트집이네." "어이가 없구먼." 연대장은 그냥 풀썩 자리에 앉았습니다. 지금까지 자신이 살아온 날들이 과연 무슨 의미가 있었던 것인가 다시 한 번 되짚어 보았습니다. 지금까지 자신은 누구보다 열심히 살았고, 부대에 충실했고 가정에도 최선을 다했다고 생각을 했는데 이런 모습이라니……. 다시 아들이 가방을 들고서 방을 나왔습니다. "너 오늘 일찍 좀 들어오너라." "왜요?" "너한테 할 말이 있다." "알았어요." 그리곤 아들은 문을 열고 나갔습니다.

　연대장은 하루 종일 생각에 잠겼습니다. 도대체 그동안 무엇이 문제였는지 그 원인을 찾아보고자 애썼습니다. 하지만 쉽게 그 해결의 답을 찾기가 어려웠습니다. 저녁 8시가 지나고 10시가 되었는데도 아들은 들어오질 않았습니다. 연대장은 화가 났습니다. 분명히 일찍 들어오라고 했는데도 자신의 말을 귀담아 듣지 않는 아들 녀석이 너무나 괘씸했습니다. 열두시가 넘고 새벽 두시가 되어서야 술에 취한 아들이 문을 열고 들어섰습니다. 아들은 아버지를 보자 순간 흠칫 놀란 표정을 지었습니다. 이미 잠들어 있을 줄 알았던 아버지가 자신을 기다리고 있을 줄은 몰랐던 것입니다. "이리와 앉아라." "……." 순순히 아들이 옆에 와 앉았습니다. 평상시 같으면 분한 나머지 들어오는 아들 녀석을 몇 대 때리던가, 당장 나가라고 소리 쳤을 텐데, 왠지 자신도 모르게 기분이 착 가라앉았습니다. "얘야, 나는 오늘 네가 집에 들어오면 무슨 말을 할 것인가를 하루 종일 고민했다. 어떻게 해서 아들과 아버지 사이가 이렇게 되었는지… 네가 나를 보고도 반가운 기색 없이 그냥 고개를 숙이고 돌아섰을 때 아버지의 가슴은 찢어질 듯 아팠다. 그리고 몹시 화가 났다. 하지만 하루 종일 너를 기다리면서 많은 것을 생각했다. 내가 너를 그동안 어떻게 대했는지 지난날들을 한 가지씩 되짚어보았다. 어느 때부터인가 너와 나 사이에 대화가 없어진 시간들이 많았더구나. 네가 알다시피 그동안 아버진 정말 열심히 살았다. 군인으로서 항상 최선을 다하였기에 상관으로부터 인정받고 많은 부하들로부터 존경과 부러움을 받고 있다. 어려운 일들이 생길 때마다 항상 최선을 다하여 위기를 이겨냈다. 그랬기에 나는 내가 성공한 사람인 줄 알았다. 하지만 오늘에서야 깨달았다. 그것만이 성공이 아니라는 것을……. 아들아 이제 와서 가만히 생각해보니 정말 내가 잘못한 것들이 많더구나. 항상 나는 너에게 일방적으로 지시를 하고 책임을 묻기만 했는데. 지금 일어나는 일들이 결국 너의 책임이 아니라 바로 나 자신의 책임이라는 것을……. 아버지를 보고도 돌아설 수밖에 없었던 네 심정은 오죽 답답했겠냐. 정말 미안하구나, 아들아……" 그러면서 아버지는 눈물을 흘렸습니다. 뜨거운 눈물이 손등으로 쏟아져 내렸습니다. 태어나서 이렇게 하염없이 눈물이 쏟아지는 건 처음이었습니다. 가슴 속의 억장이 터져 나오는 듯 한 그런 회한의 눈물이 쏟아졌습니다. "아버지, 저는 이런 순간이 올 줄은 꿈에도 몰랐어요. 아버지는 사람이 아닌 줄 알았다고요. 항상 저에게 강한 모습만을 보여주시고 저에게 너무나 많은 것들을 지시하셨지요. 하고 싶지 않아도 억지로 해야 하는 일들이 항상 불만이었어요. 아버지와 사는 것이 아니라 항상 높은 상관과 함께 살고 있는 줄 알았거든요. 여긴 부대가 아닌데도 아버지는 계속 군인의 모습으로 저를 병사 대하듯 하셨지요. 그래서 속상했던 적이 한 두 번이 아니었고요. 왜 우리 아버진 다른 아버지들처럼 자상하시고 편안하시지 않는 걸까? 왜 나에게 지시와 명령만 하려 하시는 걸까? 하지만 이제야 진짜 아버지를 만난 것 같아요. 아버지께서 눈물을 흘리시니까 제가 너무 속상해요. 아버지 울지 말아요. 제가 잘못했어요. 이제부터 아버지 말씀 잘 들을게요. 아버지! 사랑해요." 아버지와 아들은 서로를 부둥켜안고 떨어질 줄 몰랐습니다. 그들은 너무나 행복한 얼굴로 서로를 한참동안 바라보았습니다.

이 이야기는 군인의 특성인 지시나 명령에 의해 부자지간 갈등이 존재했다고 하나 실질적인 원인은 대화의 부족으로 발생된 것이다. 필자는 지금은 돌아가셨지만 과거 부친과 정말 많은 대화를 했던 기억이 난다. 육사를 다닐 때도, 장교로 임관한 후에도 외박을 나가면 거의 대부분의 시간을 아버지와 함께 보냈다. 결혼해서는 자주 가보지 못했지만 그 대신 전화로 많은 대화를 나누었다. 그것은 병영에서도 매우 중요하다. 사고가 발생한 부대를 정밀진단해보면 공통적인 결함이 의사소통의 부족을 들 수 있는 것이다. 군대에서 지휘관들은 정말 할 일이 많은데 전투준비와 교육훈련, 심지어 장비 및 물자, 시설 등 부대관리에도 많은 신경을 써야 한다. 그러다보면 장병들과 자연히 대화의 시간이 부족해진다. 그것을 해소하고자 훈련, 순찰, 작업간 등 가용시간을 고려하여 그들과 이야기하려고 노력해야 한다.

필자는 과거 야간 순찰이나 경계작전간 동반근무 또는 동숙, 심지어 휴일에도 대부분 출근하여 대화의 시간을 가졌던 기억이 있다. 그것을 통해 그들의 애환과 고민을 확인하였고 그것을 해소하기 위해 끊임없이 노력하였다. 그 결과 사고는 거의 사라졌고 정말 단결된 부대를 이룰 수 있었다. 그래서 필자는 후배들에게 부대지휘의 성공은 누가 장병들에게 많은 시간을 투자하는지에 달려 있다고 강조해왔다. 지휘관도 인간이기에 때론 쉬어야 하지만 부대의 아버지로서 보다 많은 대화의 시간을 가질 때 그 부대는 밝고 명랑한 부대가 되리라 확신한다.

■ '11. 1. 26. 수

베스트Best 와 퍼펙트Perfect

　베스트란 '최상의'이란 뜻으로 다른 것과 비교하여 제일 좋은 것을 말한다. 예를 들어 운동선수 중에 최고의 선수를 말하거나 물건 중에 제일 좋은 것 등을 뜻한다. 이처럼 베스트란 비교 대상이 있는 상대적인 것이며 또한 어디라도 존재한다. 그러나 퍼펙트는 '완벽한'이란 뜻으로 어떠한 결함이나 흠 등이 없는 것을 말한다. 예를 들어 미흡하거나 잘못한 것이 전혀 없는 사람이나 아예 흠이 없는 물건 등을 뜻한다. 이처럼 비교 대상이 없고, 절대적이며, 이 세상 어디에도 더이상 좋은 것이 없는 것을 '퍼펙트'라고 한다. 진정으로 세계 최고가 되기 위해서는 베스트를 추구하지 말고 퍼펙트를 추구해야 한다. 즉 더 이상 따라올 수도 없고 비교할 대상도 없어야 세계 최고라 할 수 있는 것이다.

　이번 '아덴만 여명작전'을 대부분의 사람들이 완전작전Perfect Operation이라고 부르고 있다. 인명피해가 발생하지도 않았고 삼호 주얼리호를 빼앗기지도 않았기 때문이다. 더불어 해적은 13명 중 8명을 사살하고 5명을 생포하는 등의 혁혁한 전과까지 거두었다. 미국이나 프랑스와 같은 강대국도 해적과 타협하지 않고 군사작전을 실시하였을 때 인질 중 몇 명은 꼭 인명피해를 입어왔기 때문에 이번 작전은 특히 남다른 의미가 있다.

　그러면 어떻게 완전 작전이 가능할 수 있었을까? 그것은 첫째, 실전과 같은 부단한 훈련과 연습이 있었기 때문이다. 최영함은 파병 전에 인질구출 작전을 무려 3개월이나 집중적으로 실시하였고 파병 후에도 선상에서 예행연습과 모의훈련을 수차례 실시하였다고 한다. 이처럼 실전 같은 훈련은 장병들에게 인질구출과 작전성공에 대한 자신감을 심어주었다.

둘째, 정확한 정보를 획득하였기 때문이다. 여기에는 각종 첨단 장비가 동원되었다. 적외선 조준경이나 해상 초계기 레이더를 통해 해적의 위치를 파악하였고, 배에 대한 설계도를 확보하여 내부 구조를 정확히 알고 난 후 진입하였으며, 헬멧에 부착한 영상카메라를 통해 현장 상황을 실시간 전송하면서 작전지휘도 받을 수 있었다.

셋째, 다른 우방국과의 긴밀한 공조가 있었기 때문이다. 합참은 미 5함대와 협조하여 사전에 해상정찰을 통해 해적의 움직임을 제공 받았으며, 오만정부도 경비함 1척을 파견하여 작전을 지원하였고, 해적에 의해 선장이 부상당하자 즉각 미군의 헬기로 후송하는 등 이번 작전은 국제공조의 대표적 성공사례라 할 수 있다.

넷째, 이번 작전에는 국민과 정부의 적극적인 성원이 있었다. '국민의 생명과 국익이 달린 일이라면 절대로 타협하지 않는다.'는 정부의 안보원칙을 우리 국민이 믿어주고 뒷받침 해주었기 때문에 이번 작전은 완벽히 성공할 수 있었던 것이다.

이번 '아덴만 여명작전'처럼 우리 군은 전투 기량 면에 있어서 그 어느 누구도 따라오지 못할 만큼 완벽해져야 한다. 그러기 위해서는 앞에서 말한 것처럼 오로지 실전과 같은 반복 훈련을 통해서 전술전기를 숙달해야만이 가능하다. 이와 병행하여 필사즉생·항재전장의 정신무장을 통해 모든 전투에서 승리하겠다는 결의도 갖고 있어야 한다. 이제 우리 장병 모두 누구와 싸워도 이길 수 있는 무적의 퍼펙트Perfect한 군이 되도록 최선의 노력을 경주하자.

■ '11. 1. 28. 금

두려움을 극복하자

　최근 TV의 영화채널에서 "아포칼립토"라는 마야 문명시대에 원주민을 배경으로 한 영화를 보았다. 영화의 줄거리는 주인공이 그의 가족과 숲속에서 행복하게 살고 있었는데 어느 날 잔인한 부족의 습격으로 많은 사람들이 죽고 남자들은 산채로 끌려가 신의 재물로 바쳐진다. 이후 그가 희생되려는 순간 하늘에서 생긴 일식 현상을 신의 노여움이 풀린 것으로 해석한 그들에 의해 목숨은 부지했으나, 대신 사냥감으로 내몰려 수없이 죽을 뻔하다가 결국 살아남아서 그의 가족과 새로운 숲에서 행복하게 산다는 내용이다. 그 영화의 대사 중에 주인공의 아버지가 적에게 피습을 당하면서 어쩔 줄 모르는 그에게 "아들아! 두려움이란 마음의 병으로 한번 얻으면 그것을 쉽게 고칠 수 없다."라고 말하는 내용이 나온다. 두려움! 그것은 인간이 만든 단어 중에 어떻게 보면 가장 무서운 것 중에 하나이다. 그것이 발생되는 원인은 무엇인가에 대한 공포, 불확실, 자신감의 상실 등에서 생긴다. 즉 영화에서처럼 타인을 잔인하게 죽이는 모습을 본 무서움과 그들도 장차 어떻게 될지 모른다는 불안감, 그리고 그런 상황 하에서 자신은 아무것도 할 수 없다는 무력감에서 발생한다.

　우리 인간에게는 언젠가는 반드시 죽는다는 두려움이 늘 상존해 있다. 젊어서는 그것을 잘 느끼지 못하나 나이가 들면서 이곳저곳이 아프거나 친한 친구가 갑자기 죽으면서 죽음에 대한 두려움이 다가온다. 왜냐하면 그것이 이제 남의 일처럼 느껴지지 않고 자신의 일이라고 생각되기 때문이다. 필자도 그것을 피부로 느낀 때가 바로 아버님이 돌아가셨을 때이다. 그 당시 산다는 것 자체가 너무 허무하다는 생각이 들며 한동안 방황을 많이 하였다.

군대에서 우리 병사들이 느끼는 두려움은 무서움보다는 불확실과 자신감 상실 등에서 많이 발생되고 있다. 즉 앞으로 전개될 군 생활을 잘 모르기 때문에 심적으로 많은 위축을 갖게 되고 선임들은 부여된 임무를 능숙하게 처리하는데 자신은 제대로 하지 못해 무능력하다고 느끼기 때문에 생긴다. 군대는 1개 주기 또는 1년을 뜻하는 한 사이클만 돌면 걱정이 많이 없어진다고 한다. 즉 모든 것을 한 번씩만 경험해 보면 이제 그것이 어떻게 이루어지는지 알고 어느 정도 숙달이 되기에 그것이 사라진다는 것이다. 굳이 계급으로 따지자면 상병 정도면 안심해도 좋을 단계이다. 따라서 지휘관 및 간부는 일·이병에게 최대한 빨리 자신감을 부여하는 것이 부대의 전투력 향상에 도움이 된다.

필자의 생각에 제일 좋은 방법이 바로 인정과 칭찬을 하는 것이다. 그들이 한 것이 다소 미흡하더라도 잘하고 있다고 인정과 칭찬을 하면 분명 사기가 올라 더 잘하려고 노력하는 것이다. 실제로 부여된 임무가 많은 간부들로서는 잘하지 못한 병사를 칭찬하기가 현실적으로 매우 어렵다. 그러나 문제점이 있고 잘하지 못하는 병사일수록 인내심을 갖고 꾸준히 지도해 주어야 하는데, 이는 인정과 칭찬을 계기로 성공한 인물이 의외로 많기 때문이다. 간부들 또한 대부분 업무에 대한 지식부족과 진급에 대한 스트레스로 그것이 발생한다는 점에서 마찬가지이다. 따라서 그것을 없애기 위해서는 칭찬과 병행하여 개인별 능력에 맞게 임무를 부여하거나 자상하게 업무를 지도해 주어야 한다.

또 다른 좋은 방법은 종교를 권장하는 것인데 이것은 심리적인 안정에 큰 효과를 발휘한다. 아울러 정신적 요소는 아니지만 꾸준한 운동도 스트레스 해소와 자신감 회복에 많은 도움을 준다. 예를 들어 우리 장병들이 유격만 갖다오면 자신감이 느껴지는데 힘든 훈련을 이겨냈다는 것에서 오는 뿌듯한 마음 때문일 것이다. 결국 두려움은 자신을 망가뜨리는 심각한 병으로 인식되어 이것을 방치할 경우 자살 등의 무서운 결과가 초래될 수 있음을 지휘관들은 명심해야 한다. 따라서 앞에서 필자가 제시한 인정과 칭찬, 자상한 업무 지도, 종교 권장, 꾸준한 체력단련 등을 통해 그것을 없애도록 노력하자.

■ '11. 2. 2. 수

군 간부의 자세

필자의 어렸을 적 우리 집 가훈은 정직이었다. 아버님께서는 늘 그것을 강조하셨는데 군 생활을 하면서 그것이 상관으로부터 신뢰를 받는 가장 중요한 요소라는 것은 뒤늦게야 깨달았다. 장교로 임관한 이후에는 앞으로 삶을 어떤 기준으로 살아갈 것인가 고민하다 3가지를 결정하였는데 그것은 제행정도諸行正道, 업무정통業務精通, 만인하심萬人下心이다. 글자그대로 제행정도는 모든 일에 있어 바른 길로 가겠다는 뜻이고, 업무정통은 자기가 맡은 분야만큼은 최고의 전문가가 되겠다는 의미이며 만인하심은 여러 사람 밑에 자신의 마음을 두어 겸손하겠다는 뜻이다. 필자는 이것을 실천하기 위해 끊임없는 노력을 하였는데 계급이 오를수록 다가오는 청탁과 중요한 결심에서 정도는 필자를 지탱하는 하나의 큰 힘이 되었고, 직책이 바뀔 때마다 수많은 고민과 시간을 투입하여 업무만큼은 정통하였던 것이 상관으로부터 필자를 인정하게 만들었고, 계급에 관계없이 누구에게나 친절하고 정감어린 인사말로 인간미가 넘치는 장교로 평판을 받아왔다.

지휘관이 되어 부하를 지도함에 있어서도 3가지 원칙을 정했는데 그것은 솔선수범率先垂範과 인간중심人間中心, 그리고 매사조화每事調和이다. 솔선수범은 물어볼 필요 없이 필자부터 모범적인 행동을 하는 것을 뜻하고, 인간중심은 인정과 칭찬, 역지사지로 부하를 대하는 것을 말하며, 매사조화는 너무 한쪽 방향으로 치우치지 않고 엄과 정, 훈련과 휴식 등을 잘 적용시키는 것을 말한다. 솔선수범에 자연스럽게 따라가야 하는 것이 부지런함과 성실이고 인간중심에는 인내가 많이 요구되며, 조화는 늘 균형 잡힌 사고가 요구된다.

또한 간부들에게 업무를 수행함에 있어 필자가 강조하는 것은 4가지가 있는데 그것은 문제식별, 임무중심, 성과중심, 행동중심이다. 부대의 문제점을 식별하기 위해서는 주인정신과 발상의 전환이 필요하고, 업무와 성과중심은 결과로서 보여야 할 가장 기초적인 것이며 행동중심은 이론이나 계획보다 실천이 중요함을 강조한 말이다.

또한 인생을 살면서 유시유종有始有終, 새옹지마塞翁之馬, 회자정리會者定離이기에 일희일비하지 말고 돈보다는 명예를, 명예보다는 건강을 많이 챙기라고 당부하고 있다. 무릇 공직자라면 도덕성에 있어서는 만큼은 하늘을 우러러 한 점 부끄러움이 없어야 한다. 그래서 가져야 할 마음으로는 정심正心, 하심下心, 애심愛心이며, 버려할 마음으로 탐심貪心, 진심瞋心, 사심私心을 꼽는다. 도쿠가와 이에야스의 말처럼 공직자는 불편을 예사로 여기면 마음이 편하지만 욕심이 앞서면 비리를 저지르게 된다.

필자의 생각이 절대적인 것은 아니지만 후배들이 그것을 참고하여 자기의 철학을 정립하여 군 생활을 보람차게 하였으면 하는 바람이다.

■ '11. 2. 4. 금

관심

　필자의 예하부대 병사 한 명이 아침부터 전화를 하였다. "단장님, 연휴 잘 보내셨습니까?" "그래, 덕분에 잘 보냈는데 너는 어떠냐?" "저도 잘 보냈습니다." "통합병원에서 팔목 수술한 것은 잘 되었나?" "예, 현재 병실에서 쉬고 있는데 많이 좋아졌습니다." "언제쯤 돌아오나?" "4월 초에 갈 것 같습니다." "최대한 잘 치료받고 복귀해라. 전화는 앞으로 복귀하거든 다시 해라." "알겠습니다." 필자와 통화한 병사는 해부대의 관심병사로 심한 복무부적응으로 인해 간부들은 물론 대대장까지 부담을 느끼는 병사였다. 심신에 장애가 있다면 복무부적합으로 조치를 하겠지만 의지가 약한 것이 문제이기 때문에 처리가 제한되었다. 부대에서도 많은 면담을 통해 그를 설득해 왔지만 도저히 어려워 거의 포기에 이른 병사였다. 필자는 예하부대에서 특히 문제가 되는 병사들의 신상을 매주 보고받는다. 그리고 해당 병사가 근무하고 있는 부대에 방문할 때에는 아무리 바빠도 잠시 짬을 내어 그들을 반드시 만나고 온다.
　지난번 그가 근무하는 부대 장병들을 대상으로 안보교육을 실시한 적이 있다. 한참 열강을 하다가 보니 구석에 있는 그가 눈에 띄었다. "어이, 자네!" "저 말입니까?" "자네 이름이 OOO 아닌가?" "예, 그런데 단장님이 저를 어떻게 아십니까?" "왜 모르나. 대대장이 최근 열심히 근무하는 병사 중 하나라고 자랑하던데." "그렇습니까?" "내가 한눈에 알아보았지. 앞으로도 잘해주게." "알겠습니다. 감사합니다." 여러분이라면 많은 병사 중에서 자기를 알아보고 이름을 부른다면 어떻게 생각할까? 그도 순간적으로 머릿속에서는 '내가 단장님과 언제 만났었나?'라거나 '저분이 나를 어떻게 알지?'라고 무척 당황했을 것이다. 그러다가 필자의 말 속에서 아마 답을 찾았을 것 같다. 즉, 대대장이 자기를 좋게 필자에게 보고해서 알게 되었으리라는 것이다. 물론 필자는 매주 그 병사의 관찰결과를 받다보니 사진 속의 얼굴을 통해 그를 알아본 것이다. 그 날은 바빠서 개인적으로 만나진 못했지만 이후에 시간을 갖고 많은 대화를 나누었다.

　필자는 장병들과의 면담간 통상 물어보는 '네가 갖고 있는 애로 및 건의사항이 무엇이냐?'라는 질문은 별로 하지 않는다. 다만 편안하게 그가 하고 싶어 하는 어떠한 말이라도 들어준다. 그것이 그들에게 '나에 대해 많은 관심을 갖고 계시구나.'라는 인식을 갖게 만든다. 관심은 장병과 필자를 연결시키는 하나의 마음의 끈이다. 필자가 그 끈을 놓지 않는 한 그들도 절대로 놓지 않을 것이다. 설사 그들이 나쁜 생각으로 자살을 결심해도 그동안 관심을 보여준 필자에게 어떠한 형태로든 연락을 취하고 나쁜 행동을 할 것이다. 위의 병사도 필자의 관심에 따라 군대생활을 열심히 하겠다고 약속을 하였다. 다만 너무 자주 필자에게 전화를 하여 때론 '얘, 혹시 스토커 아냐?'하는 농담 섞인 생각을 잠시 가져보았다.

■ '11. 2. 6. 일

편지

어제 야간에 부대를 한 바퀴 돌았다. 본부포대가 교육훈련 중이라 교장을 들렸다가 행정반을 들어갔더니 책상위에 여러 통의 편지가 눈에 띄었다. 한 병사가 편지를 써서 행정보급관에게 부쳐 달라고 갖다놓은 것이다. 그런데 수신자를 보니 '중앙대 퀸카 OOO에게, 빅토리아 닮은 OOO에게, 완전 예쁜이 OOO에게'라고 쓰여 있었다. "이 편지를 보내는 사람이 누구지?" "단장님, 접니다." "네 직책이 뭐냐?" "1종 계원입니다." "너는 어째 부모님께 보내는 것을 하나도 없고 다들 여자 친구에게만 보네냐?" "부모님께는 지난 명절에 전화를 드렸습니다." "그래도 그렇지, 여자 친구에게도 전화는 할 거 아냐?" "예, 그렇습니다." "그러니까 사내아이 나아보았자 아무 필요가 없다고 하는 거야. 여자 친구에게만 관심을 갖고 부모님은 뒷전이고." "부모님께도 가끔 편지를 쓰겠습니다." "당연히 그래야지. 부모님은 네가 잘 지내는지 늘 노심초사하고 네가 돌아올 날만 학수고대하는데 잘 해야지." "단장님 말씀 명심하고 앞으로 효도하겠습니다."

문득 20여 년 전 필자가 문산에서 포대장 할 때의 시절이 떠올랐다. 하루는 필자의 아버님께서 전화를 하셨다. "별 일없이 잘 지내냐? 한 가지 부탁 좀 하자." "말씀하십시오." "네가 근무하는 부대 근처에 내 친구의 아들이 복무하고 있는데 잠시 짬을 내서 만나고 오거라." "알겠습니다. 이번 주말에 다녀오겠습니다. "그래 고맙다. 수고해라." 주말에 아내와 함께 그를 만나기 위해 인근 보병부대로 면회를 갔다. PX로 데려가 먹고 싶은 것을 마음껏 고르라고 했더니 이병이라 그런지 많은 양을 골랐다. 고르면서 미안한지 살짝 필자의 눈치를 보기에 걱정하지 말라고 손을 저였다. 부모님이 많이 걱정하니 잘 지내라고 당부하고, 힘들면 전화하라고 연락처까지 적어주고, 나오면서 맛있는 것 사먹으라고 별도로 3만원을 손에 쥐어주었다. "이 대위님, 한 가지 부탁이 있습니다." "무엇인데?" "편지 좀 부쳐주시면 안되겠습니까?" "그러지 뭐. 그런데 부대에서 부치면 공짜로 가는데 왜 밖에서 부치려 하지?" "여기서 부치면 선임병들이 그러는데 다소 늦게 간다고 합니다." "그래 알았다. 걱정하지 마라." 헤어져서 집으로 돌아오는 도중에 그것을 부치려고 수신자를 보니 위 사례처럼 친구들에게 보내는 편지만 10통 가량 되었고 부모님 것은 없었다. 그 때도 아내에게 '남자는 키워보았자 별볼일 없다.'고 말한 기억이 생각난다. 그 병사의 부모님은 자식이 잘 지내는지 궁금하여 친구인 필자의 아버님께 부탁까지 하였는데 자식은 그런 부모님 보다 친구들을 먼저 생각하니 한편으로 서글픈 생각이 들었다.

공기나 물처럼 무한한 부모님의 사랑을 우리는 너무 당연하게 느끼는 것이 아닌지 반성해 본다. 필자도 혹시 아이들만 생각하느라 홀로 계신 어머님이 대한 관심이 소홀한지 느껴보는 계기가 되었다.

■ '11. 2. 11. 금

군 생활의 변화

아직 입대하지 않은 많은 젊은이들은 군 생활에 대해 부정적 이미지를 갖는 경우가 대부분일 것이다. 그것은 아마 한참 젊은 나이에 하고 싶은 것을 그만 두어야 하는 부담감 때문일 것이다. 그러나 어느 제도나 일장일단이 있듯이 군 생활도 나름대로 찾아보면 정말 많은 장점을 가지고 있다. 자고로 '남자는 군대 갔다 와야 사람 된다.'는 말이 있는데 군대가 바로 부모님으로부터 독립을 하는 시발점이기 때문이다. 즉 모든 것은 스스로 판단하여 처리해야 하며 그것에 대한 결과도 본인이 책임을 져야만 한다. 지금의 군대는 환경이 많이 바뀌어 부대 내에서 인터넷으로 대학 원격강좌 수강을 듣고, 이를 통해 학점 취득도 가능하다. 또한 각종 시험을 통해 자격증을 취득하고 있으며, 심지어 일부 병사는 고등고시까지 합격하는 수준까지 도달하였다. 즉 환경보다는 자신의 노력 여하에 따라 한 차원 도약할 수 있는 계기가 되는 것이다. 여기 필자가 생각하는 군 생활을 통해 얻을 수 있는 38가지의 변화를 적어 보았다.

1. 자기일 자기가 할 줄 알게 되고, 2. 허약한 사람도 건강해 지며, 3. 자신감이 넘치고, 4. 어디서나 솔선수범 하게 되며, 5. 어떤 어려움도 참고 견디는 능력이 생기며, 6. 걸음걸이가 씩씩해지고, 7. 자세가 바르게 되며, 8.

일찍 일어나며, 9. 자기만 알던 사람이 남을 배려하게 되며, 10. 편식이 없어지며, 11. 부모님의 소중함을 깨우치고, 12. 자기 집이 천국인 것을 알며, 13. 성숙한 사고와 자세가 생기며, 14. 동료의 소중함을 깨우치고, 15. 소극적인 사람도 적극적으로 바뀌며, 16. 정조준이 중요한 걸 터득하고, 17. 윗사람을 존경하며, 18. 아래 사람을 사랑하는 법을 배우고, 19. 삽 하나로 집을 지을 수 있는 맥가이버가 되며, 20. 군복의 거룩함도 알게 되며, 21. 여자에게 인기가 있고, 22. 결심만 하면 몸에 해로운 담배를 끊을 수도 있으며, 23. 어디서나 적응 할 수 있는 능력이 생기며. 24. 작은 배려에도 감사할 줄 알게 되고, 25. 전략적 사고와 전술적인 사고를 배우게 되며, 26. 주특기가 생기고, 27. 절약정신이 만들어지며, 28. 위기에 대처하는 능력을 배우고, 29. 정리정돈을 잘 하며, 30. 시간 활용법도 배우고, 31. 풍부한 지식과 지혜가 축적되며, 32. 리더십이 향상되고, 33. 겁쟁이도 용감해지고, 34. 음치도 씩씩하게 노래를 부르며, 35. 선착순만 살아남는 것도 터득하고, 36. 내 가족, 내 나라를 내가 지킨다는 것도 알게 되며, 37. 공격만이 최상의 방어라는 것도 알게 되고, 38. 불평분자도 애국자로 변화하게 된다.

이중 필자는 나라를 생각하고, 부모를 공경하며, 예의를 지키는 것, 다시 말해 충 · 효 · 예를 배우는 것이 무엇보다 중요하다고 생각한다. 가끔 뉴스거리로 일부 젊은이들의 병역기피 현상이 보도되는데 이것은 결코 자신의 인생에 도움이 되지 않는다는 점을 강조하고 싶다.

특히 '노블레스 오블리주'라는 말처럼 사회 지도층 인사부터 군복무는 솔선수범을 보여야 한다고 생각한다. 미국의 워커장군과 중국의 팽덕회 아들들이 한국전쟁에 참가한 사실을 우리는 너무나 잘 알고 있다. 군대가 의외로 장점이 많고 자신을 발전시키는 계기가 된다는 긍정적 사고로 열심히 도전하는 젊은이가 되었으면 하는 바람이다.

■ '11. 2. 13. 일

초등학교 졸업식

　　오늘 필자는 부대와 인접하여 위치한 상수초등학교 졸업식에 다녀왔다. 이번이 46회 졸업으로 졸업생은 8명이고 이번까지 합하면 그동안 1,530명이 졸업했다고 한다. 지난번 교장 선생님께서 필자를 만나기 위해 부대로 오신 적이 있다. "단장님, 처음 뵙겠습니다. 상수초등학교 교장입니다." "어서 오십시오. 반갑습니다. 무슨 일로 오셨는지요?" "다름이 아니옵고 저희 학교의 학생 수가 계속 줄어서 폐교될 위기에 처해 있습니다. 연초 부대로 전입한 간부들이 있으면 그들의 자녀를 저희 학교로 보내주시면 감사하겠습니다." "얘기는 해보겠지만 진학 여부는 개인의 자유이므로 제가 강제하기는 어렵습니다." "말씀이라도 해주시면 저에게는 큰 도움이 되겠습니다." "알겠습니다." "한 가지 추가 부탁드리겠습니다." "말씀하시지요." "이번 저희 학교 졸업식에 참석하셔서 자리를 빛내주시고 단장님께서 표창도 수여해주시면 감사하겠습니다." "그거야 어렵지 않습니다. 특별한 일이 없으면 참석하겠습니다." "감사합니다. 그러면 졸업식 때 뵙겠습니다." 그래서 어제 표창과 부상으로 영한사전을 준비하여 미리 보냈다. 복장은 처음에 전투복을 착용하고 가려다가 아무래도 군의 대외 이미지를 고려하여 정복을 착용하고 갔다. 참고적으로 수여된 표창은 20개 종류별 총 38장이어서 개인별 5장 정도는 받아갔다.

문득 필자의 어린 시절이 생각났는데 당시는 지금과는 달리 학생 수가 이렇게 적지는 않았다. 한 학급이 60명 정도이고 한 학년이 6반까지 있어 전교생이 2,000여명 정도는 되었다. 물론 공주라는 도시와 면 소재지인 이곳과는 차이가 있겠지만 현재의 정도는 매우 심각하였다. 그렇게 된 이유는 필자의 생각에 출산율 저조와 도시로의 이농 현상 등이 밀접한 연관이 있다고 생각한다. 경제적 논리로 따져보면 이렇게 인원수가 적은 학교는 근처의 큰 학교와 통합시키는 것이 좋을 것 같다고 생각된다. 물론 거리가 멀면 어렵겠지만 상수 초등학교 같은 경우 다소 큰 남면 초등학교와 불과 차량으로 10여분 밖에 걸리지 않기 때문이다. 통학버스 1대만 추가 운영하면 어려움은 해결될 것 같다. 다만 이 학교를 모교로 하는 졸업생들만 아쉬움과 섭섭함이 남을 것이다. 여하튼 오늘 졸업하는 8명의 학생 모두 나라를 위해 큰 일꾼이 되었으면 하는 바람이 간절하다.

■ '11. 2. 15. 화

야전이 좋다

　군대에서 야전이라 함은 실제 전투 행위를 하는 제대를 말한다. 물론 전시에는 모든 부대가 전투를 하지만 계획을 주로 수립하는 상급제대를 정책부서라고 하기에 야전하면 군사령부급 이하 부대를 말한다. 그러나 필자가 보기에는 비록 군사령부가 야전군이지만 지역상 후방에 위치하고 있어 통상 우리 군인들이 말하는 야전은 전방의 군단급 이하부대를 의미하고 있다. 두 곳 중 어느 곳이 좋으냐고 필자에게 묻는다면 야전이라고 말하고 싶다. 그 이유는 뒤에서 언급하기로 하고 우선 두 곳의 지역적 특성을 비교해 보기로 하자.
　먼저 환경적인 측면인데 야전은 생활여건이 상대적으로 매우 열악하다. 과거 필자가 대대장 시절 근무했던 화천 지역은 상가가 30m도 채 안 되는 조그만 마을이었고 필요한 물건을 사기 위해서는 춘천까지 나가곤 했다. 그래서 평상시 필요한 것들을 메모지에 적어 놓았다가 휴가 기간을 이용하여 구입했던 기억이 난다. 격오지는 상대적으로 물건 값이 도시보다 비싸서 어떤 때는 손해 보는 느낌도 든다. 지금 단장으로 근무하는 이 지역은 서부전선이지만 15분 이상 나가야만 큰 마트가 있다. 그러나 중령시절 근무한 대구는 그야말로 비교가 안 될 만큼 번화가이고, 필요한 물건을 정말 가까이에서 저렴하게 살 수 있었다.
　다음은 근무여건 측면이다. 야전은 거의 병사와 같이 지내다보니 사람과 관계되는 일이 많다. 즉 문제가 많아 속을 썩였던 병사가 어느 정도 괜찮아지면 다른 병사가 말썽을 부린다. 그러다보니 마음 편안할 날이 별로 없다. 그러나 정책부서는 사람 대신 업무와 싸운다. 즉 어떤 계획을 만들어 그것을 시행하도록 예하부대에 지시하고 확인하며 문제가 있으면 다시 보완한다. 결국 차이점은 다루는 대상이 주로 사람이냐 업무냐에 따라 구분된다. 또한 정책부서는 큰 훈련이나 업무가 끝나면 나름대로 개인시간을 갖지만 야전부대는 작은 일이 계속 반복되어 그것이 부족한 편이다. 즉 장병과 함께 생활하기 때문에 일과시간 이후에도 쉬지 못하고 때로 작전도 수행해야 하고 순찰도 돌아야 하며 장병들과 면담도 해야 한다.

　근무 복장도 차이가 있는데 야전은 오로지 전투복만 입으면 되고 정책부서는 전투복과 근무복을 혼용 착용한다. 훈련할 때도 구분이 되는데 야전은 야외에서 텐트를 치고 훈련을 하지만 정책부서는 주로 벙커에서 임무를 수행한다. 가족들의 여가도 야전은 다소 어려운 반면, 정책부서는 자기계발의 환경이 매우 좋다. 이렇듯 두 곳 모두 나름대로의 장단점이 존재한다.

　그래도 필자는 야전이 좋은데 그 이유는 첫째, 항상 젊은 병사들과 생활하여 마음이 순수해지기 때문이다. 통상 남자들만 있기에 딱딱하다고 생각할지 모르지만 오히려 그 반대로 훈훈한 전우애가 많이 존재한다. 둘째는 산야가 많기 때문에 좋다. 필자는 등산을 좋아하는데 전방 지역은 오염이 안 된 산이 많아 주말에 인근 산을 자주 올라간다. 그러면 심신단련도 되고 전시 어떻게 이곳에서 전투할지에 대한 고민도 한다. 또한 들판은 사시사철 변하는 식물의 모습과 밤에 보는 별들의 아름다움, 그리고 새벽에 일어나서 마시는 신선한 공기 등의 느낌을 좋아한다.

　그러나 다른 무엇보다도 좋은 것은 격오지의 외로움 때문인지는 몰라도 이웃 간의 정이 돈독해지는 등 사람 사는 냄새가 많이 나기 때문이다. 오로지 일만 하고 일과 이후에는 각자의 개인시간을 갖는 정책부서보다는 여건이 불비하더라도 늘 사람들과 부딪히는 야전이 필자의 적성에는 맞는 것 같다.

 또한 야전은 어쩌면 약간의 수도승 같은 무미건조한 맛이 있지만 자신을 깊이 성찰할 수 있는 곳이기도 하다. 또한 야전은 업무 때문에 늘 뭔가에 쫓기는 정책부서 보다 다소 느리지만 현실을 보다 피부로 느낄 수 있다. 지금 단장으로 생활하는 이곳도 한편으로 마음의 고향과 같다. 단장 보직을 마치면 또다시 정책부서로 가야하지만 그 전까지 우리 장병들과 함께 호흡을 하면서 많은 추억을 만들고 싶은 소망이 있다.

■ '11. 2. 17. 목

큰 아들 방문

이른 저녁에 어머니께서 전화를 하셨다. "애비야! 집사람은 갔나?" "예, 어머니, 큰 아들 동기하고 함께 갔습니다." "너 혼자 남아서 무척 외롭겠구나?" "집사람 혼자 갈 때 보다 더 허전한 것 같습니다." "불쌍해서 어쩌나?" "이것도 운명 아닙니까? 그냥 참고 견디는 수밖에요." "그래도 마음이 많이 심란하지?" "그래도 제 마음을 헤아려 주는 분은 어머니 밖에 없네요. 감사합니다." "힘내고 밥은 먹었니?" "여기 잠깐 복지회관에 들렀는데 들어가서 먹겠습니다."

필자는 엊그제 금요일부터 오늘까지 외박을 받았는데 오산에 계시는 형님 댁을 방문하였다. 이유는 그가 최근 새로 아파트를 구입하여 이사를 했기 때문이었다. 필자가 간다는 소식에 공주에 사시는 어머니와 여동생 내외, 그리고 대구에 있는 필자의 아내와 큰 아들까지 모였다. 현재 가족 모임은 통상 군인인 필자의 일정을 고려하여 모이고 있다. 필자는 가족들을 위해 갈비를 가지고 갔는데 어머니께서도 많은 음식을 장만해 오셨다. 여동생은 모처럼 외식하려고 했는데 또 못하게 되었다고 불평을 하였지만 어머니를 위해서 한 말임을 모두 다 알고 있다. 어머니께서는 당신이 준비해 온 음식을 우리들이 맛있게 먹은 것에 행복을 느끼신다. 이번 음식 중에 필자가 제일 맛있게 먹었던 것은 열무김치였다. 큰 아들 동기는 이번에 대학교에 합격하여 처음으로 가족 모임에 참석을 하였다. 어머니께서는 그동안 안 쓰시고 모은 돈을 입학금으로 내놓으셨고, 형님과 여동생은 큰 아들에게 옷 한 벌씩 해 입으라고 돈을 주었다. 식사 후에 다과를 함께 하며 그동안 하고 싶었던 많은 이야기를 하였다. 그러나 통상 화제의 주제는 교육인데 그 이유는 형님 내외분과 매제가 학교 선생님이기 때문이다. 과거 아버님과 여동생까지 교편을 잡고 계셨을 때는 어머니와 필자의 부부를 제외하고 5분이 선생님이신 교육자 집안이었다.

어제 아침에는 아쉬운 가족 모임을 뒤로하고 필자 부부와 동기는 양평을 방문했다. 그곳은 필자가 과거 대대장시절 작전과장으로 근무한 장교가 이번에 대대장으로 취임하여 필자를 초대했기 때문이다. 부대 근처에 곤드레 밥을 맛있게 하는 집이 있다고 하여 점심을 함께 먹고 오후에는 근처에 위치한 용문사를 들렀다. 그곳에는 신라시대 마의태자가 망국의 한으로 심었다고 전해져 오는 1200~1500년 된 오래된 은행나무가 있었는데 그 웅장함에 오히려 세월의 무상함을 느꼈다. 하룻밤 쉬어가라는 그의 청을 어렵게 뿌리치고 필자는 아내와 아들과 함께 이곳 양주로 올라왔다. 그것은 큰 아들이 대학 입학 전에 필자가 근무하는 부대를 꼭 보고 싶다고 말했기 때문이다.

오늘 아침에는 참으로 오랜 간만에 아들과 둘이서만 관사 근처의 효촌저수지 인근을 걸으면서 이야기를 나누었다. 그동안 공부한다고 서로 조심하다보니 말할 기회가 별로 없었는데 부자지간에 정말 의미 있는 시간을 가졌다. 그는 필자가 격오지에서 너무 고생한다고 위로를 하였고, 필자는 그동안 열심히 공부하여 대학에 합격한 것을 축하하면서 새로운 출발을 잘하라고 당부하였다. 자식 자랑하면 팔푼이라고 할지 모르지만 큰 아들 동기는 인성을 갖춘 예의바른 아들이다. 성당 미사에 함께 참석을 하고 점심 식사 후에 그들은 대구로 출발을 하였다. 그런 후에 곧바로 어머니로부터 전화를 받은 것이다.

사실 오늘까지 필자의 컨디션은 별로 좋지 못하였는데 이는 지난 주 일요일 점심에 라면을 먹고 10km를 뛰다가 급체를 걸렸기 때문이다. 몸 상태는 건강의 척도인데 그동안 여러 가지로 필자의 육체를 너무 혹사를 시킨 것 같다. 즉 과로와 과음, 과도한 스트레스, 과격한 운동 등이 복합적으로 작용한 것 같다. 과유불급이란 말처럼 뭐든지 지나치면 좋지 않은 것이다. 다행히 지금은 점차 상태가 호전되고 있는데 다음 주까지는 조심해야 할 것 같다. 건강을 잃으면 모든 것을 잃는다는 말처럼 앞으로 건강에 더욱 조심할 것을 다짐해 본다.

■ '11. 2. 20. 일

긍 정 일 기

생각을 바꾸면
다른 세계가 보인다

생각을 바꾸는 것은 쉬우면서도 매우 어렵다.
잘못된 생각을 바꾸는 것은 개인의 인생에 있어서도
커다란 영향을 미칠 수 있다.

말을 줄이자

'말 한마디에 천 냥 빚을 갚는다.'라는 속담은 말의 중요성을 강조하고 있다. 불교의 초기경전을 보면 '사람은 태어날 때 입안에 도끼를 가지고 태어난다. 어리석은 사람은 함부로 말함으로써 그 도끼로 자신을 찍고 있다.'고 언급하고 있으며, 법구경에는 '아무리 아름답고 빛이 고울지라도 실천이 따르지 않는 말은 그 열매가 없다.'라고 말하고 있다. 그만큼 우리 인간이 내뱉는 말이 중요하다는 뜻이다. '입은 재앙의 문'이라고 하듯이 잘못 말하면 스스로 화를 자초하게 된다. 세상이 시끄러운 것은 사람들이 할 말 안할 말을 가리지 않고 함부로 쏟아내기 때문이다. 말이란 안 해서 후회하는 것보다 입 밖으로 쏟아버려서 후회하는 경우가 훨씬 많다. 독선적인 사람은 자신의 말만 늘어놓음으로써 스스로 선전하고 과시하며 상대방을 제압하려 든다. 그러나 훌륭한 사람은 자신의 말보다 남의 말을 경청함으로써 지혜의 샘을 깊게 한다. 왜냐하면 말이 적어야 어리석음이 지혜로 바뀐다는 도리를 알고 있기 때문이다. 여기 말에 대한 경각심을 가지게 만드는 한 가지 사례를 들어보고자 한다.

옛날에 한 호수 속에 말이 많은 거북이가 살고 있었다. 그는 근처에서 놀고 있는 백조 두 마리와 친해졌는데, 어느 날 백조가 히말라야에 황금굴이 있으니 놀러가자고 말했다. 거북이는 좋아하였고, 드디어 나뭇가지를 입에 물고 양쪽에서 백조가 그 끝을 물고 공중으로 날았다. 나는 도중 그는 아래에서 "허 별일이야. 거북이가 백조에 끌려가네."하고 조롱하는 아이들의 목소리를 들었다. 그냥 듣고 참으면 되는데 평상시 말이 많은 거북이는 "너희가 무슨 참견이냐?"고 소리를 지르는 바람에 그만 땅에 떨어져 죽었다.

 이 사례는 지나치게 말이 많은 사람은 언젠가 불행을 겪는다는 예문이다. 말은 그 사람의 인격이다. 따라서 내뱉는 말이 도끼가 아니라 사랑과 자비가 넘치도록 노력하는 것이 중요하며 꼭 필요한 말 외에는 줄이는 것이 좋다고 필자는 생각한다.

■ '11. 2. 22. 화

생각을 바꾸면 다른 세계가 보인다

 예하부대 대대장이 병사 한 명을 면담해 달라고 필자에게 요청하였다. 직접 하면 될 것을 굳이 필자에게 하라는 이유를 물으니 도저히 대화가 안 되기 때문이라고 하였다. 마침 그 부대를 방문할 기회가 있어서 그 병사와 면담을 하였다. "아무 이야기나 하고 싶은 말이 있으면 해 보거라." "단장님, 저는 군대생활이 하기 싫습니다." "왜?" "통제 받는 것도, 단체생활도 싫습니다." "그러면 어떻게 하지?" "군대만 아니면 다른 어떤 것이라도 좋습니다." "군대생활을 하기 싫다고 안하면 다른 병사들은 어떡하고 우리나라는 누가 지키나?" "그것은 모르겠고 무조건 하기 싫습니다." "그래, 우선 알았고 내가 말하는 것을 따라해 보거라." "예" "생각을 바꾸면 다른 세계가 보인다." "생각을 바꾸면 다른 세계가 보인다." "당분간 그 말을 음미해 보고 빠른 시간 내 다시 만나자. 알았지?" "예, 알겠습니다." 생각을 바꾸면 군대생활도 그렇게 어렵지 않지만 실제 그것을 바꾸기란 쉽지 않다. 특히 복무부적응을 보이는 장병들은 오로지 전역만이 불행으로부터 탈출할 수 있는 것이라 생각한다.

 위 말은 필자가 오래 전에 군 보충대의 건물에서 본 글이다. 그곳은 전시에 병력을 보충하는 곳이지만 평시에는 후송이나 처벌을 받은 후 새로운 부대로 가기 전에 잠시 대기하는 장소이다. 생각을 바꾸는 것은 한편으로 쉬우면서도 매우 어려운 속성을 갖고 있다. 군대생활을 못하겠다는 병사를 조치하는 방법은 다음과 같다.

첫째는 현역복무 부적합 처리이다. 이것을 위해서는 자신의 심신이 군대생활을 하기 어렵다는 것을 증명해 내야 한다. 따라서 그것은 해당 부대에서 판단하는 것이 아니고 전문의 소견이 있어야 한다. 신체적인 결함으로 전역하는 것을 통상 의가사 전역이라고 한다.

둘째는 심한 복무염증이나 종교적 신념으로 못하는 것으로 이것은 법적 처리가 필요하다. 즉, 재판 결과에 따라 후속조치를 취하면 된다는 것이다. 실상 지휘관들은 위 2가지 조치를 싫어하는데 그 이유는 병사가 전역 후에 받게 될 불이익 때문이다. 자영업이면 몰라도 공직이나 회사 취직시에 그것은 결격사유로 작용할 수 있다.

셋째는 전문 병원에서 치료를 하거나 상담 캠프로 개선시키는 방법이다. 캠프는 군내 성직자가 운영하는 비전캠프나 상담 전문가를 운영하는 그린캠프가 있다.

넷째는 자대의 자체 조치로써 개인 보직을 변경하거나 부대를 바꾸어 주는 방법이 있다. 즉, 이것은 환경에 변화를 주어 새롭게 출발하도록 만드는 것이다.

다섯째가 바로 지휘관과의 심층 깊은 대화를 통해 생각을 바꾸는 방안이다. 이 방법은 필자가 특히 많이 쓰는 방법으로 친아버지의 입장에서 그를 설득하면 개선되는 경우가 종종 있다.

앞의 병사도 결국 필자와의 면담을 통해 생각을 바꾸었고 현재 군 생활을 잘하고 있다. 잘못된 생각을 바꾸는 것은 개인의 인생에 있어서도 커다란 영향을 미칠 수 있다. 앞으로도 우리 장병들이 긍정적인 생각을 갖고 군 복무에 전념할 수 있도록 최선의 노력을 다하겠다.

■ '11. 2. 24. 목

술은 적게 마실수록 좋다

어제 필자의 부대는 40km 전술행군을 실시하였다. 원래 연초 혹한기 훈련에 포함하여 실시해야 하나 구제역 여파로 이번에는 분리하여 시행하였다. 필자도 모처럼 장병들과 동일하게 완주하려고 출발부터 동참을 하였다. 지금 필자의 나이가 48세인데 20대 초반의 장병들과 행군하는 것이 다소 무리가 되었지만 솔선수범과 현재의 체력 상태를 확인도 해보고자 동참하였다. 50분을 걷고 10분간 휴식을 하면서 15km를 걸었더니 어느덧 인근의 한터고개에 이르렀고 그곳에서 또다시 휴식을 가졌다. 병사들은 아버지 같은 단장이 자신들과 똑같이 걸으니 안쓰러웠는지 갖고 있던 초콜릿과 물을 주었다.

필자는 "행군은 무엇이라 생각하나?"라고 그들에게 질문을 던졌더니 대부분 "전술적 조치능력을 배양하는 것입니다."또는 "체력단련을 강화하기 위해서 입니다."라고 답변을 하였다. 그래서 필자는 "너희들 말도 맞지만 단장 생각에 그것은 자기 자신과 의지와의 싸움이다."라고 대답을 하였다. 즉 행군은 시간이 흐를수록 고통이 심해지는데 오로지 강인한 의지만이 그것을 극복할 수 있다. 어느덧 25km를 걷고 30분간의 대휴식을 가졌는데 작전과장이 필자는 그만 복귀하는 것이 좋겠다고 건의를 하였다. 왜냐하면 오늘 새벽 군단통제 국지도발 훈련이 또 계획되어 있었기 때문이었다. 장병들과 끝까지 동참을 하고 싶었는데 아쉬웠지만 결국 밤 11:30분 경에 필자는 차량으로 복귀하였다.

　농촌이라 그런지 조명이 없어 어두운 길을 천천히 가고 있는데 갑자기 웬 젊은 여성이 필자의 차량으로 뛰어들었다. 운전병이 혼비백산하여 차를 급정거하였고 그녀는 다행히 다치지 않았다. "왜 그러십니까? 잘못하였으면 크게 다칠 뻔 했잖습니까?" "죄송합니다. 저 좀 살려주세요." "무슨 소리입니까?" "제가 술을 마셨는데 저기 보이는 남자가 저를 죽이려고 합니다." "예! 그게 무슨 말씀인지?" "우선 저를 태워 주세요." "알겠습니다." "택시를 탈 수 있도록 큰 길로 가 주세요." 그래서 그녀를 뒷좌석에 태우고 부대와 반대 방향인 상수 사거리까지 나갔다. "많이 취하셨는데 여기에 내려 드리면 됩니까?" "감사합니다." "조심해서 가시고 앞으로 너무 과음하지 마세요." "알겠습니다. 죄송합니다." 처음 그녀가 태워 달라고 필자의 앞좌석 문을 열었을 때 필자는 그녀를 유심히 보았다. 키도 크고 인물도 훤하며 옷도 잘 입은 젊은 여성이 불안감을 심하게 느끼고 있었다. 이유를 물어보지는 않았지만 그와 술을 마시고 낯선 곳에 있다 보니 자신의 몸을 보호하려는 본능이 순간적으로 작용한 것 같다. 술로 인해 자신의 이성적 판단과 몸까지 통제하지 못하는 상황에서 궁여지책으로 군용 지프차에 달려든 것이다.

　우리 장병들도 평소 부대에서는 잘 지내다가 휴가나 외박 등의 출타 간에는 과음으로 인한 사고가 종종 발생하고 있다. 이는 긴장이완으로 자신을 절제하지 못한 상황에서 일어나는 것이다. 특히 최근 그러한 사고가 점점 증가 추세에 있어 필자와 같은 지휘관들을 걱정스럽게 만들고 있다. 따라서 건전한 음주문화를 조성하기 위해 119(1가지 술로 1차에 한해 9시까지) 준수나 음주 후에 복귀여부를 필히 확인하고 더불어 출타 전 정신교육 등을 강화하여 더 이상의 피해가 발생되지 않도록 해야 한다. 즐겁게 마시고자 하는 술이 고통과 슬픔으로 뒤돌아오지 않도록 다함께 노력해야 하겠다.

■ '11. 2. 25. 금

소중한 것

우리나라는 1910년에 일본에 강제 병합되어 35년간 식민지로 살았고 그 이후에는 6.25전쟁을 3년이나 하였음에도 불구하고 지금은 세계 12위의 경제대국이 되었다. 즉, 불과 50년 만에 개인소득 2만 불이라는 초고속 성장을 한 나라이다. 세계 192개국에 이런 나라가 있을까? 아무리 생각을 해보아도 우리 민족은 정말 위대하다는 생각이 든다.

그렇다면 어떻게 이렇게 잘 살게 되었을까? 그 이유를 세브란스 국제진료 센터 인요한 박사는 박정희 대통령, 기업 근로자, 그리고 우리의 어머니들이라고 말하고 있다. 그는 우리나라에서 출생한 미국인으로 3대에 걸쳐 선교를 했고, 학교를 세웠으며, 병원을 세운 명문가의 아들이다. 과거 그가 방북하였을 때 안내원이 어떻게 잘살게 되었냐고 질문하자 박정희 대통령은 "할 수 있다."는 자신감으로 새마을 정책을 포함한 강력한 경제정책을 추진하였고, 근로자들은 공단에서 16시간이나 일을 했으며, 어머니들의 근검절약으로 인해 오늘날 잘살게 되었다고 대답하였다고 한다.

그러나 이렇게 대단한 우리 국민들에게도 한 가지 아쉬운 점이 있는데 그것은 아직도 타협정신이 부족한 것과 잘한 것을 축하해주는 자세 등이 미흡하다고 그는 말했다고 한다. 그 예로 정치적으로 보수와 진보, 여야가 소모적으로 싸우는 것과 역사적으로 이순신 장군이 왜적을 물리쳤는데도 감옥에 넣거나 박정희 대통령이 경제성장의 밑거름을 만들었는데도 기념관 하나 없는 것, 그리고 사회적으로 사촌형이 땅을 사면 배가 아픈 현상 등을 들었다. 또 한 가지는 사람의 업적을 평가할 때 미국은 '시대성'을 감안하여 평가를 하는데 비해 우리는 그것을 배제하고 오늘날의 잣대로만 옛날을 평가하는 오류를 범하고 있다고도 하였다.

어쨌든 방북시 그가 북한 호텔방에서 목욕을 하려하자 이를 위해선 양동이와 세숫대야, 바가지 등 3가지가 필요하였다고 한다. 이는 물 부족 현상 때문이라고 하였다. 그런 불편을 겪다가 콸콸 물이 잘 나오는 우리나라로 복귀하여 마음껏 목욕을 하였는데 그것이 고마워서 혼자 울었다고 한다. 자신의 부친 장례식 때도 울지 않았던 그였는데 말이다. 그의 아내 역시 북한 의사들을 대상으로 중국에서 의료교육을 실시한 적이 있는데 그들은 교육은 필요 없고 차라리 남조선 사극이 들어있는 USB를 달라고 요구하였다고 한다. 왜냐하면 치료할 의약품과 의료기구가 없어서 교육은 불필요하며, 오히려 복귀하면 뇌물을 바쳐야 하는데 고위 간부들이 제일 좋아하는 것이 그것이기 때문이라고 하였다.

옛날 우리나라도 어려운 시절이 있었음에도 풍족하게 사는 지금은 그 때를 잊어가는 것 같다. 그래도 우리 군인들은 주기적으로 야외에 나가 어려운 형편에서 훈련을 실시하기에 그나마 낫다. 훈련할 때는 편의시설 이용이 제한되다 보니 주둔지로 복귀하면 모두들 행복해 하는 것이다. 마음대로 TV도 보고, PX도 갈 수 있고, 인터넷과 책도 읽을 수 있기 때문이다. 그것들은 주둔지에 있을 때는 하찮은 것들이지만 없을 때는 매우 소중한 것들이다. 6.25전쟁 시 수많은 우리 선열들이 피를 흘려가며 무엇보다 고귀한 자유를 지켜내었다. 그런데 시간이 흐를수록 그것의 소중함을 점차 잊어가는 것 같아 안타깝게 생각된다. 자유는 우리 군인만이 지키는 것은 결코 아니다. 국민 모두가 투철한 안보의식을 가지고 함께 지켜야만 가능하다. 바로 그것이 피로써 지켜낸 소중한 우리 대한민국을 선진 일류국가로 만드는 원동력이기 때문이다.

■ '11. 2. 26. 토

굶주림이 가장 무서움

오늘 아침 일어나서 '늘 푸른 인생'이란 TV프로그램을 잠깐 보았다. 그곳에서 88세의 여성 노인분이 진행자인 뽀빠이 이상용 씨와 대화하는 내용을 들었다. "할머니는 시집을 몇 살 때 오셨어요?" "15살" "아니 무슨 혼인을 15살에 합니까?" "지금은 이해가 안 되지만 그 때는 그 나이에 했어." "할머니 6.25 시절에는 어땠습니까?" "말도 못하게 힘들었지?" "무엇 때문에요?" "빨갱이들이 우리가 기르던 소와 집에 있는 쌀을 모두 다 갖고 갔어?" "그래서요?" "그 다음부터 먹고살기 힘들었지. 정말 나쁜 놈들이야." 연세가 많으신 데도 잠시나마 그 시절을 회상하며 분노의 말씀을 하셨다.

지금 중동의 많은 나라들이 민주화 시위로 몸살을 앓고 있다. 외부가 아닌 내부에서 자신들의 통치자들에 대해 퇴진을 요구하고 있는 것이다. 유목민족인 아랍인들은 전통적으로 통치자에 대해 순종하는 관습이 있음에도 대담하게 통치자를 비방하고 연일 시위가 일고 있으니 참으로 아이러니한 일이다. 그러면 왜 그같은 현상이 일어나고 있을까? 궁극적인 이유는 바로 국민들이 굶주리기 때문이다. 아무리 순진한 사람이라도 참지 못하게 만드는 것이 바로 그것이다.

프랑스 사람들은 그들의 대혁명이 일어난 원인이 자유를 갈구하는 민족성을 가졌기 때문이라고 자랑하고 있다. 그러나 역사학자들은 그것의 원인을 몇 년간 계속된 가뭄으로 굶주리던 백성들이 '빵을 달라.'는 시위를 하였는데 왕정이 그들을 무차별적으로 탄압하자 불만이 폭발하여 생긴 것이라고 주장하고 있다. 즉, 다른 것은 몰라도 배고픈 것은 사람을 참지 못하게 만드는 것이다. 아랍에서 최초로 시위가 발생했던 튀지니도 실업과 저임금으로 인해 폭발했고 이집트와 리비아도 같은 이유이다. 인터넷의 발달로 정보가 공유되면서 국민을 억압하고 배고프게 만드는 지도자는 더 이상 설자리가 없다.

　모든 정보를 강력하게 통제하고 있는 북한도 이 바람을 비켜갈 것 같지는 않다. 군부가 힘으로 뒷받침하고 있지만 그 군부도 접차 굶주리는 상황에서 정권을 지탱하는 것은 어렵다고 본다. 그래서인지 요즘 북한은 우리나라뿐만 아니라 세계와도 끊임없는 대화를 요청하고 있는데 그것은 식량부족을 해결해 보려는 계산된 의도이다. 노인께서 북한군은 빨갱이로 부르면서 증오를 표출한 것도 그들이 자신의 가족들을 굶주리게 만든 장본인들이었기 때문이다.

■ '11. 2. 27. 일

삼겹살

오늘 필자는 우리 포병단 본부 장병들에게 다음과 같은 질문을 했다. "군대 반찬 중에 가장 맛있는 것이 무엇이냐?" 그랬더니 닭튀김, 감자탕, 꼬리곰탕, 소시지, 샐러드 등 장병 개인마다 선호하는 메뉴가 달랐다. 그러나 큰 틀에서 볼 때 공통적인 것은 육류를 대부분 좋아하고 그 다음이 야채류, 생선류 순이었다. 나이가 든 간부들은 오히려 야채류, 생선류, 육류 순으로 답해 그들과는 차이가 있었다. 필자도 점심 식사를 제외하고는 현재 병식을 먹는데 혼자 지내다보니 스스로 밥해먹는 것이 귀찮아 부식비를 반납하고 먹고 있는 것이다. 과거 24년 전 소위를 달고 전방에 갔을 때는 비계만 둥둥 떠다니는 고깃국을 먹었지만 현재는 매 식사 때마다 고기가 빠지지 않는 등 웬만한 보통 가정 이상의 수준은 된다.

또한 쌀이 절약되면 그것만큼 삼겹살을 주는데 분기 정도는 단체 회식을 할 수 정도로 지급되고 있다. 어제 마침 자매결연 한 기관에서 장병 격려용으로 돼지 한 마리를 보내왔다. 그래서 아침에 축구 시합을 하고 점심에 그것을 구워먹었다. 우리 부대는 드럼통이 몇 개 있는데 철망이 아닌 쇠로 만든 철판으로 구워먹도록 제작되어 있다. 철망은 통상 고기가 타긴 하지만 철판이 기름을 쫙 빠지게 하여 정말 맛있게 구워진다. TV에서 보면 긴 삽에 고기를 얹고 숯가마에 살짝 넣어 먹는 바로 그런 맛이다. 정신없이 먹고 있는 장병에게 또 물어보았다. "고기 맛있니?" "단장님 정말 맛있습니다." "다른 때도 맛있지 않았어?" "이번에는 그때와는 두 가지 면에서 차이가 있는 것 같습니다." "무슨 차이?" "첫째는 생삼겹이라 맛있고, 둘째는 최근 돼지고기가 비싸서 먹기 힘든데 마음껏 먹을 수 있어서 그렇습니다." "그래 많이 먹어라." 간부들이 고기를 구웠고 병사들은 식판에다 타다가 먹었는데 개인당 5번 정도는 오는 것 같았다.

최근 신문·방송에서 북한 병사와 우리 장병과는 신체적 크기에서 20cm정도 차이가 난다고 보도하였다. 그만큼 먹는 것이 그것에 결정적인 영향을 미치고 있는 것이다. 병사들에게 물어보면 군대에서 먹는 라면이 정말 맛있다고 한다. 그래서 휴가를 나가면 계란과 파 등 갖은 양념을 넣고 몇 개씩 끓여먹는데도 부대에서 먹던 맛이 안 난다고 하였다. 과거 포대장 시절 주물럭을 만들어 분대별로 회식을 시켜 준 적이 있는데 집이 부유한 병사가 호텔에서 먹었던 음식보다 훨씬 맛있다고 말한 기억이 난다. 이처럼 음식 맛도 환경에 영향을 많이 받는다. 똑같은 음식일지라도 어렵고 힘들 때 먹으면 맛있다고 기억하고, 편하고 여유가 있을 때 먹으면 그 맛을 모르는 경우가 있다. 고기 한 점 먹으면서 필자를 보고 씩 웃는 장병들의 모습은 이 세상 모든 행복을 가진 사람들처럼 보였다.

■ '11. 3. 1. 화

진돗개

　필자의 부대와 울타리를 연하여 논이 있는데 그곳의 주인이 지난주에 생후 3개월 된 진돗개 한 마리를 보냈다. 보낸 이유를 여쭈어보니 관사에서 혼자 지내시기 적적할까봐 그랬다고 한다. 최근 그의 어미 진돗개가 새끼를 5마리 낳았는데 그 중 한 마리를 필자에게 키우라고 보낸 것이다. 고민을 몇 번 하다가 결국 받았는데 그의 말대로 외로움을 달래보기 위해서였다. 사실 필자는 살아오면서 개를 키운 경험이 없어 잘 키울지는 미지수다. 다만 생명을 가진 동물이니 사랑을 많이 주면 되겠다고 생각하고 있다. 요즘은 진돗개들이 많아 진품인지는 잘 모르겠지만 하얀 털과 이목구비가 뚜렷해 멋있게 생겼다. 첫 날은 필자에게로 잘 오지 않아 애를 태웠지만 지금은 주인이라는 것을 아는지 출퇴근 간 졸졸 따라다니고 있다. 장병들에게 행여나 불편을 줄까봐 관사에 묶어놓고 직접 먹이도 주면서 배설물도 치운다. 먹이는 사료를 사다가 주었는데 잘 먹지를 않아 간부식당의 잔반을 모아 주고 있다. 그런데 그것 중 육류와 생선류는 골라먹고 나머지는 먹지 않는다.

　진돗개는 풍산개, 삽살개와 더불어 우리나라 3대 토종개 중에 하나이다.[3] 그

---

3) 1962년 천연기념물 제 53호 지정

것의 특징은 영리하며 귀소본능과 충성심, 그리고 수렵본능이 강하다. 털 색깔과 무늬에 따라 황구, 백구, 재구, 호구, 네눈박이 다섯 종류로 구분한다. 새끼는 1년에 2회 낳으며 임신기간은 58~63일로 한 번에 3~8마리를 낳는다. 필자의 진돗개 이름을 무엇으로 지을까 생각하다가 부대명칭과 같이 백호라고 지었다. 최근 그와 살면서 얻는 좋은 점이라면 필자의 마음을 그에게만은 마음껏 표현할 수 있다는 것이다. 즉 누군가에게 말하기 힘든 내용을 그를 통해 간접적으로 함으로써 그 불편함을 없애고 있다. 다음은 필자가 슬프거나 화가 나도 늘 정답게 반겨주어 기분을 좋게 만들어 준다. 필자가 모습이 보이지 않으면 크게 짖다가도 약간이라도 보이면 반가운지 꼬리를 친다. 꽃샘추위가 그치면 앞으로 그와 영외로 산책도 나갈 계획이다. 대신 단점은 새벽에 일찍 짖어 필자의 단잠을 깨우는 것과 앞에서 말했듯이 먹이를 가려먹어 다소 걱정이 된다. 또한 지금 당장은 아니지만 올해 보직이 바뀌어 그와 헤어지면 무척 마음이 아플 것이다. 진돗개는 성견이 되면 주인을 잊지 못해 종종 도망가는 경우도 있다고 한다. 가족과 떨어져 사는 필자와 엄마와 떨어져 사는 백호가 서로에게 큰 힘이 되었으면 하는 마음이 간절하다.

■ '11. 3. 8. 화

섬김

성경 마르코 복음 10장 42~45절을 보면 다음과 같은 예수님의 말씀이 나온다. '너희들도 알다시피 통치자들은 백성위에 군림하고 고관들은 세도를 부린다. 너희는 그래서는 안 된다. 높은 사람이 되려는 이는 섬기는 사람이 되어야 한다. 첫째가 되려는 이는 모든 이의 종이 되어야 한다. 사람의 아들은 섬김을 받으러 온 것이 아니라 섬기러 왔고, 또 많은 이들의 몸값으로 자기 목숨을 바치러 왔다.' 이는 그의 제자들 가운데 야고보와 요한이 예수께서 영광을 받을 때 자신들을 그의 좌우에 앉게 해 달라고 청하자 다른 열 명의 제자가 화를 내었을 때 하신 말씀이다. 그들은 모든 것을 다 버렸다고 했지만 실상 아무것도 버리지 않은 것이다.

최근 필자는 월간잡지에 주임원사 한분이 쓴 '이런 소대장과 함께라면'이라는 주제의 글을 읽었다. 거기에는 그 부대 소대장 한 명이 행한 사례가 소개되고 있었는데 이것을 읽는 내낸 잔잔한 감동을 불러일으켰다. 석 달 전에 그 부대에는 이등병 한명이 전입을 왔는데 정신적으로 심한 우울증과 액취증이 있었다고 한다. 이로 인해 평소 그는 동료들과 어울리지 못하였고 점점 표정이 점점 어두워져만 갔다고 한다. 그런 상태에서 혹한기 훈련을 받았는데 소대장은 매일 저녁에 손수 뜨거운 물을 받아 그 병사의 발을 녹여주었고, 액취증 치료약품까지 정성스럽게 물에 타서 담가주었다고 한다. 더군다나 그 병사의 발을 맨손으로 잡고 발가락 틈새까지 일일이 닦아주는 수고를 아끼지 않았다고 한다. 그래서 주임원사는 그에게 존경과 더불어 감명을 받았고 30여 년 전 임관 때의 초심을 되새기게 만드는 소중한 기회를 가지게 되었다고 한다. 예수께서도 겸손과 애덕을 가르치기 위해 열두 제자의 발을 씻어주셨는데 그러한 세족례가 성주간 전례에 도입되어 오늘에 이르고 있다.

며칠 전 필자의 예하부대에서 초급간부가 병사에게 폭언과 욕설을 한 사례가 식별되었다. 그래서 필자가 그 부대 간부들을 대상으로 리더십에 관한 정신교육을 실시하였는데 그 때 강조한 것이 부하사랑이었다. 진정한 부하사랑은 그들에 대해 많은 관심을 갖고 고난을 함께 나누는 것이다. 비록 부하가 잘못했을지라도 죄는 미워하지만 사람을 미워해서는 절대 안 된다. 예수님께서 제자들의 발을 씻기 위해 겉옷을 벗고(신분에서 내려와), 수건을 가져다 대야에 물을 담고(자신의 것을 내어놓고), 허리에 두르시고(적극적인 행동으로), 제자들의 발을 씻기셨던(관심과 사랑, 배려) 그것의 의미를 우리는 잘 되새겨 보아야 한다.

최근 섬김 리더십이 주요한 화두로 떠오르고 있다. 이제는 섬기지 않고서는 조직의 지도자가 될 수 없다. 특히 우리 지휘관들은 부하에 대한 관심과 사랑에 모범을 보여야 한다. 그래야만 진정한 강한 군대가 될 수 있음을 절대 잊어서는 안 되겠다.

■ '11. 3. 10. 목

겁劫

　과거 필자가 대구에서 근무할 때 인사처의 주무 장교를 한 적이 있다. 처의 모든 업무를 계획하고 실시결과를 종합하는 등 매우 바쁜 자리였다. 특히 훈련할 때면 사령관님께 드리는 처의 각종 보고를 거의 모두 작성하다보니 신경이 매우 예민해 진다. 인사처는 훈련 간 병력 보충, 의무, 헌병운용 등을 통제하는데 필자는 각 분야에 대해 깊이는 모르지만 전체적인 것은 나름대로 많이 안다고 생각한다. 그러다가 언젠가 헌병 운용에 대한 교리적인 문제로 후배장교와 의견충돌이 있었다. 후배가 "헌병 작전에 대해서 잘 모르시면 가만히 계십시오."라고 말을 하는 바람에 흥분하였던 것이다. 그리하여 필자도 "너는 원래 선배에게 그렇게 무례하게 대답하나. 인격이 그 정도 수준 밖에 안 되냐?"라며 남들 앞에서 면박을 준 적이 있다. 그것은 아마 교리보다 그의 말대답에 필자가 순간적으로 감정을 상해서 그런 것 같다. 훈련 간에는 많은 보고를 짧은 시간에 알기 쉽게 만들어야 하는 부담감이 작용하다보니 전문가인 그들이 도움이 절실한데 그의 비협조적인 태도가 필자를 화내게 한 것이다. 그랬더라도 개인적으로 불러서 잘 타일렀어야 하는데 많은 간부들 앞에서 혼낸 것은 잘못된 것이라 생각한다. 그 이후 서로 서먹서먹하게 지냈고 그것을 풀려고 불렀더니 훈련이 끝날 때쯤 마지못해 나왔다. 필자가 먼저 사과를 하였고 그도 선배에게 무례를 범했다고 미안해했다.

군대에서 선배가 후배에게 먼저 사과를 하는 경우는 흔치 않다. 그러나 필자가 존경하는 선배들은 자신의 잘못했을 때 그것을 당당히 인정하는 분들이었다. 조직 사회에서는 상·하급자간 마찰이 있으면 주로 하급자가 손해를 본다. 특히 군대는 명령과 위계질서를 근간으로 하는 조직이기에 하급자나 후배들에게 사과를 하는 것은 여건상 매우 어렵다. 그러나 잘못하였을 때 그것을 인정하고 사과하는 것은 정말 용기 있는 행동이다.

경례는 존경의 표시로 하급자가 상급자에게 하는 것이다. 그러나 상급자가 먼저 하면 그것이 잘못된 행동일까? 필자는 근시이기 때문에 멀리 있는 간부들을 잘 알아보지 못해 먼저 경례를 하는 때가 많다. 그러다가 가까이 근접해보면 하급자여서 필자도 부끄럽고 당사자도 무안해 한다. 그러나 그것이 인연이 되어 정말 가까운 관계로 발전하는 경우가 많았다. 그래서 지금은 먼저 경례하는 것을 창피하다고 생각하지 않는다.

불교에는 겁劫이라는 말이 있다. 흔히 인연을 언급할 때 사용하는데 1겁劫은 가로, 세로, 높이가 각각 1유순15Km에 달하는 어마어마하게 큰 바위를 선녀가 1년에 한 번씩 내려와 옷깃을 단 한번 스치고 올라가 그 바위가 모두 없어지는 시간을 말한다. 그러니까 한마디로 정말 엄청나게 오랜 시간인 것이다. 그런데 사람 간에 옷깃을 한번 스치려면 500겁이 필요하고, 하루 동행하려면 2천겁, 하루 밤을 같이 보내려면 6천겁, 부부 관계로 맺어지려면 7천겁, 부모 자식 간의 인연은 8천겁이나 필요하다고 한다. 그렇다면 우리 장병들은 같은 생활관에서 있으니 최소한 6천겁의 놀라운 인연이 있는 것이다. 이는 도저히 계산 할 수도 없는 위대한 만남인 것이다. 이런 만남을 소중히 하지 못하고 욕을 하거나 괴롭히는 행위가 있다면 그것은 도저히 이해할 수 없는 행동이다.

일기일회는 평생 단 한 번의 만남을 일컫는 말로서 그것의 소중함을 비유적으로 일컫는 말이다. 즉, 다시 만난다는 것은 어렵기에 그것을 감사하게 생각해야 한다는 뜻이다. 소중한 인연으로 군대에서 함께 생활하게 된 우리 장병들은 그런 의미에서 그 곳을 웃음과 사랑이 넘치도록 만들어야 한다. 혹시 나로 인하여 오늘도 마음 아파하는 전우가 없는지 반성해 보고 진정으로 사랑하고 배려할 줄 아는 멋진 선·후배가 되도록 다함께 노력해야 하겠다.

재건축

남면 농협으로부터 오늘 정기총회가 있으니 참석하여 자리를 빛내 달라고 연락이 왔다. 그곳은 필자의 부대와는 자매결연 기관이다. 굳이 필자가 참석해야 할 이유를 물으니 감사패를 수여할 예정이라고 한다. 즉, 지난 구제역시 필자가 지역에 보여준 헌신적인 노력에 작은 정성을 표한다고 하였다. 그래서 '국민의 군대'로서 당연히 할 일을 했을 뿐이고 실제 병력을 투입한 대대장에게 감사패를 주는 것이 좋겠다고 말하고 필자는 다만 참석만 하겠다고 말했다.

회의장에 도착해보니 무려 200여명 정도의 지역을 대표하는 대의원들이 앉아 있었다. 회의는 1, 2부로 나누어 진행되었는데 1부는 감사패 및 표창 수여와 조합장을 비롯한 단체장들과 필자의 축사가 계획되어 있었고, 2부는 각종 안건에 대한 토의와 의결이 있었는데 그것은 참석할 필요가 없었다. 회의장에는 필자가 현재 살고 있는 상수리와 인근 구암리의 주민들도 많이 보였다. 회의가 시작되었는데 감사패를 받는 사람으로 제일 먼저 필자가 호명되었다. 대대장을 주라고 말했음에도 그러지 않아 다소 언짢았지만 분위기상 나가지 않을 수 없었다. 그래서 잠시 수상 소감을 말했는데 "사실 병력을 지원한 대대장이 저기 있는데 제가 대신 감사패를 받아 송구스럽습니다. 고생한 대대장을 위해 박수를 부탁드립니다."라고 말하고 기념사진은 그와 함께 찍었다. 단체장들 중 전조합장이셨던 분은 연설문 없이 그냥 대의원들을 바라보면서 말씀을 하셨다. 그의 연설이 필자에게 큰 감명을 주었는데 가장 기억에 남는 부분은 다음과 같다. "제가 조합장을 떠나서 현재 집에서 쉬고 있는데 정말 마음 편히 살고 있습니다. 마음이 편한 이유는 아내의 말을 잘 들어서 입니다. 아시피 저의 아내는 된장을 만들어 팔고 있는데 제가 뒤에서 열심히 도와주고 있습니다. 저는 현재 나이가 들어 제 자신을 재건축하고 있습니다. 그것이 무슨 뜻이냐면 인생을 재미있고 건강하게 축복하며 사는 것입니다. 여러분도 농사를 짓느라 힘드시겠지만 재건축하며 사십시오. 그래야 보람찬 인생을 살 수 있습니다." 그는 꼭 필요한 좋은 말만 축약하여 하였는데 말의 핵심은 나이가 들면서 아내의 소중함과 자신의 인생을 돌아보는 계기가 생겼다는 것이었다.

　필자도 축사를 하였는데 다른 분들과는 달리 최대한 간단히 끝냈다. 필자는 "먼저 농협의 제 50회 정기 총회를 진심으로 축하합니다. 구제역을 맞아 그동안 어려움이 많았지만 조합장님을 중심으로 여러분들이 열심히 노력한 결과 조기에 극복할 수 있었습니다. 앞으로도 농협과 우리 군이 일치단결하여 작게는 남면과 크게는 국가발전에 이바지하는 끈끈한 민군관계가 이어지길 기원합니다. 감사합니다."라고 말했다. 박수는 필자가 가장 크게 받았는데 이것은 역시 연설을 짧게 하였기 때문이 아닌가라는 생각이 든다. 행사 간 단장이 놀랐던 것은 작년 한해 남면 농협은 6억원의 배당금을 확보하였고, 이것은 조합원 1,200명을 고려하여 개인당 500만원씩 지급된다는 점이었다. 그리 크지 않은 면 단위 농협에서 크게 이윤을 내서 많은 분들이 혜택을 받은 것이다.

　어쨌든 인생의 재건축은 말로만 쉽지만 실천하기는 매우 어려운 숙제이다. 그의 말처럼 필자도 남은 인생을 정말 재미있고 건강하며 축복을 받을 수 있도록 더욱더 노력할 계획이다.

■ '11. 3. 11. 금

말이 안 통하네

최근 필자는 TV에서 러브인 아시아라는 프로그램을 보았다. 출연자 중 일본 여성분이 한국으로 시집와서 고부간에 겪었던 갈등을 사회자에게 이야기 하였다. "저희 시어머니께서는 제가 시집왔을 때 한 동안 저를 보고 '마리 앙투아네트'라고 계속 말씀하셨어요." "프랑스의 유명한 왕비로 부르시다니 미인이시라 그렇게 말씀하신 모양이지요?" "저도 처음에는 그런 줄 알았는데 그게 아니었습니다." "그러면 무슨 뜻이었는데요." "귀가 점차 뜨이니까 '말이 안 통하네.' 라는 말을 제가 그렇게들은 거예요." 그 말에 방청객들은 모두 배꼽을 잡고 웃었다.

그 프로그램에 주연으로 출연한 베트남에서 시집온 여자도 그녀의 시어머니와 많은 갈등을 겪고 있었다. 그녀의 말에 의하면 여러 가지 문제 중에서도 특히 음식과 성격, 언어에서 오는 마찰이 심했다고 한다. 며느리인 그녀는 처음에 한국 음식이 입에 맞지 않아 무척 고생을 하였고, 성격 또한 열대지방 특유의 여유로움 때문에 급한 성격의 시어머니와 대조를 이루었다고 한다. 언어도 잘 해석하지 못하는 바람에 눈물로 지내는 날이 많았다고 한다. 더군다나 시어머니는 남편을 일찍 여의고 오직 아들 하나만을 바라보고 사셨기에 갈등의 골은 더욱 더 심했다고 한다. 결국 아들은 어머니를 따를 수도 그렇다고 아내를 두둔할 수도 없는 애매한 입장에 처하게 되었다. 아들은 이 상태로는 갈등만 더 커지겠다 싶어 결국 분가를 결심하였다. 서로 떨어져 살면서 시어머니와 며느리는 조금씩 상대를 이해하게 되었다. 며느리는 시어머니가 혼자서 힘들게 남편을 키워 온 것을 이해하고, 어머니는 타국에서 시집와서 외롭게 살아가는 며느리 심정을 헤아리게 된 것이다. 결국 둘은 자연스럽게 화해를 하였고, 지금은 즐겁게 지내고 있다고 한다. 서로 상대를 이해하니 마음이 통하게 되고 그것이 행복을 가져온 것이다.

유대인 탈무드에 보면 왕이 광대에게 이 세상에서 가장 선하고 아름다운 물건을 가져 오라고 하고, 또 다른 광대에게는 가장 악하고 더러운 물건을 구해 오라고 명령을 하였다. 한 달 뒤 두 명의 광대는 각각 자신이 구한 물건을 왕에게 바쳤는데 공교롭게도 그것은 바로 '사람의 혀'였다고 한다. 이 이야기는 사람의 혀가 강한 힘을 지니고 있어 사람을 살리기도 하고 죽일 수도 있다는 것을 말해주는 것이다.

대화의 기법 중에 이청득심以聽得心이란 말이 있다. 귀를 기울이면 사람의 마음을 얻을 수 있다는 말이다. 또한 1:2:3의 법칙도 있는데 이는 1분 동안 말을 하고, 2분 동안 말을 듣고, 듣는 동안 적어도 3번은 맞장구를 쳐야 한다는 내용이다.

병영생활에서 우리 장병들이 겪는 힘든 것 중에 하나가 바로 서로를 이해하지 못하고, 때로 폭언 및 욕설로 상대방에게 인격적 모독을 주는 행위이다. 다른 환경에서 자랐기에 차이점이 있음에도 그것을 인정해 주지 않거나, 다소 미숙하다고 하여 무조건 질책을 가할 때 마음의 상처를 받는 것이다. 따라서 앞의 사례처럼 상대방의 심정을 헤아리고 칭찬과 격려의 말로 따뜻하고 밝은 병영을 만들었으면 하는 바람이다. 그것이 전투형 부대를 만드는 기본적인 필요충분조건임을 상시 잊지 말도록 하자.

■ '11. 3. 15. 화

마을 정기총회

어제 마을 이장님이 필자에게 전화를 하였다. 오늘 마을에서 정기총회를 하는데 꼭 참석해 달라고 요청하였다. 필자는 흔쾌히 참석을 하겠다고 대답을 하였는데 이유는 대부분이 70~80대의 마을 어르신들이시기 때문이다. 작년에 2번, 금년에 1번 등 벌써 총 3번을 위문 갔지만 매번 너무나 좋아하셔서 이번에 또 가게 되었다. 빈손으로 가기는 허전하여 소주를 3박스 사가지고 갔다. 마을회관에 도착하여 들어가자마자 이장님이 어르신들께 한 마디 하라고 했다. 이런 행사는 사회자가 왕이라 말을 어쩔 수 없이 어르신들 앞에 섰다. 그리고는 "어르신들을 다시 뵙게 되어 정말 반갑습니다. 그동안 많이 뵙고 싶었는데 구제역으로 연기가 되어 이제야 찾아뵙습니다. 그래도 건강한 모습을 뵈니 마음이 푸근합니다. 감사합니다."라고 말씀드렸다. 말이 끝나자마자 모든 어르신이 자기 옆에 앉으라고 난리였다. 한 곳을 찾아 겨우 자리에 앉았으나 이제는 질문이 폭주하였다. "단장, 요즘은 왜 일과 후 부대 밖으로 안 뛰는 거여? 통 얼굴 보기가 힘들어?" "이북 놈들 때문에 요즘 바쁘지?" "부대 인근 토지를 국방부에서 매입한다고 하는데 언제 하는 거여?" "단장은 언제 임기가 끝나냐?" "지난번 경로잔치 열어 주어 너무 고마웠는데 언제 또 안하냐?" 등등 쉬지 않고 물어보았다. 이쪽을 보고 대답하려고 하면 또 옆에서 물어보는 등 정신이 없었다. 하지만 모두가 부모님 같아서 최대한 성심성의껏 대답하였다.

이번 총회에서는 이장님도 교체되었다. 그래서 전임자에게 그동안 수고하셨다고 말씀을 드리고 후임자에게도 열심히 활동해 주실 것을 당부하였다. "이장님, 그동안 수고하셨어요. 시원섭섭하시죠." "4년간 하였는데 그간의 일들이 주마등처럼 스쳐 지나갑니다. 그래도 어르신들께서 많이 도와주셔서 무난히 마칠 수 있었습니다. 더불어 단장님께서도 많이 도와주셔서 감사드립니다." "별말씀을요. 저도 우리 부대의 이웃인 구암리가 늘 행복했으면 하는 바람입니다." 말을 마친 그의 눈은 촉촉이 젖어있었다. 아쉬움이 남는 것 같은데 그것은 그가 마을을 위해 열심히 일했다는 증거라 생각한다. 필자가 갖고 간 소주로 어르신들에게 술 한 잔 씩을 올렸더니 모두들 흔쾌히 드셨다. 부녀회장님께서는 손자를 업고 오셔서 필자에게 자랑을 하셨다. 과자나 사먹으라고 아이에게 만원을 주었더니 무엇 하러 주느냐고 말씀하시면서도 좋아하셨다.

오후에는 국토 대청결 행사가 있어 장병들과 함께 부대 밖의 도로를 청소하였다. 매달 우리 장병들이 깨끗이 청소를 하는데 누가 버리는지 치울 때 마다 항상 쓰레기가 많다. '누군가 청소하겠지'라고 생각하는 것보다 나부터 버리지 않는 성숙한 시민 의식이 있었으면 좋겠다는 생각을 하였다. 장병들도 청소를 하면서 사회에 나가서 이런 행동은 안하겠다고 말하였다. 비록 힘들었지만 장병들에게 산교육을 할 수 있었던 것 같아 흐뭇하였다.

■ '11. 3. 17. 목

추측으로 인한 오해

 개와 고양이는 왜 앙숙일까? 그것은 서로의 감정 표현이 다르기 때문인데 각자 자기 입장에서 추측하고 판단하기 때문이다. 개는 기분이 좋으면 꼬리를 들어 흔들지만 기분이 나쁠 때는 그것을 내린다. 고양이는 반대로 기분이 좋으면 그것을 내리지만 화가 나면 그것을 든다. 개는 고양이를 만나 반가워 꼬리를 들지만 고양이는 개가 화가 난 것으로 추측하고 기분 나빠한다. 반대로 고양이는 개가 반가워서 그것을 내렸는데 개는 고양이가 화가 난 것으로 인식하고 마음이 상한다.

 다른 사례로 남편이 세상을 떠났음에도 그의 부인은 전혀 울지 않았다. 사춘기였던 딸은 그런 그녀의 모습에 아빠를 사랑하지 않았거나 다른 남자가 있을 것이라고 추측하여 오랫동안 그녀를 미워하였다. 그런데 실은 남편이 죽을 때 그녀는 앞으로 슬프거나 힘들더라도 울지 않고 아이들을 잘 키우겠다고 그와 약속을 했기 때문이다. 그녀에게 슬프지 않느냐고 딸이 한마디만 물었더라도 그녀의 고귀한 뜻을 알고 더욱 사랑했을 것이다.

 또 다른 사례로 공자의 수제자 안회가 식사를 준비하였는데 우연히 공자는 그가 부엌에서 자신보다 먼저 밥을 먹는 것을 보았다. 그래서 식사 전에 하늘에 제사를 지내고 먹자고 안회에게 말하였다. 그러자 안회는 "실은 밥을 짓는데 하루

살이가 날아들어 그 부분을 버리기가 아까워 제가 먼저 먹었습니다. 따라서 그것으로 제사를 지내는 것은 맞지 않습니다."라고 말하였다. 만일 공자가 사연을 알아보지 않고 미워했더라면 안회는 그것도 모르고 억울해 했을 것이다. 이처럼 우리는 상대방의 의도를 판단할 때 부정적으로 추측하는 경우가 의외로 많다. 하지만 상대방을 그렇게 생각하는 것과 달리 자기 자신에 대해서는 무척 관대하게 생각하는 경향이 있다. 예를 들어 친구가 약속에 늦으면 시간관념이 없다고 생각을 하지만 자신이 늦으면 거기에는 반드시 타당한 이유가 있고 친구가 이해주리라 믿고 있다.

군대는 다른 조직과는 달리 상명하복의 특수한 집단이기 때문에 추측을 잘 못할 경우에는 병영생활이 힘들어 질 수 있다. 추측은 상급자가 더 많이 하는데 그것은 자신의 경험에 비추어 하급자도 그럴 것이라 짐작하기 때문이다. 추측이란 말 자체가 불확실한 사실을 미루어 판단하는 의미를 내포하고 있는 것이다. 따라서 그것은 많은 오해를 불러일으키기 때문에 이제는 사실에 기초한 판단을 실시해야 한다. 예를 들어 군대생활을 힘들어 하는 장병이 있으면 그 원인을 구체적으로 밝혀 해결해야지 단순히 해당 장병이 스스로 '편해지려고 또는 전역하려고 저런다.'는 식의 섣부른 판단을 내려 잘못된 조치를 하면 바람직하지 않은 것이다.

여기 산수 공부를 하나 해보도록 하자. 5-3=2, 2+2=4이다. 그것의 의미는 오해에서 세 걸음만 뒤에서 보면 이해가 되고, 이해가 이해를 만나게 되면 서로 사랑한다는 뜻이다. 병영생활 뿐만 아니라 사회에 나가서도 이런 섣부른 추측은 인생에 커다란 걸림돌이 됨을 명심하자.

■ '11. 3. 18. 금

그대를 사랑합니다

지난주 토요일부터 어제까지 휴가를 다녀왔다. 집으로 내려가면서 문득 큰 아들 동기가 이번에 대학교에 들어가면서 이사하게 된 집이 어떤지 궁금하였다. 보통 군 아파트에 거주하고 있는 간부들은 자녀가 고 3이나 중 3인 경우에 비록 다른 곳에 근무하더라도 현재의 아파트에서 1년간 그냥 살도록 퇴거를 연장시켜 준다. 필자의 가족도 이 연장기간이 종료되어 이번에 이사를 하게 된 것이다. 이번 이사는 필자 없이 아내 혼자서 했는데 아파트는 5층 건물로 오래되었지만 내부가 잘 구성되어 있고 무엇보다 둘째 아들 용기의 학교가 가까이 있어 마음에 들었다. 첫날은 점심 때 집에 도착하여 오후에 아내와 함께 시내 산책을 하였고, 둘째 날도 오전에 미사에 참례한 후 오후에는 도보로 함께 인근지역을 걸었다. 복귀하는 날인 어제 아침에는 시내에서 영화를 보고 서문시장에 가서 필자의 봄옷을 산 다음 복귀하였는데 이때 본 영화의 제목이 바로 '그대를 사랑합니다.'이다.

그 영화는 인생 황혼기에 있는 노인 4분의 사랑을 그린 작품으로 잔잔한 감동을 주었다. 등장인물은 우유 배달부인 김만석 할아버지(이순재), 폐지 수거인 송이뿐 할머니(윤소정), 주차장 관리인 장군봉 할아버지(송재호), 그리고 치매 할머니 한 분(김수미)이다. 앞의 두 노인은 상처한 후 혼자이고 뒤의 두 노인은 서로

부부이다. 이순재 씨는 새벽에 윤소정 씨를 도우면서 서로 사랑을 키우고, 송재호 씨는 아내 김수미 씨가 치매로 힘든 가운데에서도 그녀를 자상하게 돌본다. 그러나 엎친 데 덮친 격으로 김수미 씨가 암 발병으로 인해 고통을 받자 송재호 씨는 아내를 사랑하는 마음과 그녀가 없는 세상에 홀로 남겨지는 불안감으로 연탄가스로 동반자살을 하게 된다. 그것을 본 윤소정 씨도 사랑하는 이순재 씨를 잃을까 하는 두려움으로 그를 떠나가지만 결국 사랑을 받아들이지만 짧은 행복을 느끼고 결국에는 그가 병실에서 세상을 떠나는 것이 주요 줄거리이다. 그 영화의 대사 중에 특히 기억에 남는 것은 윤소정 씨가 그에게서 떠나겠다고 말하자 "한번 안아 봐도 될까요."라고 말하는 것과 이순재 씨의 손녀가 그에게 그녀가 좋으면 "당신을 사랑합니다."라고 고백하라고 하자 "당신이란 말은 아내에게만 쓰는 말이야."라고 말한 것이다. 영화를 보는 내내 영화 속 주인공들의 현재의 인스턴트 식이 아닌 오랫동안 간직한 가슴이 저며 오는 애틋한 사랑이라는 생각이 들었다.

　이번 일본 대지진으로 남편을 잃은 어느 부부의 이야기도 마찬가지이다. 오하라 에리코라는 아내는 미야기 현 게센누마 시의 영안실에서 그토록 살아 있기를 기도했던 남편 요시나라 씨의 주검을 보았다. 그녀는 죽어있는 그의 뺨에서 진흙을 닦아내고 입을 맞춘 후 그의 귀에 대고 "여보! 사랑해요."라고 속삭였다고 한다. 해일이 밀어닥친 그 날 부인과 두 딸은 간신히 대피했지만 운송회사의 운전사였던 그는 배달작업을 하다가 그만 해일에 휩쓸려 사망을 한 것이다. 이후 발가벗고 싸늘한 주검이 되어 있는 남편에게 옷이라도 입혀줄 요량으로 그녀는 남편이 다니던 회사를 찾아가 남편의 짐가방을 건네받았다. 그런데 그곳에는 반지가 하나 있었다. '무슨 반지일까?'라고 곰곰이 생각하던 그녀는 문득 얼마 전 죽은 남편에게 "가끔 나도 반지 같은 선물을 받고 싶어요."라고 투정을 부렸던 기억이 생각났다. 그 반지는 바로 화이트 데이를 앞두고 남편이 그녀를 위해 준비한 마지막 선물이었던 것이다. 그녀는 그것을 천국에 있는 남편이 보냈다고 생각했고, 두 딸을 잘 키우겠다고 마음속으로 다짐했다고 한다.

　군대생활을 하는 우리 간부들은 늘 아내에게 미안한 마음으로 살고 있다. 상대적으로 오지에서 봉급도 많지 않으며 불편한 시설 속에서 살고 있기 때문이다. 그러나 한편으로 누구보다 행복하게 살고 있는데 그것은 서로 사랑하기 때문이다. 필자의 아내도 열악한 환경에서 살아왔지만 가끔 그 시절이 그립다고 하였다. 즉 부부간에는 환경과 물질보다 사랑이 있어야 행복한 것이다. 두 가지 사례를 통해서 진정한 부부의 사랑이 얼마나 위대하고 아름다운지를 느끼는 소중한 계기가 되었다.

■ '11. 3. 22. 화

본래무일물 本來無一物

　군단과 여단에서 이번 봄에 영내에 동산을 조성하는데 주목과 구상나무가 필요하다고 필자에게 요구하였다. 그렇게 말한 이유는 필자의 부대가 앞으로 새로 건물을 지어 근처의 다른 곳으로 이전하기 때문에 현재 부대에 있는 나무들을 가져가고 싶다는 견해이다. 필자도 나무들이 이곳에 있다가 차후 어떻게 될지 불확실한 상황보다는 좋은 곳에서 살기를 바라는 심정으로 허락을 하였다. 본청 앞 화단에 심어져 있는 나무들을 6그루 캤는데 왠지 모르게 마음이 많이 쓸쓸해졌다.

　작업은 부대 근처에서 조경을 전문적으로 하시는 분이 도와주셨다. "단장님! 마음이 많이 허전하시죠." "그렇습니다. 있을 때는 잘 못 느꼈는데 없으니 무척 기분이 이상하네요." "저도 마찬가지입니다. 집에 많은 나무들을 갖고 있지만 팔려고 이식 작업을 하면 늘 마음이 아픕니다. 비록 나무지만 그동안 정성을 기울였기 때문인 것 같습니다." "나무를 보내는 것이 장병들이 전역할 때 보다 더 아쉬운 것 같습니다." "장차 더 이상 그것을 보기 어렵다는 생각이 들어서 그럴 겁니다." "인생은 공수래공수거空手來空手去라고 하는데 욕심이나 소유욕, 집착 등이 있어서 그런 것은 아닌지요?" "그럴지도 모릅니다. 허전함은 며칠 지나면 그것도 익숙해져 금방 예전처럼 될 겁니다." "위로를 해주셔서 감사드립니다."

본래무일물은 '본래 하나의 물건도 없다.'라는 뜻으로 아무것에도 집착하지 않는 청정한 마음 상태를 말한다. 즉 무소유의 마음으로 불교 선종의 제 6대조인 혜능의 계에서 유래되었다. 사람은 태어날 때 아무것도 가지지 않고 태어났고 그것은 죽을 때도 마찬가지이다. 생전에 자기에게 주어지는 사물들은 그 때만 자기가 관리하는 것이며 영원히 자기 것이 될 수는 없다는 것이다. 따라서 설사 그것을 잃어버렸더라도 마음 아프거나 괴로워 할 필요가 없는 것이다.

인도의 간디는 1931년 런던에서 열리는 한 회의에 참석차 왔다가 공항에서 세관의 검사를 받자 "내가 가진 것이라곤 물레, 염소젖 한통, 밥그릇, 담요 여섯 장, 수건, 그리고 평판이 전부요."라고 말했다고 한다. 무소유이란 책을 쓰신 법정 스님도 돌아가신 후에 유품을 살펴보니 장삼과 안경, 신발, 세숫대야가 전부라고 한다. 그것은 선종하신 천주교의 김수환 추기경님도 마찬가지이다. 이처럼 훌륭한 분들은 사물에 마음을 두지 않는다.

최근 우리 사회에도 기부문화가 점차 확산되어 가고 있다. 오늘 신문에도 어느 여성 사업가가 지난겨울에 익명으로 서울 동작구의 저소득 가구들에 가스와 난방비를 지원하여 따뜻한 겨울을 나게 하였다고 한다. 또한 그녀는 매년 병원과 복지시설에도 아낌없는 기부를 하였다고 한다. 구청 직원이 감사패를 전달하기 위해 그녀를 만나러 갔는데 의외로 수수한 옷차림과 집안 살림에 놀랐다고 한다. 그녀는 본래무일물을 행동으로 실천하는 훌륭한 분인 것 같다. 필자도 그것을 본받아 배품의 행복을 갖도록 앞으로 더욱 노력할 것을 다짐해 본다.

■ '11. 3. 25. 금

행복

예수님께서는 원수를 사랑하라고 말씀하셨다. 사랑할 사람도 많은데 자기에게 고통을 준 사람을 왜 사랑하라고 했을까? 우리 같은 보통 사람으로는 도저히 이해가 되지 않는다. 또한 그는 "가난한 사람은 행복하다. 하늘나라가 그들 것이다."라고 말씀하셨다. 가난한 사람이 뭐가 행복할까? 상식적으로 볼 때 당연히 부자가 행복한데 말이다. 그런 측면에서 생각해 보았을 때 행복에는 두 가지가 종류가 있는 것 같다. 앞에서 말한 것처럼 가질수록 행복 한 것과 다른 한 가지는 나눌수록 행복한 것이다. 통상 재산이 많아 타인으로부터 관심을 받으면 행복하다. 그러나 자신이 사랑하는 사람에게 무엇인가를 나누어 주어 기쁘게 하는 것도 행복한 일이다. 예를 들어 여러분이 아내에게 옷을 사줄었을 때 그것을 아깝다고 느낀 적이 있는가? 아내의 기뻐하는 모습을 상상하면 오히려 행복하고 돈도 전혀 아깝지 않다. 추운 날 사랑하는 애인을 위해 옷을 벗는 것도 마찬가지이다. 이것은 남을 위해 자신의 것을 아낌없이 내어주고 봉사하는 사람들은 타인의 기쁨을 자신의 행복으로 여기기 때문에 기쁜 것이다. 예수님께서 가난한 사람들이 행복하다고 말씀하신 의미는 바로 나눌수록 행복하다는 것을 일깨워주기 위해서이다.

톨스토이는 '세 가지 질문'이라는 글에서 이렇게 묻는다. "이 세상에서 가장 중요한 때는 언제인가? 가장 필요한 사람은 누구인가? 그리고 가장 중요한 일은 무엇인가?" 그것에 대해 그는 다음과 같이 대답하였다. "이 세상에서 가장 중요한 때는 바로 지금이고, 가장 필요한 사람은 내가 지금 만나는 사람이고, 가장 중요한 일은 내 옆에 있는 사람에게 선을 행하는 일이다." 즉, 지금 내 옆에 있는 사람에게 선을 베푸는 것이 내 삶이 풍부해 지고 행복해지는 조건인 것이다.

우리 장병들은 군대생활을 처음 시작하면서 많은 어려움을 겪는다. 특히 조직에 대한 적응력이 떨어지는 장병들은 그 정도가 심한데 그들에게 필요한 것이 바로 전우애이다. 그것은 다른 누구도 할 수 없고 함께 생활하는 동료들만이 가능하다. 즉, 그들은 자신의 전우 옆에서 그가 잘하도록 도와주며, 충분히 할 수 있다는 자신감을 심어주어야 한다. 그것은 행복이라는 것은 사랑하는 사람과 내일에 대한 희망, 그리고 내가 할 수 있는 일을 할 때 느낄 수 있기 때문이다. 예수님의 말처럼 사랑은 나눌수록 행복해지기 때문에 전우의 어려움을 내일처럼 도와줄 때 그 부대는 진정한 강군이 되리라고 확신한다.

■ '11. 3. 27. 일

스트레스

필자의 예하부대 대대장이 어제 사무실에서 업무를 보는 도중 쓰러졌다. 다행히 신속히 발견되어 응급처치를 하였고 이후 곧바로 군 병원으로 후송하여 생명에는 지장이 없었다. 놀라는 마음을 쓸어내리고 병원에서 정밀검사를 한 결과 쓰러진 원인이 과로 및 수면부족으로 인한 증상이라고 진단 받았다. 필자도 연락을 받고 병원으로 가서 직접 상태를 확인한 다음 걱정하시는 여단장님께 지휘보고를 드렸다. 그의 아내도 뒤늦게 응급실에 왔는데 몇 가지 물어보았다. "군의관 소견이 과로 및 수면부족이라고 하던데 최근 무슨 문제가 있었습니까?" "요즘 부대 업무로 스트레스를 많이 받는 것 같았습니다." "무슨 업무인지는 모르세요?" "사격대기 임무와 진지공사 때문으로 알고 있습니다." "그래도 퇴근하면 쉬었을 것 아닙니까?" "며칠 동안 고민이 많은지 숙면을 제대로 하지 못하였습니다." 그녀와 대화를 나눠보니 작년 연평도 적 도발이후 우리 포병부대들도 즉각 사격을 위한 준비로 상시 대비태세를 갖추고 있고 또한 적의 기습도발로 인한 인명 피해를 방지하기 위해 포상을 보강하는 작업을 해오다보니 심신의 피로가 누적이 되어 발생한 것이었다.

그러나 이런 외적인 원인 외에도 필자의 생각에 내적인 원인인 그의 성격과도 밀접한 관련이 있다고 생각된다. 그는 매사 업무를 너무 세심하고 완벽하게 하는 꼼꼼한 성격을 가지고 있는데 그것이 심한 스트레스로 작용하고 있었던 것이다. 필자가 작년 6월에 부임하여 그 부대 간부들을 대상으로 설문을 받은 결과 공통된 의견이 업무가 너무 과중하다고 대답하였다. 또한 업무에 대한 시각차도 매우 컸는데 대대장은 '나는 열심히 하는데 간부들이 따라오지 않는다.'고 못마땅하게 생각하였고, 간부들은 '일을 해도 끝이 없다.'고 내심 불만을 가지고 있었다. 고무줄도 계속 당기면 언젠가는 끊어지는 것처럼 간부들도 점점 지쳐가고 있었다. 그런 현상을 제거하고자 필자는 그를 불러 식사를 하면서 경중완급을 고려한 업무를 추진하라고 코치하였다. 즉 모든 일에 사사건건 관여하지 말고 간부들에게 일부는 믿고 맡기면서 반드시 해야 할 것만 챙기고 나머지는 과감히 줄일 것을 주문하였다.

스트레스는 라틴어의 strictus 혹은 stringere에서 나온 용어로 '좁은' 또는 '팽팽한'이라는 뜻을 지니고 있다. 그 후에 역경, 고난, 어려움 등으로 지칭하다가 20세기에 캐나다의 세리에가 '신체에 가해진 어떤 외부자극에 대하여 신체가 수행하는 일반적이고 비특정적인 반응'이라고 의학에 사용하였고, 1920년대 미국의 캐논은 그것을 '항상성을 파괴하는 상태를 그것의 위험수준'으로 정의하였다. 스트레스는 알다시피 4가지 범주인 신체적, 정신적, 감정적, 행동적 증상으로 시작하여 심할 경우 정신적, 육체적 질환으로 나타난다. 의학자들은 그것을 만병의 근원이라 생각하고 자신에 맞는 다양한 방법으로 줄일 것을 권장하고 있다. 통상적인 방법으로는 그것이 생길 때 심호흡을 하거나, 소리를 지르거나 웃는 등의 감정을 표현하던지 또는 운동이나 경기를 보는 것도 좋고, 대화를 통해 고민을 털어버리든지, 취미를 즐기는 것으로 해소할 수 있다. 필자도 그것이 생기면 구보로 땀을 내던지 테니스로 그것을 풀고 있다. 그러나 무엇보다 중요한 것은 매사 긍정적인 마음을 갖는 것이다.

또한 스트레스는 혼자서 고민을 한다고 절대 해결되지 않고 타인에게 자신의 고충을 말함으로써 해결의 실마리를 얻을 수 있다. '백짓장도 맛 들면 낫다.'는 말처럼 상관 또는 전우들과 함께 고민하면 좋은 대안이 나올 수 있다. 물론 상급자 또한 환경적인 측면에서 상시 의사소통을 할 수 있는 여건을 만들어 놓는 것도 필요하다. 이번 일을 계기로 부하의 어려움을 조기에 파악하지 못한 점에 대해서는 필자도 무거운 책임감을 느낀다. 앞으로 보다 많은 대화를 통해 그들의 어려움을 해소하는데 최선의 노력할 것을 다짐해 본다.

■ '11. 3. 29. 화

호국형제

필자는 며칠 전에 신문을 보다가 '6.25때 헤어진 국군형제, 60년 만에 유해로 만나다.'라는 기사를 보았다. 군인으로서 이 기사를 읽는 순간 마음속에 한없는 감동이 밀려왔다. 형제는 경북 청도에서 4남 3녀의 남매 중 여섯과 일곱째로 자라다가 6.25전쟁이 발발하자 그해 8월에 형인 이만우 씨가 먼저 입대하고 이어서 9월에 동생인 이천우 씨가 입대하는데 그 때 나이가 18살이었다. 형은 1951년 5월 봉일천 전투에서 전사하고 동생은 같은 해 9월에 강원도 양구 백석산 전투에서 전사하였다. 형의 유해는 서울 현충원에 안장되었지만 그동안 동생의 유해는 발견되지 않다가 지난해 국군 유해발굴감식단에 의해 발굴되었고 최근 신원을 확인하였다. 그래서 고인의 인식표와 적과 싸웠던 탄환 그리고 고인의 관을 덮었던 태극기가 유가족인 조카에게 전달되었다.

형제는 전투간 용감하게 싸워 형은 1개, 동생은 2개의 화랑무공훈장을 받기도 하였다. 국방부에서는 이미 꽉 찬 서울 현충원 묘역의 열을 흐트러지는 한이 있더라도 형제를 같이 있게 하자는 취지에서 함께 안장하기로 결정을 하였다. 형제가 현충원에 함께 묻히는 것도 그들이 처음이라고 한다. 또한 국방부는 국가를 위기에서 구하고 오늘의 대한민국이 있게 한 이들 형제를 '호국형제'로 명명하여 영원히 후세의 본보기가 되게 할 것이라고 밝혔다. 평생 두 아들을 전장에 보내고 시신마저 찾지 못해 눈물과 한숨으로 지냈을 그들의 어머니가 생각나 필자의 마음이 많이 아팠다.

흔히 미군이 전투에서 가장 용감하게 싸운다고 말한다. 그 이유는 죽더라도 조국이 그들을 반드시 찾아 본토에 묻어주기 때문이라고 한다. 전쟁 영화를 보면 미군은 동료가 전사하더라도 그 시신 만큼은 절대로 적지에 두고 오지 않는 장면을 볼 수 있다. 어쩔 수 없는 상황이라면 가매장을 하고 상황이 종료되면 반드시 시신을 찾아간다. 6.25전쟁이 발발한지 60년이 지난 지금도 미군은 그 당시 전사한 미군의 유해를 찾고 있다. 뒤늦게나마 우리도 유해발굴감식단을 편성하여 과거 전사와 주민의 제보를 기초로 유해를 찾아 유가족에게 돌려주고 있다.

필자가 사단 인사참모 시절 화악산 지역에서 어머니의 사진을 비닐에 밀봉하여 갖고 있던 시신을 발굴한 적이 있다. 당시에도 필자는 깊은 감동으로 눈시울이 뜨거워졌고 그 소식은 언론 매체에 크게 보도된 바도 있다. 지금도 이름 모를 산야에서 조국을 위해 목숨을 바친 선배들을 찾아 유가족에게 돌려주는 것이 살아있는 우리 후배들이 반드시 해야 할 과업이다. 내가 죽더라도 조국이 나를 끝까지 찾는다면 어느 군인이 용감하게 싸우지 않겠는가 하는 대답을 끝으로 던져본다.

■ '11. 4. 29. 토

구면이 좋지

필자의 아내가 어제 사전 예고도 없이 불쑥 이곳으로 올라왔다. 통상 격주로 오기 때문에 이번 주는 오지 않으리라 생각했는데 갑자기 나타난 것이다. 더군다나 오더라도 토요일에 올라오는데 금요일에 왔기에 더욱 놀랐다. "여보, 갑자기 어쩐 일이야?" "그냥 보고 싶어서 왔어요." "그러면 사전 문자 메시지라도 보내주지?" "갑자기 와서 놀래주려고 그랬지요. 반갑지 않아요?" "물론 당연히 반갑지. 먼 길 오느라고 고생했어요." 사실 그동안 첫째 아들 동기가 고 3일 때는 토요일에도 학교에 가다보니 자주 오기가 매우 어려웠다. 그러나 이제 대학에 들어가다 보니 다소 여유가 생겼고 둘째 아들 용기가 고 2지만 이번 주는 수업이 없다보니(일명 놀토) 무작정 올라온 것이다. 그래서 토요일 하루를 온전히 아내와 보낼 수 있어서 근처에 위치한 불곡산엘 같이 갔다. 이전에도 필자는 아내와 함께 대구에 살 때 등산을 자주 가곤 했다.

불곡산은 부대에서 차로 15분 정도 거리인데 바위산으로 산세가 수려한 곳이다. 아래에서 보면 별로 높지 않지만 가까이 가보면 힘해서 유격훈련을 받는 것처럼 줄을 잡고 오르락내리락 해야만 한다. 아내가 앞장서고 필자가 뒤에 서서 걷고 있는데 도중에 그녀가 다음과 같은 질문을 하였다. "당신은 다시 태어나면 누구하고 결혼할 거야?" "당연히 당신이지." "그런데 설문 조사결과 대부분의 남자들은 지금의 아내와 다시 살고 싶어 하는데 반해 여자들은 다른 남자와 결혼하고 싶다는 대답이 많데." "그러면 당신은 어떤데?" "어저께 성당 교우들과 그 주제를 가지고 대화를 나누었는데 나는 '그래도 구면이 좋아요.'라고 대답했지." "그러니까 당신은 나를 선택하겠다는 말이구먼." "그래요." "정말 고맙구먼. 그런데 왜 나를 선택했어?" "글쎄, 늘 사랑해 주기 때문이 아닐까?" 결국 아내의 말은 필자가 자신을 늘 사랑해주는 것이 중요요인이라는 것이다.

사랑은 현재 우리가 사는 세상에서 가장 아름다운 단어다. 사전적인 의미는 '열렬히 좋아하는 마음이나 그 상태'를 뜻한다. 그것의 어원은 여러 가지가 있지만 한자의 사랑思量에서 왔다는 말이 필자의 마음에 가장 와 닿는다. 즉 생각 사思에 헤아릴 량量으로 '상대방을 생각하고 헤아려준다.'는 뜻이다. 아무리 힘들고 어려워도 누군가 나를 사랑한다면 힘이 날 것이다.

군대는 단체 생활을 하는 곳이기 때문에 규율이 있다. 이것 때문에 개인적으로는 힘들고 어려울 수 있다. 그러나 혼자만 그것을 하는 것은 아니고 다른 동료들과 함께 하는 것이다. 또한 자신을 아끼는 간부들과 비록 떨어져 있지만 부모형제, 그리고 친구들도 분명 존재하고 있다. 늘 문제점은 자신만이 혼자라는 생각과 잘하는 것이 없다고 인식하는데 있다. 그러나 절대 그렇지 않고 사랑하는 사람들이 주위에 많다는 사실을 직시하여 함께 고민을 해결해 나가야 한다. 사랑은 갖기보다 나누고 받기보다 주는 것이 더 행복해짐을 명심하자.

■ '11. 4. 9. 토

심리전

심리전은 무기를 직접 사용하지 않고 사람의 마음을 움직여 이기는 전술이다. 손자병법에서는 '싸우지 않고 적을 굴복시키는 것이 최선의 방책'이라고 말했고, 삼국지에서는 '사람의 마음을 공략하는 것이 최고의 방법'이라고 그것의 중요성을 언급하고 있다. 최근 민간단체와 탈북자들이 북한을 향해 살포하는 전단에 대해 북한당국은 '대북 심리전의 발원지를 조준 격파 사격하겠다.'고 하는 등 그 위협의 강도를 높이고 있다. 2008.10.28일 남북군사회담에서는 '자위권 수호'라는 표현을 사용했지만 2010.5.24일과 2011.2.27일에는 직접 대남 전화통지문을 통해 그 같은 엄포를 놓은 것이다. 북한이 이렇게 격렬하게 반응을 보이는 것은 대북전단이 북한체제를 근본적으로 위협하는 비대칭 무기이기 때문이다. 현재 그것은 탈북자들이 직접 만들고 있는데 주민들의 가려운 곳만을 긁어주기 때문에 큰 반향을 불러일으키고 있다. 또한 이것은 북한 간부들이 '굶는 것은 두렵지 않으나 전단이 넘어오는 것은 매우 두렵다'고 말했을 정도로 대단한 위력을 발휘하고 있다.

최근 북한은 아프리카와 중동의 민주화 바람을 차단하기 위해 휴대전화와 인터넷 감시는 물론 집회를 통한 사상교육과 내부단속까지 강화하고 있다. 지난 3월에는 황해도 사리원에서 주민 500여명을 모아놓고 대북전단을 주워 돌려본 여성과 전단과 함께 날아온 달러를 챙긴 보위부 간부를 공개처형까지 하였다. 얼마 전 김정일 차남인 김정철이 싱가포르에서 영국 팝가수인 에릭 클랩튼의 공연을 보는 장면이 외신의 카메라에 포착되었다. 이런 사실을 안 탈북자들은 분노와 배신감으로 치를 떨었는데 그 이유는 먹을 것이 없어 쓰러져 죽는 북한 아이들이 떠올랐기 때문이다. 이러한 심리전은 소리 없는 전쟁으로 무력을 사용하지 않고도 북한군과 주민을 무장 해제시킬 수 있는 가장 효과적인 수단이다. 우리의 대북전단 살포에 북한이 경기를 일으키는 이유는 그들의 정권이 정보의 차단과 왜곡으로 지탱하고 있기 때문이다. 전단을 보고 탈북한 사람이 전체 탈북자 중 45%에 이르는 것만 보아도 그것의 영향력이 얼마나 큰지를 알 수 있다.

북한은 선전선동의 나라이기에 전단을 통한 선전전의 위력을 누구보다도 잘 알고 있다. 또한 전단으로 인한 외부 정보의 유입은 결국 북한체제를 붕괴시킬 것이라고 생각하고 있다. 아프리카나 중동에서 시작된 민주화 열풍도 주민에 대한 정보의 확산으로 가능했다. 이런 의미에서 전단 살포는 북한 주민에게 진실을 알려주는 매우 중요한 과업이다. 일부 접경지대 주민들이 북으로부터 피해를 받을까 우려하지만 오히려 진실이 밝혀지면 불편한 쪽은 김정일 집단이라는 사실을 직시해야 한다. 다만 군이 직접 전단작전을 펼치면 도발의 빌미를 제공하기 때문에 현재처럼 민간단체 주도로 계속 실시했으면 좋겠다. 북한주민들이 앞으로 더 이상 김정일 집단의 억압으로 고통을 받지 않고 진정한 주인으로서 자신의 권리를 되찾기를 간절히 기도한다.

■ '11. 4. 13. 수

생각을 바꾸자

　최근 우리 예하 부대원들 중 2명이 군 생활을 기피한다는 보고가 올라왔다. 그 원인은 병영 부조리에 의한 것이 아니고 그냥 생활이 답답하고 모든 일이 귀찮기 때문이라 한다. 그것은 전형적인 복무부적응 증세로 필자가 면담을 해보니 외적 환경보다도 내적 사고가 매우 부정적인 것을 알 수 있었다. 흔히 사물을 바라볼 때 보는 각도에 따라 그 모습이 크게 바뀌는 것을 알 수 있다. 사람의 시각도 이와 마찬가지이다. 좋게 보려는 것과 나쁘게 보려는 것의 차이에 따라 행동에 변화가 있다. 긍정적인 사람은 하루하루가 즐겁지만 부정적인 사람은 그 반대로 매 순간이 괴로운 것이다.
　여기 한 가지 사례를 들어보자. 우산 장사를 하는 큰아들과 짚신 장사를 하는 작은아들을 둔 어머니가 있었다. 그녀는 날씨가 맑으면 큰아들이 우산을 팔지 못할까 걱정을 하고, 날씨가 궂으면 작은아들이 짚신을 팔지 못할까 걱정을 하였다. 즉 그녀는 날씨가 맑거나 궂거나 항상 걱정만을 하였다. 그러다가 어느 날 마음을 바꾸었더니 상황은 180도로 달라졌다. 맑은 날은 짚신을 팔면 되고 비가 오면 우산을 팔면 된다고 생각한 것이다. 즉 날씨가 좋으면 작은아들 때문에, 비가 오면 큰 아들 때문에 즐겁게 된 것이다. 이 사례는 컵에 물이 반이 있는데 "아직도 반이나 남았네."라고 말하는 것과 "물이 반 밖에 안 남았네."라고 대답하는 것과도 일맥상통한 내용이다.

　우리는 인생을 살면서 자신이 만든 부정적인 시각 때문에 어려움을 겪는 경우가 많다. 즉, 모든 것을 문제로만 바라보면 결국 그것에서 헤어나지 못하는 것이다. 부정적인 사고의 최대 위험은 희망을 사라지게 하는 것에 있다. 따라서 어떻게 사고하느냐에 따라 자기가 위치하고 있는 곳이 천당도 되고 지옥도 되는 것이다. 2명 중 1명은 필자의 말을 듣고 생각을 긍정적으로 바꿔 현재 잘 생활하고 있다. 그러나 다른 1명은 심리적 치료를 받고 상담을 해도 태도를 바꾸지 않았고 결국 사고를 쳐서 구속이 되었다.

　'죄는 미워해도 절대 사람은 미워해서는 안 된다.'는 필자의 소신으로 간부를 통해 면회를 가서 격려도 해주고 있지만 아직까지도 마음을 바꾸지 않아 필자의 마음도 편치는 않다. 그 병사의 아버님께도 상태를 말씀드렸는데 본인이 판단할 문제라는 지극히 형식적인 대답만 들었다. 생각을 바꾸면 분명 다른 세계가 보인다는 것을 알고 있기에 더욱 안타까웠다. 하지만 그도 시간이 지나면 언젠가 반드시 정상으로 돌아오리라 필자는 믿는다. 그 때는 보다 따뜻한 사랑으로 그를 감싸안아줄 생각이다.

■ '11. 4. 15. 금

세상에서 제일 맛있는 커피

오늘 오후에 근무병과 부대에서 가까운 불곡산을 등산하였다. 밑에서 보면 그리 높지 않지만 바위로 이루어진 험한 산으로 등산하기 그리 쉬운 곳은 아니다. 등산코스는 대교 아파트라는 곳에서 출발하는 코스와 반대편인 양주시청에서 시작하는 두 개의 코스가 있다. 산에는 크게 3개의 봉우리로 이루어져 있는데 임걱정봉, 상투봉, 상봉이 그것이다. 모처럼 날씨도 좋고 개나리와 진달래가 피어있어 경치를 감상하며 대교 아파트에서부터 등산을 시작하였다. 최초 3개의 봉우리만 지나 양주시청까지 가려고 하였지만 도중에 백화암이란 절 방향으로 하산을 하였다. 부처님 오신 날이 다가와서 그런지 절의 이곳저곳에 등이 걸려 있었다. 산중턱에 위치한 절을 지나 드디어 포장도로에 근접한 곳까지 내려와 아내에게 전화를 하려고 주머니를 뒤졌더니 핸드폰이 보이질 않았다. 곰곰이 생각해 보니 아까 상봉과 백화암 사이에서 한 번 미끄러진 적이 있는데 그곳에 빠트렸다는 느낌이 들었다. 마침 등산객 한 분이 계셔서 핸드폰을 빌려 필자의 번호를 눌렀으나 신호만 가고 받질 않았다. 어제도 등산하여 힘이 빠진 상황에서 다시 오르려니 무척 힘이 들었다. 근무병이 대신 올라가겠다고 말하여 그렇다면 절에 가서 다른 사람의 핸드폰을 빌려가라고 말했다.

필자는 절까지는 간신히 따라 갔으나 더 이상 올라가지는 못하고 그곳에서 불안한 마음으로 그를 기다렸다. 하루에 대략 30통 이상 전화가 걸려오는데 앞으로 어떡하나 하는 심정에 마음이 편치 않았다. 핸드폰을 빌려준 불자 분은 이런 필자가 딱해 보였는지 커피를 타다 주었다. 근무병은 대략 1km가량을 역행군하여 올라갔는데 조금 있으려니 다시 하산하는 것이 보였다. 찾았느냐고 소리를 질렀더니 멀리서 찾았다고 대답을 하였다. 다행히 그는 아까 필자가 넘어진 곳에서 그것을 발견하였다.

　불자 분은 우리 근무병에게도 수고했다고 커피를 갖다 주었다. "정말 감사합니다. 덕분에 찾은 것 같습니다." "뭘요, 누구라도 당연히 그렇게 했겠지요." "아닙니다. 그런데 커피가 정말 맛있습니다." "물이 좋아서 그런 모양이지요." "제가 생각하기에는 핸드폰을 찾은 안도감 때문인 것 같습니다." "그런가요?" "모든 음식이 이렇게 마음의 상태에 따라 맛이 틀리는 것 같습니다." "처음에 병사가 올라와서 스님께 핸드폰을 빌려 달라고 말했습니다. 마침 그 분은 100일 동안 묵언수행 중이시라 대답은 하지 않으셨고 대신 저를 가리키셨지요." "아, 그랬었습니까? 오늘 이렇게 만난 것도 참으로 큰 인연인 것 같습니다." "이제 어디로 가십니까?" "제 차를 주차시켜 놓은 대교 아파트로 갑니다." "그것 참 잘되었군요. 제 집이 대교 아파트인데 모셔다 드리지요." "정말 고맙습니다. 오늘 3번이나 신세를 지는군요. 처음에는 핸드폰을 빌려주신 것, 다음은 세상에서 제일 맛있는 커피를 타주신 것, 마지막은 제 차가 있는 곳까지 태워다 주신 것이 그것입니다." "아까 말씀하신 것처럼 그것도 다 인연이라 가능했겠지요." 그의 차를 타고 다시 출발지점으로 돌아왔고 내리면서 "다시 한 번 감사드립니다. 성불하십시오."라고 또다시 사의를 표했다.

　지금까지 살아오면서 수많은 커피를 마셨지만 오늘처럼 맛난 커피는 없었던 것 같다. 그 이유는 남을 배려하는 그의 따뜻한 마음이 들어있었기 때문이다. 커피라는 물질도 거기에 사랑이 담겨져 있느냐에 따라 맛이 변하는 것이다. 오늘은 등산을 통해 스트레스도 해소되었고 남으로부터 배려도 받는 등 무척 기분이 좋은 하루였다. 이번 기회를 통해 앞으로는 더 남을 사랑하는 마음으로 살아갈 것을 다짐해 본다.

■ '11. 4. 17. 일

GP 견학

　금년 3월에 임관한 초임장교들이 부임 전 지휘실습을 나왔다. 앞으로 근무할 자대에 미리 와서 각종 실습을 통해 배우고 남은 교육기간에 부족한 것을 정진하기 위해서이다. 필자는 그들이 이곳에서 포병에 관련된 것만 배우고 돌아가기 보다는 우리와 대치하고 있는 적을 실제 보여주는 것이 교육적 효과가 더 높으리라고 판단하였다. 그래서 가용 시간을 염출하여 오늘 GP 견학을 실시하도록 했다. 필자가 직접 인솔을 하였는데 가는 날이 장날이라고 오늘따라 날씨가 흐리고 약간의 비가 내려 추웠다.

　통문에 도착하여 실탄과 방탄복을 지급받고 이어서 담당 소대장으로부터 출입간 행동절차에 대해 교육을 받았다. 선두에 경호 차량을 앞세우고 비무장지대를 이동하였는데 최근에 산불이 났는지 도로 좌우측이 시커멓고 그래서 매우 음산하게 보였다. 경호 장병들은 기관총과 소총으로 사방을 지향하며 이동했는데 조준간을 한 순간도 떼지 않았다. 그것은 상황이 발생하였을 때 가장 신속하게 조준 사격을 실시하기 위해서이다. 이렇게 긴장된 가운에 이동하는데 노루 한 마리가 나타나 그 지역을 뛰어다니는 모습을 보니 순간 아이러니한 생각이 들었다.

　십여 분간 이동하여 GP에 도착하니 전 장병이 나와서 환영을 해주었다. 적의 지형설명과 우리의 대비태세를 GP장과 관측장교가 번갈아가며 설명을 해주었다. 망원경을 통해서 본 북한 GP 지역은 울타리 보수, 영농작업 등을 실시하였고 우리를 감시하는 적들도 목격하였다. 그곳은 우리 지역과 1km도 안 되는 근거리이다 보니 바로 옆에 있는 것처럼 보였다. 아군 GP는 적과의 교전에서 체계적으로 대응할 수 있도록 모든 시스템이 잘 갖추어져 있었다. 또한 좁은 곳이지만 체력단련장, 사이버 지식정보방도 갖추고 있어 여가활동까지 가능하도록 되어 있었다. 초임장교들은 궁금한 것이 많은 지 GP장에게 많은 질문을 하였다. 이후 단체로 기념촬영을 하고 답례로 빵과 음료수를 전달한 후 GP를 나왔다.

통문에서 부대로 복귀하기 전에 잠시 초임장교들에게 견학 소감을 물어보았다. 다양한 의견이 있었지만 종합하면 첫째, 적을 실제로 보면서 남북분단을 피부로 느꼈다는 것과, 둘째, 포탄을 유도하는 포병장교로서 정확한 표적을 산출하는 것이 매우 중요하다는 것, 셋째, 이곳에 근무하는 장병들이 매우 고생한다는 것이었다. 필자도 '내가 군인이다.'라는 사실을 다시 한 번 직시하게 되었는데, 아무래도 후방에 있다 보니 그동안 매너리즘에 빠져 있지 않았나 싶다. 또한 우리가 고생한다고 하지만 여기 있는 장병들보다는 훨씬 편하다는 것을 재인식하였다.

이번에는 초임장교들만 갔지만 여건만 허락된다면 추가적으로 다른 간부들도 견학을 시킬 예정이다. 특히, 그곳은 과거 적의 조준사격으로 유탄에 의한 방벽이 훼손된 것도 볼 수 있었는데 이를 통해 정신무장을 다시금 갖추는 계기가 될 것이다. 또한 연평도 포격도발처럼 적은 앞으로도 화력으로 도발할 것이기 때문에 그들을 완전히 제압하도록 포병으로서의 전술전기 연마에 최선의 노력을 다할 것을 다짐하였다. 소중한 경험을 가진 하루였다.

■ '11. 4. 18. 월

용서

최근 TV에서 1992년에 방영되었던 '두 여인'이라는 연속극을 설명하는 드라마를 시청하였다. 극중 주인공인 두 여자 역에는 중견 탤런트 김혜자 씨와 반효정 씨가 출현하였다. 드라마는 어릴 적부터 단짝 친구였던 두 여인의 아픈 인생 이야기를 다룬 내용이다. 술집 여자의 딸로 자란 김혜자 씨는 그녀의 어머니가 그녀를 다른 남자의 첩으로 들여보내려 하자 가출을 하여 가난한 집안의 딸인 반효정 씨와 함께 서울로 상경을 한다. 그러나 먹고살기가 힘들어지자 김혜자 씨는 다방을 다니면서 부유한 청년을 유혹하여 그의 아이를 임신한다. 그러나 그녀의 의도를 간파한 청년의 어머니에 의해 둘은 헤어지게 되고 그녀는 다시 나이가 많지만 잘 사는 남자를 사귀어 그와 함께 산다. 그녀의 딸은 친구인 반효정 씨가 맡아서 키웠는데 그녀는 커서 TV에서 뉴스를 진행하는 여성 앵커가 되었다. 김혜자 씨는 자주 시골에서 살고 있는 반효정의 집을 찾아서 그녀의 딸에게 관심을 갖는다. 이후 김혜자 씨는 암에 걸리게 되고 죽을 날이 점점 가까워오자 결국 딸에게 자기가 생모라는 사실을 밝힌다. 그러면서 용서를 구하지만 딸은 용서를 하지 않겠다고 말하면서 그녀가 자기의 생모라는 사실도 이미 알고 있다고 대답을 하였다. 결국 그녀는 용서를 받지 못한 채 친구인 반효정 씨의 품에서 죽으면서 드라마는 끝난다.

죽어가면서까지 용서를 받지 못한 그녀의 얼굴은 그야말로 처참하게 보였다. 용서를 하지 않은 딸의 모습도 마지막에 볼 수는 없었지만 그녀 또한 분명 마음이 편치 않았을 것이다. 아마 언젠가 자신도 자식을 낳으면 그 때 엄마를 용서하지 않은 것을 후회할지도 모른다. 예수님께서는 원수를 사랑하고 일곱 번, 일흔 번이라도 용서하라고 말씀하셨다. 용서의 의미는 바로 그것에서 찾을 수 있다고 본다. 즉, 용서를 하지 않은 마음은 미움과 분노, 절망으로 뒤덮여 있어 자신을 피폐하기 만든다. 이는 지금 자신이 살고 있는 이 세상을 스스로 지옥으로 만드는 것과 같다. 따라서 스스로가 용서와 사랑, 희망으로 가득 찬 삶의 천국을 만들기 위해 노력해야 한다.

　병영생활도 마찬가지이다. 가끔 다소 싫은 소리를 들었다고 스스로 절망하는 장병들을 보면 안타까운 생각이 든다. 그리고 그들에게 상황을 어떻게 인식하느냐에 따라 그 결과의 차이가 크다고 말해주고 싶다. 나의 마음을 아프게 만든 전우들도 넓은 마음으로 포용한다면 오히려 병영도 아름다운 추억의 공간이 될 수 있지만 미워하기만 하면 하루하루가 고통스런 공간 밖에 될 수가 없다. 따라서 잘못한 것을 서로 용서하고 사랑한다면 병영은 인생의 아름다운 추억의 장소로 기억될 것이다.

■ '11. 4. 26. 화

3不 전략

3不 전략은 올해 100세로 아직 생존한 베트남의 전쟁 영웅 보 구엔 지압 (1911. 8. 25~)이 프랑스, 미국, 중국 등 강대국을 상대로 구사하여 승리한 전략이다. 그는 '20세기 최고의 명장'으로 꼽히며, 카이사르, 나폴레옹, 칭기즈칸에 비견할 위대한 전략가로도 불리고 있다. 특히 나폴레옹보다 더 위대한 장군으로 평가를 받는데 그 이유는 나폴레옹이 비슷한 전력의 나라와 싸워 이긴 반면, 지압 장군은 보잘 것 없는 전력으로 세계 최강국을 잇달아 물리쳤기 때문이다.

어떻게 승리했느냐는 질문에 그는 다음과 같이 대답을 하였다. "나는 강한 군대와 싸우면서 세 가지를 하지 않았어요. 첫째, 우선 그들이 원하는 시간에 싸우지 않았고, 둘째, 그들이 싸우고 싶어 하는 장소에서 전투를 치르지 않았으며, 셋째, 그들이 생각하지 않는 방법으로 싸웠습니다." 이러한 지압 장군의 3不 전략은 결국 모두가 안 된다고 한 싸움을 승리로 만든 원동력이 되었다. 상대가 낮에 싸우려고 하면 밤에 싸우고, 평지에서 싸우려고 하면 정글로 유인하고, 화력을 앞세워 전면전으로 싸우려고 하면 게릴라전으로 기습을 하였다. 또한 그는 싸우면 반드시 이긴다고 말하였다. 즉 '다르게 싸우고 이긴다는 믿음을 갖게 만든 것'이 전승의 비결이었던 것이다.

흔히 베트남 전쟁을 크게 3단계로 구분하는데 1차는 프랑스와의 독립전쟁

(1946.12-1954.8)이고, 2차는 남베트남을 지원하는 미국과의 전쟁(1959-1975.4)이며, 3차는 소련과의 긴밀한 유대와 화교 탄압에 대한 불만을 가진 중국과의 전쟁(1979.2-3)이었다. 그는 1차 전쟁 시는 해방군 총사령관으로, 2, 3차 전쟁 시는 국방장관으로 참전하였다. 수많은 전투 중 특히, 1차 독립전쟁 시 디엔비엔푸라는 유명한 전투가 있는데 이 전투에서 월맹군은 프랑스군 1만 5천명과 싸워 대승을 거두었고 인도차이나 반도에서 그들을 완전히 몰아냈다.

군사적 관점에서 월맹처럼 열세한 전력으로 승리한 이유를 필자 나름대로 분석해 보면 다음과 같다. 첫째, 월맹군은 적에 대한 정보를 정확히 파악하고 있다는 점이다. 이에 반해 강대국들은 월등한 무기만으로 충분히 이길 수 있다고 오판을 하였다. 둘째, 월맹군은 기습을 철저히 적용하였다. 예를 들어 그들은 상상하기도 어려운 105미리 포 100여문을 밀림에서 운용하였는데 이를 위해 한 번에 3cm씩 하루 평균 800m를 맨손으로 이동을 시켰다고 한다. 셋째, 지압 장군은 병법에 대해 완전히 통달하고 있었는데, 알렉산더와 손자에 이르기까지 모든 명장들의 전법을 숙지하여 그것을 융통성 있게 적용하였다. 넷째, 그들은 첨단무기보다 사람을 더 중요시 하였는데, 아무리 무기가 좋아도 장병들이 우수하지 않으면 무용지물이라고 생각하고 전술전기를 연마시켰다. 다섯째, 전통과 특성에 맞는 고유한 전투 방법을 채택하였는데 대표적인 것이 서구의 발전된 전략 및 전술보다 밀림에 효과적인 게릴라전을 구사한 점 등이다.

지압 장군의 3不 전략에 대해 이병주 씨는 시간과 연계하여 회피전략, 장소와 연계하여 우회전략, 방법과 연계하여 혁파전략으로 구분하고, 현대의 경제 전쟁에도 적용하여 시점, 시장, 사업 차별화를 통해 충분히 중소기업도 대기업을 이길 수 있다고 말하고 있다. 이렇게 정신적으로는 이길 수 있다는 신념, 기존 전법과는 다른 차별화되고 독창적인 전술을 구사해야 승리를 얻을 수 있는 것이다.

현재 우리 군이 시행하고 있는 전투형 부대 육성 또한 이러한 목적으로 추진되고 있는 것이다. 다시 말해 강인한 전투의지를 고양하고 실전적인 교육훈련과 간부의 전투 수행능력을 향상시켜 적이 어떠한 도발에도 강력한 대응으로 승리를 보장할 수 있다는 것이다. 이러한 다방면의 차별화된 노력들은 우리나라를 발전시키는데도 커다란 견인차 역할을 하게 될 것이다. 역사라는 것은 물줄기의 흐름을 바꾼 자만이 누릴 수 있는 영광인 것이다.

■ '11. 4. 29. 금

칠순 잔치

최근 어머니의 칠순 행사가 있었다. 그것을 맞아 당신께서 바라신 것은 가까운 친지들과 점심을 같이 드시는 것이었다. 그래서 형과 의논을 한 끝에 고향인 공주에서 한식당을 빌려 행사를 하기로 했다. 축의금은 일체 받지 않고 참석한 친지 분들에게는 가실 때 선물로 영양제와 떡을 주기로 하였다.

필자는 행사에 나름대로 뭐 기여할 것이 없는가 고민을 하다가 어머니와 우리들의 사진이 들어간 영상을 제작하기로 하였다. 물론 그것을 위해서 형과 여동생으로부터 사진을 미리 받아 배경음악과 자막을 넣어 편집하여 CD로 제작하였다. 필자는 행사 하루 전에 이곳 양주에서 의정부로 나가 고속버스를 타고 내려갔다. 마침 필자의 옆에는 나이 드신 여성분이 앉아 계셨는데 필자에게 말을 건넸다. "대전가세요?" "그렇습니다. 고향인 공주에 어머님을 뵈러 가는 길입니다." "무슨 일요?" "어머님 칠순 행사가 있습니다." "그러면 멀지도 않은데 자가용을 타고 가지?" "저도 나이가 먹어서 그런지 자가용으로 다녀오면 피곤해서 대중교통을 이용합니다." "나보다 아직 젊은 걸 뭘 그래." "그래도 남이 운전하는 것을 타고 다니는 것이 훨씬 편하고 좋습니다." "나도 그래. 나는 고속버스를 내 큰 전용 자가용으로, 기사 양반은 내 운전사로 늘 생각하네." "그렇게 생각하면 그럴 것도 같습니다." "이렇게 혼자 돌아다닐 때는 그것이 제일 좋아." "저도 그렇게 생각합니다." "어머니께 잘 해드리게." "알겠습니다. 마음은 있지만 늘 부족합니다." "말하는 것을 들어보면 잘할 것 같은데?" "더 잘하겠습니다. 감사합니다." 대전에서 내려 다시 차를 타고 공주의 어머니 집에 도착하니 여기저기 축하 화분이 보였다. 어머니께서도 잔칫집 같은 분위기에 다소 들떠 계셨다.

    행사 당일 아침에는 형님과 조카들과 함께 계룡에 위치한 아버님 산소를 찾았다. 마음속으로 어머님 잘 모시겠다고 약속을 드리고 행사장인 식당으로 갔다. 외삼촌, 이모, 큰 어머님, 작은 아버지, 그리고 사촌들이 차례로 도착을 하였다. 형님께서 사회를 보셨는데 제일 먼저 필자가 준비해 간 영상을 식당의 큰 TV에 연결하여 시청을 하였다. 어머니의 결혼사진을 포함한 젊은 시절의 모습과 우리들의 가족사진들이 음악과 함께 상영되자 모두들 숨을 죽이고 지켜보았다. 7분 정도 되는 상영이 끝나자 우레와 같은 박수소리가 터져 나왔다. 어머니께서도 눈시울이 붉어지셨는데 당신의 살아온 인생과 자식들의 행복한 모습에 아마 감동을 받으신 것 같다. 이후 행사는 매우 즐겁고 기분 좋은 분위기 속에서 진행되었고 어머니께서는 필자에게 수고했다고 말씀하셨다.

    그 날 부활절 야간미사가 있어 필자는 행사 후에 아내와 함께 이곳 양주로 올라왔지만 형님과 여동생 내외가 늦게까지 어머니와 함께 하였다. 칠순은 고희 또한 종심이라고도 하는데 자신의 뜻대로 행하여도 도(道)에 어긋나지 않는 연세라고 한다. 이번 행사를 통해서 자녀들이 부모님의 뜻을 잘 따라주고 그들의 마음을 편하게 만드는 것이 진정한 효도라는 것을 다시금 느끼게 되었다. 지금도 기뻐하시는 어머니의 모습이 눈에 선하다.

■ '11. 5. 1. 월

미움

　서로 사이가 좋지 않은 이웃이 있었는데 누가 언제 시작했는지도 모르게 서로를 미워하였다. 그러던 어느 날 모두가 잠이 덜 깬 새벽아침에 옆집에서 "불이야"하는 소리가 나더니 순식간에 집안을 태우고 미처 대피하지 못한 사람들이 불길에 갇혀 비명을 질렀다. 동네 사람들이 몰려왔지만 모두들 안타까운 마음으로 그냥 지켜만 볼 뿐이었다. 그때 누군가 쏜살같이 불길로 뛰어들더니 그들을 구해내고 불을 끄기 시작하였다. 자세히 보니 그는 바로 이웃에 사는 원수였다. "아니, 어떻게 자네가 우릴 구했나?" "미워해도 죽어가는 것을 어찌 가만히 보고 있겠나? 타오르는 불길을 보면서 어쩌면 내 미움이 저렇지 않았나 싶었네." "세상에 이럴 수가……." "자네를 보면서 가만히 생각해 보았네. 이렇게 미워하는 마음의 근본이 무엇일까 하고……. 그러다가 문득 깨달았네. 내가 자네를 미워한 것이 아니라 내 마음 속의 미움이 자네를 그렇게 만든다는 사실을. 그래서 나는 그 타오르는 미움을 저 불길 속에 던져 버렸네." "고맙네, 자네는 우리 생명의 은인일세." "아니네, 미움을 던져버리니 오히려 내 마음이 더 편해지네." "고맙네, 어쨌든 고마워" 그 후 두 집안은 가까운 이웃이 되었고 언제 그랬냐는 듯 평화롭고 행복하게 살았다고 한다.
　이 이야기처럼 누구를 미워하는 마음을 갖고서는 행복할 수 없고, 누군가에게 미움을 받고서 행복한 사람도 없다. 즉, 서로의 미움을 내려놓는 순간 행복이 시작되는 것이다. 미움이란 자기 마음에 들지 않거나 자기 생각과 달라서 스스로 손해라는 생각이 무의식중에 들 때 생기는 감정이다. 그리고 이러한 감정은 미워할수록 마음에 사무쳐 또 다른 미움이 생겨 결국 괴로움을 발생하게 한다. 그래서 미움이 생길 때는 그것을 없애기 위해 오히려 상대에게 잘해주라고 하는 것이다. 결국 이러한 행동이 악연을 선연으로 바뀌는 계기가 되는 것이다. 부처님은 녹이 쇠에서 나와 오히려 쇠를 갉아먹듯이 남의 입에서 피를 보려면 자기 입도 피를 머금어야 한다고 말씀하셨다. 이렇듯이 미움을 자꾸 내 뱉는 것은 결국 자기에게 미움을 내 던지는 것과 같다.

병영생활을 하면서 통상 하급자나 후임병이 미숙하여 실수를 할 때 우리는 그들 때문에 우리 부대 또는 내가 잘못한다고 인식될까봐 그들을 미워한다. 그런데 자꾸 미워하면 잘하는 것도 잘못하는 것처럼 보이는 경향이 있다. 이것이 커지면 미움을 받는 당사자도 마음의 상처를 받아 자책하고 결국 그것으로 인해 곧 큰 사고로 연결되는 것이다. 따라서 다소 미흡하고 부족하더라도 오히려 배려를 통해서 그들이 잘하도록 지도해야 한다. 미움이 있다는 것은 그만큼 '관심의 표현'이라고 말하기도 하지만 실상은 그렇지 않다. 따라서 앞으로는 미움이 생길 때에 거꾸로 사랑을 베풀어 자신의 마음을 넓혀보도록 노력하자.

■ '11. 5. 4. 수

수상한 고객들

'수상한 고객들'은 최근 필자가 본 영화의 제목으로 류승범 씨가 주연하였다. 줄거리는 자살을 결심했던 사람들이 삶에 대한 희망을 다시 찾는 내용으로, 감동이 있는 영화이다. 류승범 씨는 보험회사 직원으로 나오는데 그는 자신에게 생명보험을 가입한 사람들이 잇달아 자살을 하자 그것을 막기 위해 노력한다. 원래 보험 약관상 자살 시도자들을 가입시키면 안 되지만 류승범 씨는 보험 왕이 되고자 그들을 가입시킨 것이 문제가 되었다. 그래서 회사의 손실을 줄이고 자신의 잘못을 은폐시킬 목적으로 그들이 가입한 보험을 연금보험으로 바꾸려고 만나러 다닌다.

첫 번째 사람은 과거 보험회사에서 같이 근무했던 선배로 남에게 돈을 사기당해 절망 속에서 살고 있고, 두 번째 사람은 쓰레기를 청소하는 아주머니로 경제적 빈곤과 우울증으로 자살을 시도하려 한다. 셋째는 남동생과 함께 사는 기타리스트 누나로 빌린 돈을 갚지 못해 사채업자에게 시달리고, 마지막은 지하철에서 노숙을 하면서 틱 장애를 갖고 있는 청년으로 그는 누나와 같이 살면서 생활고로 인해 자살을 하려고 하였다. 이 4명 모두의 공통점은 경제적 빈곤과 정신적 우울증을 가졌다는 것이며, 또한 사회적 냉대와 무관심도 아울러 존재하고 있었다는 것이다. 비록 류승범 씨는 일차적으로 회사의 손실을 막기 위해 그들을 만나러 다니지만 부가적으로 그들의 부정적 사고를 변화시키기 위해서도 노력한다. 그 결과 그들은 결국 자살을 포기하는데 사기당한 선배는 딸의 사랑이 담긴 목소리를 들으면서 다시금 힘을 얻고, 청소하는 아주머니는 그동안 마찰이 심했던 큰 딸과 화해하면서, 사채업자에게 시달리는 여자와 틱 장애를 지난 남자는 류승범의 간곡한 설득으로 새로운 희망을 찾는다. 맨 마지막 장면은 택시 운전사로 열심히 살고 있는 선배의 모습을, 임시에서 정식 직원이 되어 기뻐하는 청소부 아주머니의 모습을, 남동생의 기타에 대한 재능을 발견하여 그의 연주를 들으며 행복하게 웃고 있는 빚쟁이 여자를, 그리고 누나와 함께 분식집을 차려 즐겁게 장사하는 틱 장애 청년의 모습을 보여주고 있다.

극본 속 류승범 씨의 대사 중에 필자의 가슴에 와 닿는 한 구절이 있다. 그것은 "B와 D 사이엔 C가 있다. 즉 그것은 Birth(탄생)와 Death(죽음) 사이에 Choice(선택)가 존재한다는 뜻이다."라는 말이다. 인생을 살면서 우리 앞에는 많은 시련과 난관이 주어지고 그 때마다 어떤 선택을 갖느냐에 따라 자신들의 삶이 바뀌는 경우를 종종 볼 수 있다. 위의 이야기처럼 자살을 결심했던 사람들이 올바른 선택을 하여 새로운 꿈을 펼치는 경우고 있고, 그렇지 않은 경우도 있다. 영화를 보고 나오면서 절망 속에서 희망을 선택한 그들이 정말 멋있고 아름답다고 생각되었다. 인생에서 시련이 없다면 우리들의 삶은 고귀하지 않을 것이다.

군 생활을 하면서 자신들의 현재 상항이 최악이라고 생각하는 장병들도 있다. 그래서 때로 바람직하지 않은 선택을 하는 경우도 가끔 있다. 그러나 가장 힘들고 어렵다고 생각했던 것들이 언젠가 인생에서 매우 소중한 것으로 다가올 때가 있다. 또한 그것은 자신의 성공에 있어서 커다란 밑거름이 되기도 한다. 따라서 현재의 시련들은 자신의 삶을 가장 빛나게 만드는 원동력이므로 절대 피하지 말고 과감히 부딪쳐 그것을 극복하도록 노력해야 한다. 선택은 장병 여러분들의 몫이다.

■ '11. 5. 7. 토

내일을 걱정하지 마라

　오늘은 부처님 오신 날로써 모처럼 평일에 맞는 휴일이라 불곡산으로 등산을 갔다. 마침 어제부터 비가 내리더니 아침에는 다소 소강상태로 변했다. 이 비는 내일까지 내린다고 하는데 낮에는 적게 내리다가 밤에 많이 내린다는 예보가 있었다. 그래서 얼른 다녀오고픈 마음에서 아침 일찍 출발을 하였다. 우천 관계로 사람들이 한 명도 없어 외롭게 혼자서 등산을 하였다. 불곡산은 앞에서도 말했듯이 임꺽정봉, 상투봉, 상봉의 산으로 이루어져 있는데 일부 구간은 추락의 위험이 있는 바위산이다. 더군다나 안개가 자욱하게 끼어 올라가면서도 무척 겁이 났다. 그런데 막상 바위산을 오르내릴 때는 전혀 불안감이 들지 않고 편안하게 걸었다. 왜 그럴까하고 곰곰이 생각을 해보니 그 이유는 필자가 걷는 10m 정도만 시야가 보여 바위 아래의 위험이 안개로 사라졌기 때문이다. 다른 맑은 날은 시야가 좋다보니 수직의 절벽이 보이고 그것으로 인해 현기증도 일어났는데 말이다.

　그것을 인생에 적용해 보면 사람들은 아직 일어나지 않은 일에 너무 마음을 졸이며 사는 것이 아닌가 생각된다. 예를 들어 필자도 스트레스를 받는 것 중에 하나가 이번 달은 전술훈련, 다음 달은 전투지휘검열, 그 다음 달은 전투지휘훈련 등 아직 시작하지 않은 훈련에 너무 많은 부담감을 갖고 있다. 그 때 가서 가져야 할 고민을 지금부터 갖고 있는 것이다. 그렇다고 미리 준비하지 말라는 것은 결코 아니고 계획을 세워서 차근차근 해도 되는데 당장 내일하는 것처럼 생각하다보니 스스로를 옭죄고 부하들까지 바쁘게 만들고 있다는 것이다.

성경 마태오 복음 6장 27~34절을 보면 다음과 같은 예수님의 말씀이 나온다. "너희는 '무엇을 먹을까, 무엇을 마실까, 무엇을 차려입을까, 걱정하지 마라.' 하느님께서는 이 모든 것이 필요함을 아신다. 너희는 하느님의 나라와 그분의 의로움을 찾아라. 그러면 이 모든 것들도 곁들어 받게 될 것이다. 그러므로 내일을 걱정하지 마라. 내일 걱정은 내일이 할 것이다. 그 날 고생은 그날로 충분하다."

영어에서 현재present라는 말은 선물gift과 같은 의미로 사용한다. 즉, 내일이 아닌 바로 오늘이 선물로 주어졌다는 뜻이다. 따라서 오늘 주어진 시간을 선물로 인식하여 소중히 사는 것이 중요하다. '사람이 꽃보다 아름답다.'라는 노래가 있다. 인간은 하느님께 다른 무엇보다 아름답고 소중한 존재이다. 내일이란 날은 우리가 결코 경험할 수 없는 시간이다. 왜냐하면 내일이 되면 내일은 또 다른 현재가 되기 때문이다. 그래서 우리는 늘 현재의 시간에만 존재하는 것이다. 따라서 현재의 이 시간에 부여된 임무에 최선을 다하는 것이 다른 무엇보다 중요하다고 생각한다.

■ '11. 5. 10. 화

개구리 소리

일과 후에 부대 뒤편 저수지로 산책을 나갔다. 비가 그치고 하늘이 맑으니 자연이 그렇게 아름다울 수가 없었다. 저수지는 근래에 보기 드물게 많은 사람들이 낚시에 열중하고 있었다. 마침 그곳을 관리하는 마을 아저씨 한분이 지나가는 필자에게 인사를 하였다. "단장님 운동 하시는 것에요?" "예 그렇습니다. 사람들이 정말 많네요." "낚시꾼들이 귀신이거든요. 지금 이 시기가 고기들의 산란기이기 때문에 가장 잘 잡힙니다." "그렇습니까?" "저기 보세요. 박스 가득히 잡았지 않습니까?" "입어료는 얼마입니까?" "2만원입니다." "본전은 되나요." "지금은 본전 뽑고도 남습니다." "여하튼 수고하세요." "안녕히 가세요." 그와 대화를 나누고 다시 걷는데 대부분 모내기를 끝낸 논에서 개구리 울음소리가 들렸다. 마을 정자에 어머니 네 분이 앉아 계셨는데 필자를 알아보고 말을 건네셨다. "단장님, 또 운동하시는 거예요." "안녕하셨습니까? 제가 눈이 나빠 먼저 알아보지 못했습니다. 한 바퀴 돌고 있습니다." "열심히 운동하셔야지. 팔을 앞뒤로 흔들고 히프를 실룩실룩하면서 걸어야 운동이 돼. 호호호." "그렇습니까? 그래도 저는 매일 연습해서 젊은 장교들하고 달리기 시합을 해도 지지 않습니다." "열심히 하시게." "감사합니다. 수고하세요." 이 지역은 마을 어디를 가나 어르신들이 알아봐주니 무척 정이 가는 곳이다.

개구리 소리가 점점 더 심해졌지만 오히려 고향에 온 것 같은 정겨움이 들면서 이러한 소리는 농촌지역에서만 들을 수 있는 하나의 특권이 아닐까 하는 생각이 든다. 문득 어린 시절 들었던 개구리 왕자의 동화가 생각난다. 마법에 걸려 개구리가 된 왕자가 공주의 도움으로 그것에 풀려나 예전의 모습을 되찾고 그녀와 행복하게 산다는 동화 말이다. 그런 이미지가 있어 그런지는 몰라도 개구리 울음은 빨리 자신의 마법을 풀어 달라는 소리로 들린다. 밤하늘에 반짝이는 별과 저수지의 맑은 물, 그리고 모내기를 끝낸 논의 모습, 그리고 개구리 울음소리가 들리는 자연은 그 자체가 하나의 천국이 아닐까 하는 생각이 든다.

■ '11. 5. 12. 목

백조

백조는 필자의 관사에 자주 놀러오는 까치로 필자가 붙인 이름이다. 부대 내 위치한 필자의 관사는 나무들로 둘러싸여 그런지 새들이 많이 살고 있다. 그 중 자주 집 마당에 내려오는 까치가 한 마리 있는데 그를 백조라고 부르고 있다. 이름을 백조라고 지은 이유는 백호 부대라는 필자의 부대 명에서 백을 따오고 새의 한자어인 조를 붙여서 만들었다. 다만 관사에서 필자와 함께 살고 있는 진돗개는 백견이 아닌 그냥 백호라고 부르고 있다. 필자는 아침과 저녁 두 번 백호에게 사료와 물을 주는데 이때 백조도 내려와서 함께 그것을 먹는다. 처음에는 백호가 다가오면 놀래서 피했는데 이제는 잘 피하지도 않고 사료를 먹는다.

까치는 예로부터 길조라고 불렸다. 삼국유사에서는 까치소리를 듣고 배에 실려 온 궤를 열었더니 잘생긴 사내아이가 있었는데 이 아이가 후에 탈해왕이 되었다는 신화도 있다. 그래서 까치는 귀한 인물이나 손님의 출현을 알리는 조류로 여겨지기도 한다. 동국세시기에는 설날 새벽에 까치소리를 들으면 그 해에 운수가 좋다하여 무척 반겼고, 세시풍속에서는 칠월칠석날 견우와 직녀의 만남을 돕고자 까치가 오작교를 놓는다는 전설도 있다. 이처럼 까치는 사람들에게 좋은 소식을 전해주는 길조였던 것이다.

그런데 그런 까치가 최근에는 농작물과 정전 피해를 유발시키는 천덕꾸러기

신세로 전락하고 있다. 잡식성의 까치는 각종 곡물과 열매를 닥치는 대로 먹어 치우고 있고, 전신주에 집을 지어 작년에만 1백여 건의 정전을 일으키기도 하였다. 특히 봄철 전정의 30%가 까치에 의한 피해로 나타나 그 심각성을 더해주고 있다. 그래서 일부 지자체는 그동안 자신들의 상징물로 여겼던 까치를 이제 다른 동물로 바꾼다고 한다. 그래도 필자는 백조가 좋다. 외로운 필자에게 그들은 마음의 위로를 주는 따뜻한 벗들이다. 하루에도 몇 번씩 마당에 내려와서 놀다가는 모습을 보면 무엇인가 좋은 일이 생길 것 같은 기분도 든다. 필자와 백호, 백조 셋이서 오랫동안 함께 살고 싶은 것이 바람이라면 잘못된 것일까?

■ '11. 5. 15. 일

긍 정 일 기

골프선수 최경주

자신에게 끊임없는 변화와 도전을 실시하고,
남에게는 무한한 신뢰와 자선을 베푸는
매우 훌륭한 선수

골프선수 최경주

지난 5월 16일 우리나라의 최경주 선수가 미 프로골프 플레이어스 챔피언십에서 우승을 하였다. 그는 이번의 승리로 PGA투어에서 개인 통산 8번째 승리를 달성하였다. 플레이어스 챔피언십은 마스터스, US 오픈, 브리티시 오픈, PGA챔피언십의 메이저 대회에 이어 제 5의 대회로 불리며 상금이 가장 많은 대회 중 하나이다. 최경주 선수는 이번 대회 우승에 따른 상금으로 171만 달러(약 18억 7천만 원)를 받았다. 한동안 슬럼프에 빠져 모든 사람이 이제 한물간 선수로 생각했지만 탱크라는 별명답게 뚝심으로 재기에 성공하였다.

그렇다면 이처럼 침체를 겪었던 그가 우승한 비결은 무엇일까? 그것은 첫째, 그가 늘 변화를 추구해 왔다는 것이다. 그는 입버릇처럼 "끊임없이 변화해야 살아남을 수 있다."고 말하면서 행동으로 실천하였다. 예를 들어 새로운 클럽이 나오면 과감히 써본다든지 스윙 자세도 바꾸는 등의 변화를 시도했다.

둘째, 그는 포기하지 않고 끊임없이 도전해왔다. 사실 그는 2008년부터 극심한 슬럼프에 빠졌으나 "내 골프인생의 전반 9홀을 마쳤을 뿐 아직도 9홀이 남아있다.", "시도해 보지도 않고 포기하는 것은 가장 어리석은 행동이다."라고 말하며 혼신의 노력을 기울였다. 그러다보니 근육이 찢어지는 등 크고 작은 부상에 시달렸지만 꾸준히 재활을 하면서 서서히 자신의 기량을 되찾았다. 그는 한 번

벙커샷을 연습하면 4시간은 기본이고 하루에 8시간 이상씩 훈련하는 '연습벌레'였다고 한다. 그가 인터뷰에서 "앞으로 메이저 우승과 PGA투어에서 10승 이상을 거두겠으며, 내년에 예정된 마스터스 대회도 이미 준비를 하고 있다."고 언급한 것에서 그의 포기하지 않고 끊임없이 도전하는 열정을 볼 수 있다.

셋째, 그는 한번 믿은 사람과는 끝까지 함께 했다. 그의 캐디인 앤디 프로저와는 현재 8년째 호흡을 맞추고 있으며 스윙코치인 스티브 밴과도 6년째 한솥밥을 먹고 있다. 그가 우승 인터뷰에서 '앤디는 내 아내이자 큰형'같은 사람이라고 말하는 것에서도 사람을 아끼는 그의 단면을 엿볼 수 있다.

넷째, 그는 남의 아픔을 절대 그냥 지나치지 않는 인간미를 지니고 있다. 그는 자신의 이름을 딴 '최경주 재단'을 만들어 PGA 투어에서 얻은 상금의 일부를 세계 각국의 재난이나 불우 아동들을 돕는데 써오고 있다. 2005년 허리케인 카트리나에 의해 미국이 피해를 입자 3만 달러의 복구비를 냈고, 작년 아이티 지진 때는 2억 원을, 이번 우승 상금 가운데 20만 달러는 미 남동부지역 토네이도의 피해 복구에 쾌척을 하기도 했다. 그를 좋아하는 미국인들은 '최경주의 소년들'이란 팬클럽을 조직하여 각종 경기에서 그를 열렬히 응원하고 있는데 그 이유가 '팬들에게 가장 친절한 선수'이기 때문이라고 대답하였다. 이러한 그의 모습 때문인지 우승 후 그의 홈페이지에는 '당신의 역전극은 인생에 대한 의미를 다시금 되돌아보게 만든다.'고 격려 메시지가 넘쳤다고 한다.

이처럼 그는 자신에게 끊임없는 변화와 도전을 실시하고, 남에게는 무한한 신뢰와 자선을 베푸는 매우 훌륭한 선수인 것이다. 우리 장병들도 이런 그의 모습을 본받아 다양하고 창의적인 전법을 구사하도록 전술전기를 숙달하고, 장병 상호간에는 존중과 배려로 서로 아껴 줄 때 반드시 전투에서 승리할 수 있다고 필자는 확신한다.

■ '11. 5. 20. 금

등산예찬

모처럼 날씨가 너무 화창하여 간부와 함께 소요산 등산을 했다. 그는 얼마 전까지 필자의 밑에서 근무하다가 진급을 하여 예하대대 작전과장 직책을 성실히 수행하고 있다. 그러나 최근 집안의 경제적 어려움으로 대출까지 받다보니 스트레스를 많이 받고 있다. 산 정상인 의상봉으로 올라가는 코스는 여러 곳이 있지만 최단거리 코스인 공주봉 방향을 선택했다. 그곳은 급경사이다 보니 한 번에 쉬지 않고 오르는 것은 무리여서 도중에 잠시 휴식을 했다. "작전과장 힘들지 않나?" "코스가 험난해서 다소 힘이 듭니다." "지금 쉬니까 어때?" "바람도 불고 정말 기분이 상쾌합니다." "산 아래에는 사람들이 많은데 여기에는 별로 없지?" "그렇습니다." "인생도 그런 것이 아닌가 생각하네. 정상에 서기 위해서는 많은 고통과 인내가 요구되는데 올라간 사람은 많지 않지." "무슨 뜻인지 잘았겠습니다. 제게 닥친 어려움을 잘 극복하고 꼭 정상에 서도록 노력하겠습니다. 감사합니다." 이처럼 등산은 정상에 오른 자만이 느끼는 성취감이 있다.

대부분의 사람들은 시련과 고통을 피하고자 아래에서 편안하게 머물다보니 성공하지 못하는 것이다. "저를 포함하여 몇 명의 간부들을 '친 李 세력'이라고 말합니다." "그것이 무엇인데?" "단장님을 좋아하는 간부들을 그렇게 부릅니다. 단장님의 성을 따서." "누가 들으면 오해하겠다. 파벌을 조성한다고?" "단장님의 군에 대한 사랑과 열정, 인간미 등을 좋아하는 간부들입니다." "그렇다면 고맙고. 열정은 군을 살아 숨 쉬게 하는 중요한 요소이지." '친 李 세력'이라고 언급된 간부들은 대부분 군 생활과 업무에 매우 적극적인 사람들이었다.

등산은 신체뿐만 아니라 정신적 스트레스를 해소하는데도 그만이다. 아무리 머리가 무겁더라도 정상에 서면 일거에 그것을 날려버릴 수 있다. 눈으로는 신록의 우거짐을 볼 수 있고, 귀로는 새와 바람 소리를 들으며, 코로는 아카시아 등의 향기로운 냄새도 맡을 수 있다. 등산에는 심신을 안정시키는 힘이 있다. 산으로 가자.

■ '11. 5. 21. 토

계란찜

며칠 전 아내와 통화하면서 계란찜에 대한 이야기가 나왔다. 지난번 막내 동서와 처제가 놀러왔는데 함께 등산을 하고 부대 복지회관에서 저녁식사를 함께 먹던 중 계란찜과 관련된 재미있는 사연이 있었기 때문이다. 오리훈제를 시켜 맛있게 먹었는데 밑반찬 중에는 계란찜도 포함되어 있었다.

그 때 필자가 그것을 가리키면서 다음과 같이 이야기 했다고 한다. "동서, 여기 있는 계란찜은 아무나 주는 것이 아닙니다." "아무나 주는 것이 아니면요?" "대령급 이상만 주는 것이에요." "아, 그렇습니까?" "원래 반찬 중에는 그것이 없었는데 회관 관리관이 대령급 간부들을 위해 특별히 서비스로 제공한 것입니다." "그렇습니까? 그 말을 들으니 맛이 다르네요." 그런데 나중에 처제가 필자의 아내와 통화를 하면서 그것에 대해 언급을 했다고 한다. "언니! 그 때 형부 말이 무척 재미있었어." "뭐가?" "지난번 계란찜 이야기 말이야." "계란찜이 왜?" "그게 무슨 대수라고 대령급 이상만 줘?" "지난번 말했듯이 식당 관리관이 체면을 세워 준다고 준 거겠지?" "그래도 우습잖아. 별 것 아닌 것 가지고 구분하는 게? 호호호" 아내의 말을 듣고 나니 사실 별미로 먹었던 계란찜이 아무것도 아닌 것처럼 느껴졌다. 따지고 보면 계란 한 개가 얼마인지는 모르지만 기껏해야 계란찜 하나의 가격은 천원 내외일 것이다. 그런데 그것이 계급을 구분하는 하나의 메뉴로 자리 잡았다는 것이 다소 아이러니하였다.

사실 그것은 모두에게 주는데 누군가 필자에게 잘못 전파한 것으로 그 이후 확인이 되었다. 아내와의 통화 후 필자는 그것이 별로 가치 있게 느껴지지 않았지만 처제는 반대로 그것을 의미 있게 받아들였다고 한다. 아마 이러한 생각이 들게 된 것은 스토리텔링으로 이야기를 듣기 전까지는 아무것도 아닌 것이 사연을 들으면 매우 의미 있게 바뀌기 때문일 것이라 생각한다.

부대 본청에서 관사로 가는 길에는 화단이 하나 있는데 최근 주임원사가 꽃을 심으면서 화살표와 하트 무늬의 모습을 넣었다. 평시 다니면서 그냥 아름답다고만 느꼈는데 하루는 그가 필자에게 물었다. "단장님, 그 꽃들이 의미하는 것이 무엇인지 아십니까?" "글쎄요 잘 모르겠는데요?" "화살표는 큐피드의 화살을 뜻하고요, 하트는 사랑을 뜻하므로 우리 부대가 늘 사랑으로 꽂혀 있는 부대라는 뜻입니다." "아 그래요. 그 말씀을 들으니 다시금 보게 되고 또한 다르게 보입니다. 허허허"

장병들에게 부대의 전통에 대해서 설명할 때도 이 같은 기법으로 설명하면 자신의 부대를 무척 자랑스러워하고 그것이 올바른 마음가짐과 행동으로 이어진다. 그 같은 기법은 장병들의 교육훈련과 부대관리에도 활용할 수 있는데 동기부여에 영향을 미쳐 그 효과가 대단히 높아진다. 스토리텔링 기법을 잘 활용하여 부대 전투력 향상에 이바지하도록 하자.

■ '11. 5. 25. 수

맛있는 음식

며칠 전 간부들과 낙지전문점에서 회식을 하였다. 메뉴는 매운 낙지요리와 연포탕을 함께 먹었는데 매운 낙지요리는 낙지와 야채, 그리고 양념장을 넣어 잘 버무린 음식이다. 연포탕에는 산 낙지 2마리를 넣어 끓였는데 국물이 시원하고 정말 맛있었다. 그런데 낙지의 머리를 간부들이 먹으려 하자 주임원사가 제지를 하였다. "낙지 머리는 단장님과 내가 먹어야 해." "저희들이 먹으면 안 됩니까?" "너희들은 앞으로 먹을 날이 많지만 단장님과 나는 그렇지 않잖아?" 그래서 필자가 "그러지 말고 간부들 주세요. 저는 간부들이 맛있게 먹는 것을 보면 배가 부릅니다." "안됩니다. 단장님. 옛말에 어두육미라는 말이 있잖아요?" "생선은 머리가 맛있고 육류는 꼬리가 맛있다는 말 아닙니까?" "그게 왜 생긴 줄 아십니까?" "먹어보고 맛있으니까 그렇겠지요?" "실은 그게 아닙니다. 부모님께 맛있는 부분을 드시게 하기 위해 만든 말입니다." "아, 그래요." "세상에 머리와 꼬리가 뭐가 맛입니까? 몸통이 맛있지요. 그래서 못 사는 시절에 부모님께 드리고 싶은 효심에서 만들어진 말입니다." "사실인지는 잘 모르겠지만 주임원사 말도 일리가 있는 것 같습니다." 그러나 결국 필자는 그것을 공평하게 나누어 주었다.

필자는 가끔 TV의 홈쇼핑에서 맛있는 음식이 나오면 신청을 하여 어머니께 보낸다. 가까이서 모시고 싶지만 멀리 떨어져 있으니 그렇게라도 해야 마음이 편하기 때문이다. 최근 방송사들의 맛집 소개 프로그램에 돈이 오고가고 아르바이트생들을 손님으로 가장하여 출현시킨다고 한다. 이런 방송들은 주로 외주 제작사에서 만드는데 그들은 식당에 전화를 하여 맛집으로 소개시켜주겠다며 취재비를 요구하거나 거꾸로 홍보가 필요한 식당에서 연락이 오면 제작비를 요구하기도 했다. 그것은 식도락에 대한 국민의 관심도가 점차 높아지는 반면 음식점은 포화에 이르자 그것을 이용하여 돈을 요구하는 것이다. 그래서 현재 맛집 프로그램은 다 엉터리라는 말도 나오고 있다.

　음식은 부자도, 가난한 사람도 한 번에 한 끼를 먹는다. 때문에 음식의 맛은 주인의 정성이 얼마나 담겨있느냐에 따라 틀려진다고 생각한다. 특히 필자 같은 군인들에게는 아내나 어머니의 정성이 가득한 집 밥이 무척 그립다. 사랑과 정성이 담겨야 음식이 맛있기 때문이다.

■ '11. 5. 28. 토

남면 축구대회

　이곳 양주 시 남면에는 각 단체별로 축구팀을 가지고 있어 경기를 통해 상호 친목과 건강과 도모하고 있다. 그런데 지난번 필자가 개별적으로 교환 경기만 하지 말고 전체가 모여 축구대회를 한번 하는 것이 어떻겠느냐고 의견을 개진하였다. 그랬더니 단체장들 모두가 적극적으로 찬성하여 제 1회 대회를 오늘 부대 연병장에서 개최하게 되었다. 총 6개 팀이 출전을 하였는데 민民에서는 남면 농협과 부대 앞에 위치한 주식회사 덕유 등 2개 팀이, 관官에서는 인원이 부족하여 면사무소 직원과 파출소, 그리고 남면 중고교 선생님을 포함하여 1개 팀이, 그리고 군軍에서는 우리 포병단과 예하대대, 지역 기무부대 등 3개 팀이 참여하였다.
　필자는 초대 대회장으로 위촉되어 개회식과 폐회식을 주관하였다. 친목 차원에서 살살 하자고 다들 말하였지만 막상 경기가 시작되니 치열하게 시합이 진행되었다. 대진표는 군軍은 군끼리, 민관民官은 자기들끼리 시합을 하여 결승전에서는 각각의 1개 팀이 맞붙도록 배려를 하였다. 결국 군軍 팀에서는 우리 포병단이 올라갔고, 민관民官 팀에서는 남면 농협이 최종적으로 올라갔다. 필자의 생각에 남면 농협은 개인기가 뛰어나고, 우리 팀은 조직력이 강한 것 같다. 처음에는 상호 공방으로 기싸움을 시작하였는데 우리가 다소 강한 느낌이 들었다. 필자도 선수로 뛰었는데 젊은 그들에게 순발력에서는 밀렸지만 지구력으로 극복을 하였다. 마침내 기회를 잡아 오른발 강슛으로 첫 골을 터뜨렸는데 아쉽게도 업사이드로 노골이 선언되었다. 그러나 우리 팀은 전반전에만 3골을 넣었고 후반전에는 1골을 내주어 결국 3:1로 승리하여 우승컵을 가져왔다. 승리의 주된 이유는 그동안 실력이 뛰어난 병사들과 사전 수차례 연습을 하면서 나름대로 조직력을 다져왔기 때문이라고 생각한다. 즉, 부단한 연습을 통해서 발을 맞춰온 것이 승리의 견인차가 된 것이다.

이번 대회를 주관하면서 생긴 어려움 중에 하나가 바로 200여명이나 되는 선수와 관계자들의 점심식사 준비였다. 다행히 농협과 덕유에서 도시락을 후원하여 그 문제는 해결되었다. 지역의 행사이다 보니 마을 이장님과 노인회장님들도 참석을 해주셨고 예정에 없었던 시장님과 국회의원님께서도 참석하여 축하를 해주셨다. 대회가 끝난 후에 모두들 돌아가고 천막과 집기류까지 철수하자 부대가 무척 썰렁한 느낌이 들었다.

누군가 "외로움이 피곤함보다 더 무섭다."라고 말했는데 그것이 필자의 마음에 와 닿았다. 오늘 대회에는 예하 대대장들도 참석을 하였는데 고마움의 답례로 필자가 부부동반으로 저녁을 사주었다. 장소는 주임원사가 소개시켜 준 동두천 시내의 횟집으로 갔는데 가격이 너무 비싸 개인적으로 부담을 느꼈다. 그렇다고 사준다고 데리고 갔는데 다시 나오기도 민망하였다. 그 때 대대장 중 한 명이 "단장님, 때로는 순간의 창피만 넘기면 나중에 후회는 하지 않는다고 합니다."라고 말하면서 나가자고 권유하였다. 그래서 주인에게 미안하다고 말하고 밖으로 나와 각종 음식점이 밀집된 지행역 근처로 갔다. 그곳에서 가장 눈에 띄는 횟집으로 갔는데 개인당 3만 원 정도 수준이었지만 전복, 대게 등 다양한 해산물이 푸짐하게 나왔다. 주인도 자주 이용해 달라고 말하면서 서비스를 잘해주어 모두들 기분 좋게 먹었다.

아마 필자가 자존심만 내세우고 처음의 장소로 고집했더라면 돈은 돈대로 들어가고 잘 먹지도 못해 후회만 남겼을 것이다. 이러한 예처럼 우리는 인생을 살면서 때로는 불필요한 고집으로 손해를 보는 경우가 왕왕 있다. 눈 한번 질끈 감고 창피를 참으면 되는데 끝까지 자존심을 세웠다가 낭패를 본다. 길을 가다 잘못된 길이라고 생각하면 더 가기 전에 과감히 방향을 전환해야 한다. 그래야 나중에 후회와 미련이 발생하지 않는다. 아무튼 오늘 하루는 무척 바쁘고 피곤했지만 즐거운 하루였다.

■ '11. 5. 28. 토

마음의 문

 마음의 문은 손잡이가 안쪽에만 있어 바깥에서는 아무리 해도 그 문을 열 수가 없다고 한다. 즉, 누군가 우리를 도와주려고 해도 문을 두드리기만 할뿐 결코 열 수는 없다는 것이다. 자신이 스스로 열지 않으면 문은 늘 잠겨 있을 뿐이다. 그래서 사람의 마음을 여는 것이 난치병을 치료하는 것보다 더 힘들다고 한다. 마음의 문을 열어야만 빛이 들어와 그곳에 있는 어둠을 물리칠 수 있는 것을 알면서도 말이다.

 지난해 전 세계를 떠들썩하게 했던 칠레 북부 산호세 광산의 붕괴 사고를 기억해 보자. 갱도의 갑작스런 붕괴로 33명의 광부들은 지하 약 700m의 땅속에 갇히게 되었다. 지상에서는 광부들의 생존 가능성이 희박하다고 구조를 포기하기에 이르렀다. 지하 피난처에 갇힌 광부들도 시간이 흐르면서 점점 절망의 나락으로 떨어졌다. 그런데 매몰 17일째 되던 날 생존자를 찾는 탐침봉이 광부들 사이로 나타났다. 그것은 한줄기 빛으로 어두운 그곳을 환하게 비추었다. 그들은 그것을 두드리며 모두가 살아있다고 쪽지를 올려 보냈고 지상에서는 굴착봉을 이용하여 식수와 음식을 내려 보냈다. 지상과 소통이 되면서 더 이상 그곳은 어둠의 세계가 아니었다. 드디어 그들은 69일 만에 전 세계인이 지켜보는 가운데 안전하게 구조되었다.

예하부대 대대장들로부터 문제가 있다고 생각하는 장병들을 면담해 보면 하나같이 갱도에 갇힌 것처럼 절망 속에 빠져 있다. 그들의 마음을 열기 위해 여러 곳에 빛을 비추고 문을 두드리지만 자신은 아무런 희망이 없다고 굳게 문을 닫고 있다.

　교황 요한 바로로 2세는 선종하시면서 "나는 행복합니다. 그대들도 행복하십시오."라는 말씀을 남기셨다고 한다. 인간은 삶에서 죽음의 경계를 넘어설 때 가장 두렵고 고통스럽다고 한다. 그런데 그는 어떻게 행복하다고 말할 수 있었을까? 필자의 생각에 그것은 그가 모든 사람을 사랑했기 때문이다. 그는 폴란드 출신으로 아우슈비츠 전쟁의 비참함을 몸으로 체험하신 분이었다. 그는 자신의 처절한 고통을 절망과 분노로 채우지 않고 희망과 사랑으로 채웠다. 그것이 생전에 그를 기쁘게 만들었고 결국 죽음을 맞이하면서도 주님의 품안에 영원히 안길 것이라 생각하며 행복해했던 것이다.

　우리 장병들도 모두가 다 그런 것은 아니지만 일부는 자신의 어려움을 속으로만 고민하는 경우가 있다. 물론 지휘관들이 나름대로 노력을 하지만 자신의 마음을 열지 않으면 결국 도와주기 어렵다. 따라서 혼자만 고민하지 말고 마음을 터놓고 함께 해결해 나가는 것이 필요하다. 부하가 곤란에 처해 있는데 나 몰라라 외면하는 지휘관은 아직까지 없다. 다가가기 어렵다고 생각하는 것이 문제이지, 가까이 가면 모두들 아버지와 형님처럼 도와줄 것이다. 필자도 우리 장병들에게 늘 한 줄기 빛이 되고 싶다. 그러기 위해서는 지금보다 더 많은 사랑을 베풀어 스스로 찾아오도록 만들 것을 다짐해 본다.

■ '11. 6. 2. 목

고난의 행군

'고난의 행군'이란 필자의 부부 사이에서만 쓰는 용어로 '산책'을 의미한다. 그런데 그것이 무슨 고난일까 의문을 가질 텐데 한 번 할 때마다 최소한 3시간 이상을 걷기 때문이다. 필자는 현재 아이들의 교육 문제로 아내와 떨어져 살고 있고 격주로 그녀와 만난다. 그러다보니 만나면 대화를 많이 나누는데 통상 산책을 하면서 그것을 한다. 매일 전화를 하기 때문에 더 이상 할 말이 없을 것 같은데도 함께 걷다보면 시시콜콜한 것까지 말하게 된다. 이번 휴가는 현충일이 휴일이었기 때문에 모처럼 집에 3박 4일을 다녀왔다. 오후에 출발하여 저녁에 도착하였는데 식사 후에 곧바로 고난의 행군을 시작하였다.

대구의 날씨는 초여름처럼 더웠지만 저녁에는 바람이 불어 그런 대로 괜찮았다. 산책을 하고 들어왔더니 여독이 있는지 무척 피곤하였고 첫날은 일찍 잤다. 다음날에는 평소처럼 일찍 눈이 떠져서 조용히 혼자서 산책을 나갔다. 마침 대구 구치소 옆의 화장터를 지나가는데 한 어머니께서 구슬피 울고 계셨다. 그런데 우는 소리가 너무 슬퍼 지나가는 사람들의 애간장을 녹였다. 그 옆에 아들로 보이는 건장한 청년이 열심히 위로를 하는데도 그녀는 그치질 않았다. 그래서 필자가 "제행무상諸行無常 생자필멸生者必滅이니 너무 애통해 하지 마세요."라고 말을 건넸다. 그 뜻은 '모든 것은 항상 변하고 산 사람은 반드시 죽는다.'라는 의미로 누구든지 언젠가는 다 겪어야 할 고통이니 너무 슬퍼하지 말라는 뜻이다. 돌아오는 길에 그들을 다시 보았는데 어느 정도 마음이 안정되었는지 그제야 울음을 그쳤다.

봉은사 주지이셨던 명진 스님께서는 인생에서 가장 큰 스승을 부처님, 예수님, 성인도 아닌 바로 죽음이라고 말씀하셨다. 즉, 사람은 죽음이란 한계가 있기 때문에 자신을 뒤돌아본다는 것이다. 그는 어머니와 동생의 죽음을 보고 허무함을 느껴 '나는 누구인가?'라는 화두를 들고 출가를 하셨다. 그처럼 우리도 바쁜 일상에서 잠시나마 시간을 쪼개어 자신을 성찰하는 계기를 한 번씩 만들어 보았으면 좋겠다. 분명 과거의 나와 현재의 나는 다르다. 생각뿐만 아니라 신체적인 면에서도 많은 차이가 있는 것이다. 즉, 현재의 나는 전혀 새로운 나인 것이다. 그렇다면 매번 바뀌는 나라는 존재는 어떤 것이 진정한 나일까? 이것을 대답하기란 정말 어렵다.

개인적인 필자의 생각에 나는 바로 여태까지의 모든 것이 합쳐진 '현재의 나'라고 생각한다. 즉, 현재의 나는 과거의 나를 설명해야만 존재하는 인과관계를 지니고 있는 것이다. 또한 나는 다른 사람과의 관계 속에 존재하는 하나의 인간인 것이다. 타인과 나와의 관계는 그것을 어떻게 설정되었느냐에 따라 때로는 나를 기쁘게도 또는 슬프게도 만든다. 그러나 그것이 무엇이든 생로병사 자체가 고통이라는 진리를 받아들이면 어느 정도 마음의 평안을 얻지 않을까 생각해 본다.

■ '11. 6. 6. 월

페르소나

 페르소나는 그리스 말로 '가면'을 뜻하는 말이다. 스위스 심리학자인 칼 구스타프 융은 사람의 마음을 '의식'과 '무의식'으로 구분하여 그것을 그림자 같은 무의식의 열등한 인격이며 자아의 어두운 면으로 말하기도 하였다. 즉 자아가 의식을 통해 외부 세계와 관계를 맺으며 내면과 소통하는 주체라면, 페르소나는 일종의 가면으로 집단 사회의 행동 규범 또는 역할을 수행하는 것을 의미한다. 영화에서는 감독의 분신과 같은 '배우'를 뜻하는데 자신은 직접 출현하지 않지만 그가 표현하고자 하는 것들을 감독 대신 하게 만들기 때문이다.

 우리 인간도 어떻게 보면 페르소나를 쓰고 생활하는 것 같다. 마음속에 하고 싶은 욕구도 참고 타인에게 훌륭한 사람으로 비춰지기 위해서이다. 필자도 타인과 대화를 나눌 때는 항상 웃는다. 정말 좋아서 웃기도 하지만 한편으로 좋은 이미지를 보이기 위해 그러기도 한다. 여자의 얼굴도 일종의 페르소나로 볼 수 있다. 맨 얼굴의 주근깨나 잡티 등을 감추기 위해 진한 화장을 하기 때문이다.

 이러한 페르소나는 나이가 들면서 점점 사라져간다. 링컨 대통령의 일화 속에 나오는 유명한 말 중에 "나이가 40이 넘으면 자기 얼굴에 책임을 져야 한다." 말이 있다. 사람은 불혹까지는 부모에게서 타고난 얼굴로 살지만 그것이 넘으면 스스로 자기의 얼굴을 만들어야 한다는 의미이다. 왜냐하면 40이 지나면 육신의 얼굴보다 내면의 얼굴이 점점 드러나기 때문이다. 사람은 본디 외모와 관계없이 내적인 마음가짐에 따라 아름답기도 하고 추하기도 한다.

　우리가 어떤 사람을 만날 때 첫인상은 좋지만 시간이 흐를수록 싫증이 나는 사람이 있는가 하면, 그것과는 상관없이 만날수록 정이 가는 사람이 있다. 그것이 바로 내면의 얼굴로 그것은 성형수술로도 바꿀 수 없다. 겉으로 착한 사람의 흉내를 낸다고 선한 얼굴로 바뀌지는 않는 것이다. 오로지 마음속에서 선하고 바른 생각을 하며 그것을 실천할 때만이 아름다운 얼굴을 가질 수 있다. 이제 가면이 아닌 진실한 모습으로 타인을 대하는 자세를 갖도록 노력하자.

■ '11. 6. 8. 수

감악산 축제

이곳 양주 시 남면에는 매년 감악산 축제가 열리는데 금년이 7회째이다. 그것은 지역 주민들이 그동안 취미로 갈고 닦은 각종 실력들을 마음껏 자랑하는 행사이다. 그동안 주로 민관이 주관이 되어 하였는데 이번에는 군도 참여를 요청하여 신형 K-9자주포와 장갑차 등을 전시하였고 그 외 추억의 반합라면 시식과 군복을 착용하고 사진 찍기, 건빵 판매, 마술 쇼 등에도 지원을 하였다. 그러다보니 면단위 행사지만 꽤 수준이 높은 행사로 바뀌었고 주민뿐만 아니라 관광객들도 많이 왔다.

필자는 내빈으로 초대되어 개회식에 참석을 하였고 그것 후에는 간단한 다과회가 있어 관계자들과 담소를 나누었다. 그런데 갑자기 이전 농협조합장이셨던 분이 큰소리로 한 말씀을 하셨다. "오늘 여기 참석하신 분 들 중에 제가 제일 존경하는 분이 2분이 계시는데 한 분은 남면 중고 교장님이시고 다른 한 분은 포병단장입니다. 왜냐하면 교장님은 장차 나라의 동량이 될 어린 새싹들은 가르치고 계시고, 포병단장님은 나라를 지키시기 때문입니다. 이것 두 가지보다 더 중요한 것이 세상에 어디 있겠습니까? 여러분 이 두 분을 위해서 박수 한번 쳐 주십시다." 그러자 거기에 계신 분들이 다들 "옳소."하고 박수와 환호를 보내주셨다. 그곳에는 지역의 국회의원과 시장님도 계셨는데 오히려 필자가 환대를 받아 감사의 목례를 드렸다. 아마 그것은 국가 안보를 튼튼히 하라는 국민의 바람과 군을 깊이 사랑하는 마음을 담아 말씀하신 것으로 생각된다.

오늘 아침에는 일찍 효촌저수지로 산책을 나갔는데 최근 들어 가장 많은 낚시꾼들이 보였다. 그런데 예전과는 달리 아내와 자녀까지 함께 온 분들이 많았다. 가족들끼리 텐트를 쳐놓고 음식을 먹으면서 함께 즐기는 모습이 보기에 매우 좋았다. 걷다보니 밭에서 김을 매고 계신 마을 어머니 한분이 계셔서 필자가 말을 건넸다. "안녕하세요. 아침 일찍부터 바쁘시네요?" "단장이야? 이른 아침부터 어디를 가시나?" "산책을 하고 있습니다." "혹시 상추 좋아해?" "네, 좋아합니다. 뜯어 주시려고요?" "조금 줄 테니 갖고 가서 먹게?" "말씀은 고맙습니다만 제 관사에도 심었습니다. 그런데 지금 뭐하고 계십니까?" "보시다시피 밭에서 풀을 뽑고 있잖아?" "딱딱한 땅을 힘들게 뚫고 나왔는데 그냥 살려주면 안 되나요?" "단장도 우리 바깥양반과 똑같은 이야기를 하네. 그렇다고 뽑지 않으면 작물들이 잘 자라지 않는데 어떠하나?" "그런가요. 오늘 면에서 축제를 한다고 하는데 안 가세요." "이것 마치고 가려고." "즐겁게 보내세요." 걸으면서 생각해보니 나무는 한 번 뿌리를 내리면 평생 그 자리에서 벗어날 수 없다. 또한 한 겨울에도 벌거벗은 몸으로 추위를 견뎌내야만 한다. 만약 좋은 땅에 뿌리를 내리지 못하고 척박한 땅에 뿌리를 내리면 그 나무는 부족한 영양분 때문에 힘들게 살아가야만 한다.

이처럼 우리 인간들도 때로는 살고 싶지 않아도 살아야 할 자리가 있다. 그런데 그것을 회피하려고 하면 문제가 발생된다. 군 복무도 마찬가지이다. 우리 장병들이 나라를 지켜야만 하는데 힘들다고 그것을 하지 않으면 국가의 존립은 위태로울 수밖에 없다. 식물이 생명을 유지하기 위해 중력을 견디며 땅을 뚫고 나오는 것처럼 국가의 안위를 위해서는 우리 장병들이 피나는 훈련으로 국방을 튼튼히 해야 한다. 식물에게서 교훈을 배우는 의미 있는 하루였다.

■ '11. 6. 12. 일

진리 2길, 힘찬 2길

　현재 필자의 아내와 아이들은 대구시 수성구 만촌동의 민간 아파트에 전세로 살고 있다. 휴가를 가면 아내와 함께 시내 산책을 많이 나가는데 집 근처의 도로들 중에 진리 2길, 힘찬 2길이 있다. 그 길을 지나면서 항상 느끼는 것 중에 하나가 필자는 과연 진리의 길을 걷고 힘차게 살고 있는지 의문스럽다. 진리 2길은 정신적인 측면에서, 힘찬 2길은 신체적인 측면에서 한번 생각해 볼 필요가 있다.

　진리를 사전에서 찾아보면 '참된 이치 또는 도리'라고 해석하고 있고, 힘찬 은 '힘차다'에서 찾을 수 있는데 '힘이 있고 씩씩하다.'라는 뜻이다. 군인이라는 특수한 직업을 선택한 필자에게 진리의 길이란 과연 무엇인가? 인생의 대부분을 군에서 보내기 때문에 답도 그곳에서 찾아야 할 것 같다. 필자의 생각에 진리의 길은 선비정신을 갖고 생활하는 것이라고 말하고 싶다. 선비는 사전에서 '학식이 있고 행동과 예절이 바르며 의리와 원칙을 지키고 관직과 재물을 탐내지 않는 고결한 인품을 지닌 사람'으로 해석하고 있다.

　외국에서 이것과 것을 꼽으라면 일본의 무사도 정신과 영국의 기사도 정신 등을 꼽을 수 있다. 조선시대 선비는 사회적으로 중요한 역할을 했음에도 형식적이며 비타협적이고 숭문경무崇文輕武와 사대주의 사상을 가지고 있다며 비판을 받았다. 그러나 그것은 부정적 이미지를 부각시키기 위해 지어낸 말이고 실제로는 충 · 효 · 예와 의리, 청빈과 도덕성 등을 강조하고 있다. 현재는 그러한 선비정신을 시대에 걸맞게 '장교단 정신혁명'으로 계승하고 있는데 대표적인 실천덕목은 매사 솔선수범과 도덕성 확립, 전투적 사고를 상시 견지하는 것이다.

또한 체력은 군인에게 가장 기초적인 요소로 매년 측정을 강화하고 있는데 사격, 주특기와 더불어 이것이 뛰어난 장병을 특급전사로 선발하고 있다. 비록 집 근처의 길에 부쳐진 이름이지만 그 길을 걸으면서 장교단 정신혁명을 지속적으로 추진하고 체력을 단련하여 조국이 필요할 땐 언제든 목숨을 바치겠다고 다짐해 본다.

■ '11. 6. 12. 일

윈드 오케스트라

주말이라 아내가 필자를 보러 대구에서 이곳 양주로 올라왔다. 저녁에 도착하여 곧바로 산책을 나가자고 했는데 의정부에서 토스트를 사먹은 것이 아직 소화가 덜된 것 같다고 말했다. 사실 필자는 아내가 오기 전 이미 5km 이상을 뛰어서 피곤했지만 모른 척하고 같이 걸었다.

산책은 관사 뒤편에 위치한 저수지로 갔는데 낚시꾼들이 많이 보였다. 날씨가 더워서 그런지 마을 어머니들이 대부분 집밖에 나오셔서 이야기꽃을 피우고 계셨다. 정자 근처에 세분이 서로 다정스럽게 말씀을 나누는 것이 보여서 먼저 인사를 드렸다. "어머니들 안녕하세요." "단장님이 이 저녁에 어디를 가시나?" "날씨가 더워서 산책을 하고 있습니다." "옆에 계시는 분은 누구시고?" "아 예, 제 아내입니다." "매우 젊구먼. 누가 보면 딸이라고 그러겠어?" "에이 설마요." "아내 분은 단장 관리를 잘해야 해." "또 무슨 말씀을 하시려고요?" "남자들은 여자가 관리를 잘해야 해. 왜냐하면 혼자 사는 남자들은 외로움을 많이 타서 쉽게 다른 여자에게 정이 가거든. 내가 잘 아는 사람도 아내와 떨어져 살다가 그곳 여자하고 눈이 맞아 이혼했어." "원 별 말씀을요. 좋은 저녁 시간 되세요." 어머니들의 충고를 뒤로하고 계속 걸었는데 만나는 어르신들마다 필자에게 말을 거니 아내가 말했다. "당신, 이곳에서 유명 인사네." "그러니까 내가 딴 짓을 하고 싶어도 못하는 거야?" "정들이 굉장히 깊으시고요?" "그럼 모두가 친부모 같이 잘해주셔." "혹시 당신 바람피우는 것은 아니지?" "이 사람이 별 말을 다하네." "아까 어머니들이 걱정하시는 것 같아 한 번 농담했어요." "나만큼 당신 사랑하는 사람 있으면 나와 보라고 해?" "알았어요. 어쨌든 당신이 고생이 많아요." "그것은 당신도 마찬가지고."

오늘은 금년 들어 날씨가 가장 무덥다고 하여 아침 일찍 불곡산으로 등산을 다녀왔다. 낮에 운동하는 것은 아무래도 부담이 되어 차라리 아침에 한 것이다. 저녁에는 호국 보훈의 달을 맞이하여 이곳 남면에 위치한 윈드 오케스트라의 초청공연이 있다는 사실을 알고 그곳에 갔다. 엊그제 남면 중고 음악 선생님이신 지휘자 분과 화훼 농가를 하시는 악단 단장님께서 직접 부대를 방문하셔서 초청해 주신 것이다. 원래 오케스트라라고 하면 모든 악기가 다 있어야 하는데 이곳에는 줄을 뜯어 연주하는 현악기가 없다. 그래서 대부분 바람으로 부는 관악기로 구성되다보니 윈드라는 용어를 쓴 것이다. 또한 단원들도 전문적으로 악기를 배운 분들이 아니고 음악이 좋아 취미로 하시는 마을 사람들로 구성되어 있다. 면 단위의 소도시에서 마을사람들로 구성된 악단이라고 우습게보아서는 안 된다. 그분들의 열정만은 최고 수준일 뿐만 아니라 실력 또한 뛰어나기 때문이다. 이번 연주회에는 사단의 군악대와 남면의 학생들까지 참가하여 제법 규모가 컸다. 공연간 곡을 연주하기 전에 해설자가 나와 그 곡에 대한 내용을 설명을 해줌으로써 청중의 이해를 도왔다. 이번 연주회 중 특색이 있었던 것은 카운터테너의 독창과 사물놀이와의 협연, 라틴 댄스 공연 등을 꼽을 수 있다.

주요 내빈 소개가 공연 도중 간단히 있었는데 맨 처음은 이 지역 사단장님이셨고 다음으로 필자가 호명되었다. 필자는 전혀 예상하지 않았기 때문에 당황스러웠지만 정중히 청중들에게 인사를 드렸다. 약 2시간 정도의 공연이 성황리에 끝났고 필자는 지휘자와 관계자들을 만나 아낌없는 찬사를 보냈다. 여름으로 들어가는 길목에서 사랑하는 아내와 더불어 좋은 음악을 들으니 마음이 풍요로워졌다. 작은 마을에서 음악을 좋아하는 소수의 사람들이 시작하여 이제는 매년 정기공연까지 여는 훌륭한 악단으로 성장한 그들에게 한편으로 경의를 표한다. 특히 여러 장르를 다양하게 시도해 보고 창의적으로 소화해 보려는 노력에 박수를 보낸다. 매일 저녁이면 음악을 위해 모이는 그 자체가 하나의 커다란 감동이면서 앞으로 더 나은 발전을 기대해 본다.

■ '11. 6. 18. 토

리더십 지도

　필자의 부대에는 본부포대장이라는 직책을 가진 장교가 근무하고 있다. 대위급 장교로서 포병단 본부의 병력을 실질적으로 지휘하고 있는데 간부 중 녹색견장은 그와 필자 둘만 달고 있다. 최근 그가 병력을 통솔하는데 있어서 약간 힘들어 하는데 그 이유는 자신의 지시를 병사들이 잘 이행하지 않기 때문이다. 이제 얼마 안 있으면 포대가 전술훈련 평가를 받는데 구성원들이 단결되지 않으면 그 결과는 불을 보듯 뻔하다. 이런 문제점을 해소하고자 나름대로 어떻게 하는 것이 좋은지 고민되었다.

　그러던 중 금일 구보를 하기 위해 위병소를 지나치다 위병조장이 근무 중 소설책을 읽는 것이 눈에 띄었다. 그것이 무엇이냐고 물었더니 그는 아무 대답도 하지 않았다. 문득 그것이 장병들을 단합시킬 수 있는 좋은 기회라고 생각되었다. 곧바로 포대장에게 완전군장을 싸오라고 지시하였고 부하의 근무기강 소홀에 대한 지휘책임을 물어 혼을 내었다. 그런데 자신들의 포대장이 벌을 받고 있는데도 장병들은 별 관심 없이 그 옆에서 운동을 하거나 노래를 부르고 있었다. 이게 아니다 싶어 필자는 곧바로 당직사관을 불렀다. "포대장이 부하를 대신하여 저렇게 혼나고 있는데 누구하나 미안한 마음을 갖지 않는 것은 잘못된 것이 아닌가?" "예, 그렇습니다." "내가 모른 척 할 테니 분대장들을 모아서 단장이 화가 많이 났다고 말하고 노기를 풀기 위해서는 그들도 동참했으면 좋겠다고 말하세요." "무슨 뜻인지 잘 알겠습니다." 잠시 후에 분대장 8명이 포대장과 함께 있는 모습이 눈에 띄었다. 필자는 짐짓 모르는 척하고 그들에게 다가가서 "너희들 지금 뭐하고 있나?" "저희 잘못으로 포대장이 벌을 받고 있어 동참하고 있습니다." "그래, 너희들 참 기특하구나. 포대장 이리와 바라." "예 단장님." "많이 혼내려 했지만 분대장들이 자발적으로 동참한 모습이 보기 좋아 이것으로 벌을 마친다. 수고했다." "감사합니다." "분대장 중 2명만 단장을 따라와라." 그래서 필자는 그들을 관사로 데리고 가서 시원한 맥주를 주면서 포대장과 함께 마시라고 말했다. "단장님 감사합니다. 앞으로 저희 분대장들이 포대장을 중심으로 열심히 하겠습니다. 믿어주십시오." "그래, 오늘 너희들의 단합된 모습을 보니 정말 기분이 좋다. 앞으로도 포대장을 잘 도와주거라." 그들은 포대장과 함께 사열대에서 맥주를 마시면서 허심탄회하게 부대 발전을 위해 토론하였고 멋있는 포대를 만들 것을 결의했다고 한다. 그동안 서로 간에 보이지 않았던 갈등은 그것으로 순식간에 사라졌고 끈끈한 신뢰가 형성되었다. 또한 포대장은 위로의 말과 더불어 위병조장을 용서해 주었는데 그 병사가 감격하여 눈물을 흘렸다고 한다.

이번 사례는 필자가 연출을 하고 포대 당직사관이 조연을 하여 이룩한 하나의 의미 있는 성과였다. 아무래도 위관장교들은 리더십을 발휘하는데 미숙하고 경험상 부족한 것이 사실이다. 따라서 그런 것들은 노련한 선배들이 경험을 전수하고 여건을 만들어 줄 필요가 있다. 아울러 후배들도 수시로 자기의 고민에 대해 상담하고 선배들의 노하우를 익혀야 한다. 이런 상호간의 노력을 통해 강한 전투형 군대를 만들 수 있다고 필자는 확신한다.

■ '11. 6. 21. 화

두유

엊그제 일과 이후 부대 밖으로 뛰다가 밭에서 일하시는 구암리 노인 한분을 만나 반갑게 인사를 하였다. "어르신, 뭐하세요?" "콩밭에 잡초를 뽑고 있어. 오늘도 뛰는 거야?" "그동안 비가 오는 바람에 며칠 뛰지 않았더니 몸이 근질거려서 나왔습니다." "그래, 잠깐 기다리시게." 그러더니 타고오신 오토바이의 트렁크에서 두유 하나를 꺼내시더니 필자에게 마시라고 주었다. 정중히 거절했음에도 계속 권하여 안 받으면 결례일 것 같아 결국 받았다. "어르신 감사합니다. 잘 먹겠습니다." "뭘 그것 하나 가지고 그래?" "그래도 어르신 사랑이 들어갔으니 귀한 것입니다." "그렇게 생각해 주니 고맙구먼. 저녁 잘 보내시게."

부대에 도착하여 간부 식당에서 식사를 하고 근처 휴게실로 갔더니 병사들이 모여 있었다. "지금 뭐하나?" "내일 이등병이 외박을 나가서 전투화를 닦아주고 있습니다." "그래 선임병들이 해주는 거야?" "그렇습니다. 저희들도 옛날 받았습니다." "좋은 전통이다. 하나 물어보자. 너희들이 후임병 시절에 선임병들이 가장 고마웠을 때가 언제였지?" 잠시 생각해보더니 정말 다양한 대답이 나왔다. 그러나 요약하면 군대생활을 자상하게 가르쳐 주거나, 부대시설을 데리고 다니며 안내를 해주거나, 첫 외박이나 휴가 시 잘 다녀오라며 전투복을 다리고 전투화를 깨끗이 닦아주거나, 주특기를 못해도 몇 번이나 친절히 가르쳐주는 선임병들이었다. 그러한 고마움은 가슴속에 두고두고 남아 차후 전역 후에도 그를 찾게 되는 하나의 원인이 된다.

그런데 일병이 구두약을 바르고 물을 붙여 열심히 닦는데 속된 말로 '물광'이 나질 않았다. 그래서 필자가 우선 구두약을 바르고 그것이 마를 때까지 기다렸다가 융과 천으로 몇 번 닦으라고 조언을 해주었다. 필자의 말대로 하다 보니 서서히 광이 나기 시작하였다. "단장님! 빛이 납니다." "그것도 다 짬에 의해 생기는 노하우다. 알았나?" "예, 잘았겠습니다." 군대생활은 처음에는 익숙하지 않아 다소 서투르지만 시간이 갈수록 숙달되면서 나름대로 멋이 생긴다.

어제는 점심을 먹었는데 몸 상태가 좋지 않았다. 괜찮겠지 하면서 저녁에 자리에 일찍 누웠는데 밤새도록 설사를 하였다. 특히 창자를 비틀어 짜는 통증으로 몇 번이고 잠에서 깨었다. 이 늦은 시각에 누구를 깨우기도 미안하여 그냥 참았다. 아침이 밝아 일어나려고 했는데 이번에는 몸이 말을 듣지 않았다. 이럴 때 아내가 옆에 있었더라면 좋았을 텐데 하는 생각이 들었다. 간신히 거실에 않으니 집 밖에 있는 백호(개 이름)가 평소와는 다른 필자의 모습이 걱정되는지 필자를 빤히 쳐다보았다. 그래도 여기 외로운 곳에서 필자를 생각해주는 것은 백호뿐인 것 같다.

오전 미사도 힘겹게 다녀왔고 관사에 도착해서 다시 쓰러지듯 누웠다. 하는 수 없이 군의관을 불렀는데 그는 진찰 후에 장염이라고 말했다. 아마 오염된 음식을 잘 못 먹은 것 같다고 말하였다. 곰곰이 생각해보니 식당에서 점심에 불고기와 상치, 고추를 먹었고 집에 돌아와서 물대신 두유를 마신 것 외에는 특별한 것이 없었다. 앞의 반찬은 다른 간부들도 먹었지만 별 문제가 없는 것으로 보아 두유가 의심스러웠다. 일하시는 장갑을 끼고 주셔서 흙이 묻었는데 닦지 않고 먹은 것이 화근이었던 것 같다. 약을 먹고 저녁이 되자 어느 정도 좋아져 아내에게는 걱정할 것 같아 말하지 않았다.

필자는 우리 장병들이 아프면 친자식처럼 돌본다. 왜냐하면 아플 때만큼 외롭고 힘든 때가 없기 때문이다. 어떤 장병은 꾀병인지 뻔히 아는데도 일부러 모르는 척하고 치료받도록 조치한다. 그것은 힘든 것을 피하려는 의도도 있지만 누군가 나를 위해 걱정도 하고 있고, 위로를 받고자 하는 심리적인 요인이 깔려있기 때문이다. 필자는 자주 예하 지휘관들에게 부하사랑을 말하는데 그것은 부하를 다치게 하지 말고, 아프게 하지 말고, 죄를 범하지 말게 하는 것이라고 강조한다. 또 장병들에게는 입대 전 그 모습 그대로 전역시키는 것이 필자의 유일한 바람이라고 말한다. 하절기로 들어가는 지금 많은 질병이 발생할 수 있는데 개인위생과 취사장 청결 등을 통해 건강하게 여름을 보낼 수 있도록 노력하겠다.

■ '11. 6. 26. 일

혼인신고

며칠 전 예하대대장으로부터 전화가 걸려왔다. 자기 부대의 군의관이 여자 친구가 허락하지 않은 상태에서 임의로 혼인을 신고하여 공문서 위조로 군단 법무부에서 조만간 조사를 한다는 것이었다. 그래서 필자보고 군의관을 면담해 주었으면 좋겠다고 건의를 하였다. 현재 군의관의 부모는 그를 관리하기 위해 서울에서 부대와 가까운 문산으로 이사를 했다고 한다. 부모 두 분이 모두 교수이시고 군의관이라면 사회의 엘리트 계층인데 무엇이 문제여서 이곳까지 이사하였는지 궁금해 그를 불러 면담을 해보았다.

"군의관! 자네는 왜 혼인 신고를 일방적으로 하였나? 그것이 범법 행위라는 것을 몰랐나?" "알고 있었습니다. 그러나 그녀와 결혼하기 위해서 어쩔 수 없었습니다." "부모님이 반대한다며?" "그렇습니다." "왜지?" "부모님은 제 여자 친구가 사치스럽다고 생각합니다." "자네는 최근 주식에도 투자하여 손해를 봤다며?" "그렇습니다." "잘 알지도 못하면서 주식투자는 왜 했지?" "경제적으로 부모님께 신세를 짓다보니 독립하기 위해 은행에서 돈을 빌려 그랬습니다." "그러니까 여자 친구가 함께 살기 위해 돈을 마련하기 위해 그랬구먼." "그렇습니다." "현재 여자 친구와의 관계는 어때?" "저는 보고 싶어 전화를 하는데 받질 않습니다. 저희 어머니가 저와 만나지 말라고 했고 그쪽도 부모가 알게 되면서 입장이 곤란해졌기 때문입니다. 또한 자기와 상의 없이 혼인 신고했다고 화가 난 것 같습니다." "혼인 무효 소송은 그쪽에서 했나?" "저희 어머니가 그 쪽에 연락하여 빨리 무효소송을 하라고 요구하여 그렇게 했다고 합니다." "자넨 군인으로 공무원인데 공문서 위조가 얼마나 큰 죄인지 몰랐나?" "그렇게 하면 결혼을 승낙 받을 것 같아 그랬습니다." "사치가 심하다는 말은 또 뭐야?" "그녀와 사귀면서 제가 200만원 상당의 핸드백을 사주었고 가끔 호텔에서 외식을 했기 때문입니다." "능력도 안 되면서 왜 그렇게 돈을 펑펑 썼나?" "죄송합니다." "여자 친구를 사귀면서 아들이 더 바람직한 모습으로 바뀌었구나 하는 생각이 들어도 시원찮을 판에 네가 그렇게 행동하니 당연히 부모가 반대하지? 더군다나 공부도 소홀하니 어느 부모가 좋아하겠나?" "거기까지는 미처 생각을 하지 못했습니다." "알았다. 우선 부모님의 마음을 편하게 해 드려라. 단장도 한 번 말씀드려 볼게." "감사합니다."

그러고 나서 그의 어머니와 전화 통화를 하였다. "어머니! 포병단장입니다. 아들 문제 때문에 전화를 했습니다." "자식 문제로 심려를 끼쳐드려서 죄송합니다." "자제분이 여자 친구가 좋다는데 웬만하면 결혼을 시키시지요?" "절대 안 됩니다." "그, 이유가 뭐죠?" "저희 부부가 이곳까지 이사를 와서 아들을 관리해야만 하는 것 자체가 부끄럽습니다. 결혼을 반대하는 이유는 그녀와 사귀고 난 이후부터 아들이 완전히 달라졌습니다. 그녀를 만나면서 돈을 물 쓰듯 하지 않나, 고등학교 때까지 전교 1등 하던 아이가 시험공부를 소홀히 하여 레지던트 시험에 탈락하지 않나, 그것까지도 용납할 수 있는데 한 번도 거짓말 하지 않는 아이가 밥 먹듯이 거짓말을 하고 심지어 저희에게 폭언까지 합니다. 그래서 저는 가난한 여자라도 착하고 성실한 여자가 좋습니다." "그러나 아들을 범죄자로 만들 수는 없잖습니까? 그리고 당사자가 저렇게 좋아하는데 부모님께서 양보를 하는 것이 어떨지요?" "저희 아들을 위하는 단장님 마음은 이해가 됩니다. 그러나 지금 이렇게 하는 것이 훗날 아들이 악의 구렁텅으로 빠지는 것 보다는 낫다고 생각합니다." "꼭 그렇게만 보지 마시고 아직 젊으니 상대방 부모님과 잘 관리하면 더 훌륭하게 바뀔 수도 있습니다. 반대하시면 오히려 원망만 깊어져 나중에 갈등의 골만 깊어질까 우려됩니다. 다행히 여자 친구도 아들을 좋아하니 원만히 해결하시는 것이 좋을 듯합니다." "단장님의 말씀은 감사합니다만 저희들은 반대하기로 결정했습니다." "다시 한 번 곰곰이 생각해 주시길 간곡히 부탁드립니다."

부모님은 아들이 자라오면서 그동안 한 번도 속을 썩여드리지 않다가 그녀를 만나면서 변하자 모든 원인이 그녀에게 있다고 생각하시는 것 같았다. 아직 여자 친구의 의견을 들어보지 못해 객관적일 수는 없지만 자랑스러운 아들에서 부끄러운 아들로 변한 것에 대한 실망감이 대단히 큰 것 같았다. 그러나 속담에 '자식 이기는 부모가 없다.'는 말처럼 힘드시겠지만 오히려 축하를 해주고 다만 이런 방향으로 해주었으면 좋겠다는 의견을 내면 그들도 미안하여 더 잘할 것 같다는 생각도 든다. 여하튼 그의 부모님들이 최근 생각을 바꾸셔서 결혼을 시키자고 양가와 협의 중이라니 참 잘 되었다는 생각이 든다.

문득 필자도 옛날 결혼을 할 때 부모님께서 곧바로 찬성하시지는 않았던 것이 생각난다. 그러나 아내와 사귀면서 더 열심히 부모님께 잘했고 이것이 결혼승낙을 받은 중요한 요인이 되었다. 이번 일을 계기로 요즘 젊은이들도 부모님들의 마음을 한 번 헤아려보는 자세를 견지했으면 하는 바람이다.

■ '11. 7. 5. 화

구암리 노인정 방문

　구암리 부녀회에서 어르신들을 모시고 경로잔치를 열었다. 여름으로 들어가는 길목에서 더위를 잘 이겨내시라고 보신탕과 잡채, 떡 등을 준비하였다. 며칠 전 이장님께서 참석해 달라고 연락이 왔는데 흔쾌히 간다고 말씀드렸다. 이유는 지난번 저녁에 밖으로 구보를 하는데 마을의 어머니들께서 필자가 보이질 않아 다른 곳으로 전출을 간 줄 알았다는 말씀이 있으셨기 때문이다. 그동안 예하부대의 훈련과 필자의 전술훈련 평가가 계속 있다 보니 상당히 바빴다. 그래서 일간 찾아뵙겠다고 말씀드리고 드시고 싶은 것이 무엇이냐고 여쭈었더니 모두들 '건빵'이라고 말씀하셨다. 그래서 군 건빵을 제조하는 회사에 연락하여 개인적으로 4박스를 구매하였다. 장병들의 것을 다른 용도로 사용하면 규정에 위배되기 때문이다.
　주임원사와 함께 갔는데 상에는 많은 음식이 차려져 있었다. 매번 먹을 때마다 맛있다고 느끼는데 그것은 고향에서 필자의 어머니께서 만들어 주시는 것과 비슷하기 때문이다. 마침 면장님, 농협 조합장님, 파출소장님도 참석을 하셔서 함께 식사를 했다. 이런 행사에 오면 꼭 한 말씀을 해 달라고 필자에게 마이크를 건네주신다. 말을 길게 하는 것은 좋지 않아 최대한 간단히 말했는데 "오늘 초대해 주셔서 감사드리고 늘 건강하십시오. 음식을 맛있게 준비해 주신 부녀회에 감사드립니다. 건빵 조금 갖고 왔으니 맛있게 드십시오."라고 말했다. 건빵이라는 말에 모두들 웃으면서 박수를 치셨다. 이곳에도 90세 이상의 고령자가 3분이나 계시는데 그분들께는 마을에서 건강 보조식품을 한 박스씩 드렸다. 필자는 점심시간을 이용해서 잠시 들렀기 때문에 오래 있지는 못했지만 돌아가기 전에 어머님들의 손을 한분씩 잡으면서 "건강하세요." 라고 말씀드렸다. 주름 진 손들이지만 필자의 손을 꼭 잡고 "고마워요."라고 말씀하실 때는 문득 고향에 계신 어머님이 생각나서 가슴이 찡했다.

저녁에는 비가 내리지 않아 모처럼 밖으로 뛰었다. 논과 밭에 어르신들이 다 나오셔서 물고를 정리하고 계셨다. 아까 드린 건빵이 맛있다고 하시면서 밭에서 딴 오이라도 몇 개 갖고 가라고 말씀하셨다. 노인회장님께서 점심 대접이 소홀하다고 미안해 하셔서 전혀 그렇지 않다고 대답하였다. 오히려 이렇게 이웃끼리 화목한 마을에 함께 살게 되어 감사하다고 말했다.

인터넷에서 본 글인데 어느 사람이 하느님께 행복하게 해 달라고 기도를 드렸다. 그랬더니 하느님은 그에게서 건강, 재산, 재능을 모두 거두어 가셨다. 결국 그는 모든 것이 간절하고 절실해졌다. 걷는 것도 빵 한 조각을 구하는 것도 어느새 감사하게 되었다. 작은 것 하나하나에 감사하게 되니 드디어 행복이 찾아왔다고 한다.

위 사례처럼 우리는 평소 너무 부족하다고 느끼며 살지만 실은 엄청난 은총 속에서 살고 있다. 문제는 부족함만을 바라다보니 행복이 우리 곁을 떠나간 것이다. 예수님이 사시던 시대의 율법학자들은 무려 613가지의 계율을 지켜야만 했다. 그것을 10가지로 줄인 것이 모세의 십계명이며 예수님은 '이웃사랑'과 '하느님 사랑'으로 요약하여 강조하셨다. 그것을 하나로 말하면 바로 '사랑'인 것이다. 구암리가 풍족하게 잘 사는 마을은 아니지만 이웃끼리 사랑이 넘치기 때문에 늘 행복한 곳이 아닐까 생각해 본다.

■ '11. 7. 11. 월

전역병의 민원

　필자의 부대에 정보과장으로 근무하는 장교가 전역 장병으로부터 민원을 받았다. 거기에는 그가 포대장으로 근무하던 당시 그 병사를 인격적으로 모독하였고 가끔 손으로 머리를 치는 행위를 했다고 한다. 또한 병장이 이병을 성희롱하는 것을 대대장에게 직접 보고하였다가 혼났고, 아파서 자주 외진을 나갔는데 꾀병이라고 질책을 받았으며, 또한 가끔 병사들을 데리고 나가 술을 사주거나 면회 온 병사 부모로부터 음식물도 받았다고 하였다. 그래서 지금 그 시절에 대한 아픔을 갖고 있으며 포대장의 사과와 처벌을 요구한다고 쓰여 있었다.
　곧바로 정보과장을 필자의 사무실로 불렀다. "여기 적혀있는 내용이 사실인가?" "어떻게 받아 들이냐에 따라 차이가 있지만 그 병사가 말한 대로 하지는 않았습니다." "그러면 없는 말을 그가 한 것인가?" "그 병사는 당시 군 복무에 제대로 적응하질 못했습니다." "문제 장병이라는 말이지?" "예, 그 병사의 말은 많은 오해가 있습니다. 인격모독은 잘하라고 몇 번 꾸짖은 것을 그렇게 생각한 것 같고, 머리를 친 행위는 경계근무간 졸아서 똑바로 하라고 꿀밤을 준 것을 말하며, 성희롱은 병장이 이병에게 '예쁘게 생겼네.'라고 말한 것을 보고한 것으로 밝혀졌고, 꾀병은 유격이나 혹한기 및 전술 등 각종 훈련 때만 되면 외진을 보내 달라고 하여 꾸중을 하였으며, 술은 분대장들의 수고에 대한 보답으로 대대장님께 허락을 받고 사비를 들여 회식을 시켜주었고, 병사 부모님의 선물은 면회 오신 분 중에 과일이나 떡을 가져다주는 분이 계셔서 포대원들끼리 나누어 먹었던 것입니다. 저는 포대장 시절 부대를 나름대로 떳떳하게 지휘했다고 생각합니다."
"그렇지만 자네 말이 사실일지라도 오해를 받고 있잖나? 지휘관은 절대 오해를 사는 언행을 하면 안 된다." "심려를 끼쳐 드려서 죄송합니다." "경계근무간 잘못하였으면 규정대로 처벌을 하고, 외진은 군의관의 소견을 받아 조치해야지. 꾀병도 병인데 실제로 계속 아팠다면 얼마나 마음이 괴로웠겠는가? 성희롱도 문제 없는 것을 보고했다고 나무랄게 아니라 잘 설명해 주었어야 한다. 마음이 불편한 병사가 볼 때는 회식도 부모님의 음식도 다 비리로 볼 수밖에 없다. 결국 자네는 장병들의 마음을 헤아리지 못한 거지." "여하튼 송구스럽습니다." "리더십의 핵심은 솔선수범과 부하들에 대한 관심인데 후자가 부족했던 것 같다. 2년이 지난 지금 불쑥 민원을 제기하는 것을 보니 앙금이 남아 있는 것 같다. 우선 그와 통화하여 한번 만나 보는 것이 좋겠구나." "알겠습니다." "대화 간에 누가 잘못했다고 따지는 것은 바람직하지 않다. 분명 상호 오해하는 부분이 있는 것 같으니 잘 이야기 해보기 바란다." "알겠습니다." "또한 시간이 흘렀지만 솔직히 인정 할 것은 인정하고 해명할 것은 명확히 해명하는 것이 좋다. 사나이는 진심으로 통하게 되어 있다." "명심하겠습니다." 결국 그는 그 병사와 통화를 하면서 오해하는 부분이 많음을 알게 되었고 진실한 사과와 해명을 통해 갈등을 해결하였다. 조만간 서로 만나서 소주 한 잔 기울이며 회포를 풀자고 약속까지 하였다고 한다.

문득 과거 필자의 포대장 및 대대장 시절이 떠올랐다. 필자는 병사들에게는 잘해주었지만 간부들에게는 매우 엄격하였다.

그런데 지금까지 누구하나 원망하는 사람도 없고 오히려 필자의 안부를 자주 묻고 있다. 그 이유는 첫째, 혼을 낼 때는 명확히 그가 잘못한 것을 설명해 주고, 둘째, 처벌이 끝나면 깨끗이 잊고 소주라도 마시면서 위로를 해주었기 때문이라고 생각한다. 그러나 무엇보다도 잘못하여 벌을 주거나 질책을 할 때도 반드시 사랑을 담아 혼을 냈기 때문이다. 부하들은 벌을 받을 때 그것이 사랑이 담긴 매인지 감정이 섞인 벌인지를 잘 알고 있다. 예하부대 간부에게 이러한 지휘기법을 잘 지도하여 밝고 명랑한 병영을 만들 것을 다짐해 본다.

■ '11. 7. 14. 목

전쟁영웅

 최근 신문기사의 1면에서 동료를 구하다가 팔을 잃은 미군에게 오바마 대통령이 악수를 하는 장면을 본적이 있다. 사진 속에서 그 군인은 강철로 만든 의수를 뻗고 있었고 대통령은 따뜻한 손을 내밀고 있었다. 필자는 그 장면을 보면서 크게 감동을 받아 마음이 뭉클해졌다.

 대통령으로부터 최고 무공훈장인 '명예훈장'을 받는 사진 속 그 군인은 2008년 전우를 살리기 위해 날아든 수류탄을 집어 던지려다 오른손을 잃은 미 육군의 페트리 상사였다. 그는 당시에 아프가니스탄 산악지대의 탈레반 기지를 급습하는 작전에 투입되었는데 전투 간 동료병사들의 옆으로 한 발의 수류탄이 날아오자 그는 두 다리에 총상을 입어 출혈이 심한 상태에서도 지체 없이 몸을 날려 그것을 진지 밖으로 던지려 하였다. 하지만 그 순간 수류탄이 폭발했고 그는 손을 잃고 말았다. 그러한 상황 속에서도 그는 침착하게 무전기를 통해 상황을 보고하였다. 결국 이러한 그의 희생정신으로 그의 전우들은 무사하였고 후송 헬기 속에서 동료 부대원들은 그의 남은 손을 부여잡고 "오늘 우리는 진정한 영웅의 손을 잡아봤다."며 감격의 눈물을 흘렸다고 한다. 그는 어느 정도 부상이 치료되자 군을 떠나지 않고 다시 아프간으로 날아갔다. 이러한 그의 시상식 모습을 CNN은 정규뉴스를 중단하고 처음부터 끝까지 생중계로 방영하였다. 행사가 끝난 후에 기자들을 만난 자리에서 그는 "이런 상을 혼자 받게 되어 쑥스럽다. 묵묵히 자기 임무를 수행하는 모든 장병들이 영웅이다."며 "우리에게는 '고맙다'라는 말 한마디가 가장 큰 보상이다."고 말했다.

우리나라에서 좀처럼 보기 힘든 이러한 모습을 보면서 필자는 미국은 영웅을 만들고 영웅은 다시 미국을 강대국으로 만들고 있는 것이 아닌가 생각해 보았다. 영국은 어떠한가? 일찍이 '노블레스 오블리주'로 사회의 지도층 인사들은 대부분 그들의 자식을 군에 복무시키고 그것을 자랑스럽게 생각한다. 윌리엄 왕자는 이번 세기의 결혼식에 아프간 전에서 큰 화상을 입은 병사와 순국 군인들의 가족들을 초청하였다. 이에 반해 2002년 월드컵 기간 중 발생한 제 2의 연평해전에서 조국의 바다를 지키다 산화한 우리 장병들의 영결식에는 정부의 인사 중 그 누구도 참석하지 않았다. 이러한 모습에 연평해전 참전용사 가족 중 일부는 우리나라에서 살기 싫다고 미국으로 건너가기도 하였다. 하지만 이후 2008년부터 정부의 주관으로 기념식을 치르자 그들은 다시 고국으로 돌아왔다. 또한 6.25 전쟁 당시 포로가 되었다가 43년만인 1994년에 탈북한 64세의 고 조창호 중위는 쩌렁쩌렁한 목소리로 귀대신고를 하였지만 2006년 그의 장례식은 재향군인 회장으로 조용히 치러졌다.

흔히 한 나라가 조국을 위해 희생한 군인들을 어떻게 대우하느냐에 따라 그 국가의 수준과 미래를 알 수 있다고 한다. 이러한 측면에서 필자는 잘못한 것에 대해서는 국민의 질책을 겸허히 수용하지만 잘한 것에 대해서는 따뜻한 격려를 보내주어야 한다고 생각한다. 우리 군인들이 국민들로부터 바라는 것은 페트리 상사가 언급한 '고맙다'라는 말 한마디이다. 지금도 전후방 외진 곳에서 불철주야 조국을 지키는 우리 장병들에게 국민들이 따뜻한 격려의 말 한마디를 건네길 간절히 기대해 본다.

■ '11. 7. 19. 화

의족 스프린터

　며칠 전 언론매체를 통해 장애인 육상 선수인 남아공의 오스카 피스토리우스가 장애인으로서는 사상 처음으로 세계 선수권 대회에 출전한다는 소식을 접하였다. 탄소 섬유로 만들어진 의족을 착용하고 달려 '블레이드Blade, 날 러너'라는 별명을 갖고 있는 그는 이탈리아에서 열린 남자 400m 경기에서 45초 07로 1위를 하였고 세계선수권 A수준기록인 45초 25를 통과하여 이번 대구세계선수권대회에 출전하게 되었다. 의족을 찬 장애인이 정상 선수들도 들어가기 힘든 세계 선수권 대회에 출전한다는 그의 이야기는 한편의 드라마이자 인간 승리라고 생각한다. 그는 1986년 태어났을 때부터 선천적으로 종아리뼈가 없었다. 그래서 11개월 때 무릎 아래를 절단할 수밖에 없었고 보조기구를 이용하여 걸음마를 배웠다.
　학생시절에는 운동에 관심이 많아 럭비, 수구, 테니스, 레슬링 등 많은 운동을 접했지만 2003년 럭비경기 중 크게 다쳐 재활하는 과정에서 달리기로 전향하였다. 그는 2004년 아테네 장애인 올림픽 200m에서 금메달을 따면서 일반 올림픽에도 나가겠다고 선언하였으나 국제연맹은 그의 보철 기구를 문제 삼아 출전 자격을 주지 않았다. 그러자 그는 스포츠 중재위원회에 제소를 하였고 결국 출전의 기회를 얻었지만 기록이 올림픽 A수준에 들지 못해 베이징 대회에는 출전하지 못했다. 대신 장애인 올림픽에 나가 100, 200, 400m를 우승하는 기염을 토했다. 이후 그는 일반 올림픽에 나가겠다는 꿈을 버리지 않았고, 끊임없이 노력한 결과 올해 3월 최고기록인 45초 61을 세워 드디어 세계 선수권 대회 출전이라는 꿈을 이루었다. 이러한 그를 보면서 인간의 힘이 얼마나 무서운 것인지 새삼 알 수 있었다. 보통 사람 같았으면 휠체어에 의지해서 살아갔을 텐데 그는 과감히 그것을 버리고 의족으로 걸어 다녔다. 처음의 고통은 아마 상상을 초월했으리라 생각된다. 그럼에도 불구하고 그는 더 열심히 각종 운동에 참여하였고 끊임없는 고통도 굳은 의지로 이겨내었다. 결국 그의 굳은 의지가 정상인들과 똑같은 대회에 참가할 수 있게 한 원동력이 된 것이다 이러한 그의 도전정신은 항상 그의 삶을 희망으로 가득 채웠다.

최근 전입 오는 신병들 중에 군대생활에 적응하지 못하고 조기에 전역을 희망하는 장병들도 있다. 자유분방하게 자라나 통제된 군대생활에 제대로 적응하지 못하는 것이다. 그래서 본인이 원하는 부대나 보직으로 자리를 바꾸거나 심지어 부모가 설득해도 군 생활에 쉽사리 적응을 하지 못하는 경우가 있다. 그것은 결국 군대생활이 자기에게는 도움이 되지 않는다는 이기적 생각을 갖고 있기 때문이 아닐까 싶다. 이러한 모습을 보이는 신병들은 대부분 목표 및 도전의식도 부족하고 스스로 보람을 찾지도 않는다.

그러나 군대는 의외로 많은 보물이 묻혀있다. 그 보물이란 바로 그동안 자신이 찾지 못한 잠재능력을 의미한다. 필자는 군 생활을 하면서 많은 장병들이 가기계발을 통해서 각종 자격증과 대학학점을 취득하는 경우를 보았다. 이러한 모습은 군대가 더 이상 자기인생의 단절이 아닌 성장의 디딤돌이 되고 있다는 반증이기도 하다. 더불어 군 생활은 강인한 체력, 인내와 끈기, 효도 등 육체적·정신적 능력도 길러준다. 이러한 것이 있기 때문에 사회의 많은 저명한 인사들이 군대생활을 통해 자신감과 인내력을 배울 수 있다고 말하는 것이다. 앞서 언급한 피스토리우스가 끊임없는 노력과 열정으로 장애를 극복하고 정상인들과 대등하게 시합을 하듯이 군 복무를 피하지 말고 과감히 도전했으면 한다. 또한 시련은 성공의 원동력임을 잊지 말 것을 장병들에게 당부하고 싶다.

여기 좋은 글 중에서 발췌한 이순신 장군이 남겨준 11가지에 대해 음미해 보자.

1. 집안이 나쁘다고 탓하지 마라.
    나는 몰락한 역적의 가문에서 태어나 가난 때문에 외갓집에서 자라났다.
2. 머리가 나쁘다고 말하지 마라.
    나는 첫 시험에서 낙방하고 서른둘의 늦은 나이에야 겨우 과거에 급제했다.
3. 좋은 직위가 아니라고 불평하지 마라.
    나는 14년 동안 변방 오지의 말단 수비 장교로 돌았다.
4. 윗사람의 지시라 어쩔 수 없다고 말하지 마라.
    나는 불의한 직속상관들과의 불화로 몇 차례나 파면과 불이익을 받았다.
5. 몸이 약하다고 고민하지 마라.
    나는 평생 동안 고질적인 위장병과 전염병으로 고통 받았다.
6. 기회가 주어지지 않는다고 불평하지 마라.
    나는 적군의 침입으로 나라가 위태로워진 후 마흔일곱에 제독이 되었다.
7. 조직의 지원이 없다고 실망하지 마라.
    나는 스스로 논밭을 갈아 군자금을 만들었고, 스물세 번 싸워 스물세 번 이겼다.
8. 윗사람이 알아주지 않는다고 불만을 갖지 마라.
    나는 끊임없는 임금의 오해와 의심으로 모든 공을 뺏긴 채 옥살이를 해야 했다.
9. 자본이 없다고 절망하지 마라.

나는 빈손으로 돌아온 전쟁터에서 열두 척의 낡은 배로 330척의 적을 막았다.

10. 옳지 못한 방법으로 가족을 사랑한다 말하지 마라.

나는 스무 살의 아들을 적의 칼날에 잃었고, 또 다른 아들들과 함께 전쟁터로 나섰다

11. 죽음이 두렵다고 말하지 마라.

나는 적들이 물러가는 마지막 전투에서 죽음을 택했다.

■ '11. 7. 22. 금

보신탕

　중복을 맞아 상수리 노인정에서 점심을 같이 하자고 연락이 왔다. 일요일이라 미사에 참석해야 하고 미사 후에는 통상 신부님과 식사를 같이 하기에 곤란하다고 대답하였으나 이장님과 노인회 총무님 등이 또다시 연락을 주셨다. 특히 노인회 후원회장님은 며칠 전 전화를 하셔서 참석을 신신당부하셨다. "포병단장! 나 상수리 후원회장이야." "아이고 어르신 잘 지내십니까? 어쩐 일이십니까?" "이번 휴일이 중복이잖아?" "그래서요?" "개 혀?" "아, 예 먹기는 합니다만." "내가 보신탕 한 그릇 낼 테니 바쁘시지 않으면 넘어오게." "주일이라 제가 미사에 참석하기에 다소 유동적입니다." "그래도 무조건 와야 돼. 알았지?" "최대한 시간을 내보겠습니다. 감사합니다." 위에서 '개 혀'란 말은 충청도 말로 '보신탕 먹어요?'라는 뜻이다. 결국 미사가 끝나고 노인정을 방문했더니 반갑게 맞아 주셨고 보신탕과 수육을 내오셨다. 이곳 노인정에서 6학년(60대)은 청년이고 7학년(70대) 정도는 되어야 명함이라도 내미는데 대부분 70-80대의 어르신들이다. 일주일에 3번 이상은 점심을 함께 드시는데 자식들을 포함하여 여기저기서 후원이 들어오기 때문에 가능하다고 말씀하셨다.
　필자가 처음 보신탕을 접한 것은 장교로 임관 후 야전으로 부임해서였다. 선배들이 전입을 축하하면서 회식을 시켜주었는데 마침 그곳이 보신탕집이었다.

너무 맛있어서 다 먹은 후 무슨 고기냐고 물었더니 '개고기'라고 하였다. 원래 그것은 중국의 춘추시대부터 먹었는데 현재는 사라졌고 우리나라와 베트남, 필리핀 등에만 아직 남아 있다. 특히, 복날 그것을 먹는 이유는 음양오행설에서 개고기는 화火, 복伏은 금金에 해당되어 더위에 지침 몸을 이열치열로 회복시켜준다고 믿었기 때문이다. 여름에 찬 음식을 많이 먹으면 소화기능이 떨어지고 설사도 잦아지며, 몸의 기운이 저하되어 저항력이 약해진다. 그래서 뜨거운 보양식을 통해서 단백질을 보충하면서 원기를 회복했던 것이다. 유목이나 수렵민족은 개가 목축이나 사냥에 이용되기 때문에 식용을 하지 않았다. 중국도 남북조 시대와 원과 청 등 유목민족의 지배를 받으면서 점차 그것이 사라졌지만 우리나라와 베트남 등은 계속 농경문화를 갖다보니 유지가 되었던 것이다. 즉 농경 문화권은 쌀을 중요시하지만 유목문화권은 가축을 신성시했다는 점에서 차이가 난 것이다.

이처럼 상호간에 문화의 차이에 의해 발생된 것을 일부의 외국 인사들은 국가 이미지를 근거로 그것을 비판해왔다. 그러나 프랑스에서는 세계 3대 진미 - 송로버섯, 거위 간, 철갑상어알 - 중 하나인 거위 간을 살찌위기 위해 오리나 거위 주둥이에 관을 삽입하고 강제로 옥수수 사료를 먹여 10배나 크게 간을 만든다. 그러한 잔인한 동물학대와 우리와는 무슨 차이가 있을까? 하는 질문을 끝으로 던져본다.

■ '11. 7. 24. 일

폭우

지난주에 날씨가 너무 덥다고 투덜거렸는데 지금은 3일째 계속 비가 내린다. 하늘이 뻥 뚫렸는지 거의 장대비 수준으로 내리고 있고, 현재까지의 강우량은 400~600mm 정도 된다고 한다. 금일 이른 새벽에 농협의 전무님으로부터 전화가 걸려왔다. 그는 필자의 부대와 작은 야산을 두고 앞뒤로 산다. "단장님, 별일 없으세요?" "예. 그렇습니다만 이른 새벽에 무슨 일이십니까?" "간밤에 잠을 한숨도 못 잤습니다." "무슨 일이 있으셨나요?" "어제 산에서 토사가 내려와서 집이 무너지는 줄 알고 마을 사람들 모두 대피했습니다." "다친 분은 없나요?" "다행히 조기에 대피하여 인명피해는 없습니다만 가옥들이 피해를 입었습니다." "인명피해가 없다니 그것참 천만다행입니다." "한 가지 부탁을 드려도 되겠습니까?" "말씀해 보세요." "대민지원을 부탁드립니다. 추가적인 피해를 막으려면 긴급히 조치를 해야 하는데 대부분 노인들뿐이라서…" "잘 알겠습니다. 당연히 도와드려야지요." "정말 감사합니다." "국민의 군대인 저희가 도와주지 않으면 누가 도우겠습니까?" "말씀만으로도 든든합니다." 비가 내리는 가운데 장병들과 함께 가보니 집 한 채는 큰 나무가 벽을 뚫고 들어가 신속히 조치하지 않으면 큰 피해가 우려되었다. 우선 산에서 내려오는 물길을 다른 방향으로 돌려 더 이상 물이 집으로 유입되지 않도록 조치했다. 그런 다음 침수된 가옥에서 가재도구를 정리하는 등 후속조치를 해주었다. 천재지변으로 어쩔 줄 모르는 주민들에게 그것은 복구의 의지를 다시 불러일으키게 했다.

곧바로 필자는 예하부대의 피해상황을 점검하러 나갔는데 아스팔트가 사라진 곳이나 버스가 길가에 처박혀 있는 광경 등도 보면서 흡사 전쟁터와 같다는 생각이 들었다. 예하부대도 크게 물골이 생겨 영내도로가 유실되거나 흙더미로 아수라장이 되었으나 다행히 인명이나 건물의 피해는 발생하지 않았다. 민간 목사님 중에 한분이 부대에는 피해가 없도록 간절히 기도드렸다고 하는데 그래서인지 거센 물결이 막사나 화포, 탄약고를 비켜나갔다. 전 장병이 투입되어 복구 작업을 했는데 필자는 일일이 찾아다니면서 격려해주었다.

하루 종일 비를 맞으며 힘든 하루를 보내고 관사로 돌아왔는데 전무님으로부터 다시 전화가 걸려왔다. "단장님. 감사합니다." "뭘요, 누구나 당연히 해야 할 일인데요." "저도 이곳이 피해를 받으리라고는 전혀 상상하지 않았습니다. 그런데 막상 당해보니 남의 일 같지 않습니다." "여하튼 큰 피해를 입지 않아 다행입니다." "지금에야 방을 정리하고 편안히 잠잘 수 있다는 생각에 수고한 우리 장병들에게 다시금 고마움을 느낍니다." "어르신들이 많이 놀라셨을 텐데 안심시켜 주시고 편히 쉬십시오." "평범한 일상이 얼마나 행복한 것인지 오늘 많이 느꼈습니다. 수고하세요." 그 말에 필자는 몸은 무거웠지만 좋은 일을 한 것 같아 마음만은 무척 가벼웠다. 이제 비가 그치는 내일부터는 본격적으로 대민지원을 전개할 예정이다. 그리하여 하루빨리 주민들이 예전처럼 생업에 종사할 수 있도록 최선의 노력을 다하겠다.

■ '11. 7. 28. 목

총각장교

필자의 부대에는 결혼을 하지 않은 장교가 6명이 있다. 일명 총각장교들이라고 하는데 어제 그들이 필자와 함께 등산을 가고 싶다고 건의를 하였다. 작년에는 그들과 같이 인근의 산들을 많이 다녔는데 연평도 적 포격도발 이후에 완벽한 대비태세를 갖추고 포병단 전술훈련평가가 있다 보니 핑계이긴 하지만 한 번도 가지 못했다. 더군다나 최근의 계속되는 비로 나가지 못했는데 모처럼 날씨가 괜찮아서 불곡산으로 갔다. 그런데 문제는 날씨가 너무 습해 몇 걸음만 걸어도 땀이 비 오듯이 나왔다.

첫 번째 봉우리인 임꺽정 봉에 간신히 올랐는데 모두들 탈진이 되는지 힘겨워하였다. 더군다나 필자는 전날 자매단체인 농협에서 수해복구에 수고하였다고 격려회식을 시켜주어 음주를 하여 몸까지 무거운 상태였다. 그래서 모두들 합의하에 임꺽정 봉에서 그냥 내려가기로 하였는데 도중에 계곡물이 흐르는 곳에서 멈추었다. 더워서 누구라 말할 것도 없이 모두들 자연스럽게 물속으로 들어갔다. 물론 등산객이 있어서 바지는 입었지만 그 시원함은 천국에 비할 바가 아니었다. "단장님, 이렇게 스스럼없이 저희 젊은이들과 어울려주어 감사하게 생각합니다." "내가 오히려 고맙다. 몸은 예전 같지 않지만 마음은 너희들과 생활하다보니 항상 청춘이야. 그러고 보면 군인이란 직업을 잘 선택한 것 같아." "자주 대화의 시간을 갖도록 기회를 만들겠습니다." "단장과 자주 만나면 뭐가 좋아? 여자 친구를 만나야 좋지. 직속상관에다가 자네들 아버님과 나이가 비슷하여 부담이 되지 않나?" "물론 그렇지만 이렇게 허심탄회하게 어울릴 수 있어 좋은 것 같습니다." "앞으로 정기적으로 운동과 회식 등 만남의 시간을 갖도록 노력하자." 저녁에는 그들과 회식을 같이 하였는데 먹고 싶은 것이 삼겹살에 소주라고 하여 그것을 사주었다. 젊어서인지 잘 먹어 기분이 좋았고 필자의 과거 모습을 보는 것과 같았다.

최근 필자는 군 리더십에 관한 논문을 쓰고 있는데 초급간부들이 그것을 발휘하는데 가장 큰 저해 요인으로 말한 것이 바로 의사소통의 미흡이었다. 물론 전문지식의 부족과 불명확한 업무지시, 책임위주의 질책과 업무의 과중, 여건보장의 미흡과 개인별 능력의 차이 등도 있지만 가장 많은 비중을 차지한 것이 바로 그것이다. 즉, 그것의 여부에 따라 지휘가 성공할 수도 실패할 수도 있는 것이다. 따라서 사회에서는 대부분 지휘관들이 의사소통을 위해 간담회나 메일 교환 등을 실시하고 있지만 상하관계가 엄격한 군대에서는 다소 조심스러운 것이 사실이다. 그런 의미에서 등산처럼 함께 걸으면서 대화의 시간을 갖는 것은 매우 효과가 있다고 생각한다. 왜냐하면 일과 중의 격식을 차린 대화보다 그것이 훨씬 자연스럽고 부담감이 없기 때문이다. 총각장교 6명 중 2명은 여자 친구가 있어 주말을 많이 기다리지만 나머지 4명은 가끔 무료하게 보내는 것이 보였다. 그래서 애인이 있는 장교들을 제외하고 나머지 간부들과는 자주 등산을 할 계획이다. 필자도 아내가 이곳으로 올라오지 않는 기간에는 나름대로 총각이기에 앞으로 그들과 좋은 추억을 만들고 싶다.

■ '11. 8. 7. 일

아내 사랑 2

최근 TV에서 계백장군의 사극이 방영되고 있다. 백제 무왕은 신라 진평왕의 딸인 선화공주와 결혼하여 아들 의자를 낳았는데 그는 백제의 적통이 아니라는 세력들에 의해 암살의 위협을 받는다. 그래서 무왕은 왕비와 태자를 보호하고자 그들을 신라로 대피시키려고 한다. 그런데 암살단이 그것을 알고 그들을 추격하자 무왕은 자기가 가장 신뢰하는 무진장군을 보내 그들을 보호하도록 한다. 사실 장군은 반대세력들에 의해 모함을 받아 감옥에 갇혀있었는데 무왕이 탈출을 도와주었다. 그는 만삭인 그의 아내도 데리고 갔는데 빨리 도망칠 수 없어 결국 위협에 처하게 된다. 그러자 그녀는 "대의를 위해 저를 버리고 떠나세요."라고 그에게 말한다. 이에 장군은 "나는 백제를 버릴 수도, 무왕을 배신할 수도 있지만 당신만큼은 절대 버리지 않겠다."고 말한다. 절벽에서 바다로 함께 떨어진 후에 둘은 구사일생으로 살았지만 그녀는 계백을 낳고 죽는다. 여기 앞에서 한 그의 말은 '나라와 임금보다 나는 당신을 더 사랑한다.'는 의미로 해석할 수 있다. 그는 같은 남자이지만 정말 멋진 말을 하였다.

필자가 위관장교 시절에는 모든 것에 있어서 우선은 부대였다. 물론 그것이 잘못된 것은 아니지만 여력이 있음에도 부대가 우선이라는 생각 때문에 가정이나 아내에게 소홀히 한 것이 사실이다. 그래서 필자는 아내가 두 아들을 출산했을 때도 가보지 못했다. 당시 직업군인의 선호가 낮았던 것은 잦은 이사 때문만은 아니고 실상 남편과 함께 하는 시간이 부족했기 때문이었다. 지금이야 휴가가 명확히 보장되어 있지만 솔직히 당시에는 말도 꺼내지 못했다. 필자의 어머니가 결혼 후에 아내에게 첫 번째로 부탁한 말은 "애비를 절대로 굶기지 마라."였다고 한다. 그것 때문은 아니지만 아내는 당시 필자가 새벽 3시나 4시에 훈련을 나가도 미리 1~2시간 전에 일어나 아침 식사는 반드시 먹고 가게 했다. 그것뿐만 아니라 동구 밖에까지 나와 "여보! 힘내세요. 훈련 잘 마치고 건강하게 돌아오세요."라고 배웅까지 하였다. 대도시에서 살던 그녀를 서부전선의 골짜기로 데리고 와 낡은 아파트에서 연탄을 때면서 살았는데 아내는 단 한 번도 불평을 하지 않았다. 오히려 필자가 근무하는데 있어서 늘 최상의 상태를 만들어주려 노력했다. 당시 필자는 주말에도 몇 번이고 부대에 들어가는 바람에 아내는 혼자서 많은 외로움을 겪었다. 지금처럼 자가용도 없다보니 창살 없는 집에 갇혀 사는 거와 같아 무척 답답했을 것이다. 그래서 아이가 태어나기 전까지 아내의 유일한 벗은 라디오였다고 한다.

　현재도 그녀와 떨어져 살지만 지금도 필자에게 부담을 주지 않으려 노력하고 있고, 전화 통화 간 몇 가지 유머를 준비하여 스트레스까지 해소시켜 주고 있다. 아내의 지극한 사랑을 받아서인지 필자는 아직까지 특별한 문제없이 군대생활을 잘 해오고 있다. 그래서 필자에게 가장 소중한 사람도 또한 가장 사랑하는 사람도 아내이다. 그녀는 격주로 필자를 만나러 6시간 이상을 차를 타고 와서 지금도 우렁이각시처럼 관사를 번쩍 뻔쩍하게 만들어놓는 마법사이기도 하다. 비록 사극이지만 무진장군의 말을 통해 아내의 고마움을 새삼 느끼는 계기가 되었다. "여보! 정말로 사랑해요. 그리고 고마워요."

■ '11. 8. 10. 수

가족방문

이번 광복절 연휴에 필자는 모처럼 휴가를 가려고 계획했는데 어머님과 형님 내외분, 그리고 매제 부부가 거꾸로 올라온다는 연락이 왔다. 그래서 아내와 두 아들도 필자를 만나기 위해 이곳 양주로 올라왔다. 필자를 제외하고 11명이 모이니 관사가 모처럼 시끌시끌하고 생기가 돌았다. 오시면 무엇을 할까 고민이 되었는데 그 이유는 최근 수해를 입어 가볼만한 곳이 대부분 사라졌기 때문이다. 더군다나 날씨까지 매일 약간씩 비가 내리는 등 좋지 않았다. 누군가 말했듯이 '가장 한국적인 것이 가장 세계적이다.'라는 말처럼 가장 군인적인 것이 제일 좋겠다는 생각이 들었다. 그래서 JSA대대(판문점을 경비하는 대대), 도라전망대, 제3땅굴을 가는 것으로 결정했다.

JSA대대는 최근 안보관을 건립했는데 현재 장병들 정신교육의 장으로 활용하고 있다. 그 대대는 일명 보니파스 캠프라고도 불리는데 그 이유는 1976년 미루나무를 베다가 북한 병사에 의해 도끼로 피살된 보니파스 대위를 기리기 위해 붙인 명칭이다. 가족들은 담당 장병의 브리핑을 들으면서 이구동성으로 북한의 만행에 대해 성토하였다. 이후 도라전망대를 들렀는데 산 위에서 개성공단으로 들어가는 송전탑과 경의선 철도, 비무장 지대, 북한의 기정동 마을과 남한의 대성동 마을 등을 보면서 분단의 아픔과 남북 교류의 모습을 동시에 체험하였다.

그런 다음 근처의 제 3땅굴을 견학했는데 아파트 약 16층 깊이까지 내려가서 260m에 걸쳐 막힌 지점까지 걸어보았다. 겉으로는 평화를 외치면서 상시 침략의 기회를 노리는 그들의 실체를 다시금 확인할 수 있었다. 필자의 가족들은 군인 가족이니 반공의식이 투철할지 모른다고 생각하지만 실상 그렇지만도 않다. 왜냐하면 분단 60년의 세월이 흐르면서 그들의 만행을 대부분 잊고 있기 때문이다. 현재 파주시에서는 그곳들에 대해 안보관광을 시행하고 있어 누구나가 신청만 하면 견학할 수 있다. 국가와 안보, 미래 통일에 대한 모습을 그려볼 수 있어 많은 국민들이 견학했으면 좋겠다는 바람이 들었다. 땅굴을 나와서는 도라산역을 잠시 구경하고 통일대교를 건너 임진각으로 갔다. 마침 그곳에는 평화콘서트가 계획되어 있었는데 가수 자우림과 백지영의 리허설이 있었다. 그들의 노래가 희망의 메시지가 되어 암흑의 북녘 땅까지 전해졌으면 좋겠다.

다음날 아침에는 필자의 예하부대 중 K9 부대를 방문하여 장비를 견학시켜 주었다. 그 포는 현재 연평도에 배치된 포병의 최신화기이다. 무려 40Km까지 사격할 수도 있고 모든 것이 자동화 되어 있어 신속 정확한 사격이 가능하다. 설명을 들으면서 모두들 마음 든든하다고 말하였는데 필자가 지휘하는 부대이기에 더 뿌듯함을 느꼈을 수도 있다.

필자의 가족들은 대부분 교육자들로 형님 내외는 수원에서, 매제는 공주에서 교사를 하신다. 이번 안보 현장체험을 통해 학생들에게 그것의 소중함을 가르치도록 부탁했다. 또한 필자의 두 아들도 아빠가 나라를 위해 이곳에서 무엇을 하는지 분명히 보았을 것이다.

모두들 떠나간 뒤에 홀로 관사에 남아있으려니 왠지 허전한 마음이 들었다. 조금 전까지는 그렇게 기분이 좋았는데 이제 아무도 없다고 생각하니 우울한 기분마저 들었다. 그러나 관사에 같이 사는 백호(개 이름)가 꼬리를 쳐주고, 몇 시간 지나 모두들 집에 잘 도착하고 고마웠다고 전화를 주니 힘이 다시 났다. 가족들의 아들과 동생, 오빠, 남편, 아빠인 필자가 한 치의 허점도 없이 상시 전투태세를 잘 갖추어 적이 도발하면 반드시 승리하여 가족뿐만 아니라 국민들도 반드시 지켜 내겠다. 그것이 광복절을 맞아 피로써 나라를 지킨 선열에 대한 보답이라고 생각한다.

■ '11. 8. 14. 월

인결백인종무우 人結百忍終無憂

　　모처럼 비가 소강이어서 저녁에 부대 밖으로 구보를 하였다. 공기가 습기를 먹어서 그런지 조금만 뛰어도 물 흐르듯이 땀을 흘렸다. 효촌 저수지 근처를 지나는데 마침 그곳에 사시는 윤씨 어르신을 만났다. "단장, 또 뛰는 거야?" "그동안 비가 와서 못하다가 모처럼 뛰고 있습니다." "바쁘지 않으면 차 한 잔 하고 가지." "괜찮습니다." "매번 사양하는 것도 도리는 아니지." "알겠습니다. 그러면 잠깐만 들르겠습니다." 대문 안에 들어서니 사각형의 건물이 나왔는데 목조로 만든 기와집이었다. 밖에서 볼 때는 허름한 것 같았는데 가까이서 보니 잘 지어졌다. 거실에 들어서니 人結百忍終無憂인결백인종무우라는 글씨가 보였다. "어르신께서 쓰신 글입니까?" "그래 한 번 해석해 보게" "사람을 사귀는데 있어서 백 번을 참으면 마침내 근심이 사라진다는 뜻 아닙니까?" "잘 해석했어. 내가 80평생을 살아보니까 참는 것이 제일 중요한 것 같아." "정말 좋은 말씀이신 것 같습니다. 대인관계에서 서로를 배려해야 하는데 순간의 화를 참지 못해 소원해 지는 경우가 있은 것 같습니다." "맞는 말이야. 요즘 젊은이들은 잘 참지를 못해. 그러니까 서로 만날 싸우기만 하지." "손님이 많은데 오늘 무슨 일이 있나요?" "응, 오늘이 아버님 기일인데 내가 장손이라 일가친척이 모여서 그래." "바쁘신데 제가 시간을 뺏는 것 같습니다." "아니야. 나는 단장이 있어서 오히려 좋은데." "벌써 약주 한잔 하신 것 같은데요?" "응, 아까 초등학교 동창모임이 있어서 한잔 했지. 이제 나이가 80이 되니 몇 명 남지 않았어. 대부분 저 세상 사람이고" "어르신은 아직 정정 하신데요. 앞으로 건강하게 오래 사세요." "고맙네." "수해는 없으신지요?" "왜 없어, 벼는 괜찮은데 인삼은 토사가 내려와서 피해를 많이 받았어." "복구는 하셨고요?" "어느 정도 했어. 이제 농사짓는 것도 힘이 드는구먼." "오늘 좋은 말씀과 맛있는 차 감사드립니다." "공무에 바쁘지 않으면 자주 놀러오게. 나이가 먹으니 외로운데 소주나 한잔 함세." "알겠습니다. 노력하겠습니다."

밖으로 나와 다시 구보를 하면서 밭들을 보니 작물들 중 고추는 계속되는 비 때문에 탄저병이 생겨 대부분 썩었다. 올해는 잦은 비로 농작물에 비상이 걸렸지만 그나마 벼는 크게 피해가 없어 보여서 다행이다.

사람은 살면서 자기와 관계되는 사람과 어느 정도의 차이는 있을지언정 마찰을 갖고 있다. 그것을 잘 조절하면 좋은 관계로 발전할 수 있는데 그렇지 못해 상대방에게 상처를 주는 경우도 허다하다. 그래서 필자는 빨래집게 같은 사람이 되고 싶다. 그것은 물이 담겨있는 빨래를 힘들게 붙잡고 있다가 뽀송뽀송하게 마르면 놓아준다. 인생을 살면서 옆의 누군가가 힘들어하면 그를 붙잡고 있다가 상황이 좋아지면 놓아주는 것과 같은 이치이다. 당장은 필자와 함께 군대생활을 하는 장병들을 대상으로 할 것이다. 윤씨 어르신이 말씀하신 대인관계의 인내는 나중에 후회를 없애는 지름길이라 생각한다.

■ '11. 8. 15. 월

진급 누락

　필자의 부대에는 이번 대위에서 소령으로 진급할 대상자가 5명이 있었는데 그 중 3명이 진급을 하였다. 우리 부대에서 근무하다가 타부대로 전출을 간 장교 2명도 진급하는 경사도 있었다. 작년에는 1명이 됐으니 이번에는 실상 많이 되었지만 필자의 마음은 편치 않았다. 지휘관의 마음은 부모와 같이 한 명만 진급을 못해도 자신의 책임인양 그것이 무겁기 때문이다. 물론 비선된 2명 중 1명은 최근에 우리 부대로 전입을 왔고 1명은 아직 포대장이어서 기회는 남아 있다. 여하튼 진급에서 누락된 장교는 풀이 죽어서 필자를 보면 미안한지 피하는 것 같다. 아래 글은 그를 불러 위로차원에서 필자가 이야기한 내용이다.

　회사에서 능력을 인정받아 계속 1차로 진급을 하던 사람이 어느 날 한직으로 밀려나게 되었다. 겉으로는 담담했지만 좌천된 그는 매일 억울하고 분한 심정으로 잠을 이룰 수가 없었다. 며칠을 고민하다가 자신이 스승으로 모시고 있는 멘토를 찾아갔다. 그리곤 자신의 속마음을 있는 그대로 그에게 말하였다. 그 사이 몇 마리의 새가 자신과 스승 주위를 맴돌았다. 조용히 그의 이야기를 듣던 스승이 비로소 말을 꺼냈다. "자네, 저 새들을 좀 보게." "네?" "왜 새들은 날개가 있는데 땅으로 내려오지?" "그야 지쳤으니 좀 쉬었다가 다시 날아오르기 위해서죠?" "그렇지. 더 멀리 날아오르기 위해서 내려오는 거지?" "……." "새들은 내려올 때 날개를 곱게 접어서 내려오네. 그런데 자네는 마치 날개가 꺾인 것처럼 추락하니 누가 도울 것인가? 설사 세상이 날개를 꺾어버렸다 해도 자네는 스스로 접은 새처럼 담담해야 다시 날아오를 수 있네. 더 이상 남을 원망하지 말고 잠시 쉬었다가 보란 듯이 비상하게." 그는 커다란 감동을 받아 눈물을 주르륵 흘렸다. "더 이상 어리석은 마음을 갖지 않겠습니다. 감사합니다." 그 순간 새들이 땅을 박차고 허공을 향해 솟구쳤다. 그의 마음도 새들을 따라 하늘 높이 올라갔다.

이 이야기처럼 우리는 인생을 살면서 때론 자신의 능력을 인정받지 못해 밀려나는 경우가 있다. 그렇다고 자신의 의지까지 꺾으면 영원히 인생의 낙오자가 되고 만다. 비록 지금 당장은 힘들더라도 최선을 다하면 분명 큰 영광을 얻을 것이다. 그가 자신의 마음을 추스르고 새롭게 도전하는 패기를 가졌으면 바란다.

■ '11. 8. 19. 금

군인과 민간인

　일과 후 체육복을 착용하고 부대 밖으로 뜀걸음을 나갔다. 필자의 부대 근처에는 다른 부대들도 많아서 그들 초소 옆을 지나갈 때가 많다. 통상 울타리 안쪽의 고가초소에서 밖의 도로 등을 감시하는 임무를 수행한다. 여느 때처럼 한참 달리고 있는데 감시병이 필자를 보고 말을 걸었다. "아저씨! 뛰시느라 수고가 많습니다." "고맙다. 근무하느라 노고가 많지?" "괜찮습니다." 그들을 지나쳐 가다가 곰곰이 생각해보니 초병들이 아저씨로 부른 것에 대해 기분이 언짢았다. 아무리 그래도 부대를 지휘하고 있는 포병단장이고 계급이 대령인데 체육복을 입었기로서니 아저씨라니? 그래서 그들에게로 다시 돌아가 물었다. "그런데 너희들 내가 누구처럼 보이냐?" "민간인처럼 보입니다." "군인이나 경찰처럼 안보이고?" "인상이 좋으신 옆집 아저씨 같은데요." "그래." "왜 군인이나 경찰이세요?" "아니야, 수고 많다."

　필자는 여태까지 살아오면서 초면인 사람과 대화를 나누어보면 대부분 필자를 군인 아니면 경찰로 인식을 한다. 물론 신분을 밝히지 않았는데도 말이다. 그 이유를 물어보면 외관상 짧은 머리카락, 매서운 눈과 풍기는 이미지, "다, 까"로 마무리하는 대화 때문이라고 대답을 하였다. 그런데 오늘 장병들이 민간인처럼 보인다고 했으니 이것을 어떻게 해석해야 할까? 혹시 필자의 군인 자세가 이완되었기 때문은 아닐까? 그러다가 내린 결론이 장병들을 바라보는 필자의 눈빛이 많이 변했기 때문이라고 단정을 지었다.

과거에는 병사들을 볼 때 필자가 관리해야 할 사람으로 생각했는데 이제는 부모로써 올바르게 키워야 할 자식으로 생각하기 때문이다. 필자의 큰 아들과 비슷한 또래여서인지 유독 요즘은 장병들이 자식 같고 부모의 시각으로 그들을 지켜보게 된다. 직업 군인으로 비록 몸은 늙어가지만 마음만은 항상 20대 초반의 청춘이라고 늘 자부하고 있다. 솔직히 아까 그 병사들이 필자를 보고 군인 같다고 대답해 주길 바랐다. 더불어 그들의 씩씩한 경례도 받고 싶었다. 그러나 동시에 군복을 착용하지 않을 때는 이제 한 부모로서 보아주었으면 하는 바람도 가지고 있다. 그들이 무사히 군대생활을 마치고 건강한 모습으로 사회에 돌아가길 바라는 심정으로 말이다.

■ '11. 8. 21. 일

자매단체

필자의 부대와 자매결연 한 단체는 2곳이 있다. 하나는 남면농협이고 다른 하나는 덕유라는 회사인데 그곳은 내장재를 생산하는 회사이다. 두 곳 모두 부대 근처에 있고 축구팀을 가지고 있어 가끔 시합을 하는 등 지속적으로 교류를 해오고 있었다. 그래서 부대 부사관들과 그곳 관계자들하고는 친한 상태이고 공식적으로 교류를 활성화 하자는 측면에서 자매결연을 하였다. 군과 그것이 가능한 단체는 정부 및 학교기관, 민간회사, 종교단체 등이다. 특히 가급적 영리 목적이 아니면서, 민관군의 유대강화에 도움이 되고, 개인적 친분이 아닌 건실한 단체면 된다. 또한 군이 도움을 받는 입장보다는 지원한다는 차원에서 맺도록 되어 있고 임무수행에 지장을 주는 방문이나 금품을 요구하는 행위는 금지되어 있다. 상호 발전을 위한 결연증서를 작성하여 교환하였고 분기 단위 축구 시합을 하는 등 돈독한 유대관계를 갖고 있다.

사실 이번 집중호우시 제일 먼저 부대로 전화하여 피해 여부를 확인한 것도 그들이다. 또한 직접 부대로 와서 내부를 둘러보고 무너진 테니스장을 자기들의 포클레인으로 하루 동안 최대한 원상 복구시켜 주었다. 그래서 너무 고마워 복지회관에서 저녁식사를 대접하였는데 오히려 미안해했다. 이웃사촌으로서 그들은 웬만한 친척보다 더 많은 관심을 보여주고 있다. 지난번 남면 내 민관군 축구시합에서도 그들의 많은 지원이 있었기에 성공적으로 개최할 수 있었다.

 자매단체는 어떻게 보면 친구 같은 존재인 것 같다. 영어에는 친구라는 뜻으로 companion이란 단어가 있는데 그것은 '함께 빵을 먹은 사람'이란 뜻이다. 즉 '함께'를 나타내는 com과 빵을 의미하는 pan의 합성어인 것이다. 인디언의 말로는 '내 슬픔을 자기 등에 지고 가는 사람'이란 뜻을 지니고 있다. 친구 같은 단체란 지역사회에서 서로의 어려움을 나누고 또한 서로를 도와서 함께 발전해 나가는 관계인 것이다. 그들은 필자를 만날 때마다 군이 안보를 확고히 하기에 자기들이 마음 놓고 일할 수 있다고 말한다. 그것은 우리 군의 존재 목적을 단적으로 말한 것이다. 결국 우선 강군이 되어 그들을 보호할 능력을 갖추면서 서로의 유대관계를 돈독히 하는 것이 바람직하다고 생각한다.

■ '11. 8. 28. 일

군대예절

지난주 군종 신부님께서 전화를 주셨다. "단장님, 쉬고 계신데 한 가지 드릴 말씀이 있습니다." "예, 말씀하십시오." "국방부에서 주관하는 천주교 군종병 집체교육이 조만간 있는데 단장님 예하대대에 신학생 1명이 있어서 참가를 시켰으면 바랍니다." "대대가 훈련이 아니라면 가능할 것 같은데 확인해 보겠습니다." 곧바로 당직사령인 작전장교에게 전화를 하였다. "신학생이 있는 부대가 훈련이 있는지 여부와 집체교육 참석이 가능한지를 판단하여 보고해라." "알겠습니다." 이후 몇 시간 지나서 연락이 왔다. "훈련은 없으며 해당 부대에 확인한 결과 참석이 가능합니다." "그래 잘 되었구나. 그러면 참석시키는 것이 좋겠구나."

그런데 몇 시간 후에 다시 작전장교에게서 '대대장 지시로 참가하기 어렵답니다.'는 문자 메시지가 왔다. 순간 필자는 기분이 나빴는데 상급지휘관인 필자가 말한 것을 무시한 것 같았기 때문이다. 부득이 참석시키지 못할 이유가 생겼다면 당연히 대대장이 전화를 하든지 아니면 작전장교를 통해서 대신 해명하던지 했어야 하는데 말이다.

화가 많이 났지만 꾹 참고 작전과장을 통해서 확인을 해보았더니 다음과 같이 대답을 하였다. "단장님, 사실은 작전장교가 포대장에게 확인을 하여 처음에는 가능하다고 했지만 종교행사 간 포대장이 대대장에게 문의한 결과 포대전술훈련이 예정되어 있고 그 병사가 분대장이어서 어렵다고 말한 것을 그렇게 대답했다고 합니다." "그러면 그러한 사실을 단장에게 정정 보고하면 되지 대대장 지시라고 하면서 무조건 안 된다고 하면 오해를 받지 않겠나?" "그 부분에 대해서는 작전장교가 대대장에게 직접 확인을 하고 보고를 드렸어야 하는데 잘못한 것 같습니다." "단장이 보기엔 꼭 그런 것만은 아니다. 그런 행동은 지휘관이 말한 것을 가볍게 생각하기 때문에 나온다. 단장이 언급하면 대대장에게 확인하여 보고하는 것은 기본이고 또 대대장도 나에게 전화를 하던가 아니면 참모를 통해서 대신 불가한 이유를 설명했어야 한다." "송구스럽습니다." "자네가 왜 송구스러워? 군대예절 가운데 일어나지 말아야 할 것이 바로 그러한 사례이다." "명심하겠습니다." "배려라는 것은 상급자가 하급자에게만 하는 것은 아니고 하급자도 상급자의 마음을 헤아려주는 것이 중요하다. 즉 단장이 왜 그러한 말을 했을까 고민을 하고 대답했어야 한다." "잘 알겠습니다." 앞의 예처럼 군대를 포함한 조직생활을 하면서 업무 못지않게 중요한 것이 상급자와의 관계이다. 설사 상급자와의 의견을 달리 하더라도 처음부터 '안 됩니다.', '어렵습니다.'란 말을 뱉는 것은 관계를 악화시킬 뿐이다. 따라서 상급자의 의견에 공감하는 부분을 찾아내어 '그렇군요.', '옳습니다.'란 표현으로 그의 입장을 이해하고 있음을 표현한 후에 자기 의견을 이야기해야 한다. 또한 '하지만', '그게 아니라'와 같은 부정적인 말보다는 '그리고'와 같은 긍정적인 말로 대답하는 것이 좋다.

정준양 포스코 회장도 구동존이求同存異라는 말로 소통을 추구하고 있는데 그것은 '같은 것을 추구하고 다른 부분은 남겨둔다.'는 뜻이다. 즉 서로 다른 이야기만 하면 의견의 일치가 어렵기 때문에 같은 부분부터 시작하여 다른 것은 나중에 해결하는 방식이다. 대대장이 "신앙전력화를 위해 그 병사를 꼭 보내고 싶습니다만 포대전술훈련으로 다음에 보내는 것이 어떻겠습니까?"라는 표현을 썼더라면 어땠을까 하는 아쉬움이 든다.

■ '11. 8. 23. 화

마중물

마중물은 펌프에서 물이 잘 나오지 않을 때 지하에 있는 물을 끌어올리기 위해 붓는 물을 말한다. 필자가 어릴 적에 물 한바가지를 펌프에 넣어 지하의 물을 사용했던 기억이 난다. 원리는 간단한데 마중물이 펌프 내부의 고무막을 막아 공기가 새는 것을 방지하고 이 때 펌프질을 하면 기압이 낮아져 땅 밑의 물이 솟아올라오는 것이다. 군대에서 지휘관은 이와 같이 마중물 같은 역할을 한다. 즉 장병들의 전의와 사기를 끌어올려 원하는 목표를 이루게 만드는 원동력이다.

지난주에 군사령부 통제 하에 군단별로 RAP탄로켓보조탄 사격이 있었다. RAP탄은 사거리 연장탄으로 탄의 후미에 로켓추진제가 들어있어 비행 중 그것이 폭발하고 여기에서 발생된 폭발력으로 원거리로 날아가는 포병의 특수탄이다. 군단별 1개 대대씩 출전을 하였는데 우리 군단은 필자의 예하대대가 선정되었다. 측정은 표적에 대한 사격의 정확도로 순위를 매기는데 군단의 명예가 걸려 무척 긴장이 되었다. 그나마 다행인 것은 지난달에 RAP탄을 사격한 경험이 있어 안심은 되었지만 자만하지 않고 대대장에게 예행연습을 철저히 하도록 지시했다. 가을로 접어들었지만 낮에는 아직 30도가 넘는 바람에 장병들이 무더위로 많이 지쳐 있었다.

우리 부대는 3개 군단 중 맨 마지막에 사격하도록 정해졌다. 부사령관님과 포병 여단장들을 비롯한 많은 간부들이 지켜보는 가운데 사격이 시작되었다. 사격은 화포를 진지입구에서 대기시켰다가 명령이 떨어지면 이동하여 포를 정열(포병에서는 방열이라고 함)시킨 후 안전에 이상이 없으면 곧바로 사격하는 방식으로 진행하였다. 첫 번째 사격한 부대의 포탄이 시원스럽게 표적을 향해 날아갔지만 2발이 표적지를 벗어났고 두 번째 부대도 1발이 빗나갔다.

 드디어 우리 차례가 되었는데 긴장이 되어 가슴이 마구 뛰었다. 출발 명령을 기다리고 있는 부하들을 바라보니 안면위장을 해서 표정을 알기는 어려웠지만 모두 결의에 찬 것 같았다. 드디어 명령이 떨어지자 화포를 견인한 차량이 진지로 신속히 이동하기 시작하였다. 필자는 진지 입구에서 조용히 엄지손가락을 치켜들었는데 그것은 그들을 믿는다는 표시였다. 그래서 그런지는 몰라도 진지에 도착하자마자 그들은 초인간적인 능력을 발휘하여 일사분란하게 사격준비를 마쳤다. 안전점검도 이상이 없다는 통제관의 말에 따라 대대장이 워키토키로 필자에게 보고를 하였다. "단장님! 사격준비가 완료되었습니다." "그래! 수고했다. 지금부터 사격을 실시해라." "알겠습니다." 곧바로 포탄이 불을 뿜고 표적지로 날아갔다. 순간 하느님께 '저 포탄이 표적지에 정확히 맞도록 도와주십시오.'하고 마음속으로 기도를 드렸다. 처음에는 연습이었지만 마지막 3발은 평가였는데 평가를 받은 3발 중 2발이 표적지에 명중하고 나머지 한발은 표적 근처에 떨어져 모두 유효 탄으로 판정받았다. 결국 RAP사격에 있어서 우리 군단이 가장 우수한 부대로 선정되었고 그 뿌듯함은 이루 말할 수 없었다. 더군다나 부사령관님께서는 우리 군단이 전술적 행동도 매우 뛰어나다고 칭찬을 하시면서 장병들과 일일이 악수를 하셨다. 곧바로 여단장님께도 전화로 결과를 보고 드렸고 수고했다고 격려를 보내셨다. 실은 다른 군단의 경우 많은 간부들이 나와 응원을 했지만 우리 군단은 업무관계로 바빠서 나오질 못했고 필자 혼자서 고군분투 하였다.

 우리 부대와 다른 부대와의 능력 차이는 사실 별반 없다. 다만 지휘관인 필자와 대대장이 장병들에게 어떠한 영향을 미치느냐에 따라 결과가 달라진 것이다.

이번도 사격은 오후였지만 아침 일찍 데리고 나와서 몇 번이고 사격절차를 반복 숙달시켰고 정신교육을 통해 이길 수 있다는 강한 자신감을 불어넣었다. 또한 사격결과에 대한 모든 책임은 필자가 다 지겠으니 최선만 다하라고 격려를 하였다. 이처럼 지휘관들의 역할은 컵에 물이 가득 차있는데 추가적인 한 방울로 그것을 넘치게 만드는 것과 같다. 이것이 지하 깊숙이 위치하고 있는 물을 끌어올리는 마중물과 같은 존재인 것이다. 필자는 우리 군대가 남자에게 있어서 마중물과 같은 곳이라고 말하고 싶다.

입대 전에는 늘 누군가에 의지하고 자기의 능력이 무엇인지 모르다가, 입대 후에는 스스로 모든 것을 해내고 또한 자신의 능력을 최대한 발휘하는 곳이기 때문이다. 끝으로 이번 기회를 통해 혼신의 노력을 다해 우승을 이끌어준 우리 장병들에게 고마움을 전하고 싶다.

■ '11. 8. 30. 금

視卒如愛子 시졸여애자

며칠 전 교육사에서 리더십 세미나의 발표자를 대상으로 사전 소집이 있었다. 필자도 발표자로 선정되어 세미나가 진행될 유성에 다녀왔다. 전방에서 근무하다보니 일찍 출발하였음에도 가는 데만 4시간이나 걸렸다. 점심 때 도착하여 운전병과 함께 교육사 근처의 식당에서 식사를 하였다. 운전병에게 메뉴 중 먹고 싶은 것을 고르라고 했더니 우물쭈물 거려 필자가 불고기 백반을 시켰다.

서로 마주보면서 맛있게 식사를 하고 있는데 옆에서 50세가량의 부부가 필자를 계속 쳐다보았다. "혹시 저에게 하실 말씀이라도 있으세요?" "아닙니다. 너무 보기 좋아서요." "무엇이 보기 좋은데요?" "계급을 보니 연대장님 같으신데 병사와 겸상하는 모습이 아주 좋습니다." "아, 그러세요." "또한 불고기를 병사에게 계속 먹으라고 집게로 건져주는 모습이 마치 아버지가 아들에게 하는 것처럼 보입니다." "그렇습니까? 좋게 봐주셔서 감사합니다. 요즘 지휘관들은 다 저처럼 행동합니다." "정말이세요?" "정말입니다." "사실 우리 아들도 지금 백마부대에 근무하는데 연대장님과 같으신 분을 지휘관으로 모셨으면 얼마나 좋을까 하는 생각을 잠시 해보았습니다." "지휘관들이라면 장병들을 다 자식이나 동생처럼 생각합니다." "제가 군대생활 할 때는 감히 연대장님과 식사를 같이 한다는 것은 상상도 못해보았습니다." "그러세요?" "이번 추석 명절 때 저도 아들을 보러 가려고 합니다." "맛있는 것 많이 갖고 가셔서 격려를 해주세요." "그럴 생각입니다." 아마 그는 필자가 식사를 하면서 운전병에게 고기를 많이 먹으라고 주는 모습에 감명을 받은 것 같다. 어쩌면 우리 부모님들은 안보를 위해서 군대가 강하길 바라면서도 다른 한편으로는 자식들이 고생하지 않길 바라는 마음을 동시에 가지고 있다. 그래서 자식이 군대를 가면 밥은 제대로 먹는지, 어디 아프지는 않은 건지 늘 걱정을 하신다. 그것은 계급이 대령인 필자의 어머니도 마찬가지이다. 視卒如愛子란 말이 있는데 이는 '병사 보기를 사랑하는 자식처럼 여긴다.'는 뜻이다. 지금 입대하는 장병들은 필자의 큰아들과 나이가 비슷하다. 그래서인지 그들을 바라보면 늘 자식처럼 보인다. 리더십에 있어서 모든 지휘관에게 공통적으로 요구되는 2가지가 바로 솔선수범과 부하사랑이다. 그러나 그것을 아는 것으로만 끝나선 안 되고 행동으로 실천해야 한다. 하지만 그것은 쉽지 않다.

여기 그것의 어려움을 다룬 예를 하나 들어보고자 한다. 당나라 시인 백낙천이 도림선사에게 질문을 하였다. "어떻게 하는 것이 올바른 수행입니까?" 그러자 선사는 "악을 끊고 선을 행하면 됩니다."라고 말하였다. 그러자 백낙천이 껄껄 웃으면서 "그것은 삼척동자 다 아는 사실 아닙니까?"라고 대꾸하자 선사는 "삼척동자도 다 아는 일이지만 팔십 노인이 되어도 행하기가 어려운 일입니다."라고 대답하였다. 이처럼 우리 간부들은 먼저 부하를 사랑하는 마음을 갖고 그 다음에는 그것을 행동으로 옮겨야 한다. 필자의 행동을 좋게 보아주신 그분들께 감사를 드리고 앞으로도 부하를 더욱 사랑한 것을 다짐해 본다.

■ '11. 9. 9. 금

아들 자랑

필자에게는 아들이 2명이 있는데 현재 큰아들은 대학교 1학년이고 둘째는 고등학교 2학년이다. 큰아들이 중학교 3학년 때 대구로 이사해서 현재까지 그곳에서 살고 있다. 필자는 그가 고등학교 2학년 때 대령으로 진급하여 전방으로 올라오면서 그들과 헤어져 살게 되었다. 사실 필자는 성철 스님의 말씀처럼 다소 불편하더라도 늘 가족이 함께 살기를 원했다. 그러나 고등학교에 들어서면서 아이들과 함께 다닌다는 것이 현실적으로 불가능했다. 왜냐하면 고교시절은 그의 입장에서 보면 인생에서 가장 중요한 시기이기 때문이다. 필자는 나름대로 전방에서 바쁘다보니 그들에게 신경을 쓰기가 매우 어려웠다. 그래서 모든 것을 아내에 일임하고 가끔 외박을 나가면 약간의 대화와 식사를 하는 정도가 전부이다.

당시 아내의 말을 빌리면 큰아들은 중학교 2학년 때까지는 성적이 상위권이었는데 대도시인 대구로 내려오면서 중하위권으로 떨어졌다고 한다. 나름대로 열심히 공부하는 것 같은데 성적이 오르지 않아 걱정을 많이 하였다고 한다. 그래서 필자는 작년에 그가 대학에 떨어지면 어쩌나 하는 불안감을 여러 번 가졌었다. 동기생들과 대화를 나누다가도 자기자식이 대학에 떨어져 재수를 한다고 푸념하면 남의 일처럼 들리지 않았다. 그런데 걱정했던 큰아들이 자기가 원하는 대학 컴퓨터 학과에 수시로 합격을 하였다. 비록 지방대였지만 무척 기뻤고 금년

초에 필자의 관사로 아내와 함께 놀러왔다. 하룻밤을 그와 지내면서 모처럼 그와 많은 대화를 나누었다. 그 이후로 그는 고등학교 시절보다 더 열심히 공부했다고 하는데 그 이유는 필자가 전방에서 혼자 살면서 너무 고생하는 것이 안쓰러워 기쁘게 하려고 그랬다고 한다. 그래서 대학 1학기에는 성적 우수자로 선정되어 장학금을 받았는데 그 바람에 수업료에 대한 부담이 많이 줄었다.

더군다나 그는 필자 모르게 학군단에도 지원하여 이번에 합격을 하였는데 졸업 후에 장교로 임관하여 군대생활을 하겠다고 한다. 필자는 사실 장학금보다 학군단에 합격한 것이 더 기분이 좋았다. 그 이유는 학군단에 들어가려면 신체검사를 받게 되는데 합격했다는 것은 건강에 이상이 없다는 사실이기 때문이다. 장교로 가고 싶어도 병 때문에 못가는 사람들도 많고 혹시 유전병이라도 있으면 그것은 부모의 책임일 수도 있기 때문이다. 또한 필자처럼 군인의 길을 가겠다는 생각도 기특하다. 물론 단기로 군 생활을 끝마칠지, 계속 군 생활을 하게 될지는 모르지만 아빠의 직업을 인정받는 것 같아 기분이 좋았다. 비록 군대생활이 힘들지만 필자는 늘 보람을 갖고 근무했는데 그 이유는 국가의 안보를 지키는 가장 신성한 업무를 하고 있다고 생각하기 때문이다. 대학합격과 장학금, 그리고 학군단 합격도 칭찬을 하고 싶지만 무엇보다 좋은 것은 그의 심성이다. 여태까지 살아오면서 그는 남에게 싫은 소리를 듣지 않았고 특히, 인사를 잘해 주위 사람들로부터 착하다는 소리를 많이 듣는다. 더군다나 주위의 어려운 일이 있으면 자기 일처럼 발 벗고 나선다.

필자가 가끔 휴가를 받아 대구를 내려가면 필자를 껴안아주고 사랑한다고 말하고 어깨를 주물러주는 그런 아들이다. 자식 자랑하면 팔푼이라고 말하지만 정말 예의바르고 성실한 아들이라고 자랑하고 싶다. 둘째 아들도 아직 고등학교 2학년이라 공부하느라 늘 바쁘지만 성격이 좋아서 친구들이 많다. 필자는 부대 간부들에게 늘 부모님께 효도하라고 강조한다. 필자 자신도 아주 잘한다고는 말할 수 없지만 여태까지 살아오면서 부모님의 마음을 불편하게 한 적은 없다. 아버님께서 돌아가시고 현재는 어머님만 살아계시지만 자주 전화를 드리고 당신의 말씀에 늘 순명한다. 필자와 아내가 평시 어머님을 대하는 태도를 보고 그들이 잘하는 것이라고 필자는 믿고 있다.

가끔 신문·방송에 보면 부모님께 도저히 상상할 수 없는 불효를 저지르는 부부들이 있다. 분명히 자기 자식들이 지켜보고 있는데도 말이다. 지금은 그냥 넘어가지만 나중에 자신들이 늙어 힘이 없어지면 똑같은 대접을 받는다는 사실을 모르는 것 같다. '콩 심은데 콩 나고, 팥 심은데 팥 난다.'는 말처럼 부모님께 잘해야 나중에 효도를 받을 수 있음을 직시했으면 한다. 이번 명절에 큰아들이 우리 집을 대표해서 차례를 지내러 어머님 댁에 간다고 한다. 어느덧 필자를 대신해서 이제 집안 대소사까지 챙기는 아들이 무척 자랑스럽다. 물론 아내도 가겠다고 했지만 필자와 함께 지내라는 어머님의 엄명에 그녀는 이곳으로 온다. 여하튼 필자의 집안에 든든한 버팀목이 되어가는 우리 아들들을 자랑하고 싶으며 앞으로도 그들에게 좋은 일만 있었으면 좋겠다.

■ '11. 9. 10. 토

긍 정 일 기

나는 군인이다

군인은 프로다.
프로의식을 가지고 진정한 군인이 되기 위해
하루하루 최선을 다하는 삶을 살자

1호차 운전병

아침 뉴스에서 우리나라 이혼의 원인을 조사한 결과가 보도되었는데 첫째가 성격차이, 둘째가 경제적 문제, 셋째가 배우자의 부정을 들었다. 그런데 이 3가지 원인은 서로 구분된 것이 아니고 연관되어 있다고 필자는 생각한다. 서로 상대방을 배려하지 못하다보니 불화가 시작되고 경제적 원인이 그것을 증폭시키다가 결국 다른 사람과의 만남으로 갈라서는 것이다.

추석 연휴가 마무리되는 어제 저녁에 식사를 마치고 부대 야외 휴게실에서 행정보급관과 대화를 나누고 있는데 갑자기 전화 부스에서 대성통곡하는 소리가 들렸다. 보급관에게 누구인지 확인해 보고 빨리 필자에게 데리고 오라고 했더니 바로 필자의 1호차 운전병이었다. 전임 운전병이 전역 전 휴가를 나간 뒤 그가 필자를 태우고 다닌 지는 1주일 밖에 안 되었다. 걱정되는 그에게 무슨 일인지 물어보았다. "집에 무슨 일이 있나?" "슬퍼서 웁니다." "무엇이 슬픈데?" "부모님께서 이혼을 하신다고 합니다." "그래, 갑자기 무슨 일로?" "아버지에게 다른 여자가 생겼고 엊그제 어머니와 싸우면서 집을 나가셨다고 합니다." "아버지와 통화는 했고?" "아침에 했는데 큰아버지 댁에 차례를 지내러 가 계시다고 하여 그런 줄 알았습니다." "이혼한다는 말을 누구에게 들었고?" "어머니와 통화를 하면서 힘이 없으신 것 같아 어디가 아프시냐고 물었더니 그렇게 말씀하셨습니다." "방금 통화한 분이 어머니이셔?" "남동생입니다. 집안이 어수선한데 그는 친구들과 어울리느라 관심이 없어 갑자기 분노가 치밀면서 울게 되었습니다." "무슨 사정인지는 몰라도 필요하면 청원휴가를 보내 줄 테니 갖다오련?" "감사합니다." "다만 네가 평정심을 잃어선 안 된다."

 포대장에게 전화를 하여 그를 안심시키라고 한 다음 곧바로 아버지와 통화를 하였다. "안녕하세요. 자제 분을 데리고 있는 이 대령입니다." "안녕하세요?" "아들이 어머니로부터 이혼한다는 소식을 듣고 큰 충격을 받은 것 같습니다. 남의 가정문제를 언급하고 싶지 않지만 그의 군대생활에 영향을 미칠 것 같아서 이렇게 전화를 드렸습니다." "저희 일 때문에 심려를 끼쳐서 죄송합니다." "무슨 일이신지는 몰라도 원만히 해결했으면 좋겠고 아들에게는 필요하면 솔직히 이야기 하는 것이 어떨까 생각합니다." "부대에 폐를 끼쳐서 미안합니다." "내일 아침 일찍 보낼 테니 만나서 안심을 유도해 주시기 바랍니다." "잘 알겠습니다. 감사합니다." 간접적으로 들은 이야기로는 이전부터 부부간에 불화가 있었는데 아들이 전역할 때까지는 숨기기로 하였다가 남편이 다른 여자를 만나면서 점점 심해졌고 결국 그것이 밖으로 노출된 것이다.

 과거 필자가 어렸을 때는 가진 것이 없더라도 행복했는데 현대에 이를수록 그때보다는 분명 나은데 행복하지 않은 것은 왜 그럴까? 그 원인은 바로 옳고 그름의 가치관과 도덕성이 붕괴되기 때문이라고 생각한다. 즉, 남보다는 자기, 윤리보다는 모든 것을 돈에 의해 결정하다보니 우리의 아름다운 미풍양속인 효도라든가 공경, 배려 등이 점점 사라지고 있는 것이다.

 필자가 대대장 시절에도 부친의 외도로 이혼의 위기에 처해 있는 장병이 있었는데 필자의 중재노력으로 다시 재결합된 부부가 있었다. 그 때 필자가 쓴 무기가 바로 그들의 자식인 병사였다. 이혼 때문에 아들이 고민하고 있고 무슨 일이 일어날지도 모르겠다고 하여 걱정하는 그들을 함께 면회하러 오시라고 하였고 이를 통해 자연스럽게 화해를 유도하였다. 이후 그 부부는 전보다 더 끈끈하게 결합되었고 그 병사도 군대생활을 잘 마치고 전역을 하였다. 오늘 아침 휴가 출발 전에 그를 다시 만났는데 어제보다는 안정이 되어 있었다. 아버님과 어머님을 동시에 만나보고 화해를 유도하되 현실을 인정할 것은 그대로 받아들이는 것이 좋겠다고 말했다. 문제점이 잘 해결되어 다시 행복한 가정이 되었으면 마음 간절하다.

■ '11. 9. 13. 화

간부 부채

필자의 예하부대에 근무하는 간부가 다른 간부로부터 고액을 차용하여 문제가 되었다. 그는 이미 지난번에 14명으로부터 몇 천만 원을 빌렸고 이번에는 더 큰 돈을 빌리는 등 지속적으로 차용행위가 식별되었기 때문이다. 그의 행위는 최초 지난 3월에 식별되어 필자가 빌린 돈을 모두 갚도록 조치했고 간부들에게 일체 금전거래 행위를 금지하도록 강조하였다.

그런데 이번에 또 다른 간부에게 고액을 차용한 것이 식별된 것이다. 참으로 인간의 신뢰를 저버린 행동에 그에게 "네 칼로 내 심장을 찔린 기분이 든다."고 말했다. 그는 매사 업무에 있어서 치밀하여 필자가 신뢰하던 간부였다. 그래서 작년에 소령으로 진급 명령까지 받았다. 돈을 빌린 이유에 대해 물어보니 이모의 아들이 이번에 가수로 데뷔하는데 음반제작에 필요해서라고 한다. 그런데 확인해보니 친 이모도 아니었고 과거 이웃집에 살던 사람이라고 한다. 과거 그의 부친이 위독했을 때 그 집의 경제적 지원으로 부친이 40년을 더 살아서 그 은혜를 갚기 위해 빌려주었다고 한다. 그런데 문제는 자신이 빚을 내서 그녀를 돕는 것이 문제였다. 자신은 마이너스 통장으로 신용불량자가 되면서까지 계속 돈을 대주고 있었던 것이었다. 아무리 은혜를 입었다 하여도 그의 행동은 잘 이해가 되지 않았다.

혹시 이모라는 사람이 꽃뱀이 아닌지, 아니면 내연녀인지도 모르겠다는 생각이 든다. 그는 이번 주까지 갚겠다고 큰소릴 쳤으나 결국 갚지 못했다. 필자는 금전거래를 한 간부들은 지시불이행과 허위보고로 징계를 하였다. 물론 그도 상급부대로부터 중징계를 받았고 사법처리를 받기 위해 대기 중이다(진급도 취소되고 스스로 전역지원서를 냄). 돈이라는 것은 참으로 요상하여 그렇게 성실했던 그가 이제 필자에게 밥 먹듯이 거짓말을 한다. 필자는 작년 6월에 취임하여 사고 없이 잘해왔는데 보직이 끝날 때쯤 이러한 문제가 터져서 솔직히 곤혹스럽다. 이모라는 분과 통화하여 빨리 만나고 싶다고 말했으나 돈을 갚은 다음 만나겠다고 한다. 2008년도에 육군 중위가 간부들을 상대로 사기를 쳐 크게 문제가 된 적이 있다. 적은 봉급에 고수익을 보장한다고 하니 너도나도 투자했다가 돈을 떼인 것이다. 그것으로 말미암아 기혼 간부들은 부부간에 불화가 생기기도 하였고 제 2금융권이나 사채를 빌려 쓴 사람은 봉급이 차압되는 등의 많은 고통을 받았다. 필자의 세대와 지금의 세대와는 생각의 차이가 많다.

특히 돈과 관련하여 열심히 일해서 벌려는 우리 세대와는 달리 지금 세대는 주식이나 펀드 등으로 쉽게 돈을 벌려고 한다. 그래서 고수익의 유혹에 빠져들기 쉽고 결국 사기를 당하는 것이다. 여하튼 이번 일을 계기로 다시 한 번 간부들에게 땀 흘려 번 돈이 진짜 가치 있음을 교육하였다. 아래 글은 과거 그가 필자 밑에서 근무를 하다가 예하부대로 떠날 때 남긴 글이다.

    충성!! 정보과장입니다.
    우선 단장님의 은혜를 잊지 않겠습니다. 오늘 아침 전출신고를 하면서 큰 절을 드리고 싶었는데 그러지 못했습니다. 정말로 단장님을 존경하고 사모했습니다. 능력이 부족한 저를 잘 지도해 주셔서 감사를 드립니다. 문득 단장님과 함께한 시간이 주마등처럼 지나갑니다. 미친 듯이 일했고, 미친 듯이 운동했고, 미친 듯이 혼나면서 참으로 많은 것을 배웠습니다. 업무를 하면서 개인적인 사정으로 힘들 때면 신기하게 단장님께서 저를 혼내주셨습니다.

　약해지는 저를 추스를 수 있었던 것은 단장님의 가르침 덕분이었습니다. 단장님을 잊지 않고 늘 기도하며 살아가겠습니다. 훗날 단장님께서 큰 영광을 가지시는데 미약하나마 제가 힘이 될 수 있었으면 좋겠습니다. 마음속에 단장님을 큰 스승으로 삼고 하루하루 살아가겠습니다. 끝으로 훌륭하신 단장님을 본보기로 삼아 이 세상에 꼭 필요한 사람이 되겠습니다. 감사합니다. 충성!!

다음 글은 그를 데리고 있는 대대장이 필자에게 보내온 글이다.

　충성!! 대대장입니다. 단장님!
　항상 먼발치에서 뵈어도 의롭고 당당하심이 돋보였는데……. 오늘 저로 인하여 누를 끼쳐서 죄송합니다. 포대장들이 의심스럽고 걱정이 되어 1:1로 또는 1:4로 최소 주 1회는 교육을 시켜왔는데……. 이렇게까지 포대장들과 제가 거리가 먼 줄은 몰랐습니다.
　사람은 돈에 눈이 멀기는 먼가. 봅니다. 내막을 알아보니 피해자인 포대장이 투자 목적을 가지고 차용을 해준 것으로 보입니다. 40%대의 이자와 또 다른 대가 등……. 이제와 후회를 하니 제가 한심합니다. 어찌 단장님의 심경을 헤아릴 수 있겠습니까? 부하된 자로 단장님의 심경을 어지럽힌 불충에 대해 고개 숙여 사죄합니다. 앞으로 잘하겠습니다. 충성!!

■ '11. 9. 21. 수

육군 리더십 세미나

이번에 육군에서 리더십 세미나를 개최하였는데 필자도 발표자로 선정되어 참여하였다. 6월말 경 교육사로부터 대대급 이하 제대 지휘관들의 리더십이 무엇이 문제이고 이것을 향상시킬 수 있는 방안을 발표해 달라고 연락을 받았다.

특히 이전까지 전문가 위주로 세미나를 진행하다가 이번에 처음으로 현역인 필자를 시킨 것은 야전의 실상을 적나라하게 듣고 싶고 현실 가능한 개선방안을 제시해 달라는 측면이었다. 즉, 그간의 세미나가 이론위주로 하였다면 이번은 행동 및 실천위주로 진행한 것이다. 바쁜 부대업무로 처음에는 거절하였으나 간곡한 부탁으로 결국 승낙을 하고 말았다. 그런데 관련 자료를 읽으면서 그것이 쉬운 작업이 아니라는 생각이 점차 들었고 거절하려 했으나 뒤늦게 못하겠다는 말도 할 수 없어 진퇴양난에 빠졌다.

그래서 부족한 연구시간을 염출하기 위해 7월부터 거의 2달간 야간과 주말을 이용하여 집중적으로 연구하였고 결국 A4지 100여장 분량의 논문을 완성하였다. 이후에는 완성된 논문을 대대장들에게 읽어보도록 하여 그들의 의견을 수렴하였고 이후 다시 수정하는 작업을 약 1달간 하였다. 무려 3달간을 고생하면서 연구할수록 야전에서의 리더십이 매우 소중함을 느꼈다. 군의 리더십은 회사나 다른 조직이 자신의 이익을 위해서 하는 것과는 달리 국가의 안전보장을 다루고 있어 매우 중요하다. 특히 전투력을 발휘하는데 있어서 가장 중요한 제대가 바로 대대급인데 그 이유는 직접 적과 접촉을 하면서 전투를 치루기 때문이다. 설문을 통해 대대급의 리더십을 분석한 결과 가장 큰 문제점은 간부들의 솔선수범과 경험의 부족, 그리고 책임회피가 대두되었고 그것이 발생하는 원인은 상·하급자 간 의사소통이나 개인의 군사 전문지식 부족, 훈련 및 생활여건의 미흡 때문에 발생하는 것으로 분석되었다. 그래서 그것을 개선하기 위한 방안으로 간부교육과 교육훈련 방안, 환경개선과 여건조성, 기타 장교 선발 및 진급시 착안사항 위주로 나름대로의 의견을 개진하였다.

　필자의 주제는 고급제대 리더십과 진단도구 개발을 발표한 분들과는 달리 현실적인 내용을 담고 있어 모두에게 집중적인 관심을 받았다. 솔직히 군 생활을 하면서 세미나에서 발표하는 것은 처음이었고 더군다나 이 분야의 권위자들을 모시고 필자의 주장을 내세우고 그분들을 설득하는 것은 쉽지 않았다. 그래서 야전의 실상을 있는 그대로 사실만 보고하였고 개선방안도 실천 가능한 것만 발표한 것이다.

　세미나는 유성의 한 호텔에서 했기 때문에 공주에 혼자 살고 계시는 어머니를 모시고 참석하였다. 부대에서 조금 일찍 출발하여 어머니와 함께 식사를 하고 갔는데 대구에 있는 아내까지 올라왔다. 아마 가족이 참석한 발표자는 필자뿐이었는데 참석한 선배들 모두 아주 잘했다고 칭찬을 하였다. 어머니와 아내는 발표보다 필자가 보고 싶어 참석하셨다는 것이 더 맞는 것 같다. 발표 후에는 교육사령관님께서 뷔페로 리셉션을 열어주어 참석한 다음 어머니는 공주로, 아내는 대구로, 필자는 이곳 양주로 올라왔다. 집에 도착하니 아내로부터 '사랑하는 남편! 오늘 너무 잘했고 장하오. 편히 주무시길'이란 문자 메시지가 왔다. 이제껏 살아오면서 어머니와 아내 앞에서 무엇을 발표한 것은 처음이다. 그러나 가족이 있음으로써 필자가 편하게 발표한 것이 아닌가 생각한다. 아마 평생 추억으로 간직할 소중한 경험이었다.

■ '11. 9. 28. 금

건망증

이번 10월 초에는 3일이 연휴여서 모처럼 집에 다녀왔다. 비록 떨어져 있지만 아내는 2주마다 한 번씩 올라오기 때문에 꾸준히 볼 수 있었지만 두 아들들을 본지는 벌써 석 달이나 되어 간다. 사실 대구에 내려가면 만날 사람들이 많지만 필자는 가급적 연락을 하지 않는다. 왜냐하면 연락을 하게 되면 그들과 모임을 가져야 하고 그러면 아내와 함께 있는 시간이 줄기 때문이다.

남들이 들으면 팔푼이라고 말할지 모르지만 필자는 아내와 함께 산책이나 등산하는 것이 가장 좋다. 둘이 한번 걷기 시작하면 2~3시간은 보통이고 식사는 대부분 밖에서 해결한다. 이번에 휴가기간에는 2가지 감동의 장면을 목격하였는데 첫째가 전철 안에서였다. 한 예쁘장한 여자 어린이가 할머니에게 사탕을 주면서 다음과 같이 말했다. "할머니! 아." 그러자 할머니는 입을 벌렸고 그녀는 "사탕 씹어 먹지 말고 빨아먹어야 해. 알았지?"하면서 사탕을 입에 넣어주었다. 아마 그 어린이는 평소 부모가 그렇게 하기 때문에 따라했는지는 모르지만 너무나 행복해 하는 할머니의 모습을 보니 부러웠다. 둘째는 버스 안에서 일어난 일이었다. 급하게 탄 여자 중학생이 교통카드를 갖지 않고 당황해서 어쩔 줄 몰라 하고 있었는데 버스 기사가 목적지까지 태워주겠다고 했다. 그러나 그녀는 내리겠다고 하여 하는 수 없이 기사가 한 정거장을 가서 내려주었다. 그 기사는 양복을 단정히 입고 모자까지 쓴 다음 승객이 타면 "어서 오세요." 또 내리면 "안녕히 가세요."라고 인사하는 등 매우 친절한 기사였다. 연휴 첫날 저녁에는 육사 후배이면서 과거 성당에 함께 다녔던 장교를 부부동반으로 불러서 함께 식사를 했다. 훌륭한 장교임에도 대령 진급에 2번이나 떨어져 이번에 3차 진급, 즉, 마지막 진급을 앞두고 있었기 때문이다. 아내와 산책을 하다가 연락을 했고, 약속을 잡은 뒤에 부랴부랴 옷을 갈아입기 위해 집에 도착했더니 집 열쇠가 없었다. 아내가 산책을 나가면서 안방에다 놓고 나왔다고 한다. 큰 아들은 대학 세미나에 갔고, 둘째 아들은 학원에 가서 들어갈 수가 없었다. 미안해하는 아내에게 괜찮다고 말하면서 그냥 체육복을 착용한 상태로 모임장소로 갔다. 좋은 결과가 있기를 기원해 주었는데 무척 고마워했다. 그들과 헤어진 다음 둘째 아들이 공부하고 있는 학원으로 갔다. 그런데 문제는 학원의 정확한 이름과 위치를 아내가 모른다는 사실이다. 아내의 핸드폰에 학원의 전화번호가 있는데 그것도 집에 두고 왔고 둘째 아들은 아직 핸드폰이 없는 바람에 연락할 방법이 없어 난처한 상황에 빠졌다. 대략적인 위치는 안다고 해 갔으나 '석중학원'이 아닌 '적중학원'으로 한참을 헤매다가 결국 찾았다.

필자의 핸드폰으로 학원에 전화를 하여 아들을 잠시 내려오라고 말했는데 무려 10여분이 지나도 오지를 않다가 한참 후에 헐레벌떡 뛰어왔다. 왜 그곳에서 오냐고 물었더니 학원이 다른 곳으로 이사를 가서 그랬다고 한다. 열쇠를 받고 아들과 함께 이사한 학원까지 함께 걸어갔다. 그곳은 기존보다 번화가로 훨씬 넓고 깨끗한 곳이었다. 두 아들들은 모두 밤 12시에 들어왔는데 만일 열쇠를 받지 못했더라면 아마 계속 밖에서 있을 뻔했다. 아내가 계속 미안해하기에 덕분에 아들 학원도 가보고 좋았다고 대답하였다. 3일 동안 그녀와 한순간도 떨어져 있지 않았는데 이곳 양주에 도착해보니 문자 메시지가 왔다. "여보, 당신 가고나니 마음이 무척 허전하네. 사랑해요." 필자도 그녀와 같은 마음이지만 늘 바쁜 필자와는 차이점이 있을 것이다. 그래도 서로 매일 전화 통화를 하면서 미주알고주알

많은 대화를 나눈다. 필자의 어머니께서 점을 보셨는데 그분이 필자와 아내가 당분간 떨어져 지내는 것이 좋다고 하셨다고 한다. 믿지는 않지만 그 말에 서로 위안을 받고 있다. 왜냐하면 남들은 권태기가 있는데 우리는 그것을 걱정할 필요가 없기 때문이다.

■ '11. 10. 5. 수

나는 군인이다

요즘 가장 인기 있는 TV프로그램 중 하나가 일요일에 방영하는 '나는 가수다.'라는 프로그램이다. 이것은 일곱 명의 가수들이 출연하여 매주 주어진 미션에 따라 경연을 펼친 뒤 500명의 청중평가단의 투표 순위에 따라 한 명씩 탈락하는 서바이벌 형식으로 진행된다. 시청자들의 반응은 사회 각층에서 '나는 선생님이다.', '나는 예술가다.'라는 식의 신조어를 만들어 내고 '나는 커플이다.', '나는 트로트 가수다.'라는 유사한 프로그램이 생길 정도로 가히 폭발적이라 할 수 있다.

이렇듯 사회 전반에서 이슈를 만들어내고 있는 프로그램을 보면서 많은 청중 평가단과 더불어 시청자들은 진한 감동을 받아 울고 웃는다. 그렇다면 그 이유는 무엇일까? 아마도 그것은 첫째, 가수들의 혼신을 다한 열창을 꼽을 수 있다. 그들은 기존의 노래에 새로운 느낌을 주기 위해 편곡을 하고 수없이 많은 연습을 통해 경연하는 날 자신의 모든 것을 무대에 쏟아 부어 청중들에게 감동을 선사하고 있는 것이다. 둘째, 가수로서 순수하게 가창력만을 가지고 경연을 벌인다는 것이다. 최근 아이돌 가수처럼 가창력보다는 댄스나 외모 등에 더 많은 가치를 두는 음악시장에서 진정한 가수가 무엇인지를 보여주고 있다. 청중들은 아이돌 그룹 홍수 속에 잊고 있었던 진짜 가수의 노래를 듣고 있는 것이다. 아니 어쩌면 이러한 가수들에게 목말라 있었는지도 모른다. 셋째, 이 프로그램은 청중들과의 교감을 매우 중요시 한다. 나가수의 출연진들은 노래를 끝내고 무대에서 내려오면서 매니저에게 노래가 어땠냐고 묻고, 청중들의 반응에 대해 궁금해 한다. 그것은 자신의 노래에 대한 모든 가치를 청중평가단이 받는 감동에 두고 있기 때문이다. 즉, 아무리 자신이 노래를 잘 불렀다고 생각할지라도 듣는 청중이 감동을 받지 않으면 아무 의미가 없다고 생각하는 것이다. 이처럼 가수들의 혼신을 다한 열창과 가창력, 그리고 청중들의 감동이 어우러져 신드롬을 형성해 내고 있는 것이다. '나는 가수다'라는 프로그램은 어쩌면 우리에게 프로의식과 결과에 승복하는 문화를 만들어 가고 있다고 볼 수 있다. 필자는 군인인데 '나는 군인이다.'라고 말하려면 어떠한 능력을 가져야만 할까? 앞서 언급했던 '나는 가수다.'의 구성을 보면 가수, 매니저, 청중으로 구분 할 수가 있다. 군대 역시 이러한 구성원으로 되어있는데 군인과 선배 및 가족, 국민으로 구분해서 비교할 수 있다.

따라서 '나는 군인이다.'라고 자신 있게 말하려면 첫째, 군인으로서 적과 싸워 이길 수 있는 능력을 갖추는 것이 우선이다. 이를 위해서는 무엇보다 확고한 정신력과 체력, 그리고 전술전기를 완벽히 숙달해야 한다. 더불어서 임무를 수행하는 것에 있어 무엇이 부족한지를 판단하여 끊임없는 노력으로 최고의 수준을 만들어야 할 것이다. 둘째, 매니저처럼 선배나 가족들의 보조적인 역할이 중요하다. 우리 장병들이 제 위치에서 제몫을 다하기 위해서는 먼저 입대한 선배들의 자상한 지도와 배려가 특히 요구된다. 모든 부모님들은 군이 강해지길 바라면서도 자식은 편하게 지냈으면 하는 바람을 동시에 지니고 있다. 따라서 가족들은 그가 군에서 올바르게 생활하도록 지휘관과 긴밀히 협조해야 한다. 셋째, 국민들에게는 우리 군이 국민의 군대임을 인식시키기 위해 노력해야 한다. 그러기 위해서는 위협으로부터 국민을 지키는 것 외에도 이번 수해 시 우리 군이 보여준 것처럼 어려움이 닥쳤을 때에는 앞장서서 해결하도록 노력해야 한다. 또한, 국민의 군대로서 국가안보를 위해 국민이 믿고 의지할 수 있도록 혼신을 다해야 한다.

그래야만 국민들로부터 진정한 감동과 사랑을 받을 수 있는 것이다. 이처럼 언제 어디서든 적과 싸워 이길 수 있는 능력을 갖추고, 후배들을 자상하게 지도하면서 국민의 어려움을 해소하기 위해 발 벗고 나설 때 비로소 '나는 군인이다.'라고 자신 있게 말할 수 있을 것이다. 군인은 프로다. '나는 가수다.'의 가수들처럼 프로의식을 가지고 진정한 군인이 되기 위해 하루하루 최선을 다하는 삶을 살도록 노력하자. 이제 머지않아 '나는 군인이다.'라는 말들을 여기저기에서 들을 수 있을 것이다.

■ '11. 10. 8. 토

가을 체육대회

지난주에는 체육대회를 두 번이나 했다. 한번은 부대창설 기념 체육대회(10. 7)를, 또 한 번은 주일(10. 9)에 성당 체육대회를 실시하였다. 10월 첫째 주를 우리 육군에서는 Army Week(육군 주간)라고 하여 다양한 사기 고양활동을 실시한다. 육본에서는 계룡대에서 페스티벌을 개최하고 예하부대에서도 민군관이 어우러지는 다양한 행사를 실시한다. 필자의 부대는 원래 6월 달이 창설 기념일이었으나 그동안 전술훈련평가와 상급부대 검열로 인해 미루었다가 이번에 실시를 하였다. 날씨가 매우 청명하였는데 행사의 반은 그것이 좌우지 한다는 말이 꼭 맞는 것 같다. 자매단체인 남면농협과 주식회사 덕유뿐만 아니라 지역 주민들도 많이 참석을 하여 자리를 빛내 주었다. 모처럼 장병들의 힘찬 함성소리와 지역 주민들의 밝은 웃음소리로 부대 전체가 활기로 넘쳤다. 이번에도 음식은 외부와 협조하여 영내에서 어묵, 튀김, 떡볶이, 순대 등을 팔도록 했다.

과거와는 달리 요즘 군인 가족들은 음식을 만들지 않기 때문에 위탁을 많이 한다. 위와 같은 음식들은 장병들로부터 인기가 많았는데 간부들이 병사들을 많이 사주었다. 필자는 참석하신 내빈들을 위해 소고기 육개장을 별도로 준비하였는데 다들 맛있다고 두 그릇 이상을 먹었다. 원래 음식은 반가운 사람들과 여럿이서 기분 좋게 먹어야 맛있다. 경기에 참여한 선수들은 스포츠맨십을 발휘하여 정정당당히 싸웠는데 축구는 우리 포병단 본부가 예상외로 우승을 하였다. 대대 병력의 1/4분도 안 되는데 우승하여 모두들 놀랐다. 행사가 끝나고 자축의 의미에서 포병단 본부 간부들을 대상으로 회식을 시켜 주었다. 깊어가는 가을 저녁에 모두들 즐겁게 하루를 보냈다. 일요일에는 필자가 사목회장으로 있는 비룡성당 간부들을 대상으로 체육대회를 하였는데 인원이 적다보니 테니스 한 종목만을 실시하였다. 필자의 부대 테니스장에서 편을 갈라 하였는데 필자의 팀이 3승으로 우승을 하였다. 상품은 없었지만 그래도 승리하니 기분은 좋았다. 회식은 필자가 준비하여 신부님을 비롯한 교우들에게 대접을 하였다. 이러한 2개의 체육대회 외에도 양주시와 협조하여 문화공연(10. 7)도 개최하였고 기독교 찬양제(10. 8)도 실시하였다. 특히, 찬양제는 포병단과 예하부대에 있는 6개 교회의 성가 경연대회를 말하는 것으로서 그냥 피아노를 가지고 성가를 부르는 것으로 생각했는데 바이올린, 플롯, 전자기타 및 오르간 등 많은 다양한 악기가 동원되었다. 또한 장병들의 율동까지 보태지다 보니 정말 많은 감동이 밀려왔다.

 필자는 심사위원으로도 참석을 했는데 팀별로 특징이 있어 우열을 가리기 어려웠다. 10월 첫째 주는 각종 행사로 바쁘고 심신이 피로하였지만 모처럼 장병들에게 기쁨을 준 것 같아 지휘관으로서 매우 흐뭇하였다. 즐거운 시간은 정말 빠르게 지나간다. 이제 차주부터는 훈련에 다시 돌입해야 하는데 바쁜 가운데 즐거움을 갖도록 앞으로도 계속 노력할 생각이다.

■ '11. 10. 12. 수

아내의 백호사랑

주말에 아내가 필자를 보러 대구에서 올라왔다. 그런데 관사에 도착하자마자 크게 당황하였다. "여보! 큰일 났네?" "무엇이 큰일 났는데?" "집에서 급하게 나오다보니 백호(개 이름) 먹이를 안 갖고 왔네." "이 사람아 백호 먹이는 관사에 있잖우?" "그게 아니고 내가 백호 주려고 뼈다귀 모아놓은 것을 놓고 왔어?" "그것이야 이곳에서 내가 준비해 주면 되지 나는 또 무슨 일이라고. 나 원 참." 아내는 지난번에도 집에서 남은 고기 국물을 이곳까지 들고 온 적도 있다. 대구에서 이곳까지 무려 5시간이 걸리는데도 말이다. 또한 안하던 버릇이 생겼는데 회식을 하면 꼭 남은 고기를 싸달라고 하여 백호에게 가져다준다. 그러다보니 백호는 아내 모습만 보아도 꼬리를 치는 등 무척 좋아한다.

사실 아내는 개를 무서워한다. 과거 필자와 산책을 하다가 개만 보면 필자 뒤로 숨는 버릇이 있었다. 그런데 백호만 보면 반가워서 어쩔 줄 모르니 이게 무슨 현상인지 모르겠다. 심지어 도착하면 "백호야 엄마 왔다."라고 하니 그러면 필자가 아빠란 말인가? 아내가 백호를 너무 좋아하니 혹시 필자가 샘나서 이런 생각을 하는지도 모른다. 이러한 마음은 우리 간부들이 배워야 할 자세이다. 병사들을 사랑하는 마음이 그 정도는 되어야만 하는 것이다. 아내가 오늘 오후에 떠나고 나서 곧바로 필자는 운전병과 근무병들을 데리고 불곡산 등산을 했다. 근무병은 2명으로 선임이 내일 전역 전 휴가를 출발하는데 복귀 후 곧바로 다음날 전역하기 때문에 이번이 마지막이어서 함께 등산 후에 식사를 하기로 했다. 불곡산은 단풍이 들어 가을 정취가 물씬 났고 정말 아름다웠다. 아침까지 번개와 비까지 내려 날이 우중충했는데 점차 개이더니 오후에는 파란 하늘이 눈부시게 빛났다. 가을바람까지 불어서 마음속의 찌꺼기를 날려버렸더니 기분이 무척 상쾌하였다. 등산 후에 옷을 갈아입으러 부대로 다시 돌아가는 도중 위병소 방향에서 갑자기 자전거를 탄 사람이 필자의 차량 정면으로 달려들었다. 필자는 급정거하였고 그도 정지하려고 했으나 서툴러서 필자의 차량 5m 전방에서 넘어졌다. 그는 커브 길에서 과속하면서 내려오다 제대로 돌지 못해 반대 차선으로 넘어와 필자의 차량에 부딪칠 뻔한 것이다. 곧바로 병사들과 함께 그를 부축하였는데 시멘트에 넘어지는 바람에 여기저기 상처가 생겼다. 그래서 필자의 차량으로 그를 태우고 영내로 들어와 의무병으로 하여금 정성스럽게 치료를 해주었다.

　잠시 후 그의 가족들과 연락이 되어 왔는데 그는 떠나면서 고맙다고 말했고 필자는 그의 아내에게 병원에 가서 정밀진단을 받았으면 좋겠다고 말했다. 그가 떠나고 나서 필자는 운전병, 근무병들과 함께 시내로 나가 그들이 먹고 싶다는 아귀찜을 사주었다. 그곳은 필자가 가끔 가는 곳으로 주인아주머니께서 반갑게 맞아 주셨다. "단장님 안녕하세요." 안녕하세요. 오늘은 전역 병이 있어서 데리고 나왔습니다." "자상도 하셔라. 항상 장병에 대한 사랑이 항상 넘치시는 것 같아요." "과찬이십니다." "저도 이곳에서 장병들 때문에 돈을 벌었는데 평소 잘 해주었더니 전역 후에도 찾아옵니다." "그러세요. 아주머니의 사랑에 감동을 받았겠지요." "이제는 나이가 먹다보니 친자식 같아 무엇이든지 주고 싶어요." "정말 감사합니다. 앞으로도 많이 격려해 주세요." 그녀는 곧바로 통닭 한 마리와 음료수 2병을 가지고 오셨다. 지난번 전역 병을 데리고 왔을 때도 해주었는데 이번만은 계산하려고 했으나 그녀는 막무가내였다.

　이번 주말은 아내의 백호에 대한 사랑, 다친 민간인에 대한 필자의 사랑, 아주머니의 장병에 대한 사랑 등이 어우러진 감동의 시간을 보냈다. 깊어가는 가을 이렇게 사랑이 넘치는 일들이 여기저기서 많이 생겨났으면 좋겠다. 그래야 우리 사회가 밝아지지 않을까 생각해 본다.

■ '11. 10. 16. 일

소요산 등산

주일날 미사를 본 후에 신부님께 소요산 등산을 권했더니 좋다고 말씀하셨다. 격주로 전방 GOP 부대를 대상으로 미사를 집전하시는데 이번 주는 마침 쉬는 주간이셨기 때문이다. 소요산 입구에 도착하니 마침 단풍축제가 한창이어서 정말 많은 사람들이 인산인해를 이루고 있었다. 산 입구에는 국화 전시회도 있었고 야외 공연장에는 연주회도 있어서 가을 정취를 더욱 느낄 수 있었다. 산의 아래는 단풍이 들어 아름다웠으나 정산 부분으로 오를수록 점차 지고 있었다. 정상에 오르니 탁 트인 경치가 마음을 홀가분하게 하였다. 최근 1박 2일란 프로그램에서 경주의 남산에 있는 유적지를 돌아보던 중 바위에 새겨진 부처님의 자애로운 모습을 보고 모두들 감탄하는 것을 보았다. 그러던 중 전 문화재청장을 지낸 인솔자가 '부처님을 보고 감탄하지 말고 부처님의 눈으로 세상을 보라.'고 말씀하셨고, 이에 출연자들이 바위에 새겨진 부처님의 눈으로 산 아래 펼쳐진 정경을 보자 그야말로 한 폭의 그림처럼 아름다움을 느꼈다.

이처럼 세상을 인간의 눈으로 보지 말고 예수님이나 부처님의 분으로 바라본다면 얼마나 편안할까? 출가出家와 가출家出은 한자를 바꾸어 적은 것인데 사뭇 그 의미는 크게 다르다. 출가는 큰 뜻을 이루기 위해 집을 떠난 것이고 가출은 집을 나가는데 목적이 있다. 출가는 내적 자유를 얻고 세속적인 인연을 끊어버리기 위해 집을 벗어나려는 종교적 색채를 갖지만 가출은 어떤 문제를 벗어버리려고 집을 나가는 것으로 도피적 의미가 강한 것이다. 출가는 집착에서 벗어나고자 마음이 붙잡혀 있는 곳으로 떠나는 것이다. 즉 출가는 집착에서 벗어나기 위해 실시하는 행위이다. 신부님이나 스님들도 그러한 이유 때문에 출가한 것이 아닐까? 오래전에 우리나라에도 폼페이의 최후라는 이름으로 79년 활화산 베수비오 산의 폭발로 화산재가 덮쳐 사라진 곳의 고대 유물이 전시되기도 하였다. 그 곳을 발굴하면서 당시의 모습을 생생히 볼 수 있었는데 식사를 하다가 죽은 사람, 보초를 서다가, 또는 아기를 안고 죽은 사람도 있었다. 이 중 가장 인상 깊었던 것은 보석을 양손에 쥐고 죽은 사람이었다. 그의 모습에서 죽는 순간에도 재물을 놓지 않는 현재의 우리 인간들의 모습이 생각났기 때문이다. 사람들이 죽을 때 가장 후회하는 것이 좀 더 타인에게 베풀지 못한 것이라고 한다.

다시 말해 사랑하고 살지 못한 것을 후회하는 것이다. 스스로 열심히 벌어서 잘살겠다는 것은 잘못된 것이 아니다. 다만 많이 가진 사람들이 그렇지 못한 사람들을 위해 베풀 때 사회는 더 밝아지지 않을까 생각한다. 무위진인無位眞人이란 지위가 없는 참된 사람을 말한다. 지위가 없다는 말은 빈부, 귀천 등의 차별이 없는, 또는 어떤 것에도 집착하지 않는 것을 말하고 참된 인간이란 도를 깨우친, 또는 해탈한 사람을 말하는데 불교에서는 부처님을 말한다. 무위진인이 되기 위해서는 기본적으로 어떠한 집착이나 재물에서 자신을 이겨야 한다. 최근 군 인트라넷에서 '나를 이기며 살자.'라는 제목으로 기고된 글인데 필자의 마음에 와 닿아 한 번 적어본다.

이 세상이 복잡한 듯하지만, 실상 알고 보면 아주 간단합니다. 나 자신은 커다란 우주의 근본입니다. 내 속에 소중한 모든 것이 있습니다. 내 속에 역겨운 모든 것이 있습니다. 내 속에 세계가 있습니다. 내 속에 모든 문제가 있습니다. 내 속에 모든 해결의 열쇠가 있습니다.

세상은 아주 간단합니다. 모든 것은 나로부터 출발합니다. 그러므로 우리가 행복하게 세상을 살아가려면 내가 나를 이겨야 합니다. 내가 나에게 한 약속, 마음먹고 있던 일들을 잘 지키고 잘 마무리하면 나를 이기는 겁니다.

내가 나와 싸워 이기는 것, 이것이 삶입니다. 내가 나를 이기지도 못하면서 남과의 싸움에서 이기려 하다 보니 불행해지고 갈등이 생깁니다. 나를 이기는 세상은 나를 향해 미소 지으며 아름다운 모습으로 다가올 겁니다. 내가 나를 이기는 신나는 하루 만들어 가십시오.

■ '11. 10. 24. 월

나는 누구인가?

며칠 전 TV에서 광개토대왕이란 프로그램을 보던 중 극중 여배우인 도영이란 여자가 "나는 누구인가?"란 말을 몇 번 되뇌는 것이 생각난다. 그녀는 태자인 담덕의 아내이자 지금의 국무총리에 해당하는 국상 개연수의 딸이기도 하다. 그녀는 아버지인 개연수가 역모를 일으켜 남편을 죽이려 하자 그것을 막아보려고 국내성으로 달려간다. 굳게 닫힌 성문을 지나가려 하자 한 장수가 그녀에게 묻는다. "지금은 출입이 통제되어 있으니 나중에 들어가시죠." "저는 지금 들어가야 합니다." "안된다고 말하지 않았습니까?" "내가 누구인질 알고 막고 있는가? 당장 문을 열지 못할까?" "당신이 누구인데요?" "나는, 나는……." 그녀는 머뭇거리다가 결국 대답을 못하고 눈물을 흘린다. 이 장면에서 핵심은 그녀가 자신이 누구인지 정확히 밝히지 못한다는 것이다. 즉 그녀는 남편의 아내인지 아니면 아버지의 딸인지에 대한 문제로 고민을 한 것이다. 남편과 아버지가 싸우자 그녀는 누구를 편들어야 하는 것인지 갈등한 것이다. 지아비만을 따를 수도 천륜만을 고집할 수도 없는 것이다. '나는 누구인가?'라는 말은 불교에서 참선하시는 분들이 화두로 많이 사용하고 있다.

필자도 그러한 질문에 부모님의 아들, 아내의 남편, 자식들의 아버지, 부대의 장, 한 인간, 군인 등 수없이 많은 답변을 할 수 있다. 이 중 틀린 말은 하나도 없다. 그러나 굳이 하나를 뽑자면 필자는 제일 먼저 군인이라고 답하고 싶다. 현재 국가안보를 책임지고 있고 늘 이것이 가장 숭고한 임무라고 생각하기 때문이다.

지난주에 휴가를 다녀왔는데 아내가 지금의 차량이 노후했다고 최신식 소나타를 사주었다. 그동안 아버님께서 돌아가시면서 받은 차량을 탔지만 최근 들어 이곳저곳이 자꾸 고장이 나자 새로 차를 사준 것이다. 필자는 아직 쓸 만하다고 사양했으나 결국 아내의 고집을 꺾지는 못했다. 사실 중령 시절에 아내는 필자가 대령으로 진급을 하면 차량을 교체해 주겠다고 약속을 하였다. 그러나 큰 아들이 대학에 들어가면서 경제적으로 부담이 되어 그동안 필자가 말을 안했는데 그녀는 나름대로 준비하고 있었던 모양이다. 우스갯소리로 나이가 들어감에 남자에게 가장 필요한 것은 첫째, 아내, 둘째 마누라, 셋째 집사람이라고 하고, 여자는 첫째 돈, 둘째 딸, 셋째 친구라고 한다. 즉, 남자에게는 아내가 반드시 필요하지만 여자에게는 남자가 절대적인 것은 아닌 것이다.

그래서 필자는 어머님께는 송구스럽지만 군인 다음에 '나는 누구인가?'라는 질문을 받으면 지금 아내의 남편이라 말하고 싶다. 최근에 읽은 글 중에서 읽을수록 좋은 글이 있어 여기에 소개하고자 한다.

행복의 모습은 불행한 사람의 눈에만 보이고, 죽음의 모습은 병든 사람의 눈에만 보인다. 웃음소리가 나는 집엔 행복이 와서 들여다보고, 고함소리가 나는 집엔 불행이 와서 들여다본다. 받는 기쁨은 짧고 주는 기쁨은 길다.

늘 기쁘게 사는 사람은 주는 기쁨을 가진 사람이다. 어떤 이는 가난과 싸우고 어떤 이는 재물과 싸운다. 가난과 싸워 이기는 사람은 많으나 재물과 싸워 이기는 사람은 적다. 느낌 없는 책은 읽으나 마나, 깨달음 없는 종교는 믿으나 마나. 진실 없는 친구는 사귀나 마나, 자기희생 없는 사랑은 하나 마나. 가진 마음을 버리는 이는 성인이다. 비뚤어진 마음을 바로잡는 이는 똑똑한 사람이고 비뚤어진 마음을 그대로 간직하고 있는 이는 어리석은 사람이다. 누구나 다 성인이 될 수 있다.

그런데도 성인이 되는 사람은 아무도 없다. 자신의 것을 버리지 않기 때문이다. 돈으로 결혼하는 사람은 낮이 즐겁고, 육체로 결혼한 사람은 밤이 즐겁다. 그러나 마음으로 결혼한 사람은 밤낮이 다 즐겁다. 황금의 빛이 마음에 어두운 그림자를 만들고, 애욕의 불이 마음에 검은 그을음을 만든다. 두 도둑이 죽어 저승엘 갔다. 한 도둑은 남의 재물을 훔쳐 지옥엘 갔고, 한 도둑은 남의 슬픔을 훔쳐 천당엘 갔다. 먹이가 있는 곳엔 틀림없이 적이 있다.

영광이 있는 곳엔 틀림없이 상처가 있다. 남편의 사랑이 클수록 아내의 소망은 작아지고, 아내의 사랑이 클수록 남편의 번뇌는 작아진다. 남자는 여자의 생일을 기억하되 나이는 기억하지 말고, 여자는 남자의 용기는 기억하되 실수는 기억하지 말아야 한다.

―좋은 글 중에서

■ '11. 11. 1. 화

은행나무

　요즘 출퇴근 시 관사에서 고약한 분뇨 냄새가 많이 난다. 그 이유는 관사 입구에 커다란 은행나무 2그루에 있는 은행이 익어가면서 나는 냄새 때문이다. 원래 은행나무는 암수가 따로 있는데 2그루 모두 은행이 열린 것으로 보아 암나무이다. 수나무는 부대의 본청에 4그루가 있는데 그들의 가지들은 붓 모양을 하고 있지만 관사의 암나무들은 그것이 밖으로 퍼져있다. 모양에 있어 차이가 나는 이유는 수나무는 꽃가루가 날릴 때 멀리 날아가게 하기 위해서이다. 이에 비해 암나무는 그것이 꽃에 고루 닿게 하기 위해 밖으로 퍼져 자란다고 한다. 따라서 은행나무는 암수가 마주 보아야 열매를 잘 맺을 수 있다. 은행의 냄새가 악취를 풍기는 이유는 짐승에게 먹히면 번식에 실패하기 때문에 그것을 보호하기 위해서이다. 묘목의 암수를 구별하기 위해서는 적어도 심은 지 10년은 되어야만 정확히 알 수 있다고 한다.

　은행나무는 유해 환경에도 잘 견디며 오래 사는 나무로도 유명하다. 신라의 마의태자가 심었다는 용문사의 나무와(30호), 동양서 가장 크고 오래되었다는 성균관의 나무가(59호)는 이미 천연기념물로 지정되어 있다. 이러한 은행나무는 버릴 것이 하나도 없다. 목재는 단단하고 질이 좋아 바둑판, 불상, 가구나 밥상의 재료로 널리 쓰이고, 씨앗과 잎은 약재로도 쓰이기 때문이다. 특히 씨앗은 진해 및 강장에 잎은 징코민을 추출하여 성인병 예방에 이용되고 있다. 작년에도 은행을 많이 주워 냉장고에 보관하였다가 전자레인지에 조금씩 익혀 먹었더니 몸에 좋았던 것으로 기억하고 있다. 올해는 은행이 익어갈 무렵 비가 많이 내려서 그런지 알이 크지 않다. 아내가 사준 소나타의 시승은 총각장교들과 등산을 하러 가면서 했다. 그들에게 소나타는 사람이 타는 것이 아니고 '소가 타는 차량이어서 소나(띄고) 타'라고 한다고 했더니 모두 배꼽을 잡고 웃었다. 은행나무 바로 밑에는 백호(진돗개)의 집이 있는데 낙엽으로 온통 누렇게 변했다. 요즘 백호가 종종 밤중에 몹시 짖을 때가 있다.

그 때마다 나가보면 어디서 왔는지는 몰라도 큰 개 2마리가 그의 집을 서성이고 있다. 필자가 보면 그 개들은 곧바로 도망을 친다. 최근 백호를 보니 다리를 약간 절고 있었다. 아마 묶어놓은 그를 그들이 양쪽에서 공격한 것으로 생각된다. 착한 백호를 건드린 것이 화가 나서 돌멩이 몇 개를 갖다놓았는데 그 이후부터 그들은 오지 않고 있다. 다행히 백호도 많이 호전되어 현재는 정상적으로 걷고 있다. 금년 달력을 보니 이제 두 장 밖에 남지 않았다.

엊그제 한해가 시작된 것 같은데 벌써 11월 초순이다. 은행나무를 포함한 관사의 나무들도 대부분 낙엽이 떨어져 이제 앙상한 가지만 남아있다. 시간이 빨리 가고 자극에 둔해짐을 느낀다는 것은 점점 나이를 먹고 있다는 징조라는데 이제 필자도 그런 마음이 들고 있다. 습관인지는 몰라도 아침 5시 30분이면 자동적으로 눈이 떠진다. 몇 번 더 자려고 시도하지만 그것은 부질없는 짓이어서 이제는 그냥 일어난다. 어릴 적에는 나이를 빨리 먹었으면 바랐는데 이제는 정말 천천히 먹었으면 좋겠다. 어서 빨리 봄의 기운으로 관사의 은행나무가 새로운 푸른 잎을 띄우기를 소망해 본다.

■ '11. 11. 6. 일

인사를 잘하자

다언삭궁多言數窮이란 말이 있는데 이것은 '말이 많으면 자주 궁지에 몰린다.'는 뜻으로 노자의 도덕경에 나오는 말이다. 즉 '말조심'을 강조하는 것으로 공자의 다언다패多言多敗와도 같은 의미이다. 일반인들도 그렇고 정치인들도 그렇고 잘못 내뱉은 말 때문에 곤욕을 치르는 경우가 많다. 그렇다고 소통을 강조하는 요즘 세대에 무조건 말을 하지 않을 수도 없지만 이것을 너무 많이 할 때 갈등과 감정의 골이 생길 수도 있다. 말하는 사람의 의도와는 달리 받아들이는 입장에서 오해할 수도 있기 때문이다. 이러한 말과 달리 인사는 많이 할수록 좋다. 군대에서도 인사를 잘하는 사람은 주위 사람들로부터 사랑을 많이 받는다. 왜냐하면 인사라는 것은 존경, 친애, 우정을 나타내는 행동이기 때문이다. 성공한 사람들은 대체적으로 인사를 잘하는 경우가 많다. 자신을 싫어하는 사람도 인사를 통해 좋아하는 사람으로 변모시킬 수 있다.

조직생활의 인간관계에서 어떤 상사는 자신을 참 잘 대해주지만 어떤 상사는 별다른 이해관계가 없음에도 자신을 미워하는 사람도 있다. 그런 분에게는 처음에 몇 번 인사를 해도 본체만체, 받는 둥 마는 둥 한다. 그러나 100일 정도만 매일 웃으면서 인사를 하면 그의 태도가 바뀌는 것을 알 수 있다. 그것은 인사가 자신의 예의바르고 성실한 모습을 보여주기 때문이다. 인사 하는 방법은 첫째,

밝은 표정으로 상대방을 바라보면서 해야 한다.

무표정하면서 망설이거나 눈 접촉Eye Contact도 없이 고개만 까닥이는 것은 오히려 하지 않는 것보다 못하다. 둘째, 친근한 덧붙임의 말을 하는 것이 좋다. 예를 들면 "단장님! 편히 쉬셨습니까?" "충성! 오늘도 좋은 하루되십시오." 등이다. 우리 부대에서 이것을 제일 잘하는 병사가 바로 과거 '당번병'이라고 칭했던 '근무병'이다. 아침에 출근을 하면 그가 제일 먼저 반갑게 인사를 하는데 설사 간밤에 나쁜 일이 있더라도 그에게만은 화를 낼 수가 없다.

보통 인사는 아랫사람이 윗사람에게 하는 것이 사회적 통념이다. 특히 군대에서는 위계질서 때문에 그것을 당연시 생각하고 있다. 그러나 인사는 윗사람이 먼저 하는 것이 좋다. 한 마디의 인사가 아랫사람에게 활력을 줄 수 있기 때문이다. 즉, 늘 긴장해야 하는 아랫사람들에게 그것은 청량제와 같은 역할을 한다. 예를 들어 "김 대위! 어제 잘 쉬었어." "김 상사! 오늘 하루도 파이팅."등 친근감 있는 인사말을 먼저 하는 것이 좋다. 인사를 잘하면서 덕德도 많이 길러야 한다. 덕승재德勝才란 말이 있는데 이는 덕德이 재주才를 이긴다는 말이다. 예로부터 덕과 재주를 갖춘 사람을 성인聖人이라 쳤고, 덕과 재주가 없으면 우인愚人이라 이르며 덕이 재주보다 나으면 군자君子라고 했다. 재주가 덕보다 나으면 이를 소인小人이라 불렀다. 덕승재란 말은 재주보다 덕을 앞세우라는 의미의 가르침이다. 우리 주위에 재주는 넘치는데 그를 뒷받침해야 하는 덕이 부족한 사람들이 많다.

소위 아는 것은 많은데 인간성이 부족한 사람을 이르는 것이다. 재주는 꼭 필요하지만 그것만으로는 위험하며 그것을 뒷받침하는 덕이 함께 있을 때 마음으로 따르는 사람들을 모을 수 있다. 따라서 인사도 잘하면서 덕도 겸비해야 만이 필자는 참된 리더가 될 수 있다고 생각한다.

■ '11. 11. 11. 금

농협 단합대회

    이곳 농협은 매년 늦가을 주말에 직원과 마을 이장 및 부녀회장 등을 대상으로 단합대회를 갖는다. 필자는 자매단체로 초청을 받아 지난해에 이어서 이번에도 참석하였다.
    친선 운동으로 주로 족구를 하는데 다들 실력들이 만만치 않다. 농사일을 하면서도 짬짬이 동네 분들과 연습을 하셔서 그런 것 같다. 필자의 부대도 한 팀을 구성하여 나갔는데 첫 세트는 우리가, 둘째 세트는 농협이 이겼고, 마지막 세트는 접전 중에 조합장님이 시합을 중지시켰다. 그 이유는 그의 생각에 공동 우승이 좋겠다고 생각하였기 때문이란다. 이외에도 재기차기와 훌라후프를 던져 고리에 거는 등의 게임을 하였는데 농사를 지으시면서 쌓인 스트레스를 웃음으로 푸시는 모습을 보니 보기가 너무 좋았다. 족구 시합 간 필자의 팀이 너무 잘하자 시합 도중 선수들에게 소주를 마시게 하는 등 재미를 돋우셨다.
    필자도 못이기는 척하고 마시고 의도적으로 실수도 여러 번 하였다. 아직도 정이 깊으신 분들이라 군인을 보면 일일이 손을 잡으시면서 수고한다고 격려를 아끼지 않으신다. 또한 서로 자기 마을을 응원하는 모습에서 이웃 간의 돈독한 정을 느낄 수 있었다. 오후에는 아내와 인근 저수지를 걸었는데 마침 전 노인회장님이셨던 윤씨 어르신을 만났다. "어르신 안녕하세요." "이게 누구야, 단장 아냐, 어디를 가시나?" "아내와 함께 산책을 하고 있습니다." "운동을 하는구먼?" "네, 그렇습니다. 그런데 집에 차량이 많네요?" "응, 딸들이 와서 지금 김장을 담고 있어. 들어가서 겉절이에 약주나 한잔 하세." "아닙니다. 바쁘실 텐데 저희는 그냥 운동하겠습니다." "그러면 내가 무척 섭섭하지?" 그러시면서 무조건 필자의 손을 잡고 집으로 들어가셨다. 마당 가운데에서는 그의 딸들이 열심히 김장을 담그고 있었다. "얘들아! 이리와 인사드려라. 내가 제일 좋아하는 단장님이시다." "안녕하세요?" "안녕하세요, 제가 들어와서 혹시 폐가 되지 않은지요?" "아버지가 좋아하시니 저희들도 좋습니다." "그러면 잠시만 있겠습니다." 그녀들은 얼른 겉절이와 약주를 들고 와 필자와 어르신께 드렸다. "어르신! 다복하십니다." "내가 딸 넷과 아들 하나를 두었는데 사위들도 착하고 며느리도 착하여 말년에 호강하고 있다오." "그러십니까? 이렇게 어르신 집에 모두 모여 김장을 담그는 모습을 보니 너무 보기 좋습니다." "다 좋은데 집사람이 두해 전에 가서 그게 안타까워요" "뭐라 위로의 말씀을 드려야할지 모르겠습니다." "집사람이 죽고 난 다음 1년간은 매일 산소에 가서 울다시피 했다오. 이제는 어느 정도 적응이 되었지만." "그러세요." "아이들이 허락해 주면 새장가를 갔으면 하는데?" "많이 외로우신 것 같습니다." "자식도 중요하지만 그래도 집 사람이 제일이야. 단장도 아내에게 잘해주시게." "네 어르신, 명심하겠습니다." 그녀들은 그의 새장가를 가고 싶다는 말에 애써 모른 척하였다.

  어머니를 생각하면 당연하겠지만 그래도 어딘지 쓸쓸한 느낌이 들었다. 김장도 윤씨 어르신이 그동안 재배한 배추와 무 그리고 고추 등을 가지고 담그는 것이다. 이렇게 부모님은 자신의 모든 것을 아낌없이 자식들에게 나누어 주고 있다. 필자가 이 지역을 좋아하는 이유는 모두들 꾸밈이 없고 정이 깊으며 서로를 위해 배려하는 모습이 강하기 때문이다.

  도시 지역의 아파트는 이웃이 콘크리트 벽의 30cm도 안 되는 근거리에 위치해 있지만 마음은 3km 이상도 더 떨어져 있다. 그러나 이곳은 이웃 일을 내 일처럼 도와주는, 정말 사람 냄새가 여기저기에 배여 있는 아름다운 곳이다. 마음이 포근해지는 하루를 보낸 것 같아 너무 기쁘고 행복하다.

■ '11. 11. 12. 토

노부부의 사랑

　필자는 많은 TV 프로그램 중에 '6시 내 고향'을 종종 시청한다. 그것을 보면 어릴 적 생각이 많이 나기 때문이다. 최근에 산골에 살고 계시는 노부부의 일상을 방영한 적이 있는데 필자는 그들의 사랑에 감명을 받았다.
　프로그램은 주인공이신 할머니가 산속에 있는 밭으로 이동하는 장면부터 시작하였다. 그녀는 오솔길을 따라 가면서 계속 꿩을 쫓기 위해 "훠이 훠이"하셨다. 밭에 이르자 그녀는 PD에게 고구마와 감자는 멧돼지가, 배추는 토끼가 산에서 내려와 먹고 있다고 불평을 하였다. 그러면서 동물을 마치 사람처럼 이놈저놈이라고 하셨는데 왠지 그 말씀이 무척 정겹게 느껴졌다. 배추 한 포기를 뽑으시면서 저녁에는 영감님과 그것으로 고기를 싸서 드시겠다고 말씀하셨다. 또한 배추밭에 있는 메뚜기를 열심히 잡아 닭의 먹이로 주셨다. 닭장에는 닭 한 마리가 3개의 알을 품고 있었고, 집 앞 마당에서는 할아버지가 한가롭게 약주를 들고 계셨다. "술 그만 드세요. 이제 건강 생각하시야지요." "이 사람아 내가 살면 얼마나 산다고 그래. 그냥 마시게 내버려둬." "그래도 안 돼요, 대신 나랑 산으로 나무하러 가요." 그러면서 그녀는 술을 빼앗아 집 뒤편의 후미진 곳에 그것을 숨기셨다.
　산에서 나무를 톱질하다가 할아버지가 힘에 부치자 그녀는 가져온 달걀을 드시게 했다. 집에 내려와 장작을 패라는 할머니의 성화에도 술이나 달라고 일하질 않으셨던 할아버지도 결국 할머니가 제대로 하지 못하자 결국 자신이 직접 나서서 나무를 팼다. 그녀가 잠시 밥을 하러 간 사이 그는 작업을 멈추고 이곳저곳을 돌아다니면서 숨겨놓은 술을 찾았다. 누가 가르쳐 준 것도 아닌데 그는 단번에 찾았고 놀라하는 PD에게 자기 코는 술 냄새를 잘 맡는다고 자랑까지 하셨다. 그만 마시라고 쫓아오는 할머니를 뒤로 하고 그는 집밖으로 나갔다. "술 때문에 피곤하시겠어요?"라고 묻는 PD에게 그래도 그녀는 할아버지가 너무 좋다고 말하였다.

그 이유를 물으니 그녀는 자신이 19살에 시집왔을 때 그가 다정하게 너무 잘해주었고 지금도 변함없기 때문이라고 대답하셨다. 그래서인지 저녁 식사 때는 음식도 먹여주고 그가 자리에 눕자 다리도 열심히 주물러 주었다. 그가 "내년이 올지 모르겠어, 언제 죽을지 모르니" "그런 소리 하지 말아요, 저하고 오래 같이 살아야지요?" 하시는 할머니의 눈에는 그에 대한 사랑이 빛나고 있었다. 사실 할아버지는 술을 좋아하기보다 그것이 할머니와 어떤 대화의 매개체를 형성하고 있다고 생각하시는 것 같다. 또한 그는 그녀가 시키는 일은 못하겠다고 말씀하시면서도 결국에는 혼자 다하신다. 할머니도 그를 위해 헌신하고 동물들을 자식처럼 대하는 등 자연에 순응하면서 살고 계시다. 필자는 앞에서 '남편의 사랑이 클수록 아내의 소망은 작아지고, 아내의 사랑이 클수록 남편의 번뇌는 작아진다.'라고 말했는데 노부부를 보면 그 말이 꼭 맞는 것 같다. 두 분의 연세가 각각 78, 70세이신데 앞으로 오래오래 건강하게 사시길 진심으로 기도해 본다.

■ '11. 11. 16. 수

주임원사 전역

필자의 부대 주임원사가 34년의 군대생활을 마치고 전역을 하였다. 원래는 8월 말이었는데 필자의 임기가 끝낼 때 마치기 위해서 최대한 늦춘 것이다. 그동안 병사들을 친자식처럼 대해 주는 등 부대의 어머니로서의 역할을 너무 잘 했다.

그런 그를 위해 필자는 전역식을 성대히 치러주었고, 그의 군 생활 사진을 받아서 동영상까지 멋있게 제작해 주었다. 그는 다음과 같은 의미 있는 전역 소감을 다과회장에서 말했다. "이제까지 군대생활을 하면서 부대와 가족에게만 헌신하다보니 정작 저 자신을 위해 한 것은 아무것도 없었습니다. 이제 제 자신을 위해서도 살아갈까 합니다." 듣기에 따라 그의 말이 거북스러울 수도 있지만 필자는 그의 심정이 충분히 이해가 되었다. 즉 그는 그동안 부대 업무하랴 아이들 키우랴 눈코 뜰 새 없이 바빠 정작 자신이 하고 싶은 일은 못하였지만 이제 전역도 하고 아이들도 다 컸으니 어느 정도 여유가 생긴 것이다. 그래서 그는 제일 먼저 그의 아내와 전국일주를 하겠다고 포부를 밝혔다.

하지만 그 후 일정에 대해서는 당분간 쉬면서 생각해보겠다고 하였다. 처남이 덕정에서 방앗간을 하는데 도와달라고 하여 그것을 하려고 생각중인 것 같다. 34년을 열심히 일했던 사람이 머리를 식히려고 며칠 쉬는 것은 좋으나 계속 아무

일이 지내면 오히려 심신이 약해질 우려가 크다. 모든 생물은 필사적으로 살아남기 위해 노력하는데 그것이 곧 자연의 섭리이기 때문이다. 따라서 동물이든 식물이든 먹고살기 위해, 그리고 종족을 보존하기 위해 필사적으로 열심히 살아가지 않으면 안 된다. 그런데 우리 인간은 누구에게도 뒤지지 않는 노력이나 열심히 산다는 말이 자신과는 거리가 먼 것처럼 생각한다. 대부분 성공하기 위해서 열심히 일한다고 말하지만 그보다는 그저 살아가기 위해서 누구에게도 뒤지지 않는 노력으로 일해야 하는 것이 자연의 섭리이자 인간이 인간다워지는 섭리라 생각된다. 그것은 그가 몸담고 있는 조직도 마찬가지이다.

따라서 그가 어떠한 형태로든 자신이 하고 싶은 일들을 열심히 하여 인생 제2막을 아름답게 살아가길 진심으로 바란다. 당분간은 사회에 대해 충분히 숙지하고 이후에 활로를 모색해도 늦지 않기 때문에 그가 충분히 생각한 후 자신의 꿈을 펼쳐나갔으면 한다. 다만 장기 복무 전역자들을 대상으로 한 사기 행위가 많으므로 쉽게 돈을 투자하지 말도록 당부하였다. 모쪼록 주임원사가 아내와 함께 늘 행복하길 마음속으로 기도해 본다.

■ '11. 11. 18. 금

용감한 소년

　개인화기 사격 측정이 있어 전방에 위치한 사격장엘 다녀오다 비룡계곡을 지나가게 되었다. 한 소년이 자꾸 뒤를 보며 걸어가고 있었다. 눈빛을 보니 무엇인가 어려움이 있는 것 같아 잠시 차를 세웠다.
　"얘야! 지금 어디 가니?" "양주 역에 갑니다." "여기서 차량으로 1시간이 걸리는데 걸어간다고?" "예" "무슨 일이 있는지 모르지만 버스 타는 곳까지 태워 줄 테니 타거라?" "감사합니다." 길에 지프차를 세웠더니 뒤에 따르는 차량들이 경적을 울렸다. 손을 흔들어 미안함을 표시한 후 그를 뒷좌석에 태웠다. 그는 추운 날씨에 떨어서인지 얼굴이 파리하였다. "그래 어쩌다가 여기까지 왔니?" "저는 의정부에 사는데 엄마를 만나러 가다가 그만 차 안에서 졸다보니 양주 역을 지나 적성까지 갔습니다." "그러면 그 곳에서 다시 버스를 타고 뒤돌아 가면 되잖아?" "나올 때 천원을 갖고 나왔는데 버스비로 800원을 내서 더 이상은 없습니다." "그러면 엄마한테 전화하면 되잖아?" "전화했습니다." "그랬더니?" "바쁘다고 그냥 지나가는 차를 잡아타고 오라고 말했습니다." "그런데?" "현재까지 아무도 태워주지 않아 여기까지 왔고, 마침 아저씨가 태워 주셨습니다." "그래, 우선 걱정하고 계실 엄마에게 전화하여 안심을 시켜라." 필자의 핸드폰을 그에게 주어 전화를 걸도록 했는데 한의원에서 간호사로 일하고 있는 그녀는 받질 않았다.

그와 대화를 나누어보니 그는 의정부의 중앙초교 6학년 학생인데 오늘이 개교 기념일이라 하루 쉬는 바람에 버스를 타고 엄마를 만나러 가는 길이었다고 한다. 그를 태우고 곧바로 부대로 들어와서 점심을 함께 먹었다. 배가 고팠는지 무척 맛있게 먹었다. "너는 장래 꿈이 뭐냐?" "의사가 되어 아픈 사람들을 치료해 주고 싶습니다." "그래 훌륭하구나. 앞으로 이 같은 상황이 발생하면 곧바로 경찰서에 가서 도움을 청해라. 알았지?" "알겠습니다. 감사합니다." "집에 부모님 외에 아무도 없니?" "네" "그러면 학교 수업 마치면 뭐해?" "혼자서 엄마가 올 때까지 숙제하고 컴퓨터 게임합니다." "공부는 잘해?" "조금 합니다." "의사 되려면 열심히 공부해야지!" "앞으로 열심히 하겠습니다." "그래야지. 여기 있는 군인아저씨가 버스를 타는 곳까지 데려다 줄 테니까 버스 기사한테 꼭 양주 역에서 내려달라고 말해라. 알았지?" "잘 알겠습니다." "여기 2000원 줄 테니 800원은 차비로 쓰고 나머지는 아이스크림 하나 사서 먹어라. 그럼 잘 가거라." "감사합니다. 안녕히 계세요." 그는 졸다가 전혀 낯모르는 곳에 내리자 무척 당황했을 것이다.

특히 수중에 돈이 없어 돌아가는 버스를 타기도 어려워 누군가 태워 주기를 바라면서 걸어가고 있었던 것이다. 그러나 계곡이라 날씨는 춥고 정작 태워주는 차량이 없어 점점 힘이 빠져가는 상황에 필자를 만난 것이다. 필자도 어릴 적에 외할아버지 댁에 갔다가 설익은 참외를 먹으려 하는데 외할아버지가 꾸중을 하자 집에 돌아가겠다고 말한 적이 있다. 손자를 걱정해서 하신 말씀임에도 어린 마음에 오해를 하였고 그로 인해 아버지로부터 많이 혼났다. 그 때 외할아버지가 "그 놈 성질한번 되게 무섭네. 나중에 큰일 할 것 같구먼."하고 말씀하신 적이 있다.

필자는 어릴 적부터 잘잘못을 따지기보다 한 번 소신을 정하면 그대로 밀어붙이는 성격을 가졌던 것이다. 그를 보니 필자의 어릴 적 모습과 많이 흡사하다. 당당히 자신의 잘못을 인정하고 어떻게 보면 책임을 지는 자세를 갖고 있다고 생각되었다. 여하튼 그의 말대로 나중에 훌륭한 의사가 되어 많은 사람에게 존경받는 사람이 되었으면 하는 바람이다.

■ '11. 11. 22. 화

유머감각을 갖자

　최근 연말이 되니 일부 간부들이 교체되고 있다. 필자의 부대 행정 보급관도 지난주에 바뀌었는데 그도 전임자처럼 열심히 업무를 수행하고 있다. 필자의 부대는 매일 아침에 국군 도수체조를 하면서 일과를 시작한다.
　그리고 체조가 끝나면 한 사람씩 돌아가면서 유머를 한다. 처음에는 자기 머릿속에 암기를 하거나 종이에 적어 유머를 했는데 지금은 대부분이 스마트 폰을 보면서 이야기 하고 있다. 오늘은 새로운 행정보급관이 발표하는 날인데 그는 미처 준비를 하지 못했다고 한다. 그러면서 그는 다음과 같이 말했다. "먼저 오늘 유머를 준비하지 못해 죄송합니다. 그동안 예하 부대에 근무하다보니 이렇게 아침에 유머로 시작하는 부대를 보지 못해 솔직히 당황스러웠습니다.
　지난주부터 다른 간부들이 웃기는 말을 할 때면 그것이 익숙하지 않아 겸연쩍었습니다. 그러나 웃으면서 하루를 시작하니 업무에 활력도 있고 하루하루가 재미있음을 느꼈습니다. 이렇게 좋은 것을 다른 많은 부대도 참고하였으면 좋겠습니다." 그의 말대로 우리 군인들은 직업 특성상 업무가 딱딱한 것이 사실이다. 그렇지만 웃음이 상·하 동료간 유대관계를 좋아지게 하고 조직에 활력을 불어넣는 것 또한 사실이다. 유머는 '인간의 두뇌활동 중 가장 탁월한 활동이다.'라고 창의력 분야의 세계적 권위자 에드워드 드 보노 박사가 말했다. 유머가 있는 사람, 재미있는 사람은 업무 효율이 높다고 한다. 실제 스스로 잘 웃고 남을 잘 웃기는 사람은 일도 잘하고 대인관계도 원만하다. 과거 미국 대선에서 먼데일 후보는 레이건 대통령의 나이 문제를 가지고 늘어졌다. "대통령의 나이가 많다고 생각하지 않습니까?" 그러자 레이건은 "저는 이번 선거에 나이를 이슈로 삼지 않겠습니다. 즉, 상대 후보가 나이가 어리고 경험이 없다는 것을 이용하지 않겠습니다." 그러자 미국 전체가 웃음바다가 되었고 그의 지지도는 급상승하였다. 이렇게 유머는 위기의 순간에서도 그 빛을 발한다. 필자도 상급 지휘관을 만나러 갈 때면 유머를 몇 가지 준비하고, 장병들을 대상으로 한 정신교육에서도 그것을 통해 관심을 유도한다. 그것은 자칫 딱딱할 수 있는 분위기를 바꾸는데 크게 도움이 되기 때문이다.

필자가 대대장 시절 모시던 사단장님께서는 정말 유머가 많으셨다. 대부분 각종 회의가 시작되기 전에 긴장을 한다. 이때 사단장님의 유머 한 마디는 긴장된 사고를 일순간에 무너뜨리고 자유로운 대화가 가능하게끔 만들었다. 그래서인지 각종 훈련과 검열 간에 발군의 실력을 보여 그 해 대통령 부대 표창이란 영예도 얻었다.

이처럼 유머는 자신의 능력을 발휘하게 만드는 하나의 촉매제이다. 따라서 성공하기 위해서는 유머가 있어야 하고 이것은 곧 승리하는 하나의 비결이라 할 수 있다. 유머로써 부대의 분위기를 바꾸고 부하들로 하여금 지휘관을 좋아하게끔 만들자.

■ '11. 11. 25. 금

탄로가

　조선시대 학자였던 화담 서경덕 선생이 늙음을 한탄하여 다음과 같은 시를 읊었다. '마음아 너는 어이 매양에 젊었는다, 내 늙은 적이면 넌들 아니 늙을쏘냐, 아마도 너 좋아 다니다가 남우일까 하노라' 이것을 쉽게 해석하면 '마음아 너는 어찌 늘 젊어 있느냐, 내가 늙을 땐 너도 늙어야 하지 않겠는가, 아마도 너를 좇다가는 웃음거리가 되고 말겠구나'라는 뜻이다. 그는 마음을 의인화하여 대화하는 형식을 취했는데 아마 황진이에게 끌리는 한 가닥의 애틋한 정을 언급한 것 같다. 즉, 마음은 아직 젊은데 늙은 몸은 마음이 가자는 대로 통 따라 갈 수 없어서 탄식을 한 것이다.

　필자는 군대생활을 20대 초반에 시작하였는데 이제 어느덧 50대에 접어들고 있다. 젊음의 풋풋함에서 시작한 군 생활이 어느덧 30년이라는 세월이 흐른 것이다. 그러나 필자와 함께 생활하고 있는 우리 장병들이 늘 20대이다 보니 필자도 마음만은 그들처럼 20대이다. 나이가 먹었음을 실감하는 것은 우선 장병들과 축구시합을 할 때이다. 공을 컨트롤 하려 해도 몸이 따라가지 못해 뺏기는 경우가 많다. 그래서 간부들이 병사들에게 "단장님이 볼을 몰고 갈 때는 가급적 빼앗지 마라."고 주의를 준다는 말도 가끔 듣는다.

　왕년에는 필자도 '난다 긴다.' 소리를 들었는데 이제는 체력이 떨어져 그런 처지에 놓일 수밖에 없다. 둘째는 훈련이나 근무를 서면 피로가 오래 간다는 것이다. 젊었을 때는 날을 새워도 샤워를 하고 나면 다시 힘이 불끈 솟았다. 그 당시 선배들이 힘들어하면 필자가 체력이 그것 밖에 되지 않느냐고 타박했었다. 하지만 지금은 그 당시 선배들이 "너도 나이 먹어봐라. 마음대로 되는가?"라고 했던 말이 이해가 된다. 셋째는 필자의 외형을 보고 다른 사람들이 많이 늙었다고 말하는 것이다.

주로 후배들로부터 많이 듣는데 대부분 혼자 사는 필자를 걱정해 주는 말이라 생각한다. 특히 휴가 때 아내를 만나러 대구에 내려갔다가 주일에 성당에 가면 위로 차 그런 말을 종종 듣는다. "선배님! 아직 젊으신데 머리에 서리가 내렸네요. 취임 전에는 괜찮았는데 병사들이 속을 많이 썩이는 모양이지요?" 그러면 필자는 "나이가 먹으면 머리와 이빨, 그리고 힘이 빠지는 것이 당연하지 뭘 그래?"라고 대꾸한다. 또는 "얼굴이 왜 이리 까매요? 몸이 어디 안 좋으세요?" 그러면 "장병들과 함께 노상 땡볕에 있으니까 그렇지. 오히려 정상이 아닌가?" 라고 대답하기도 한다. 고려 말에 우탁이란 선비도 늙음을 안타까워하며 지은 시가 있다. '한 손에 막대 잡고 또 한 손에 가시 쥐고, 늙은 길 가시로 막고 오는 백발 막대로 치려터니, 백발이 제 몬져 알고 즈럼길로 오더라'라는 내용으로 '늙음을 막으려 했는데 오히려 지름길로 오더라.'라는 뜻이다.

이 시는 늙고 싶지 않은 우리 인간의 간절한 소망을 담고 있다. 그러나 필자는 마음이 젊으면 몸도 늙지 않는다고 생각한다. 마음이 젊다는 것은 생각이 낡지 않고 항상 새롭다는 말이다. 늙으면 대부분의 노인들은 고집이 세고 새로운 것을 좀처럼 따르려 하지 않는다. 하지만 이것은 스스로 자신의 발전이 정지되었다는 것을 의미한다. 새로운 생각을 한다는 것이 곧 젊은 것이고 그것이 인간 존재의 가치를 지니게 하기 때문이다. 언제나 청춘같이 사는 사람이 제일 멋진 인생을 사는 것이 아닐까 생각해 본다.

■ '11. 11. 28. 월

장병 사랑

 이임 날이 가까워지면서 이곳을 떠나기 전에 꼭 해보고 싶은 것이 그 동안 많이 등산했던 감악산, 불곡산, 소요산을 다시 한 번 가보는 것이었다. 그래서 일요일 오후에 근무병, 운전병과 함께 우선 감악산을 등산했다.

 범륜사에 이르다보니 인근 계곡이 수해로 인해 완전히 만신창이가 되어 있었다. 포클레인 등 중장비가 투입이 되어 보강공사가 진행되고 있는 모습을 보면서 이번 수해가 얼마나 무서운지를 여실히 느낄 수 있었다. 강원도는 폭설이 와서 설국으로 변했다고 하는데 이곳은 아직 눈이 내리지 않아 그냥 황량하게만 보였다. 그런데 오르다 보니 정상부근은 눈이 쌓여 있는 것이 보였다. 또한 정상에 다다를수록 추운 날씨임에도 등산객들이 많이 보였다. 산 정상에 있는 대공초소에 장병들이 보초를 서고 있었다. 그런데 울타리 철망에 음식물이 많이 쌓여있었다.

 하얀 비닐봉지 안에 보이는 것은 주로 귤, 바나나, 계란, 양갱, 초콜릿 등이었다. "근무서는 병사!" "예, 무슨 일이십니까?" "여기 울타리에 걸려있는 음식이 무엇인가?" "등산객들이 저희들 보고 먹으라고 나둔 것입니다." "그러면 갖고 가서 먹지 왜 이곳에 나둬?" "경계근무 중 취식이 불가하고 저희 중대장께서 음식물을 받지 말라고 하였습니다." "그래 참으로 훌륭하구나. 음식물은 주로 누가 주지?" "저희 부모님과 나이가 비슷한 분들이 많이 주십니다." "아마 군에 간 아들들이 생각이 나서 고생한다고 주겠지?" "아마 그럴 것 같습니다." "그래 그러면 네 말대로 근무 중 먹지 말고 일단 받아두었다가 나중에 먹도록 하렴." "실례지만 누구이신지요?" "산 아래 위치한 부대의 포병단장이다." "그러면 저희 지휘관에게 우선 보고를 드리겠습니다." "그래라, 음식물이 안전한지 내가 한번 먹어 볼게." 한 가지씩 골라서 필자의 운전병, 당번병과 먹고 있는데 그가 통화 후 말했다. "저희 중대장께서 받아도 좋다고 말씀하셨습니다." "그래 부모님들의 정이 들어가 있어서 그런지 정말 맛있다. 동료들과 맛있게 먹어라." "신경 써주셔서 감사합니다." "추운데 수고하고 건강하게 잘 지내라." 그러면서 울타리 밖의 음식을 들어 그들이 가져갈 수 있도록 안으로 넣어주었다.

최근에 초급 간부들과 대화를 나누다보면 힘들다고 말한 것 중에 하나가 요즘 신병들의 이기주의라고 한다. 남들의 입장이나 처지는 아랑곳 하지 않고 오로지 자기만 편하면 된다는 생각을 가지고 있다는 것이다. 물론 그것이 틀린 말은 아니다. 현재까지 살아 온 배경이 그렇다면 그럴 수 있다. 그러나 필자는 초급간부들이 이런 이야기를 할 때마다 오히려 신병들을 이해시키기 위해서 얼마나 많은 노력을 기울였냐고 묻는다.

혹시 그들을 나 자신과 동등한 인격체로 대우하지 않고 부하로만 생각하지 않았는지 반문한다. 아무리 계급이 높다고 한들 그들을 마음대로 대우해선 안 되고 하나의 인격체로 인식하여 타당한 논리로 설득을 해야 한다. 진정으로 병사들을 사랑하면 그들 또한 존경으로 그것을 되갚기 때문이다.

■ '11. 12. 4. 일

인생의 길

사람이 살아가는 데는 인생의 길이 있다. 어떻게 보면 운명이라고 할 수도 있다. 군인인 필자도 이제 포병단장이라는 직책을 마무리하고 다른 부대로 떠나야 할 시기가 되었다. 다음으로의 진출을 위해 선호하는 자리가 있지만 심의에 의해 결정되기 때문에 희망대로 되기는 어렵다. 하기야 여태까지 군 생활을 하면서 필자의 의지대로 간 적은 거의 없다. 가라는 곳으로 가서 나름대로 열심히 한 결과 그래도 지금까지 진급을 할 수 있었다고 생각한다.

다음으로 가는 길도 어떤 길일지 모르겠지만 운명처럼 받아들이고 그동안 그래왔던 것처럼 최선만 다하면 되는 것이다. 따라서 핵심직책이 아니더라도 슬퍼할 필요도 없고 남은 군 생활도 조국을 위해 최선을 다하겠다는 각오를 다져본다. 노자의 도덕경에는 지도자에 대해 다음과 같은 말이 있다. '太上下知有之 基次親而譽之 基次畏之 基次侮之태상하지유지 기차친이예지 기차외지 기차모지' 이 말의 뜻은 '최고의 지도자는 존재만 알게 하고, 그 다음은 친절하여 칭찬받는 지도자이며, 그 다음은 그 앞에서면 두렵게 만드는 지도자이고, 그 다음은 뒤돌아서서 욕하는 지도자이다.'라는 뜻이다. 그 글을 읽으면서 필자 자신은 어디 위치에 있을까 생각해 보았는데 아마 부끄럽게도 셋째나 넷째에 해당되지 않을까 생각한다.

왜냐하면 필자는 임무에 소홀하면 가차 없이 간부들을 질책하기 때문이다. 한

국가의 흥망성쇠는 지도자가 누구냐에 따라 달라진다고 해도 과언이 아니다.

우리나라의 국력이 크게 성장한 배경은 근원적으로 이승만 대통령의 자유민주주의 선택과 한미동맹 체결, 그리고 박정희 대통령의 경제성장 정책이 있었기에 가능했다. 물론 두 분의 공과에 대해 논란도 있지만 여하튼 그분들은 단군 이래 숙명처럼 여겨졌던 가난과 배고픔을 해방시켜 주었다. 과거 우리보다 훨씬 잘 살았던 캄보디아가 미군 철수 후 크메르 루주 정권을 만나면서 40년이 흐른 지금도 국민소득이 1천불을 넘지 못하는 것을 보면 지도자의 역할이 얼마나 중요한지를 알 수 있다. 그들은 지식인들을 모두 반역자로 취급하여 170만 명을 죽이는 킬링필드의 주역이 되었다. 지도자를 잘못 만난 것은 북한도 마찬가지이다.

수백만의 주민들이 굶주리고 도처에 꽃제비(거지)들이 돌아다니는데도 북한 정권은 오로지 핵개발에만 매달리고 있다. 북한 동포 중 30여만 명이 그런 지옥을 탈출하여 현재 우리나라로 넘어와 살고 있다. 캄보디아를 포함한 많은 가난한 나라를 방문하면 어린이들이 '원 달러'를 외치는데 그것은 6.25전쟁 직후 고아들이 미군에게 'Give me chocolet'를 요구한 것과 같다. 이제 조만간 다른 부대로 가더라도 여기서처럼 그 부대의 발전을 위해 혼신의 노력을 다하고자 한다.

지도자란 자신의 이익을 보지 말고 부여된 임무를 달성하기 위해서 늘 최선을 다해야 한다. 설사 당장은 힘들더라도 미래를 위해 때론 비난을 피하지 말아야 한다. 바른 길은 가시밭길 일지라도 결국 그것이 곧 영광의 길이기 때문이다.

■ '11. 12. 11. 일

| 서평 |

부하들에게 사랑을 전하는 '긍정일기'의 의미

박정근_대진대 교수, 문학박사, 시인

 평소에 글을 쓰는 사람 중에 가장 연상이 안 되는 직업군이 군인이라고 생각했던 것이 편견에 불과하다는 것을 깨닫게 해준 사람이 이영찬 대령이다. 평소에 알고지내는 정기모 시인이 소개해서 이영찬 대령을 처음 만났을 때 군인의 위엄을 갖추고 있으면서도 부드러운 면모를 지니고 있는 것을 보고 그 이유가 글을 쓰는 것을 사랑하기 때문이라고 생각하였다. 그는 군의 참모장으로서 재직 중이기 때문에 학교에 다니는 아이들의 교육문제로 가족과 함께 지내지 못하고 혼자 관사에서 지내지 않으면 안 된다. 근무시간이 끝나고 관사에 돌아오면 반겨주는 가족대신에 적막한 공간만이 맞아주는 것이다. 이영찬 대령은 혼자 있다는 외로움을 탓하기보다 오히려 이러한 상황을 활용하여 자신을 돌아보고 새로운 의미를 발견하기 위해서 글을 쓰고자 하였다.

 저자는 장교로서 부하들을 이끌고 성공적으로 사회에 돌아가도록 지도해야 하는 책임을 지고 있는 존재이다. 그는 자신을 생각하기 전에 부하들을 자신의 몸의 일부처럼 사랑하고자 한다. 이번 일기 형식의 에세이집을 출간하게 된 동기도 개인적인 문학적 욕망보다는 자신의 경험과 생각을 아끼는 부하들로 하여금 군인생활을 의미 있게 보내고 부모 곁으로 안전하게 돌아가도록 이끌고자 하는 데 있다. 젊은 군인들이 가족과 떨어져서 있는 동안 그동안 살아오면서 느끼지 못했던 가족의 소중함을 깨닫고 부모님의 은혜에 보답을 하고자 하는 효심을 가지는 귀한 계기로 삼게 하고자 하는 것이다.

저자는 자신이 걸어온 군인의 길을 자랑스럽게 여기기에 부하들도 멋진 남자가 되기를 원한다. 군인이란 일반인과는 달리 제복을 입고 생활하는 자이다. 그는 군인이란 자신의 외관과 주변을 모범적으로 관리함으로써 마음을 수양해야 한다고 믿는다. 훌륭한 군인이란 상관에게 상명하복만 하는 수동적인 존재가 아니라 스스로 '올바른 자세와 고운 말'을 보여줌으로써 주위로부터 멋진 남자의 이미지를 구축할 수 있는 적극적인 사고의 소유자라고 본다. 흔히 속이 알차면 겉모습은 아무렇게 해도 상관없다고 주장하는 사람들이 있다. 그러나 질서를 기본으로 하는 군대생활에서는 외적 모습이 함께 하지 않으면 마음도 흐트러지기 쉽다. 모름지기 외관과 마음이 일치하고 균형을 이룰 때 바람직한 인간성을 갖추었다고 보아야 할 것이다.

많은 부하 군인들과 전우들과 오랜 군대생활을 겪어온 지휘관으로서 이영찬 대령은 군인의 덕목 중에서 가장 필요한 것은 인내심이라고 지적한다. 군인들은 평범한 일상생활보다 실존적이고 고통스러운 과정을 경험한다. 젊은 군인들은 이성보다 열정과 감정에 휩싸이기 쉽다. 위기의 순간에 정확하고 냉철한 판단을 해야 전우들의 생명을 구할 수 있기에 고통스러운 순간을 참아내야 한다. 남보다 우월하다고 만용을 부린다든지 소영웅주의에 빠지면 부대 전체가 위험해지는 경우도 있을 것이다. 저자는 우리들의 삶에서 위기의 순간을 위해서 평소에 겸손하고 인내하는 것이 중요하다는 메시지가 담긴 나무를 소재로 하는 우화를 소개한다.

태풍이었습니다. 산 위에 서 있는 나무들이 뽑히고 꺾어지고 있었습니다. 그때 바위틈에서 자라나는 소나무는 꿋꿋이 서 있는데, 흙 속에 있는 나무는 뽑혀 쓰러지고 말았습니다. 그러자 바위틈에 서 있던 소나무가 말했습니다. "내가 왜 그토록 모질게 살았는지 이제 알겠지? 뿌리가 튼튼하려면 아픔과 시련을 이겨내야 하는 거란다."

저자는 장병들에게 건전한 군대생활을 위해서 인내와 더불어 정직성을 갖도록 충고하고 있다. 함께 집단생활을 해야 하는 군인은 항상 대인관계를 벗어나서 살아갈 수 없다. 어떤 경우에는 서로 경쟁하고 비교해야하는 군대생활에서 자칫 우월감이나 열등감에서 솔직하지 못한 언행을 할 수 있을 것이다. 필자는 정직성을 가지기 위해서 자신의 삶을 되돌아보기 위해서 "하루를 마치고 잠자리에 들기 전에 그 날 타인과의 대화를 되새겨보"기를 권한다. 왜냐하면 사람은 그 자신만큼 자신을 잘 아는 자가 없기 때문이다.

군인도 인간이기 때문에 불행보다는 행복하기를 원한다. 하지만 군대라는 집단생활은 상하관계가 뚜렷하고 복잡한 동료관계를 가지게 된다. 이러한 인위적인 인간관계는 생활하는 중에 갈등을 일으키고 그 상대방에 대해서 미움을 가지거나 상처를 받기 쉽다. 필자는 갈등과 미움의 치유책으로서 용서라는 미덕을 제시한다. 용서는 가해자나 피해자 모두에게 마음의 평화를 가져다주고 상호간의 활력소가 되는 사랑의 에너지를 가져다준다고 본다. 특히 전임자인 선배는 후임자인 후배의 잘못이나 실수를 감싸주고 포용해주어야 건강한 공동체를 유지할 수 있다. 바로 용서가 후배들에게 사랑을 느끼게 해준다는 것을 충고하고자 하는 것이다.

따뜻한 용서는 가해자뿐만 아니라 당사자에게도 큰 힘이 된다. 이렇듯 군대생활에서도 후임병들이 다소 실수를 하더라도 넓은 아량으로 그들을 용서를 해주어야 한다. 왜냐하면 자신도 과거 많은 실수 속에서 생활해왔기 때문이다. 실수했다고 무조건 화를 내면 그것은 후임병의 가슴에 새겨지고 시간이 흐르면 본인도 많은 후회를 하게 된다. 진정한 후배 사랑은 바로 용서에 있음을 강조하고 싶다.

저자는 용서의 비법으로 미운 자에게 오히려 친절을 베풀라는 역설적 제안을 하고자 한다. 갈등과 증오의 대상으로 떠오른 선임이나 후배를 극복하는 방법은 '이에는 이, 눈에는 눈'의 대결의 방식이 아니라 그의 미움의 얼음을 친절이나 사랑의 불길로 녹임으로써 해결하려고 하는 기독교적 사랑의 개념을 실천하라고 권고 한다. 예수의 가르침은 원수를 사랑하라고 가르치고 자신의 왼 뺨을 때리는 자에게 오른 뺨을 내밀어서 그의 미움의 근거를 무색하게 만드는 전략이라고 볼 수 있다. 우리나라 가정에서 시어머니와 며느리는 고부간의 상극으로 많은 일화를 남기고 있다. 대대로 시어머니는 며느리를 길들이는 방법으로 극심한 시집살이를 시키고 며느리는 자신을 박해하는 시어머니에 대해 가슴에 한을 품고 살아간다고 본다. 그래서 며느리는 시어머니가 빨리 죽기만을 기도하여 미움을 미움으로 되갚는 방식을 취한다. 한 가족으로 살아가면서 사랑하지 못하고 평생을 증오하며 살아간다면 얼마나 비극적인가. 우리 전통 설화에 나오는 대로 증오의 관계를 극복하는 방법은 미움을 증오로 갚지 말고 사랑과 효를 다함으로써 시어머니를 감동을 시키는 것이 현명하다는 것이다. 입영생활에서 평생 잊지 못할 전우에게 증오를 품는다는 것은 부대의 공동체 의식을 약화시키고 전력에도 큰 차질을 가져올 것이 자명하다. 지휘관으로서 저자는 부대 전체의 단결력과 전투력을 유지하는 방법으로 친절과 사랑으로 상호간의 미움을 극복하라고 충고하는 것이다.

병영생활을 하면서 싫은 선임이나 동료를 죽이는 방법도 마찬가지이다. 그들도 역시 떡 한 개로는 안 되고 적어도 며느리처럼 했던 것처럼 백번정도 인절미를 바쳐야만 미운 놈(?)이 죽는 것이다. 병영 내에서는 인절미가 어려우니 커피를 사주던가 아니면 그가 필요로 하는 물건이나 일을 하면 된다. 그러면서 그를 칭찬할 일이 생기면 무조건 칭찬을 해보자.

저자는 인간이 행복하기 위해서 필요한 사랑을 가지기를 원한다. 사랑하지 못하고 서로 싸우는 부부는 불행하다고 느끼기 쉽다. 그래서 귀중한 인생의 시간들을 절망과 우울함으로 채우며 항상 불평불만을 일삼기가 다반사이다. 필자는 부부싸움을 일삼는 동생에게 사랑을 찾을 수 있는 비결을 제안하는 언니의 일화를 소개한다. 그것은 싸울 수 있는 상대라도 있다면 감사하게 생각하라는 것이다. 행복은 거대한 가치에 존재하는 것이 아니라 작은 것에 만족하고 감사할 때 비로소 느낄 수 있는 묘약인 것이다.

> "싸울 수 있는 것도 행복이야. 그것마저도 사랑인거야. 늘 가진 것을 감사해야해. 난 그게 얼마나 소중한 것인 줄 몰랐었으니까." "언니, 죄송해요. 그리고 정말 고마워요!"새댁은 그녀를 힘껏 껴안더니 다시 문을 열고 나갔다. 잠시 후 새댁의 집에서는 웃음소리가 창문을 타고 흘러나왔다.

우리는 흔히 행복을 구하기 위해서 사랑을 주고받는다. 필자는 사람이 진정한 사랑을 획득하려면 조건부의 사랑이 되어서는 안 된다고 진단한다. 상대방이 잘나고 권력이 크고 돈이 많아야 사랑을 줄 수 있다는 사람들이 많은 것이 요즘 세태이다. 또는 상대방이 나에게 잘 대해주고, 좋은 선물을 보내왔기 때문에 사랑을 느낄 수 있다는 사람들도 있다. 그러나 그러한 조건부if의 사랑이나 자신에게 이익이 되기 때문에because의 사랑은 진정한 사랑이 아니라고 저자는 주장한다. 진정한 사랑이란 상대방이 모자라고 부족함에도 불구하고 행하는in spite of의 사랑이 바로 차원 높은 사랑이라고 정의한다. 필자의 '불구하고'의 사랑은 희생적인 아가페적 사랑이라고 볼 수 있을 것이다.

저자가 희생적인 아가페적 사랑의 모델로 삼는 대상은 그의 아내이다. 군인의 아내이기 때문에 항상 희생과 봉사를 일삼는 여인으로 그녀는 선망의 대상이요, 감사와 안타까움의 대상이다. 자녀 교육문제로 관사에서 함께 지내지 못하는 아내가 오랜만에 방문하면 밀린 청소와 빨래로 분주하다. 평상시의 서로의 부재를 사랑으로 메워야만 안심을 하는 관계라고 볼 수 있다. 평상시에 부족한 부분을 희생, 봉사, 인내로 채워서 결핍된 사랑을 충만하게 만드는 아내야말로 아가페적 사랑을 실천하는 천사의 이미지로 저자에게 각인되었다고 볼 수 있는 것이다. 그러나 이러한 희생적 사랑을 가부장적 자세로 당연시한다든지 모르는 체하는 것은 멋진 남자의 자세가 아니다. 저자의 경우처럼 "여보, 사랑해요"라는 위로의 말로 포옹을 해주는 것은 현명한 사랑의 실천이라고 말할 수 있다. 군인이기에 사랑이란 말이 어색한 분위기가 된다면 건강한 군인생활을 할 수 없기에 저자는 사랑이 군인에게도 매우 중요한 덕목임을 제시하고 있는 것이다.

군인은 국방의 의무를 다하는 공인이기에 시각을 개인 차원을 넘어 사회적이거나 국가적인 차원으로 확대해야 하는 존재이다. 물론 군인은 국민들을 위해서 국가와 국토를 지키는 것이 가장 중요한 본분이다. 이것은 군인의 절체절명의 의미이자 기본적인 의미이기 때문에 굳이 더 논의할 필요가 없다고 본다. 저자는 이 땅의 젊은이요, 군인으로서 국가를 지키는 윤리적이고 철학적인 수준으로까지 시각을 확장시키고자 한다. 저자는 선각자적 군인으로서 국방 못지않게 중요한 것이 국가의 환경을 지키는 일이라고 주장한다. 국가를 영토적 개념에서 지켜내고도 환경을 망쳐버린다면 그것의 의미가 반감한다. 일전에 미군기지내에 폐기물을 묻었다는 기사로 국민들의 분노를 자아내었던 것도 그런 이유에서다. 국토는 현세대뿐만 아니라 후대가 영원히 살아가야할 터전이기 때문에 당장의 안위도 중요하지만 미래를 이어나갈 후대를 위해서 보존하는 것은 더 중요한 것이다. 작년 일본에서 일어난 지진으로 인한 핵발전소의 붕괴로 엄청난 피해를 입은 것은 환경오염으로 인한 끔직한 재앙의 본보기이다. 이번 동일본 지진과 후쿠오카 핵 누출 사건은 오염지대를 오랫동안 버려둘 수밖에 없는 비극적 결과를 보여주게 되어 환경의 중요성을 되새기는 계기가 되리라고 본다. 저자가 군인들이 환경문제를 해결하고 보호하는데 솔선수범하기를 기대하는 것도 그 때문일 것이다.

저자의 시각은 군인이라는 편협한 영역에만 몰두하지 않고 철학적인 사유에도 넘나드는 깊이를 보여준다. 특히 군인이 싸움에만 능한 것이 덕목이 아니라 싸움을 피하고 평화를 택할 길이 있다면 당연히 후자를 택하는 현인의 길을 가는 것이 저자의 생각이다. 저자가 존경하는 애국자 안중근의사에 대해서 논하는 글을 보면 그가 지향하는 길이 뚜렷하게 나타난다. 그는 조국의 광복을 위해서 무장투쟁을 벌였지만 그가 추구하는 것은 결코 폭력이 아니었다. 그가 그토록 원하는 것은 남의 나라를 무력으로 점령하는 것이 아니라 모든 나라의 상생과 평화이었기에 동양 평화론을 주창하였던 것이다. 저자는 죽음 앞에 선 안중근의사의 의연한 모습을 논하면서 그가 마지막으로 동양평화를 주장했던 역사적 사실을 언급한다.

> 형장으로 가는 순간 일본 관헌이 수갑을 채우고 포승줄로 묶으려 하자 "귀관들은 들으라. 나는 저항하지 않을 것이니 내 몸에 손대지 마라."고 말하고, 유언을 묻는 감옥서장에게 "이번 거사는 오직 동양평화를 위해 한 것이므로 다함께 만세삼창을 할 것을 제의한다."고 당당히 말하였다. 그는 교수대에 서서도 일체 저항하거나 불안해하지 않고 어머니께서 보내주신 흰 두루마리를 입은 채로 의연하게 집행을 받아드렸다.

이영찬 대령의 철학적 사유는 단순한 실용성의 수준에 머물지 않는다. 그는 인간의 행복과 시간과의 관계에 대해 논하고 있다. 인간은 미래를 꿈꾸며 사는 존재이고 과거에 대한 추억을 먹고 사는 존재이기도 하다. 그러나 미래나 과거는 현재의 지금이 있기에 의미가 있다. 그래서 현재의 어려움을 슬기롭게 극복하지 않으면 안 된다고 본다. 미래나 과거의 의미를 위해서 현재의 시점을 피하거나 소홀히 하면 그 사람의 삶은 실체가 없는 환상에 불과하다. 현재의 삶을 풍요롭게 하기 위해서 과거의 경험이나 추억이 밑거름이 되고, 현재의 노력이 축적되어 긍정적인 미래를 개척할 수 있는 것이다. 저자는 현재를 황금보다 중요한 것으로 평가하면서 현재에 충실한 삶이 행복의 해답을 구할 수 있는 결정적인 함수임을 강조한다.

> 현재를 행복하게 만들어 과거를 소중하게 기억되게 하고 미래를 활기차고 희망차게 만들어 나가야 한다. 힘들다고, 하기 싫다고, 보기 싫다고 지금 최선을 다하지 않으면 남는 것은 후회뿐이다. 그래서 많은 사람들이 황금보다 귀한 것이 지금이고, 지금 만나는 사람이 가장 소중한 사람이라고 말하는 것이다. 지금을 사랑하는 사람은 가장 행복한 삶을 사는 사람임을 명심하자.

저자의 철학적 사유는 행복이나 현재적 삶 등에 국한되지 않고 죽음의 문제에도 다가선다. 인간의 가장 궁극적인 실존은 역시 죽음이다. 인간에게 중요한 것은 물론 생명이라는 것을 부인할 사람은 없다. 그러나 그 생명은 유한하기 때문에 죽음과 대면하지 않을 수 없다. 어떤 젊은 사람들은 마치 죽음의 문제가 자신과는 아무 상관이 없는 것처럼 행동을 한다. 그래서 자신의 삶이 영원한 양 시간을 흥청망청 낭비하는 모습을 발견할 수 있다. 또 다른 부류의 사람들은 죽음을 두려워하는 나머지 삶에 대한 염세적인 사고에 몰두한다. 이런 사람들도 삶을 의미 있게 보내기 어렵다. 사실 군인들은 일반인보다 죽음의 가능성에 더 노출된 사람들이다. 그래서 군인이 죽음의 문제를 염세적이거나 회피적으로 받아들이면 용감한 군인으로 지내기가 어렵다. 훌륭한 군인이 되기 위해서는 죽음의 실존 앞에서도 당당하고 의연한 태도를 지니는 것이 바람직하다. 저자는 기독교인이라는 종교인으로서 죽음의 문제를 극복하기 위해 종교를 갖기를 원한다. 왜냐하면 종교가 주는 믿음은 인간으로 하여금 죽음 이후의 영원성에 대해 확신을 주고 일상적인 근심과 걱정을 초월하게 만드는 힘을 주기 때문인 것이다.

변한다는 것, 죽는다는 것을 받아들이라는 것이다. 그럼으로써 마음의 평안을 얻을 수 있다는 것이다. 여기에서 우리는 모든 불안과 두려움이 죽지 않기 위해 몸부림치는 것으로부터 생긴다는 것을 알 수 있다. 매사 하느님이 계시다는 것을 믿는 것은 축복이다. 종교가 있다는 것은 인간에게는 불안을 평안으로, 불행을 행복으로, 이기적인 것을 이타적인 것으로 만드는 힘이 있기 때문이다.

이런 맥락에서 비문명적 사회에서 발견할 수 있는 고려장 같은 풍습은 문명인의 눈에는 비인간적으로 비칠 수 있지만 아들에게 버려진 부모가 의연하게 죽음을 맞이하는 모습은 감동적인 의미로 해석할 수 있다. 저자는 그들이 죽음을 회피하지 않고 순명으로 받아들이는 모습에서 어떤 '거룩함'을 느낄 수 있다고 설명한다. 그는 어떤 측면에서 그들의 죽음에 대한 긍정적 수용이야말로 "자연의 이치에 거스르지 않고 순리를 따르는 것"이라고 정의하고 있는 것이다.

필자는 이글에서 이영찬 대령의 일기 형식의 에세이가 담고 있는 문학적, 철학적 의미를 정리하고자 하였다. 저자의 글을 읽으면서 그의 삶에 태도가 모범적인 군인의 이미지를 형성하면서 전체적으로 군인들이 읽으면 매우 도움이 될 수 있는 유익한 내용이라는 것을 발견하고 이 서평을 쓰는 것에 대해서 대단히 보람을 느꼈다. 이번 저서의 발간이 이영찬 대령의 문학적 탐색의 계기가 되기를 희망한다. 필자는 이 저서가 군대생활이 따분하고 고통스러운 것으로 받아들일 수 있는 많은 젊은이들에게 인생에서 두 번 경험할 수 없으며, 돈으로도 살 수 없는 긍정적인 삶의 비전을 주리라고 생각한다.

이영찬

공주사범대학부속고등학교 졸업(1983)
육군사관학교 43기 졸업(1987)
장교영어반 33기 졸업(1991)
국방대학원 군사전략과 졸업(1999)
육군대학 정규과정 수료(2001)
사단 포병대대장(2004~2006)
작전사 계획운영장교(2007~2009)
군단 인사참모(2009~2010)
군단 포병단장(2010~2011)
현재, 기갑여단 참모장

행복한 군인 육군대령과 함께하는
긍정일기

초판 발행일 2012년 3월 20일

지은이　이영찬
발행인　이성모
발행처　도서출판 동인
주　소　서울시 종로구 명륜2가 237 아남주상복합아파트 118호
등　록　제1-1599호
TEL　　(02) 765-7145 / FAX: (02) 765-7165
E-mail　dongin60@chol.com / Homepage: donginbook.co.kr
ISBN　　978-89-5506-503-9
정가　　20,000원

※ 잘못 만들어진 책은 바꿔 드립니다.